중국내단도교

중국내단도교

초판 1쇄 2020년 8월 20일

지은이 김경수
펴낸이 김기창
펴낸곳 도서출판 문사철

출판등록 제300 2008 40호
주소 서울 종로구 창경궁로 265 상가동 3층 3호
전화 02 741 7719 | 팩스 0303 0300 7719
홈페이지 wwww.lihiphi.com
전자우편 lihiphi@lihiphi.com
디자인 은
인쇄 및 제본 천광인쇄사

ISBN 979 11 86853 80 1(93150)
※ 값은 뒤표지에 있습니다.

중국내단도교

김경수 지음

도서출판문사철

머리말

'신선神仙'이란 무엇인가? '신神'은 신이고 '선仙'은 선인데, '신'과 '선'이 결합하여 '신선'이란 단어가 되었다. '신선'이란 단어가 생기면 '신선'도 존재하게 되는가? 개념으로 본다면 '신'은 천상의 존재로서 태어남은 있어도 죽음은 없는 존재이다. '선'의 원래 글자는 '선僊'으로, 인간이 삶의 장소를 옮긴(천遷) 상태를 지칭한다. 어디로 옮겼는가? 바로 산山이다. 그래서 후대에는 '선仙'으로 쓰게 되었다. 사람이 따뜻한 골짜기(곡谷)에 모여 살면 속인俗人이고, 하늘과 가까운 산으로 옮겨가서 살게 되면 선인仙人이 된다.

그런 선인仙人이 어떻게 '신'이 될 수 있는가? 인간이 산으로 가서 살 수는 있어도 하늘로 올라가서 살 수가 있는가? 신은 신이고 인간은 인간이다. 논리적으로 가능한 방법은 두 가지가 있을 수 있다. 하나는, 원래 '신'인 존재가 '인간'의 모습으로 세상에서 살다가 다시 하늘로 돌아가는 방법이다. 인간은 신이 되었다가 다시 인간으로 될 수는 없지만, 신은 개념상 그렇게 할 수 있는 존재이기 때문이다. 다른 하나는, 반신반인半神半人의 존재가 인간의 세계에 살다가 인간의 모습을 탈각하고 신의 모습만을 가지게 되어 하늘로 올라가는 것이다. 앞의 방법은 신이 재미삼아 할 수 있는 것이지만, 뒤의 것은 '신'과 '인간'과의 특수한 관계가 요구된다. 반은 신이고 반은 인간인 존재의 존재가능성이 전제되어야하기 때문이다.

'신'과 '인간'의 결합으로 태어나게 되는 존재가 가능하다면 그와 같은

'반신반인'의 존재가능성이 있을 수 있다. 우리가 알고 있는 신화와 설화에 바로 그러한 이야기가 있다. 바로 '신'인 제우스와 '인간'인 알크메네가 관계하여 탄생한 헤라클레스가 그런 존재이고, '신'인 환웅이 '인간'인 웅녀와 결혼하여 낳은 아들이 단군이다. 제우스와 알크메네는 일회성 관계를 통하여 헤라클레스가 사생아로 탄생하게 된 것이고, 환웅과 웅녀는 결혼을 하여 자식을 낳은 것이 중요한 차이점일 뿐이다. 헤라클레스와 단군은 바로 '반신반인'의 존재로 인간의 세계에서 살다가 어느 시점에 아버지의 도움으로 등급이 격상되어 '신'이 되어 신의 세상으로 갔다.

 헤라클레스는 태어나자마자 아버지 제우스의 속임수로 법적인(?) 어머니라고 할 수 있는 '신' 헤라의 젖을 먹다가 은하수$^{milky\ way}$도 만들고 대단한 능력을 갖게 되었지만, 단군은 자상한 '인간' 어머니 웅녀의 보살핌 속에서 인간의 모습으로 자랐다. 그리고 헤라클레스는 아버지에 의해 이미 짜인 각본에 따라 열두 가지의 시련을 겪고 신의 세계로 입성하게 된 반면에, 단군은 1,900년 이상의 오랜 세월에 걸쳐 '홍익인간弘益人間' '제세이화濟世理化'의 크나큰 과업을 수행하고 몸과 마음을 정갈히 하고서 때를 기다려 아버지로부터 인정을 받아 부름에 응해 승천하였다. 단군은 어떻게 승천하였는가? 소매를 펄럭이며 날아올라(선襂) 옮겨갔다. 산으로 옮겨가는 모습은 선僊이고 하늘로 날아오르는 모습이 선襂인 것이다. 날개가 따로 있는 것이 아니라 바로 '옷이 날개'였던 것이다. 더욱 중요한 것은, 헤라클레스는 인간의 세계를 등지고 떠났지만, 단군은 '반신반인'의 후손인 한민족을 이 땅에 남겼다는 사실이다.

    우리민족은 왜 '한'민족인가? 우리나라는 왜 대'한'민국인가? 고종이 대한제국을 선포할 때 '멀리 삼한을 계승하여 일통하였으므로 대한이라 한다'고 했는데, 이는 일제의 압력에 의해 부득이 그렇게 말한 것일 뿐이다. '삼한'은 왜 있었을까? 그냥 '진' '변' '마'라고 나라이름을 정하는 것이 상식인데 왜 그 이름 뒤에 '한'을 함께 사용하였을까? '진' '변' '마'는 개별적 정체성을 드러낸 것이요, '한'은 공통적 정체성을 드러내는 것이기 때문이다. 원래 '한'이라는 하나의 나라에서 개별적 정체성을 가지는 세 나라로 분리되었다는 사실을 의미한다. 삼한 이전의 나라가 바로 '한'이라는 이름을 가진 우리의 원래 나라였다는 뜻이다. 그 나라가 바로 한인(환인)이 다스리는 천상의 '한'나라이고, 그의 서자인 한웅(환웅)이 하늘의 나라를 본받아 땅에 세운 '한'나라이다. 그를 이어받아 반신반인인 단군이 계승한 나라는 '단한'나라인 것이다. 일제가 자신의 역사를 왜곡하기 위해 우리의 역사를 삼한으로 제한하고 그 이전을 전설의 시대로 규정하면서 고종은 부득이하게 그런 표현을 쓸 수밖에 없었다. 우리민족은 원래 반쪽이 '하늘족'이었던 것이다. '하늘'이 줄어 '한'이 되었다. 그래서 나머지 반인 지상의 백성족인 '민'족과 결합해서 '한민족'이라고 하는 것이다. 다른 나라에서는 종족의 의미로 '족'라고는 하여도 '민족'이라고는 하지 않는다. 하늘족과 땅족이 결합하여 반신반인의 한민족이 된 것이다.

필자가 보기에, 우리는 아직 일제로부터 완전한 독립을 이루지 못했다. 요즈음 유행하는 말 중에 '토착왜구'라는 것이 있지만, 일제의 잔재는 구석구석에 남아 있다. 옛날 왕조시대의 독립국은 두 가지 조건을 갖추어야 했다. 하나는 독자의 '연호年號'를 사용해야 하고, 다른 하나는 독자의 '달력'을 가져야 한다. 그러나 사실 둘은 하나의 개념이다. 즉 하늘에 대한 소유권을 갖는다는 말이기 때문이다. 하늘에 대한 소유권이란 무엇인가? 시간에 대한 지배권이다. 조선시대에 세종대왕이 '칠정산내외편'을 만들어 우리나라에 맞는 달력을 잠시 사용했지만, 나머지는 '동지사冬至使'라는 사신단이 명나라 청나라에 가서 중국의 달력을 받아와 우리나라에 그대로 사용했다.

일제시기에 들어서는 우리나라의 시간을 '동경표준시'대로 사용하게 되었고, 지금까지도 고치지 않고 있다. 그래서 2012년에 우리나라 달력에서 음력 4월에 윤달이 들었고, 2020년인 금년에도 윤4월이 들게 되었다. '서울표준시'를 사용한다면 2012년에는 윤3월이 들어야 했던 것이다. 문재인과 김정은이 판문점에서 만났을 때 30분 차이가 나는 시계가 남측과 북측에 걸려 있었는데, 김정은이 양보하여 북쪽의 시계를 30분 앞당겼다. 남쪽의 시계를 32분 늦게 맞추었어야 했는데 말이다.

땅은 나누어서 제후들에게 분봉해주지만, 하늘 즉 시간은 하나의 통제권에서 다스리는 제도가 천자국과 그 제후국이다. 원래 한민족은 하늘족이었고, 그 임금은 천황이었다. 하늘나라를 다스리는 한인(환인)이 '천황'

이었고, 그 나라를 본받아 땅에 세운 한나라를 다스린 한웅(환웅)은 '천왕'인 동시에 '천황의 아들 즉 천자天子'였다. 그런 당당한 주권국이 언제부터인가 '노예근성'에 찌든 인간들에 의해 스스로 자처하여 제후국인 '조선'이 되고 '국왕'으로 전락했다. 그런 와중에 중원의 국가들은 '황제'가 되고, 일본은 '천황'을 참칭하고 있다. 한 가지 다행인 것은 그들은 아직 시대의 흐름에 맞추어 '민주民主'시대에 진입하지 못하고 있다는 점이다. 중국에는 여전히 '인민人民'이 살고, 일본에는 '신민臣民'이 살고 있기 때문이다. '인민'의 '인'은 지배층의 인간이며, '민'은 피지배층의 노예를 지칭한다. 복희와 여와의 시대에 여와가 '황토'로 빚은 인간의 형상은 '인'이 되었고, 새끼줄에 황토를 버무려 흩뿌려서 튕겨나간 무수한 찌꺼기들은 '민'이 되었다는 것이 그들의 한족漢族설화이다. 단 한 사람만을 떠받들고 사는 '신하'들과 그들이 부리는 '노예'들을 합쳐서 부르는 호칭이 '신민'인 것은 설명이 필요 없다.

필자는 박사논문을 준비하던 20여 년 전부터 유불도의 삼교회통에 관심을 가지고 연구를 진행하였다. 그런 와중에 중국의 도교 역사에서 하나의 사실을 간파하였으니, 이른바 도가사상과 도교사상은 완전히 다른 종류이며, 더 나아가서는 천사도와 태평도의 뿌리조차도 전혀 다른 갈래라는 사실이었다. 이 책의 부록에 실은 내용은 그러한 사실에 대한 필자의 독자적인 견해이다. 우리 '한민족'의 '신선'개념을 빌어 그들 특유의 '짝퉁'

개념으로 전개시킨 것이 중국도교의 중심을 이루고 있다. 그들은 대체로 '신선'을 '천선天仙' 또는 '금선金仙'으로 칭하고 있다.

따라서 중국의 도교에서 정밀하게 철학적으로 연구할만한 내용은 크게 없다. 그들이 만든 도교대장경인 『도장道藏』의 대부분이 불교의 경전을 '짝퉁화'시킨 것이라는 사실이 이미 일본의 학자들에 의해서 자세히 밝혀졌다. 그러나 그 중 인간의 '자기완성'이라는 측면에서 학술적 연구의 대상이 될 만한 것으로 꼽을 수 있는 분야가 바로 '내단도교'라고 할 수 있다. 이 내단도교는 당나라 말기부터 시작해서 북송시대가 끝나는 시점에서 홀연히 사라져 간 200-300년 정도의 역사를 가지고 있는 '내단도교 남종파'를 지칭하는 것이다.

이 책에 수록한 내용은 바로 이 '내단도교 남종파'의 역사와 그 수련의 핵심을 추적한 결과물이다. 필자가 박사학위 논문에서 다룬 도교의 인물이 바로 장백단인데, 그는 중국내단도교의 이론체계를 온전히 정립하였다. 장백단을 통하여 도교의 내단이론을 숙지한 다음 그 근원을 찾아보고 나아가 그 이론이 사라져간 상황을 추적하였다. 그러므로 이 책에 수록된 내용은 목차의 순서대로 연구되고 집필된 것이 아니다. 따라서 이 책을 읽는 독자들도 처음부터 읽을 필요가 없다. 각자 관심 있는 분야나 인물로부터 시작해서 읽다보면 저절로 전체적인 윤곽을 이해할 수 있을 것이다.

한 가지 더 언급하고 싶은 내용은, 중국의 내단도교수련서 중에서 몇 종류는 조선시대부터 우리나라에 들어와 민간이나 자칭 선도수련자들에 의해서 나름대로 연구되고, 그 방법에 따라 수련을 행한 자취가 남아 있다. 그리고 20-30여 년 전부터 최근에 이르기까지 몇 종류의 책은 번역서로 출간되기도 하였다. 또한 한국연구재단의 지원에 의해서 우리나라에서 전해지고 있는 거의 모든 종류의 도가 및 도교서적에 대한 수집 및 조사연구가 진행되었고, 일부는 번역도 이루어졌다. 그러나 필자가 검토해본 바에 의하면, 그 번역서들은 전문용어에 대한 이해의 부족과 내단도교 수련 방법에 대한 오해로 인하여 제대로 된 것이 없는 실정이라고 하여도 과언이 아니다. 이 책이 앞으로의 내단도교수련서 번역이나 수련법에 대한 온전한 이해에 조금이라도 도움이 되었으면 하는 바람이 있다.

코로나-19로 인하여 우리나라뿐만 아니라 전 세계가 어려움에 봉착한 시기에, 역설적으로 여유로운 시간이 많아 그 동안의 연구 성과를 정리하여 책으로 출판할 수 있게 된 것이 우연인지 필연인지는 알 수 없다.

책이 팔리지 않는 시절에, 그것도 세상 사람들이 별로 관심을 가지지도 않는 보호학문분야의 전문서적을 흔쾌히 출판해주시는 김기창 대표님께 깊은 감사를 드린다.

2020년 6월
지리산 천왕봉을 마주하는
한국선비문화연구원 원방실圓方室에서
김경수 쓰다

차 례

■ 머리말 5

1장 내단도교 형성기에 있어서 정기신의 의미변천과 삼교회통

1. 내단도교의 원류 21
2. 정기신 개념의 변천과정 26
3. 삼교회통의 역사적 전개 36
4. 『종려전도집』의 비판적 검토 42
5. 내단도교의 성립으로 48

2장 진단의 내단이론과 삼교회통론

1. 문제의 성격 53
2. 생애와 사상사적 위치 58
3. 삼교회통론의 체계 67
4. 내단이론의 구조 77
5. 사상의 전승 86
6. 역사적 의의 91

3장 장백단의 삼교귀일론과 내단사상

1. 생애와 저술 95
   - 생애 95
   - 저술 103

2. 삼교귀일론   121
         • 삼교귀일   121
         • 이도포선 : 성명쌍수   128
     3. 내단사상   143
         • 장백단 내단사상의 연원   143
         • 장백단 내단사상의 전승   157
         • 장백단 내단사상의 체계와 의미   162
         • 성 · 기론   181
     4. 내단사상의 완성   191

4장 진단과 장백단의 도교 내단이론 비교

     1. 내단 도교의 맥락   199
     2. 진단과 장백단의 내단 전승   203
     3. 진단과 장백단의 단법 비교   211
     4. 진단과 장백단의 삼교회통론 비교   221
     5. 정초에서 완성으로   229

5장 도교 남종 5조의 전승과 내단법

     1. 내단 도교의 연원   235
     2. 내단 도교의 종파들   239
     3. 남종 5조의 전승   244
     4. 남종 5조의 단법   252
     5. 내단의 성립과 쇠퇴   261

6장 내단도교 남·북종의 단법 비교
- 장백단과 왕중양을 중심으로

1. 남종과 북종　265
   - 도교와 정권　265
2. 남종과 북종의 특징　269
3. 장백단과 왕중양　274
   - 생애와 득도　274
   - 저술　278
4. 남종과 북종의 단법비교　282
   - 장백단의 단법　283
   - 왕중양의 단법　286
5. 남종과 북종의 삼교회통론　291
   - 장백단의 삼교귀일론　291
   - 왕중양의 삼교일가론　295
6. 남종과 북종의 차별성과 통합　300

7장 북송초기 삼교회통론의 양상

1. 문제의 성격　305
2. 삼교회통론의 역사　309
3. 삼교회통론의 양상　315
   - 불교 : 연수와 계숭　315
   - 도교 : 진단과 장백단　324
   - 유교 : 주렴계, 장횡거, 정명도, 정이천　332
4. 갈등에서 회통으로　342

8장 『서유기』에 나타난 유불도의 특징과 삼교회통론

1. 『서유기』속으로   347
2. 『서유기』속의 유불도   350
   - 『서유기』속의 유교   353
   - 『서유기』속의 불교   358
   - 『서유기』속의 도교   362
3. 유불도의 이질성 또는 삼교회통   365
   - 유불도의 이질성   366
   - 유불도의 삼교회통   370
4. 모순과 통합   375

부록 신선의 유래와 방선도 및 진시황과 서복 그리고 중국도교

1. 신선사상의 유래와 방선도   381
   - 신선사상의 유래   384
   - 옛 조선의 신선사상   386
   - 방선도   392
2. 진시황과 서복   394
3. 중국 도교의 기원과 전개   399
   - 중국 도교의 기원   399
   - 중국도교의 전개와 농민봉기   404
4. 마무리   407

- ■ 참고문헌   411
- ■ 찾아보기   417

近來世上人多詐 盡著布衣稱道者
問他金木是何般 噤口無言如害啞

요즘 세상에는 사기꾼이 많아서,
모두가 도포 입고 道人이라 칭하네.
그에게 "金과 木이 무어냐" 물으면,
입 다물고 말 못하니 벙어리 같네.

장백단의 시 「贈白龍洞劉道人歌」

1장

내단도교 형성기에 있어서 정기신의 의미변천과 삼교회통
精氣神

1. 내단도교의 원류

내단도교는 정기신精氣神 개념을 중심으로 단법의 체계를 완성하고, 삼교회통의 논리로 '성性'과 '명命' 그리고 '신神' 개념을 선후 또는 상하로 나누어 원래 도교에서 부족했던 논리적 구조를 완성시킨 것이 두 가지 큰 특징이다. 본 연구는 내단도교 형성기에 나타나는 정기신 개념의 변천과정과 내용을 살펴서 이 개념들이 결국 어떤 의미로 내단도교의 핵심개념으로 자리 잡아갔는지를 분석하고, 나아가 그들이 수용한 유교와 불교의 핵심 개념이 각각 어디로부터 유래하여 결국 내단도교의 체계에서 어떤 위치를 가지게 되는지를 살펴보고자 한다.

노장老莊의 도가사상과 진한秦漢시대에 유행한 황로黃老사상과 신선사상 그리고 전통적인 민간신앙 등이 복합적으로 결합하여 태평도太平道와 천사도天師道라는 두 갈래로 시작된 것이 중국의 도교이다. 불로장생을 추구하는 신선사상은 도교에서 진인眞人 또는 지인至人으로 의미가 정착되었다. 『도덕경』에서 언급하는 '신인神人'이나 『장자』에서 언급하는 '진인'이나 '지인'의 개념이 구체화 된 것이라고 볼 수 있다. 또한 이에 이르는 방법으로 『도덕경』에서는 '포일抱一'을, 『장자』에서는 '좌망坐忘'과 '수일守一'을 제시하고 있어 내단의 수련법을 말하고 있는듯하지만 그 구체적 내용은 언급하지 않고 있다.

도교의 성립은 불교의 유입과 비슷한 시기에 이루어졌다.[1] 초기에는 외단外丹에 의한 수련법과 '조식調息'이 불로장생의 주요 방법으로 제시되었지만 체계적인 수련법은 구체화되지 않았다. 중국에 유입된 불교가 가진 교리와 교단 조직에 자극받은 도교는 위진남북조 시기에 큰 변화를 이루게 된다. 이 시기 도교의 특징을 모종감牟鐘鑒은 네 가지로 분석하였다. 첫째, 도사들이 도서道書를 제작하거나 증수하는데 열중하였다는 점이다. 둘째, 도교의 주류가 민간종교로부터 점차 관방과 상층계급의 종교로 변화해 갔다는 점이다. 셋째, 도교의 이론과 실천활동은 화학 의약학 양생학 천문학 등 자연과학의 발전과 밀접한 관계 속에서 이루어졌다는 점이다. 넷째, 아직 광대한 사원경제의 성립에까지는 이르지 못했지만 이 무렵에 도교의 종파가 형성되었다는 점이다.[2] 이는 도교가 스스로 교리의 체계화와 교단의 정비를 이루는 과정에서 학문적 발전과 정치적 역량을 키워갔다는 사실을 말하고 있다.

이 과정에서 내단의 등장과 발전도 그 연원을 찾을 수 있다. 태평도의 교리를 담은 최초의 도교 서적이라고 할 수 있는 『태평경太平經』이나, 천사도의 교리를 담은 『노자상이주老子想爾注』 등은 이후 도교의 부록파符籙派나 단정파丹鼎派를 막론하고 실제로 모두 그 영향을 받고 있다고 할 수 있다. 또한 후한 시기에 저술된 『주역참동계周易參同契』는 이른바 '만고단경왕萬古丹經王'으로 불릴 만큼 도교수련에서 중요한 비중을 갖는 책이다. 이 책은 실제로는 내단의 수련법을 구체적으로 서술하고 있

---

[1] 도교는 후한 말기에 태평도와 천사도 두 갈래로 성립되었다. 태평도는 '황건적의 난'으로 이어져 민중의 권력에 대한 저항운동으로, 천사도는 '오두미도'로 불린 바와 같이 민중 구휼로 정착하였다. 이후 태평도는 위진남북조 시대에도 끊임없이 농민들의 저항운동으로 이어졌고, 천사도는 조조의 위나라와 결탁하여 정권의 수족이 되어 역대 정권들의 변화과정에서 권력자의 수단으로 살아남았다.
[2] 모종감 지음, 이봉호 옮김, 『중국도교사』(예문서원, 2015) 83-84쪽 참조.

지 않고 오히려 외단의 용어로 수련법을 말하고 있지만 사실은 내단수련법의 원조로 꼽히고 있다. 나아가 진晉나라 때에 만들어진 것으로 판단되는 『황정경黃庭經』은 내단수련에 대한 보다 구체적인 내용을 담고 있다. 삼단전설三丹田說과 정기신精氣神 개념을 통하여 '존신存神'의 수련법을 내세우면서, 인체 오장육부의 내외상응 이론을 체계화하여 단법과 도교의학의 결합을 이루어 내단수련의 이론적 토대를 구축하였다고 할 수 있는 책이다. 또한 갈홍葛洪(283-363)의 『포박자抱朴子』 내편은 '현玄'을 중시하면서 '수일守一'을 방법으로 하는 내단수련을 말하고 있다.³ 물론 『포박자』의 주요 내용은 내단수련에 대한 것이 아니지만, 내단이론의 한 원류로서의 의미는 충분히 가지고 있다.

한편, 남북조 시기의 승려 남악혜사南嶽慧思(515-577)가 처음으로 '내단內丹'이라는 개념을 사용했다는 것이 지금까지 밝혀진 내단 개념의 유래이다. 그는 불교를 널리 펴기 위하여 자신의 건강을 지키고자 하는 방법으로 도교의 수련법을 채택하면서 '내단'이라는 개념을 차용했던 것이다.⁴ 그리고 그의 제자 천태지의天台智顗(538-597)는 '지관법止觀法'이라는 수행론을 정립하여 중국불교사에서 뚜렷한 위치를 차지하고 있다. 이 '지관법'은 도교의 내단수련과 일정한 관련이 있다고 보는 것이 일반적 견해이며, 그의 이 수행법은 100년 쯤 뒤의 인물인 사마승정司馬承

---

3   『포박자』는 내편과 외편으로 구분된다. 내편은 20권이고 외편은 50권이다. 내편에서는 도교와 관련되 내용을 담고 있고, 외편은 유가에 속하는 내용을 담고 있다. 이 외에도 갈홍은 『신선전』과 『은일전』 그리고 도교의학서로서 『금궤약방』과 『주후요급방』 등의 저술을 남기고 있어, 도교의 내외단 두 방면에 걸쳐서 주요한 공헌을 하였다. 또한 그는 『수신기』를 저술한 干寶의 추천을 받아 높은 벼슬에 제수되기도 한 사실이 있어, 그의 집안 내력과 더불어 현학이 유행하던 당시에 뛰어난 지식층으로 인정받고 있었음도 알 수 있다.
4   『南岳思大禪師立誓願文』(『대정장』 권46): 爲護法故求長壽命 不願昇天及餘趣…借外丹力修內丹 欲安衆生先自安.

禎(647-725)에게서 「좌망론坐忘論」이라는 도교 수련법으로 거듭나게 되었다고 본다. 그리고 이것이 다시 정이程頤에게서 '거경수양법居敬修養法'으로 발전했다고 보는 견해가 있다. 지의와 사마승정 그리고 정이로 이어지는 수도론의 상호연관성은 미우라구니오三浦國雄의 박사학위 논문으로 밝혀졌다.[5] 이 시기에 이미 도교와 불교 그리고 성리학의 형성에서 그 수도론이 서로를 넘나들며 회통의 맥락을 유지하고 있었음을 보여주는 구체적인 사례가 되는 것이라고 할 수 있다.

본 연구는 이러한 배경 위에서 수당시기에 전개된 도교의 변천사에서 내단수련론의 발전과 관련된 내용에 초점을 맞추어 정기신의 개념변천과 그 속에 내재된 삼교회통의 요소들을 살펴보고자 한다. 수나라는 짧은 기간 존속하다가 망했고, 당나라는 300년 가까이 존속했지만 사실 이 시기는 외단의 전성시대였다고 할 수 있다. 실제적으로 내단을 창도한 인물로 꼽히는 소원랑蘇元郞도 외단을 제련하였으며, 손사막孫思邈은 중국한의학의 중시조로 꼽히는 인물로서 약물에 의한 불로장생을 중요하게 여긴 인물이다. 그 와중에 당의 태종부터 시작하여 헌종 목종 경종 무종 선종 등 최소한 6명의 황제들이 단약丹藥에 중독되어 죽었고, 많은 고관대작들도 불로장생을 꿈꾸면서 단약을 먹고 오히려 일찍 죽었다. 무종과 같은 경우는 도교에 취하여 중국역사상 가장 참혹한 불교탄압인 '회창법란會昌法亂'[6]을 일으킨 인물이기도 하다.

---

5 미우라 구니오, 이승연 옮김, 『주자와 기 그리고 몸』(서울: 예문서원, 2003) 제2부 제1장 참조.
6 '회창법란'은 중국불교사에서 가장 참혹한 사건으로 꼽힌다. 이 탄압으로 교상판석에 의한 '종파불교'의 발전이 와해되고 오직 선종과 정토종만이 살아남게 되어 중국불교의 특징을 이루게 되었다. 수많은 교리에 관한 서적들이 사라지게 되었기 때문이다. 그리하여 오늘날 우리가 볼 수 있는 중국불교의 특징은 '이심전심' '불립문자'를 골격으로 하는 선불교가 남긴 많은 저술들이라는 아이러니한 모습이 되었다.

내단이론은 이러한 과정에서 조금씩 발전하여 결국 종려단법鐘呂丹法과 진단陳摶의 단법으로 정립된다.[7] 그 과정에서 내단이론의 발전과 관련하여 등장하는 대표적 인물들이 바로 소원랑 장과 손사막 사마승정 최희범 종리권 여동빈 등이다. 그 시기는 외단에서 내단으로 전환되는 때이기도 하며, 한편으로는 도교의학이 급속도로 발전하는 기간이기도 하다. 또한 이 시기는 도교와 불교가 치열한 투쟁을 벌이며 생존을 위해 처절한 노력을 기우렸지만, 그런 와중에 양교의 회통과 화합을 도모하는 노력 나아가 이를 넘어서서 둘을 하나로 통합하여 새로운 체계를 만들려는 시도도 있었던 기간이기도 하다. 그리고 실제로 내단과 외단의 분명한 경계는 구획하기가 쉽지 않다. 외단의 개념과 내단의 개념이 혼재하던 이 시기를 거쳐서 비로소 순수 내단도교가 성립되므로 이 시기의 인물들에 대한 연구를 통하여 내단과 외단의 경계를 구획하는 것도 중요한 일이다.

---

7   종려단법과 진단의 단법을 이렇게 나눈 것은 필자의 견해이다. 일반적으로 진단의 단법이 종려단법으로부터 비롯되었다고 보지만 필자는 이에 전적으로 동의하지 않기 때문이다. 종려단법의 내용은 『종려전도집』에 수록되어 있는데 사실 이 책은 북송의 施肩吾가 집필한 것이다. 따라서 그 이전에 단법을 정리한 진단의 경우는 내단이라는 맥락에서는 궤를 같이 한다고 하여도 그 구체적 방법론에서는 상당한 차이를 보이고 있으므로 계보를 분리해야 한다고 보는 것이다. 이 문제와 관련하여 『종려전도집』의 문제에 대한 검토는 이 논문의 뒤에서 다시 언급할 것이다. 한편, 이와 같은 견해는 김낙필에게서도 나타난다. 그는 李遠國, 김낙필 외 옮김, 『내단-심신수련의 역사 1』(성균관대학교출판부, 2006)의 「옮긴이의 말」에서 종려단법은 북파로, 진단의 단법은 남파로 계승되면서 세상에 유포되었다고 분석하고 있다.

2. 정기신 개념의 변천과정

　　내단수련에서 가장 중요한 요소가 바로 정기신精氣神이다. 수련의 궁극목적은 '복귀무극復歸無極' 또는 '귀근복명歸根復命'의 경지에 이르는 것이다. 이 경지는 바로 '연신환허煉神還虛' 즉 '신神을 제련하여 허虛로 돌이키는' 것이다. 이때의 허虛가 곧 무극無極이다. 정기신은 수련의 도구일 뿐 목적은 아니다. 그리고 신에 이르기 위해서 '연기화신煉氣化神' 즉 '기를 제련하여 신으로 변화시키는' 수련이 필요하다. 또 그보다 먼저 기에 이르기 위해서는 '연정화기煉精化氣' 즉 '정을 제련하여 기로 변화시키는' 과정이 요구된다. 내단의 수련과정은 크게 네 단계로 나뉘는데, 준비단계인 축기築基로부터 시작하여 연정화기와 연기화신을 거쳐 연신환허로 나아가는 것이다.[8]

　　그런데 여기서 말하는 정기신은 모두 선천의 정기신을 가리킨다. 즉 원정元精과 원기元氣 그리고 원신元神이다. 그러나 인간의 몸은 태어날 때부터 선천과 후천의 정기신을 함께 지니게 되는데, 유형유질有形有質의 후천의 그것은 '음일소감지정淫佚所感之精'과 '구비호흡지기口鼻呼吸之氣' 및

8　김경수, 「진단과 장백단의 내단이론 비교」(『남명학연구』 제35집, 경상대 경남문화연구원, 2012) 191쪽 참조. 진단과 장백단은 내단수련론을 정초하고 정립한 인물로 꼽힌다.

'심의염려지신心意念慮之神'으로 구분되고, 무형무질無形無質의 선천의 그것은 원래 선천일기先天一氣의 세 가지 양태樣態로 분류된다. 인간의 신체를, 형질을 가진 후천의 정기신과, 형질을 가지지 않는 선천의 정기신이 결합되어 있는 존재로 보는 것이다. 선천의 정기신이 원래 '선천일기'의 세 가지 양태이므로 그것은 언제나 다시 하나인 '일기一氣'로 환원될 수 있는 것이다. 문제는 후천의 정기신을 어떻게 선천의 정기신으로 변화시키는가이다. 선천과 후천 사이에는 형질形質의 유무有無라는 차이점이 있다.

바로 여기에 문제의 초점이 있다. 내단수련론의 형성기에서 나타나는 정기신 개념의 변천을 살펴야 하는 이유가 바로 이것이다.

도교사에서 내단수련론을 처음으로 제창한 인물은 소원랑[9]으로 꼽는다. 이원국은 이에 대해 다음과 같이 고증하였다.

> 『나부산지』에서는 소원랑이 "또한 『고문용호경』, 『주역참동계』, 『금벽잠통결金碧潛通訣』 등의 세 책이 문장이 번잡하고 그 의미가 가려져 있다고 생각하여, 이에 『용호금액환단통원론龍虎金液還丹通元論』을 지어 신단神丹을 마음의 수련으로 돌렸다."라고 말한다. 다시 말해 외단을 내단으로 바꾸었음을 말한다. … 이른바 수성修性은 바로 수심修心이며, 이것은 노장의 '양신養神' 심법을 사승한 것이다. 수명修命은 곧 정을 견고하게 만들고 기를 기르는 것으로 도교의 독특한 방법이다. 소원랑은 도가의 성설性說과 도교의 명공命功을 서로 결합하고 가장 먼저 성명쌍수를 명확하게 제시하여 내단수련의 핵심으로 삼았다.[10]

---

9 소원랑의 생몰연대는 확실하지 않다. 다만, 그가 수나라 때의 인물이라는 사실은 여러 가지 근거로 확인되고 있다.
10 李遠國, 김낙필 외 옮김, 『내단-심신수련의 역사 1』(성균관대학교출판부, 2006) 450쪽.

이원국은 『용호금액환단통원론』을 인용하여, 그 중에 '성명쌍수性命雙修 내외일도內外一道'라는 구절에 초점을 맞추어 소원랑을 '가장 먼저 성명쌍수를 제시한' 인물로 추론하였다. 나아가 그는 그 책의 다음과 같은 구절도 인용하여 자신의 주장을 강화하였다.

> 용호龍虎는 보정寶鼎이니, 바로 몸과 마음이다. 몸은 노정爐鼎이고 마음은 신실神室이며 진액津液은 화지華池이다. …형체 가운데 있던 신으로부터 신 가운데 있는 성으로 들어가는 것, 이것을 귀근복명이라 부른다.[11]

소원랑은 몸과 마음을 중시하였다. 그에게 있어 중요한 개념은 신神과 성性이다. 몸속에 신이 있고, 신속에 성이 있다고 본 것이다. 그리고 궁극적으로는 성으로 들어가는 것을 귀근복명으로 파악하였다. 그는 주로 외단의 개념을 사용하여 내단이론을 전개했는데, 그 과정에서 아직 정精과 기氣의 개념은 정립되지 않은 것으로 보인다. 오히려 성명쌍수를 강조하면서도 성을 궁극으로 여기고 있음을 알 수 있다.

그 뒤의 중요한 인물로는 장과張果[12]를 들 수 있다. 그는 내단과 외단을 함께 수련하였으며 여러 권의 저서를 남겼는데, 그 중에서 내단의

---

11 『龍虎金液還丹通元論』: 龍虎寶鼎 卽身心也 身爲爐鼎 心爲神室 津液華池 …自形中之神 入神中之性 此爲歸根復命. 李遠國, 김낙필 외 옮김, 『내단-심신수련의 역사 1』(성균관대학교출판부, 2006) 451쪽에서 재인용. 다만, 卽身心也를 '몸과 마음을 말한다'라고 번역한 것을 필자는 위와 같이 바꾸었다.
12 장과의 생몰연대도 확실하지 않다. 그러나 史書의 기록을 통해 보면, 측천무후 때 사람을 파견하여 그를 불렀다는 내용을 확인할 수도 있고, 현종이 불러 만나보고는 항산으로 돌아가서 죽었다는 기록이 있으므로 당나라 초기의 인물이었음을 확인할 수 있다. 여러 기록들을 보면, 그는 많은 이적을 행하여 도술이 매우 뛰어났던 인물임을 알 수 있다.

정기신 개념을 가장 잘 설명하고 있는 것은 『태상구요심인묘경太上九要心印妙經』이다. 여기서 그는 구전대환단을 내단의 상품으로 삼아 진일眞一 – 탁약橐籥 – 삼오일三五一 – 삼일三一 – 일혼월백日魂月魄 – 일용오행日用五行 – 칠반환단七返還丹 – 팔괘조원八卦朝元 – 구환일기九還一氣의 순서로 정리하고 그 요점을 비요祕要 추요樞要 기요機要 진요眞要 적요的要 간요簡要 통요統要 총요總要 등의 명칭으로 설명하고 있다.

이 책에서 말하는 '진일'은 '사람의 신과 사람의 기[진내인지신眞乃人之神 일자인지기一者人之氣]'로서 기는 명命에 신은 성性에 해당되어, 이 둘을 관통하여 하나로 하는 것 즉 성명쌍수의 수련법이 곧 '포원수일抱元守一'의 방법이라고 한다. '탁약'은 곧 심장과 신장을 가리키는 말로서, 심장의 주인인 신과 신장의 주인인 기[심자신지댁心者神之宅 신자기지부腎者氣之府]가 동정動靜이 하나가 되어야 함을 말하고 있다. '삼오일'은 삼양 오행 일기를 지칭하는 개념으로 정기신을 삼양으로 파악하여, 이것이 안정된 후에 오행을 단련하고 일기一氣를 운행하게 됨을 나타내고 있다. '삼일'의 '삼'은 연정 연기 연신을 가리키고 '일'은 '정精'을 가리키는 말로서[일자정야一者精也] 인간의 근본이며, 몸에서는 기가 되고 뜻에서는 신이 되는 것[인지본야人之本也 재신위기在身爲氣 재의위신在意爲神]으로 모두 정이 변한 것임을 밝히고 있다. '일혼월백'은 혼과 백이 15일씩 서로를 지키는 것을 말하는데, 혼은 간이 주관하고 백은 폐가 주관하여 단전에서 오장의 기가 모여 단丹으로 변함을 나타낸다. '칠반환단'은 사람의 칠규七竅와 관련한 수련의 단계를 말하는데, '한 마음이 명으로 돌아가는 것을 환還이라 하고 오기가 흩어지지 않는 것을 단丹이라 한다[일심귀명위지환一心歸命謂之還 오기불산위지단五氣不散謂之丹]'이라 하여 단전에서 환반반환還返하는 단계를 설명하는 것이다. '팔괘조원'은 음양의 동정이 수화기제水火旣濟의 상태로 환원됨을 말한다. '구환일기'는 순양의 수인 구九와 응취의 뜻인 환還이 '일기'로 환원되어 금단金丹을 이룬 상태를 말한다. 이렇게 되면 '질병이 그치고 수명을 연장하고 지선地仙이 될 수 있다'고 하였다.[13]

여기서 장과가 말하는 9단계의 수련론은 사실 수련의 논리적 단계에 대한 정확한 설명이라기보다는 오히려 형식적으로 견강부회한 느낌이 있음을 지울 수 없다. 그러나 여기서 그는 정기신 개념을 모두 사용하고 있음을 볼 수 있고, 그나마 내단수련의 단계를 나름대로 체계적으로 정리하고 있음도 알 수 있다. 하지만, 그의 내단수련론은 아직 구체적인 방법론으로 정착될 수 있는 경지는 아니며, 나아가 그 또한 신과 성을 하나로 보고 있고 연신환허의 단계에 대한 명백한 설명이 없다. 또한 아직 선천과 후천의 정기신에 대한 분명한 구분도 정립되지 않고 있다. 그는 여전히 태식胎息을 중시하고 있으며, 내단으로는 지선地仙의 경지에까지만 이를 수 있다고 보고 있는 한계를 드러내고 있는 것이다.

다음으로는 사마승정司馬承禎(647-735)의 정기신에 관한 이론을 살펴본다. 그는 도교 상청파의 12대 종사이기도 하며, 당시에는 황제로부터 지극한 존숭을 받아 현종이 '도형道兄'이라 부르고 정일貞一이라는 호를 내렸다. 그는 신선에 대한 새로운 인식을 제공한 인물로서 '신선 또한 사람[신선역인神仙亦人]'이라는 설을 전개하여 결국 '모든 사람은 신선이 될 수 있다[인인가선론人人可仙論]'는 논리를 가능하게 하였다. 그의 수도론은 점진적으로 나아가는 점수법인데, 재계齋戒 안처安處 존상存想 좌망坐忘 신해神解의 다섯 가지를 제시하였다.[14] 그리고 그의 수도론의 핵심을

---

13 이 부분은 李遠國, 김낙필 외 옮김, 『내단-심신수련의 역사 1』(성균관대학교출판부, 2006) 476-483쪽에서 분석한 내용의 요점을 압축한 것이다.
14 이러한 설은 『天隱子』에서 말하고 있는 것이다.

담고 있는 『좌망론』에서는 7단계의 순차적 방법론을 담고 있다.

신경信敬 – 단연斷緣 – 수심收心 – 간사簡事 – 진관眞觀 – 태정泰定 – 득도得道의 단계로 진행되는 좌망법은 기본적으로 장자의 좌망을 바탕으로 하고 있지만, 사실 그 구체적인 내용에서는 천태지의의 지관법으로부터 많은 영향을 받은 것으로 파악되고 있다.[15] 『좌망론』에서 말하는 득도의 경지는 도道와 형形과 신神이 일체가 된 상태이다. 이런 존재를 신인神人이라 부른다. 득도의 방법으로 그가 제시하는 내용은 다음과 같다.

> 좌망은 장생의 바탕이다. 그러므로 참을 불러 형을 단련하니 형이 맑아지면 기에 합한다. 도를 머금어 기를 단련하니 기가 맑으면 신에 합한다. 체와 도가 명합하면 이를 득도라고 말한다.[16]

사마승정은 매우 합리적인 도사였다고 할 수 있다. 그가 '신선 역시 사람'이라고 말한 근저에는 불사不死의 존재로서 신선을 인정하지 않는 느낌이 강하다. 7단계로 진행되는 수련의 방법도 대단히 합리적으로 짜여 있다. 그리고 이것은 후대의 내단수련론과는 확연히 다른 차원이다. 그의 수련론은, 엄밀히 말하면 복기 도인 등과 같은 외단적 방술에 가깝다고 할 수 있다. 그는 육체적 수련을 중시하여 형形의 단련을 일차적으로 강조하였다. 후대의 내단파들은 이 단계를 연정화기로 말하지만, 그에게서는 정精의 개념이 등장하지 않는다. 그리고서 이 형이 맑아지면 기에 합한다고 하여 연정화기와 같은 상태로 됨을 말하고 있다. 그는 진

---

15 이 문제에 대해서는 다음 장에서 자세히 분석할 것이다.
16 『좌망론』 하: 坐忘者 長生之基也 故招眞以煉形 形清則合于氣 含道以煉氣 氣清則合于神 體與道冥 斯謂之得道矣.

眞으로 형을 단련하고 도道로 기를 단련한다고 하여, 진과 도를 형과 기 단련의 수단으로 도입하고 있다. 이렇게 하여 기가 맑아지면 신에 합한 다고 하여 연기화신과 같은 경지를 말하고 있다. 바로 여기까지인 것이다. 그는 연신환허와 같은 경지는 말하지 않고 있다. 그러므로 '신선 역시 사람'이라는 논리가 성립할 수 있는 것이다.

다음으로 살펴야 할 인물은 최희범崔希範[17]이다. 최희범은 그의 저서를 모두 『입약경入藥經』이라 하여 정기신으로 내단을 수련하는 과정을 체계적으로 서술하고 있으며, 이후의 내단가들은 남종과 북종을 막론하고 그의 내단설을 채용하고 있다. 사실 그의 내단설에는 남북조시대부터 시작하여 당나라 말기까지 점차적으로 발전해온 이론이 종합되어 있다고 볼 수 있다. 그러나 그의 이론은 음양 오행 팔괘 등의 개념과 도식을 모두 포함하면서 정기신을 중심으로 전개되고 있으며, 선불교의 수행론까지 차용하여 실제로는 너무나 번거로운 양상을 보이고 있다. 북송대의 내단이론은 오히려 그의 이론을 간략화 하여 보다 논리적으로 만든 것이라고도 볼 수 있다.

그는 정기신에 대하여 '하늘에 삼기三奇가 있으니 해, 달, 별이다. 땅에 삼기가 있으니 을乙, 병丙, 정丁이다. 사람에게 삼기가 있으니 정, 기, 신이다'[18]라고 하여, 천지인의 삼재三才에 가장 중요한 것 세 가지를 배당하였다. 그리고 이 정기신이 생겨나는 근본을 다음과 같이 말하고 있다.

---

17 그의 생몰연대도 확실하지 않다. 다만 그가 저술한 책에 '唐 庚子'라고 스스로 쓴 내용이 있으므로 880년을 전후하여 살았음을 확인할 수 있으니 당말오대 시기의 인물임을 알 수 있다.
18 『입약경』 상편: 天有三奇焉 日也 月也 星也 地有三奇焉 乙也 丙也 丁也 人有三奇焉 精也 氣也 神也.

> 조종祖宗이 삼단전 안에 있는 것이 성性이다. 성은 원신元辰이 모인 것이다. 성은 움직이기를 좋아하는 까닭에 바깥 경계를 따라 옮긴다. 한 번 태어났다가 한 번 죽으면서 순환하여 다시 시작한다. 그를 바탕으로 하여 생겨난 것을 정이라 하고 기라 하고 신이라 하며, 이를 일러 삼업三業이라 한다.[19]

그는 '삼업'이란 용어를 사용하여 불교를 차용하고 있음을 알 수 있으며, 정기신이 성으로부터 나온 것이라고 말하고 윤회의 특성을 가진다고 하고 있다. 물론 이때의 순환은 도가의 개념이기도 하지만 '경계'와 '삼업'의 불교적 개념과 더불어 사용되고 있으므로 불교적 색채가 짙다고 하겠다. 여기서 그가 말하는 정기신은 성性에서 바탕하여 생겨난 것이므로 그는 또한 '명공命功'보다는 '성공性功'에 더욱 비중을 두고 있는 듯하다.

최희범에게 있어서 정기신은 다시 각각 어떤 구체적인 의미를 갖는가?

> 신과 기와 정은 다시 서로 체가 되는 것이다. 무엇으로 말한 것인가? 정은 지극한 생명적 존재이며 형체가 없다. 기에 의지하여 형체를 가지며, 몸에서는 기가 되지만 미려尾閭를 지나면 정으로 된다. 정이 자연에서 능히 안정되면 형이 어찌 스스로 쇠퇴하겠는가? 그런 까닭에 정을 인간의 명이라 한다. … 정과 신이 상象을 합하여 항상 기해氣海에서 떨어지지 아니한다. 정은 그 신을 따라서 기해의 가운데에 던져

---

19 『입약경』 상편: 祖宗在三田之內者 性是也 性者 元辰聚也 性樂好動 故外隨境遷 一生一死 周而復始 其可資而生者 曰精 曰氣 曰神 謂之三業.

져 여기서 솥을 이룬다. 신기神氣는 가두어 마시면 기가 장생한다.…
천문天門의 기가 나가지 않고 면면히 간직하고 있는 까닭에 기가 몸에
서 나가지 않고 정과 신이 스스로 돌게 된다.[20]

정기신이 서로 체가 된다는 것은 내단의 기본이다. 그에게 있어 기
는 오히려 조정자 내지는 중간자의 역할을 하는 것으로 보이며, 정과 신
이 중요한 의미를 지닌다고 하겠다. 여기서는 구체적으로 다루지 않겠지
만, 그의 수련론에서 가장 중요한 것은 수화상극水火相剋으로서의 수승
화강水昇火降이다. 정은 기에 의지하여 형체를 가지게 되며, 이렇게 형체
를 가지게 된 기가 안정되면 형체가 쇠퇴하지 않게 되어 장생할 수 있다
는 것이다. 따라서 정을 인간의 명이라고 한다는 말이니, 이는 후대의 내
단가들이 말하는 이론과는 다르다. 즉, 후대의 내단가들은 선천과 후천
의 정기신을 나누고, 후천의 정기신을 모두 선천의 정기신으로 변화시
키는 과정을 '연단'이라고 하였다. 그러나 최희범은 선천과 후천으로 정
기신을 나누지 않고 있음을 알 수 있다. 정과 신이 '기해氣海'에서 솥을
이루어 연단하며, 신기를 '가두어 마시면[폐복閉服]' '기'가 장생하게 되
니 이것이 바로 '장생의 도'라는 것이다. 천인합일의 원리에 의해 태어나
면서 하늘로부터 받은 기를 간직하고 있으므로 그 속에서 항상 정과 신
이 안정된 운동을 함으로써 장생을 이룰 수 있다는 원리를 제시하고 있
는 것이다. 즉 '신이 안정되면 밤낮으로 주천周天한다. 까닭에 신이 머물
면 기도 머물고 기가 머물면 신도 머물고, 신이 머물면 형체도 머물게

---

20 『입약경』 상편: 神也 氣也 精也 更相爲體者也 何以言之 精者至生之物 而無形焉 藉
氣而爲形 在身而爲氣 過乎尾閭而爲精 精能定于自然 則形何自而衰耶 故曰 精者 人之命
也 …精神合象 常不離于氣海 精從其神 投氣海之中 于是成鼎矣 神氣者閉服之 則氣長生
矣…天門之氣不出 綿綿若存 故氣不出身 精神自轉.

된다'[21]는 논리를 바탕으로 하고 있다. 다만 가결歌訣 형식으로 지은 『최공입약경』 첫머리에서 '선천기와 후천기 이것을 얻은 자는 항상 취한듯 하다'[22]고 하였으나, 그것을 수련하는 구체적인 방법에 대한 내용은 보이지 않는다.

그에게 있어 정은 곧 형체를 이룬 인간의 명이며, 기는 신과 정이 모여서 연단하는 솥이며, 신은 정과 기의 운행과 합산合散을 주재하는 것이다. 그렇지만 선천과 후천으로 분명히 나누어진 상태로 존재하는 것으로는 파악되지 않으며, 특히 정과 신은 연단의 과정에서 선천과 후천의 구분이 명확하지 않다. 그의 연단술은 바로 이 원리 위에서 전개된다. 『최공입약경』에서 말하는 그의 6단계의 연단술에 대한 후대의 주석에서 정기신을 선천과 후천으로 나누어 설명하고 있는 경우가 있지만, 그러한 해석이 타당한지는 충분히 다시 검토되어야 할 것으로 보인다.

---

21 『입약경』 상편: 神定則晝夜周矣 故神住則氣住 氣住則神住 神住則形在.
22 『최공입약경』: 先天氣 後天氣 得之者 常以醉.

3. 삼교회통의 역사적 전개

　도교가 종교적 단체로서 성립된 시기와 비슷한 때에 불교가 인도로부터 중국에 유입되었다. 이후 둘 사이에는 많은 영향을 주고받으면서 조화와 갈등의 과정을 겪게 된다. 이른바 불교의 교리를 도가적으로 이해하는 격의불교의 시대를 지나면서 불교는 중국식으로 이해되기 시작했으며, 교단과 교리에 대한 체계가 부족했던 도교는 불교로부터 많은 영향을 받아 빠르게 이에 대한 정비를 추진하게 되었다.[23] 북송에 이르기까지 유불도 삼교가 서로 조화와 갈등을 겪은 과정에 대해서는 이미 정리된 연구가 있지만,[24] 그 과정에서는 조화보다는 갈등과 투쟁이 주류를 이루었다고 할 수 있다.

　기존의 일반적인 연구에서는 내단도교의 수련론에 선불교의 수행론을 많이 차용한 것으로만 알려져 있다. 그러나 남악혜사가 처음으로 내단이란 개념을 사용한 것에서도 알 수 있듯이 불교에서도 장생의 방법

---

[23] 이 시기에 나타난 도교 서적은 양적으로 엄청난 팽창을 보이고 있다. 진국부의 『도장원류고』에 의하면 이미 갈홍의 『포박자』에 282종에 670권이 나타나고, 육수정의 『삼통경서목록』에는 1090권, 북주시대 완효서의 『칠록』에 1138권, 『현도관경목』에 2040권, 『수서 경적지』에 1216권 등이 기록되어 있다.
[24] 김경수, 「북송초기 삼교회통론의 양상」(『퇴계학과 유교문화』 제48집, 경북대 퇴계연구소, 2011)에서 상세하게 다루고 있다.

으로서 도교의 연단술을 이해하고 있었음을 알 수 있으며, 특히 선종의 4조인 도신道信이 수심법收心法으로서 '수일불이守一不二'의 선풍禪風을 제창하고, 그의 제자 홍인이 이를 계승 발전시킨 것도 보고되고 있다.[25] 그러나 이 여기서는 내단도교에서 선불교를 차용하여 자신의 수련법에 응용한 경우를 중심으로 살펴본다.

불교의 길장吉藏과 종밀宗密은 다 같이 유교와 도교를 외도外道나 인천교人天教라고 비판하였다. 그러나 한편으로 종밀과 그의 스승 징관澄觀은 유교와 불교의 유사점을 논하기도 하여 유교와의 화합을 꾀하기도 하였다. 이에 비해 성현영[26]과 같은 도교 인물은 유불도의 조화를 주장하였다. 성현영은 '복귀진성復歸眞性'을 말하였는데, 이것은 『중용』의 '천명지위성' 및 불교에서 말하는 삼성三性 중의 하나인 '진실성眞實性'과 매우 근접한 의미라고 밝히고 있다.[27] 그의 이와 같은 주장은 그의 제자 이영李榮에게 전해지고, 후에는 유학자인 이고李翶의 『복성서復性書』에 계승되어 복성서로부터 불로佛老에 오염되었다고 비판받았다고 한다.

왕현람王玄覽(626-697)의 이론은 그의 제자 왕태소王太霄가 집록한 『현주록玄珠錄』[28]에 정리되어 있다. 그의 수도방법에 대한 연구 성과를 보면, 그는 '좌망수심'과 '정혜쌍수'를 주장하였다고 한다.

> 곡신谷神은 죽지 않는다. 곡신은 상하上下 두 가지가 있으니, 존존存存이란 것은 좌망을 기르는 것이요, 존存은 형을 따라 기르는 것이다. 형을 기름은 장차 신선의 형체가 되려함이요, 좌망을 기름은 형을 버리고

---

25 미우라 구니오, 이승연 옮김, 『주자와 기 그리고 몸』(서울: 예문서원, 2003) 225쪽 참조.
26 당나라 태종과 고종 연간에 살았던 인물로 확인되고 있다.
27 卿希泰 主編, 『中國道敎史』 제2권(成都: 四川人民出版社, 1996) 186-187쪽 참조.
28 『정통 道藏』 38책에 수록되어 있다.

진眞에 들어감이다.²⁹

그가 말하는 수련법은 '존존양'과 '존양' 두 가지인데, 존양은 '명공'에 해당하고 존존양은 '성공'에 해당한다고 볼 수 있다. 그런데 여기서 말하는 '진眞'에 대해서 그는 '좌망'을 방법으로 제시하고, 다시 좌망에 대해서는 '지견멸진知見滅盡'으로 풀이하였다. 그리고 이 지견멸진은 바로 불교의 '중관설中觀說'과 같은 견해임을 논증하고 있다.³⁰

사마승정에게서는 선불교의 요소가 보다 구체적으로 나타난다. 그는 신선의 길이 '간단하고도 쉽다[간이簡易]'고 말한다. '간이'한 방법은 간연簡緣과 무욕無慾과 정심靜心의 삼계三戒를 들었다. 다음으로 그는 신선이 되는 방법으로 5단계의 '점문漸門'을 제시하면서 재계 안처 존상 좌망 신해를 들었다. 그리고 여기서 말하는 재계는 말할 필요도 없거니와 존상은 '혜해慧解'라고 하고, 좌망을 '정해定解'라고 하였다. 이것은 불교의 계정혜와 아무런 차이도 없는 것이라고 할 수 있다. 사마승정이 말한 '주정거욕主靜去慾'의 수련론이 불교 천태종의 영향을 대폭 수용하였다는 사실은 이미 남송 시기의 저술에서부터 나타나고 있음이 밝혀져 더 이상의 논증이 필요 없으므로 몽문통蒙文通의 글을 인용한다.

> 사마승정의 『좌망론』은 본래 천태종에서 나온 것이다. 수당시기의 도사는 구마라집의 반야종을 받아들였는데, 사마승정의 경우는 천태종 지자智者 대사의 학설을 받아들였다. 사마승정은 과감하게 불가의 선

---

29 『현주록』: 谷神不死 谷神上下二養 存存者坐忘養 存者隨形養 形養將形仙 坐忘養捨形入眞.
30 卿希泰 主編, 『中國道敎史』 제2권(成都: 四川人民出版社, 1996) 220-221쪽 참조.

관, 정혜, 점오, 명심견성의 학설을 받아들여 수련과정 중 연신입정하는 문제를 해결하였다. 이리하여 최초로 전통적 양생입정 공부와 정신심리 훈련을 통괄적인 금욕벽해禁慾辟害, 청정무위의 방법으로부터 단계적, 계통적 순서에 따르는 점진적인 훈련방법으로 변화시켰다. 이런 측면에서 말한다면 이것은 그가 이전의 모든 도교 내단수련 이론가를 능가한 부분이라 할 수 있다.[31]

미우라 구니오도 이러한 주장에 전적으로 동의하면서 '표면적으로는 불교가 말하지 않았던 신체성을 첨가하여 불사不死를 주장함으로써 불교보다 우위에 서고자 했다'[32]고 한 걸음 더 나아간 입장을 피력하고 있다. 이렇게 본다면 실제로 사마승정으로부터 도교에서는 불교의 수행론을 공공연하게 받아들여 자신의 수련론을 논리적으로 완성하는 시기에 접어들었다고 할 수 있겠다.

최희범은 불교적 색채를 차용하지만 사마승정으로부터 나타나는 수련의 구체적 단계로서의 개념과는 다소 차이가 있는 것으로 보인다.

> 심心은 인印(있는 그대로 찍어냄)이다. 마음이 화평하지 않으면 대상이 (마음에) 옮겨오지 않는다. 마음이 인과 함께 하도록 하는 것은 근根(육근 즉 감각기관)이다. 인이란 것은 진塵(육진 즉 대상)이다. 그 대상을 모두 끊으면 진공眞空의 선仙을 증득한다. 마음을 버릴 수 있으나 다 없애지 못하면 삭공數空의 선仙을 증득한다. 마음이 인과 함께

---

31 李遠國, 김낙필 외 옮김, 『내단-심신수련의 역사 1』(성균관대학교출판부, 2006) 531쪽.
32 미우라 구니오, 이승연 옮김, 『주자와 기 그리고 몸』(서울: 예문서원, 2003) 231쪽.

하는 것을 사용하지 않으면 공적空寂의 선仙을 증득한다.[33]

여기서 그가 말하고자 하는 것은 인식의 차이에 따라 신선의 등급도 차이가 있다는 것이다. 그런데 중요한 점은 그가 그 인식의 과정을 불교의 개념으로 설명하고 있다는 사실이다. 계속하여 그의 말을 인용해보자.

인印이란 무엇인가? 정精이다. 인이 안정되면 정이 생긴다. 인이 끊어지면 정도 다한다. 그러므로 인은 마음을 따라 일어나고 마음은 다시 인에서 생긴다. 보통사람은 마음을 사용하지만 인을 사용하지 않고, 성인은 인을 사용하고 마음을 사용하지 않는다.[34]

앞의 내용과 연관하여 정리해보면, 심心은 인印이고 인은 정精이다. 인의 인식은 육근六根에 의해서 일어나지만 실제의 인은 육진六塵이다. 그리고 앞에서 살펴본 것처럼 그에게 있어 정은 곧 명命이다. 그러나 여기서 인과 정은 동일한 사물을 가리키는 개념은 아니라는 사실이다. 대상으로서의 육진이 육근에 의지하여 정확히 확보된 상태를 말하고 있다. 여기서 '인이 안정되면 정이 생긴다'는 말은 명으로서의 정에 대한 수련 단계에서의 간취를 지칭하는 것으로 이해해야만 한다. 이 단계는 후대 내단가들이 말하는 '연정화기'를 이루기 위한 과정이어야만 하는 것이다. 그래야만 '인은 마음을 따라 일어나고 마음은 다시 인에서 생긴다'는 말

---

33 『입약경』 상편: 心者 印也 心不和則人不移 心與印者根也 印者塵也 絶其塵則證得眞空之仙矣 心可除而不滅 則證數空之仙矣 心與印不用 則證空寂之仙矣.
34 『입약경』 상편: 印者何也 精也 印定精生矣 印滅精盡矣 故印從心氣起 心復生于印 常人用心而不用乎印者也 聖人用印而不用乎心者也.

을 이해할 수 있게 되는 것이다. 이때의 '마음'은 '의념'으로서 인식작용이라고 할 수 있을 것이다. 즉 '인식작용'과 '대상' 사이의 관계를 설명하면서 그 둘의 일체화의 중요성을 설명하고자 하고 있음이다.

그런데 사실 이와 같은 설명은 모두 불교의 개념으로 이루어지고 있다는 점이 중요하다. '신체'를 가진 인간이 내단수련의 과정에서 그 일차적 단계로 행해야 하는 '명공命功'의 구체적 내용을 확보하는 상태를 불교의 인식논리를 빌어서 설명하고 있는 것이다. 그는 이미 '심경心鏡' 즉 '마음 거울'이라는 개념도 사용하고 있거니와, 이 바탕 위에서 정기신을 약으로 삼아 수련론을 전개하고 있으므로, 그의 저서에 스스로 붙인 이름이 바로 『입약경』인 것이다.

'인'이란 불교의 개념이다. 그것은 바로 '월인천강月印千江'이라 할 때의 인이고, '해인海印'이라 할 때의 인이다. 곧 진리라는 말이기도 하다. '육근'과 '육진' 또한 불교의 개념임은 주지의 사실이다. 그에게 있어 이와 같은 불교의 인식논리는 도교에서 부족한 부분을 보충해주는 요소로 작용했던 것이다. 그리하여 그는 '진공지선眞空之仙'과 '삭공지선數空之仙' 그리고 '공적지선空寂之仙'과 같은 불교와 도교가 결합한 용어를 만들어내게 되었던 것이다. '진공지선'은 참된 신선의 경지이고, '삭공지선'은 참된 신선의 경지에 종종 이르게 되지만 아직은 온전하지 못한 상태이며, '공적지선'은 마음으로만 증득한 신선의 경지일 뿐 실제로는 신선이 되지 못한 경계를 표현하고 있는 말이다.

최희범의 이와 같은 논리는 후대 내단가들이 '명공'의 단계가 아니라 '성공'의 단계에서 필요한 수련론으로 선불교를 차용한 것과는 확연한 차이를 보인다.

4. 『종려전도집』의 비판적 검토

    종리권鍾離權과 여동빈呂洞賓은 각각 그 생존시기가 당나라 말에서 오대 시기 그리고 오대와 북송초기로 추정되며,[35] 그들은 스승과 제자의 관계였으며 함께 '당송팔선唐宋八仙'에 이름을 올리고 있다. 그들은 북송 이래의 내단학파에서 모두 조사로 받들고 있는 인물이 되었다. 특히 이름이 여암呂巖이고 자字가 동빈이면서 흔히 순양진인純陽眞人으로 불리는 여동빈은 민중들에게 가장 인기 있는 신선으로 꼽히고 있다. 호랑이를 부리고 다니면서 검술에 뛰어난 것으로 알려진 그는 대만의 도교에서 최초로 모셔진 신선이기도 하다.[36]

    종리권과 여동빈은 이른바 도교 내단의 '종려단법'을 개창한 인물로 꼽히고, 그들의 저술은 여러 가지가 현재까지 『도장道藏』에 수록되어 전하고 있다. 종려단법의 골격을 이루는 내용은 종리권의 저술인 『비전정양진인영보필법秘傳正陽眞人靈寶畢法』과 '정양진인종리권운방술正陽眞人鍾離

---

[35] 여기서는 그들의 생몰연대에 대한 고증이 중요한 문제가 아니므로 자세히 다루지 않는다. 다만, 李遠國, 김낙필 외 옮김, 『내단-심신수련의 역사 1』(성균관대학교출판부, 2006) 565-577쪽에 이 문제와 관련한 비교적 상세한 내용을 다루고 있다.
[36] 대만 도교의 최초 도관인 指南宮에서는 그를 중심인물로 모시고 있으며, 호랑이를 데리고서 검을 메고 있는 그의 모습은 그림으로 많이 묘사되어 민간에서 소장하고 있음을 흔히 볼 수 있다.

權雲房述' 순양진인여동빈집純陽眞人呂洞賓集 화양진인시견오희성전華陽眞人施肩吾希聖傳'으로 되어 있는『종려전도집』에 수록되어 있는 것으로 널리 알려졌다. 여기서는『영보필법』은 제외하고『종려전도집』의 전승에 대해서 간단히 비판적으로 검토해보고자 한다.

『중화도교대사전』에 의하면 종리권은 '당말오대唐末五代' 때에 인물로 함양인咸陽人이라고 하였다. 왕현보로부터 배워 장생의 술법을 얻었다고 하고, 여동빈과 진박 등의 제자가 있었다고 한다.[37] 그리고 같은 책에서 여암에 대해서는 '만당오대晩唐五代' 때의 영락현 사람이라고 하고 있다. 그런데『역세진선체도통감』에 수록된「여암」항에서는 다음과 같이 서술하고 있다.

> 정원 12년 병자 4월 14일에 임금수林檎樹 아래에서 태어났다. 어려서 총명하고 민첩하여 매일 일만 글자를 암송하였다. 문종 개성開成 2년 정사에 이르러 진사에 발탁되었는데, 발탁될 때에 나이가 42세였다. 용의 자태에 봉의 눈을 하고 수염과 머리가 성기고 빼어나 금수金水의 모습이었다. 머리에는 화양건華陽巾을 쓰고 옷은 소요복逍遙服을 입었는데, 모습이 장량張良과 비슷하였고 또 태사공太史公과 비슷하였다.[38]

정원 12년은 796년이다. 개성開成 2년은 837년이니 그의 나이 42세 때이다. 그의 모습에 대한 형용은 그가 도사로서의 훌륭한 자질을 타고

---

37 胡孚琛 主編,『中華道敎大辭典』(北京: 中國社會科學出版社, 1995) 103쪽「종리권」항 참조.
38 『역세진선체도통감』권45「여암」: 貞元十二年丙子 四月十四日 生於林檎樹下 少聰敏 日誦萬言 至文宗開成二年丁巳 擢擧進士 擢第時年四十二歲 龍姿鳳目 鬚髮踈秀 金水之相 頂華陽巾 衣逍遙服 似張良 又似太史公之狀.

났다는 것을 나타내기 위한 서술이니 그렇다고 하고, 그가 장량이나 태사공과 닮았다는 이야기도 도교적 색채가 강한 인물임을 말하는 것이다. 그런데 당나라는 902년에 망했으니, 그가 '당말오대' 때의 사람이라고 한다면 100세를 훨씬 넘게 살았다는 말이 된다. 이 인용문 앞에는 그의 조상에 대한 기록이 열거되어 있으므로 상당히 신빙성이 있다고 할 수 있다.

시견오에 대한 기록을 살펴보면, 『중화도교대사전』에서는 '만당도사晩唐道士'라 하고 자는 희성希聖이며 호는 동재東齋이고 세상에서 화양진인華陽眞人이라고 칭했으며, 원화 10년에 진사에 올랐다고 하였다. 원화 10년은 815년에 해당한다. 한편, 『역세진선체도통감』에서는 다음과 같이 기록하고 있다.

> 아취雅趣가 연하煙霞를 향하여 신선神仙을 사모하고 과거공부를 가볍게 여겼다. 당나라 헌종 원화元和 15년에 진사에 급제하였다. … 처음 희성은 정양旌陽을 만나니 다섯 종의 내단결과 외단의 신방神方을 주었다. 후에 다시 여동빈을 만나 내련금액환단대도를 전수받았다.[39]

원화 15년은 820년이다. 『중화도교대사전』과 5년의 차이가 있다. 시견오는 진사에 급제하고 '명년明年 개원장경改元長慶' 즉 821년에 집을 떠난 것으로 『역세진선체도통감』에서는 기록하고 있으므로 『중화도교대사전』의 기록이 잘못된 것으로 보인다. 그리고 그는 처음 정양旌陽을 만

---

39 『역세진선체도통감』 권45 「시견오」: 趣向煙霞 慕神仙 輕擧之學 唐憲宗元和十五年登進士第. …初希聖遇旌陽 授以五種內丹訣及外丹神方 後再遇呂洞賓 傳授內煉金液還丹大道.

나서 내단결內丹訣과 외단의 신방神方을 얻었고, 후에 다시 여동빈을 만나서 내단을 전수받았다고 하였다. 여기서 말하는 정양旌陽은 그 무렵의 도사 이름에 등장하지 않는 인물이므로 아마 정양正陽으로 보는 것이 타당하리라. 그렇다면 그는 정양진인 종리권과 순양진인 여동빈을 따로 만난 것이 되며, 그들로부터 각각 다른 단법을 전수받은 셈이 된다.

시견오는 820년에 진사에 급제하였으므로 그가 일찍 급제했다고 할지라도 20세 전후라고 본다면 800년 전후에 태어났을 것이다. 그런데 종리권은 접어두고라도 여동빈은 837년인 42세에 진사에 발탁되었으므로 시견오보다 무려 17년이나 늦으며, 그 이후에 여동빈이 도교에 입문하였다고 본다면 그 또한 시견오보다 한참 늦은 때가 된다. 물론 나이로만 본다면 여동빈과 시견오는 비슷한 또래이거나 여동빈이 불과 4-5년 앞선다고 볼 수 있다.

또한 여동빈에 관한 이야기 중에는 진단과 관련된 내용도 많이 전하고 있는데, 『송조사실류원宋朝史實類苑』에 나타나는 '관중의 여동빈이란 사람은 검술을 잘하며 나이가 백여 세이지만 용모는 어린아이 같았다. 걸음이 가볍고 빨라 일찍이 진단의 집에 이르렀다'[40] 진단은 그 생몰연대가 명확히 밝혀진 인물로 871년에 태어나 989년에 죽었으니 118세를 살았다. 진단은 젊어서 과거에 응시했다가 낙방하고 난 후에 도교로 전향한 인물이다.[41] 진단이 20세 무렵에 도교로 전향하였다고 하더라도 여동빈의 나이는 100세에 가깝다. 여동빈과 진단은 75세의 나이차가 있다.

---

40 『송조사실류원』 권41: 關中呂洞賓者 有劍術 年百餘歲 貌如嬰兒 行步輕疾 皆嘗至搏齋中. 이 기록은 李遠國, 김낙필 외 옮김, 『내단-심신수련의 역사 1』(성균관대학교출판부, 2006)의 572쪽에서 재인용 하였음을 밝힌다.
41 김경수, 「진단의 내단이론과 삼교회통론」(『한국철학논집』 제31집, 한국철학사연구회, 2011) 제2장에 진단의 생애에 대한 상세한 연구가 되어 있다.

진단은 후진後晉 천복天福 연간에 촉 땅에서 노닐다가 하창일로부터 쇄비술을 연마하였고, 뒤에 관중으로 들어갔다고 되어 있다. 후진 천복 연간은 936년에서 944년까지이다. 이때는 진단의 나이 65세 이후이고, 그 뒤에 관중으로 갔다면 여동빈이 진단의 집을 찾았을 때는 대략 150세 전후라고 보아야 할 것이다. 이것은 물리적으로 불가능하다고 할 수 있다. 실제로 진단이 여동빈으로부터 내단의 단법을 전수받았다는 구체적인 기록은 어디에도 보이지 않는다.

여동빈이 45세 무렵에 도교에 입문하였다고 한다면 시견오보다 20여 년이나 늦은 것인데 나이가 비록 4-5년 앞선다고 하여도 누가누구에게 도를 전수하는 것이 사리에 합당할지는 저절로 판단되는 일이다. 또한 여동빈이 장수하였다고 할지라도 중년 이후의 진단과 교분을 가졌다는 것은 성립되기 어려운 가설일 뿐이다. 종리권과 여동빈 그리고 시견오는 동시대 사람일 수는 있어도 그들 사이에 내단술의 전수와 관련된 관계성에 대한 정확한 기록은 아직은 찾을 수가 없는 실정이다.

『종려전도집』이 세상에 나타나게 된 과정을 살펴보아도 약간의 의문점을 찾을 수 있다. 이 책은 북송과 남송 연간에 증조曾慥가 편집한 『도추道樞』 권39에서 권41에 수록되어 『전도집傳道集』이라는 명칭으로 처음 나타났다. 이것이 다시 『도장』 중의 『수진십서修眞十書』에 포함되어 권14부터 17까지로 수록되어 『종려전도집鍾呂傳道集』이란 명칭을 가지게 되었다. 그 이후에도 『고금도서집성』과 『도장집요』 등에도 『종려전도집』이란 이름으로 수록되었다.[42] 이 책은 내단이론이 정점을 이루었던 북송 시기

---

[42] 李遠國, 김낙필 외 옮김, 『내단-심신수련의 역사 1』(성균관대학교출판부, 2006) 577쪽 및 沈志剛 主編, 『鍾呂傳道集注釋·靈寶畢法注釋』(《道學經典注釋》1, 北京: 中國社會科學出版社, 2004)의 「導言」에서 이 문제에 대하여 충분히 고찰하고 있다.

에 간행된 것이 아니며, 나아가 처음 간행될 당시의 명칭은 『종려전도집』이 아니라 『전도집』이었다는 것이다. 후대에 '종려'라는 명칭을 더했던 것이다. 이것은 아마도 왕중양이 창시한 전진도에서 자신의 계보를 만들면서 종리권과 여동빈을 두 번째와 세 번째의 조사로 편입한 이후의 일이고, 전진도가 이후 도교의 중심축이 되었기에 그리 되었을 가능성이 매우 높다고 할 수 있다.[43]

『종려전도집』은 종리권과 여동빈과 시견오의 합작품으로 보기 어렵다. 따라서 그것을 통하여 '종려단법'의 핵심을 추론하는 일도 무리가 있다고 할 수 있다. 종리권과 여동빈의 단법은 새로운 각도에서 연구할 필요가 있다.

---

43 김경수, 「내단도교 남·북종의 단법 비교-장백단과 왕중양을 중심으로-」(『한국철학논집』 제42집, 한국철학사연구회, 2014)에서 이 점에 대하여 상세히 논하고 있다.

5. 내단도교의 성립으로

　　진단과 장백단에게서 정립된 남종 내단법과 종리권 여동빈을 거쳐 왕중양에서 정립된 북종 내단법은 몇 가지 측면에서 차이점을 갖는다.[44] 그 대표적인 차이는 남종이 개인적 수련을 목적으로 하는데 반하여 북종은 혼란한 시기에 자아의 정체성 확보와 민중구제라는 목적을 가진 것이며, 방법론에서 '선명후성'과 '선성후명'의 수련이라는 차이를 보이고 있다는 것이다. 그리고 그 속에서 유교의 도덕적 수양론과 선불교의 심성수행론이 수용되고 있다.

　　내단도교의 성립에서 가장 중요한 요소는 정기신 개념의 확립이다. 소원랑과 장과 그리고 사마승정 및 최희범에게서 나타나는 정기신 개념은 각각 다른 내용을 지니고 있음을 알 수 있었다. 또한 그 개념들은 아직 북송 때의 내단가들이 말하는 정기신 개념과도 일정한 차이가 있음도 알 수 있다. 그러나 그들의 이론들이 후대의 내단가들에게 직간접적인 영향을 끼쳤다는 점은 부정할 수 없다고 하겠다.

　　삼교회통의 문제에 있어서도 성현영과 왕현람 그리고 사마승정 및

44　김경수, 「내단도교 남·북종의 단법 비교-장백단과 왕중양을 중심으로-」(『한국철학논집』 제42집, 한국철학사연구회, 2014) 참조.

최희범에게서 각각 다른 양상으로 나타나고 있다. 그들은 대체로 불교의 개념을 차용하여 내단도교의 이론을 보다 논리적으로 전개하려고 하였음을 알 수 있다. 후대의 내단가들이 유교의 도덕적 수양론과 불교의 심성수행론을 내단이론에 차용하여 보다 완벽한 체계로 만들어 낸 원형을 제공한 셈이 되었던 것이다.

종리권과 여동빈의 '종려단법'은 『종려전도집』에 집약되어 있는 것으로 간주하는 것이 일반적인 경향이지만 그것이 가지고 있는 문제점을 통하여 '종려단법'은 다시 조명할 필요가 있다는 점도 살펴보았다. 왕중양이 창시한 전진도의 단법에 종리권과 여동빈의 영향이 구체적으로 어떻게 반영되어 있는지 상세히 검토해야 할 필요성을 제기한 것이다.

2장

진단의 내단이론과 삼교회통론
陳 摶

1. 문제의 성격

유교, 불교, 도교 삼교는 일찍부터 동아시아인의 삶을 지배해온 사상체계였다. 당唐 중기 이후로 이들 삼교에는 새로운 변화의 바람이 일어났다. 『오경정의五經正義』의 완성으로 경전에 대한 훈고訓詁를 마친 유교는 철학적 사유에로의 전환을 모색하게 되는데, 한유韓愈와 이고李翱가 그 단초를 담당했다고 할 수 있다. 경전에 대한 교상판석敎相判釋으로 다양한 종파를 형성하고 이론적 탐구가 활발하여 이른바 종파불교시대를 열었던 불교는 무종武宗 때에 이르러 거의 궤멸상태를 초래한 회창법란會昌法難[45]을 겪고서 마음의 해탈을 추구하는 선종과 극락왕생을 희구하는 정토종으로 그 주류가 바뀌었다. 반면에, 도교는 당 왕조의 비호 아래 그 세력을 크게 떨치면서 외형적으로는 많은 발전을 이루었지만, 전통적으로 추구해온 불로장생의 방법인 외단술에 의해 적어도 6명의 황제가 단약에 중독되어 사망하는 사례가 발생하면서 새로운 수련법을 모색해야 하는 절박한 상황에 놓여 있었다.

---

[45] 중국에서의 불교탄압은 주로 도교 측의 농간으로 이루어졌다. 역사적으로 유명한 네 차례의 폐불사건에 대한 대략은, 김경수, 「북송초기 유불도의 삼교회통론-선불교의 계승과 도교의 장백단을 중심으로-」(경상대 철학박사 학위논문, 2008) 11-15쪽 참조. 네 차례의 법난 중에서도 무종의 회창년간인 845년에 있었던 폐불사건이 가장 극심하였다.

한편, 불교가 인도로부터 도입되는 시기와 비슷하게 중국에서 자생적으로 발전한 도교는 현세에서의 기복祈福과 내세에서의 극락 내지는 불로장생의 교리에 비슷한 점이 많았다. 교리와 교단의 조직이 치밀한 불교에 비해서, 상대적으로 그러한 점에서 취약했던 도교는 불교를 비판하면서 그로부터 도리어 교리와 교단에 대한 체계를 배울 수밖에 없었다. 그 과정에서 자연적으로 갈등이 드러나지 않을 수 없었고, 여기에 유교의 불교 비판도 겹치면서 삼교는 상호 비판과 수용의 역사가 시작되었다.[46] 초기에 삼교의 상호교섭은 교리에 대한 충분한 검토에서 비롯한 것이 아니라 매우 피상적인 차원에서의 비판이 중심을 이루었다. 상당한 시간이 지난 다음에 비로소 각각의 역할분담론에 따른 삼교정립론이나, 이론적 유사성에 초점을 맞추거나 상호보완적인 체계로 이해하려는 회통론 내지는 융회론이 등장하였다. 그러면서도 불교와 도교가 유교를 직접적으로 비판하는 경우는 거의 없었는데, 이는 국가의 통치이념인 유교에 대한 비판이 오히려 자신에게 불리하게 작용할 것임을 알았기 때문이라고 볼 수 있다.

이 시기로부터 북송초기에 이르기까지 삼교는 각각 특유의 수도론修道論 이론적 체계를 정립하여, 성리학의 수양론修養論과 선불교의 수행론修行論 그리고 도교의 수련론修煉論이 독특한 형식을 드러내고 있었다. 앎과 실천을 분리하지 않는 동양철학의 특징에서 본다면, 목적으로서의 성도成道 또는 득도得道나 목적이 갖는 의미로서의 달도達道보다는 수도修道 즉 실천의 방법론이 대단히 중요한 의미를 갖는다. 이 시기에 삼교

---

46 김경수, 위의 논문 제Ⅱ장 참조. 이 문제에 대해 역사적으로 가장 종합적인 검토를 하고 있는 것으로는, 久保田量遠, 『支那儒佛道交涉史』(東京: 大藏出版社, 1943)이 있는데, 이 책은 최준식, 『中國儒佛道三敎의 만남』(민족사, 1990)으로 번역되어 있다.

회통론을 주장한 인물들은 다른 종교의 장점을 취하여 자신의 관점에 접목하여 새로운 수도론의 이론체계를 구성하였다.

따라서 이 시기의 삼교회통론은 보다 복잡한 양상을 가지고 있다. 주지하다시피 동양철학은 실천을 중시하여 수도론修道論에 초점을 두고 있다. 이 문제는 이른바 동양철학의 몸과 마음의 문제라고도 할 수 있다. '자아완성'을 최종 목적으로 하는 동양철학에서 유교 불교 도교는 각각 성도成道 또는 득도得道의 경지를 '성인聖人'과 '부처' 그리고 '진인眞人'으로 제시하고 있다. 그리고 그 각각이 갖는 내용 즉 의미로서의 달도達道를, 유교에서는 '온갖 행위가 도덕적으로 완벽한 자'로, 불교에서는 '모든 고통의 원인인 번뇌를 끊고 열반에 이른 자'로, 도교에서는 '현상적 존재자의 세계에서 청정한 본원의 존재로 되돌아 간 자' 등으로 규정한다. 물론 유교에서 말하는 '성인'은 성리학이 말하는 '성인자기聖人自期'의 개념을 도입한 이후의 의미이다. 이에 따라 그들 각각이 그 목적에 도달하기 위한 방편인 수도론도 자연히 다를 수밖에 없다. 그리하여 유교는 극기복례라는 전통적 수양론을 넘어서 '몸을 주재하는 마음속에 있는 본원의 성性을 잘 길러[양養] 천명天命과 합일하는 경지로 나아가는 것'을 그 방법론으로 제시하였고, 불교는 색즉시공色卽是空 이사무애理事無礙의 관점으로부터 '세계와 마음의 본질은 주객미분主客未分의 공空임을 깨달아 다시금 일상으로 살아갈[행行] 것'을 말하였으며, 도교의 내단이론은 '일차적으로는 육체적 수련을 통하여 몸을 구성하고 있는 정精을 기氣로 바꾸는 명공命功을 닦은 후에 이 기氣를 신神으로 바꾸는 성공性功을 거쳐서 궁극적으로는 이 신神을 태허太虛로 돌이키는 복귀무극復歸無極의 경지로 변화[련煉]시킬 것'을 주장하였다. 그래서 우리는 삼교의 수도론을 수양론과 수행론 그리고 수련론이라고 달리 이름하고 있는 것이다. 바로 이 부분에서 삼교회통에 대한 각각의 입장이 다르게 나타나게 된다.

이와 같은 각각의 수도론은 불교의 수행론을 제외하면, 성리학과 내단 도교의 수양론과 수련론은 그들 고유의 방법론이라고 할 수 없는 것이다.[47] 성리학의 형성에서 우주론적 관점은 도교의「무극도」를 원형으로 하였고, 심성론은 불교의 이론을 많이 빌려왔다는 것이 통설이다. 여기서 말하는 도교의「무극도」가 바로 이 글에서 다루고자 하는 인물인 진단의 작품이라는 사실도 잘 알려져 있다. 성리학자들은 스스로 자신의 학설 가운데 일부분이라도 불교나 도교에서 빌려왔다고 말하는 경우가 없다. 그에 반해, 도교에서는 내단이론의 정립자라고 할 수 있는 진단에서부터 다른 사상의 장점을 자신의 이론체계에 받아들이고 있음을 분명히 선언하고 있다.

동양철학은 인간을 '현상적 존재'와 '본원적 존재'로 구분한다. 이러한 '존재 규정'으로부터 수도론의 논리가 성립된다. '자아' 또는 '자기'라는 개념을 어떻게 규정하느냐에 따라서 '현상적 존재'로부터 '본원적 존재'로의 회귀 내지는 도약 방법이 결정된다. 도교 내단이론의 정립자라 할 수 있는 진단은 이런 측면에서 독특한 체계를 확립한 인물이다. 그의 사상연원과 내단이론 그리고 삼교회통론 및 사상의 전승을 살펴보는 일은 중요한 의미를 지닌다. 한마디로 그는 유교 불교 도교 삼교에 완전히 새로운 지평을 개척하였다고 해도 과언이 아니다.

진단의 내단사상과 삼교회통론을 연구하는 일은 도교 내단사상 수도론의 기본구조를 밝힐 수 있다는 점에서 중요하다. 이는 또 유교 불교 도교 각각의 수도론을 비교할 수 있어 삼교의 특징을 분명히 구별할 수

---

47 이들 상호간의 내적 연관성에 대한 연구 성과의 하나가 『주자와 기 그리고 몸』(미우라 구니오, 이승연 옮김, 예문서원, 2003)에서 다루어져 있고, 성리학의 형성에 미친 불교의 영향에 대해서는 일찍이 일본에서 다수의 연구가 있다.

있게 해준다. 따라서 진단에 대한 연구는 몇 가지의 목적과 필요성을 함축하고 있다. 첫째, 도교의 외단사상이 내단사상으로 변천해 간 내용을 알 수 있다. 둘째, 진단의 관점에서 본 삼교의 특징과 그것들이 그의 사상 속에서 어떻게 흡수되어 회통되었는지 알 수 있다. 셋째, 북송 초기 성리학 형성 당시 도교에서 사용하고 있던 '기氣'와 '성性' 등의 개념이 성리학의 그것들과 어떤 유사성을 갖고 있는지를 알 수 있다. 넷째, 그가 구축한 이론적 체계가 후대에 어떻게 전승되고 발전했는지를 살필 수 있다. 이 장의 목적은 이러한 관점을 조명해 보고자 하는 것이다.

2. 생애와 사상사적 위치

　　진단陳摶(871-989)은 어떤 인물인가? 그의 생애는 118년이나 살았던 세월만큼이나 다양한 모습을 가지고 있으면서, 사상적으로는 중국 송대宋代의 학술계에 가장 큰 영향을 미친 인물이다. 그에 대한 가장 정확한 기록은 『송사宋史』의 「진단전陳摶傳」과 『속자치통감續自治通鑑』을 꼽을 수 있고, 그 외에 《도장道藏》에 수록된 『태화희이지太華希夷志』를 비롯한 여러 저서들에서도 확인할 수 있으며,[48] 《전송문全宋文》에 수록된 몇몇 인물들의 문집에서도 산견된다. 또한 그 중의 일부는 《사고전서四庫全書》에서도 확인할 수 있다. 그리고 불교《대장경大藏經》에 수록된 『불조통기佛祖統記』 등 불서佛書에서도 그에 대한 기록을 찾을 수도 있다.

　　그는 도교의 색채가 강하게 남아있는 사천성 보주普州 숭감崇龕 출신으로 알려져 있다.[49] 그의 어린 시절은 분명히 전하지 않고, 다만 버려진

48　필자가 소장한 《도장》은 《정통도장》과 《중화도장》 두 종류가 있다. 진단과 관련한 기록이 보이는 대표적인 글은 『태화희이지』로서 《정통도장》에는 9책에, 《중화도장》에는 48책에 수록되어 있다. 조도일의 『역세진선체도통감』의 「진단」편은 《정통도장》 9책과 《중화도장》 47책에, 진단이 지은 『지현편』을 가끔 인용하고 있는 兪琰의 『周易參同契發揮』는 《정통도장》 34책과 《중화도장》 16책에 각각 실려 있다.

49　그의 출생지에 대해서는 亳州 眞源이라는 설도 있으나, 李園國이 『道教氣功養生學』(四川: 四川省社會科學院出版社, 1988. 이 책은 국내에서 김낙필 외 옮김, 『내단-심신수

아이를 어부 진陳씨가 길러서 그의 성을 따랐다고 한다. 다만 『태화희이지』 권상卷上의 서두에, 그가 어렸을 때 놀다가 목이 말랐는데 한 푸른 옷을 입은 할머니가 나타나 젖을 먹이고서 "너는 이제 다시는 기욕嗜欲이 없을 것이며 총명함이 뛰어날 것"이라 했다고 적고 있다. 그의 생애에 대해서 가장 믿을 수 있는 기록은 역시 정사인 『송사』 「진단전」이라고 할 수 있다. 그 다음으로는, 이 기록을 저본으로 하고 기타 진단에 관해 전해지는 일화를 중심으로 그에 대해 가장 상세한 내용을 담고 있는 저술로 2권으로 된 장로張輅의 『태화희이지』가 있다. 이 책의 권상은 진단과 후주後周 세종世宗 및 송의 태조太祖 사이에 있었던 이야기를 중심으로 서술하고 있고, 권하는 진단 자신의 일화를 중심으로 서술하고 있다. 그 외에 다시 그에 대한 기록으로 원대元代 조도일의 『역세진선체도통감歷世眞仙體道通鑑』 권47의 「진단」 항이 있다. 그 내용은 앞의 두 기록이 담고 있는 내용을 벗어나지 않고 있다. 이 세 가지 기록에 의하면, 진단은 젊어서 과거에 뜻을 두어 장안으로 가서 진사시에 응시하지만 합격하지 못하고 도교와 인연을 맺은 것으로 되어 있다.

그의 생애와 관련한 『송사』 「진단전」의 기록을 살펴보자.[50]

> 마침내 벼슬과 록을 구하지 않고 산수자연을 자신의 즐거움으로 삼았다. 일찍이 손군방·장피처사를 만났는데 이 두 사람은 뜻이 고상한 사람들이라고 진단은 말하였다. 그들이 진단에게 "무당산 구실암

련의 역사 1, 2』, 성균관대학교출판부, 2006으로 번역 간행되었다.)에서 보주 숭감 출신이라는 사실을 밝히고 있다.

50 이하에서 인용한 번역문들은 李園國, 김낙필 외 옮김, 『내단-심신수련의 역사 1·2』(성균관대학교출판부, 2006)에 있는 경우는 이를 대체로 그대로 재인용하면서, 부분적으로 필자가 첨삭하였음을 밝힌다.

이 은거할 만하다."고 일러 주었다. 진단은 그곳에 가서 살았다. 그리하여 복기술과 벽곡술을 행하면서 20여 년을 지냈다. 그러나 날마다 몇 잔의 술을 마셨다. 화산 운대관에 옮겨 거처하였으며 또한 소화석실에서 머물렀다. 매번 침실에서 수백여 일 동안 일어나지 않았다.[51]

이 기록을 보면, 진단이 어지러운 세상을 만나 세속을 떠나 도교의 세계로 들어갔으며 처음에는 복기술과 벽곡술 등 전통적인 도교의 술법을 익힌 것을 알 수 있다. 그리고 섬서성의 화산으로 옮겨서는 내단술을 익히고 한편으로는 자신의 장기인 수공睡功 쇄비술鎖鼻術을 연마한 것까지 말하고 있다. 여기서 그는 처음 당운관唐雲觀을 짓고 생활했으나, 나중에 운대관雲臺觀으로 이름을 고친 것으로 보인다.

진단과 같은 시대를 살면서 그의 행적에 대해 기록을 남긴 인물은 육유陸游와 문동文同이 있다. 《전송문》 속에 남아 있는 그들의 저술인 『노학암필기老學庵筆記』 권6과, 『단연집丹淵集』 「서공주천경관희이선생시후書邛州天慶觀希夷先生詩後」 등의 기록은 가장 믿을 수 있는 것이라 하겠다. 육유는 진단이 사천의 천경관에 남긴 시를 보고서 그가 937년에 여기서 하창일을 만났던 사실을 확인하고 있고, 문동은 이와 관련한 다음의 기록을 남기고 있다.

희이 선생 진단은 자가 도남이다. 후진後晉 천복天福 연간에 촉 땅에 와서 노닐었다. 이곳 천사관의 도위의都威儀인 하창일河昌一은 도술을 지

---

51 遂不求祿仕 以山水爲樂. 自言嘗遇孫君仿獐皮處士 二人者高尙之人也. 語摶曰 武當山九室巖可以隱居. 摶往棲焉. 因服氣辟穀 歷二十餘年. 但日飮酒數杯. 移居華山雲臺官 又止少華石室 每寢處 多百餘日不起.

니고 있어, 쇄비술과 연단술에 뛰어났다. 마침내 남아 이것을 배워 이를 운용할 수 있게 되었다. 뒤에 관중으로 돌아가 수련한 것이 더욱 높아지자, 늙음을 벗고 어린아이와 같아졌으며 그 움직임이 마치 신인 같았다.[52]

이는 그가 중년에 고향인 사천으로 돌아와, 후에 천경관天慶觀으로 이름을 바꾼 천사관天師觀에서 하창일을 만나 스승으로 모시고 도술을 배웠다는 기록이다. 그 무렵 그는 하창일의 제자인 담초譚峭와 교분을 맺은 것으로 보인다. 담초는 내단도교 정통계보의 인물이 아니고, 그의 단법은 『화서化書』 백십 편에 전하고 있다.[53] 따라서 그가 하창일로부터 배운 도교는 이른바 내단수련법으로서의 도교가 아니었다는 점도 분명하다. 진단이 전수받은 내단법은 이른바 '종려전도내단법'으로, 그는 이 단법을 종리권鍾離權의 제자인 여동빈呂洞賓으로부터 전수받은 것으로 되어 있다. 진단이 여동빈과 자주 만났다는 기록은 『태화희이지』에도 실려 있고, 『송사』 「진단전」에도 다음과 같은 기록이 있다.

관서의 은자인 여동빈은 검술을 익혔으며, 백여 세가 되었지만 얼굴은 마치 어린아이와 같다. 걸음이 가볍고 빨라서 잠깐 사이에 수백 리를 갔다. 이에 또한 신선이라고 여겼다. 여러 차례 진단의 집에 왔었다.[54]

---

52 『老學庵筆記』 권6. 希夷先生陳摶 字圖南 後晋天福中來游蜀. 聞是州天師觀都威儀何昌一有道術 善鎭鼻息飛精 遂留此學 卒能行之. 後歸關中 所修益高 蛻老而嬰 動如神人.
53 이 책은 《정통도장》 39책과 《중화도장》 26책에 수록되어 있고, 《속도장》에도 중복되어 수록되었다.
54 關西逸人呂洞賓 有劍術 百餘歲而童顔 步履輕疾 頃刻數百里也 以爲神仙 皆數來摶

도교 내단수련의 금과옥조로 여겨지는 『종려전도집鍾呂傳道集』은 종리권이 술述하고, 여동빈이 집集하고 시견오施肩吾가 전傳한 것으로 되어 있다. 이는 여동빈의 저술로 알려진 『영보필법靈寶筆法』과 함께 내단법의 핵심을 담고 있는 책으로, 그 수련법에 대한 이론은 진단의 수련법과 완전히 일치하는 것으로 알려지고 있다.

한편, 그의 학문 연원과 관련해서 『불조통기佛祖統記』 권43의 기록에는 다음과 같은 내용이 들어 있다.

> 처사 진단은 마의도자麻衣道者에게서 『역易』을 전수받아, 그가 저술한 『정심역법正心易法』 42장을 얻었다. 하늘과 인간을 이치로서 궁구하여 선유先儒들의 잘못을 두루 비판하였다. 진단은 처음으로 그것에 주를 달았다. 그리고 「하도河圖」와 「낙서洛書」의 비결을 전수받음에 이르러서는 역도의 비전, 즉 한이나 진의 지식인들 예를 든다면 정강성鄭康成·경방京房·왕필王弼·한강백韓康伯과 같은 학자들이 모두 알지 못하는 바를 밝혀냈다.[55]

이 기록을 통해서는 진단이 불교의 승려인 마의도자를 통하여 역易의 정수를 전수받았다는 사실을 알 수 있다. 마의도자가 어떤 인물인지 구체적인 사실은 알려져 있지 않지만, 그의 사적은 송대의 여러 기록들에서 확인되고 『송사』에도 등장하고 있다. 항상 마의麻衣를 입고 다녔음을 알 수 있고 많은 이적을 남긴 것으로 알려져 있다. 『태화희이지』

齋中.
55 處士陳摶 受易于麻衣道者 得所述正易心法四十二章. 理極天人 歷詆先儒之失. 摶始爲之注 及受河圖洛書之訣 發易道之秘 漢晉諸儒如鄭康成京房王弼韓康伯皆所未知也.

에도 진단과의 일화가 기록되어 있으며 진단이 그를 매우 존경하였음을 알 수 있는 자료도 있다.⁵⁶ 불교의 승려가 역에 정통했으며 이를 도사인 진단에게 전했다는 것에서 이미 삼교의 회통이 이루어지고 있음을 살필 수 있다. 나아가 진단은 이 역의 원리를 이용하여 「태극도」를 그렸고, 도교 연단술의 방법을 담은 「무극도」를 그렸다. 역과 관련한 그의 저술은 후대에 소옹邵雍과 주돈이周敦頤에게 전수되어 성리학의 한 단초를 이루게 되는 것이다.

사천으로 갔다가 다시 화산으로 돌아온 후 그의 생활은 내단수련과 저술에 힘쓴 것으로 짐작할 수 있다. 그의 명성이 높아지자 후주의 세종이 그를 불러 간의대부를 제수했으나 받지 않았고, 만년에 이르러 북송이 건국되고 태종의 부름에 응하여 입궐한 사실과 관련해서는 다음과 같은 기록을 하고 있다.

> 황제가 세상을 구제하고 백성을 편하게 만들 방법을 간절히 물어보자 선생은 이것을 뿌리치지 못하여 종이를 찾아 그 위에 '원근경중遠近輕重'이란 네 글자를 적었다. 황제가 그 의미를 풀지 못하자 선생이 그것을 다음과 같이 풀어 주었다. "원이란 멀리 어진 선비를 불러들이는 것이고, 근이란 가까이 아첨하는 신하를 제거하는 것입니다. 경이란 백성의 세금을 가볍게 해주는 것이며, 중이란 삼군에 상을 두터이 내리는 것입니다." 황제는 그것을 다 듣고 나서 매우 기뻐하였다.⁵⁷

---

56 김낙필 외 역, 위의 책, 654쪽 참조.
57 『송사』「진단전」, 帝懇求救世安民之術 先生不免 索紙筆書之四字 遠近輕重. 帝不諭其意 先生解之曰 遠者 遠招賢士 近者 近去佞臣 輕者 輕賦萬民 重者 重賞三軍. 帝聽罷大悅.

이는 그가 세속의 일은 인간의 평범한 일상사의 범위를 넘어서지 않는 것임을 말한 것으로, 도교를 수련한 도사의 입장에서 한 말이 아님을 알 수 있다. 진단은 세간의 일과 출세간의 일을 구분하였던 것이다. 이것이 바로 그의 삼교회통론의 기본 출발점이라고 할 수 있다.

그는 118세 때에 화산의 연화봉 아래 장초곡張超谷에 따로 만든 석실에서 시해尸解했다.[58]

그의 생애와 사상을 종합하여 간단히 정리하면 다음과 같다. 그의 자字는 도남圖南이며, 호號는 부요자扶搖子이고, 송의 태종으로부터 받은 사호賜號는 희이선생希夷先生이다.[59] 출신 성분은 미천하였으나, 젊어서 온갖 종류의 책을 읽어 불교 의약 천문 지리 등에 통하지 않은 것이 없었고, 특히 시詩에 뛰어난 재주를 보였다. 벼슬에 뜻을 두었으나 세상이 어지러워 이루지 못하고, 무당산武當山에 은거하여 20여 년간 태식胎息 복기服氣 벽곡술辟穀術 도인술導引術 및 내단內丹의 연양술煉養術을 익혔다. 중간에 사천四川의 천경관天慶觀에 머물면서 수련한 바가 더욱 높아졌고, 다시 후주後周의 세종이 불러 간의대부諫議大夫에 임명하였으나 끝내 사양하니 백운白雲이란 호를 하사하였고, 화산華山에 들어가 운대관雲臺觀에 거주하였다. 태종太宗이 태평흥국太平興國 년간에 두 차례(977, 984년) 불러서 극진히 예우하여 희이선생希夷先生이라는 호를 하사하고 거처하던 화산의 운대관을 증수增修하도록 하였다. 그는 도교의 하창일을 스승으로 모셨으며, 불교의 마의도자에게서 역학의 은밀한 핵심을 전해 받았다. 마의도자로부터 「정역심법」 「하도」 「낙서」 및 「선천도」를 이어받아 유불

---

58 『태화희이지』, 권하 제6 참조.
59 希夷라는 사호는 『노자』 제 14장의 '視之不見 名曰夷 聽之不聞 名曰希'에서 따온 것으로, 진단이 황제의 부름과 벼슬의 제수를 거부하고 산으로 돌아가고자 했던 의미에서 내린 것으로 보아야 한다.

도의 삼교사상을 융합한 사상체계를 만들었다. 그는 또 여동빈과 담초 등과는 방외우方外友를 맺었으며, 장무몽張無夢과 유해섬劉海蟾 등의 제자를 두었다. 「무극도」를 그려 주돈이의 「태극도설」의 기초를 제공하였고, 「선천도」는 소옹에게 전해져 상수역학象數易學의 체계로 거듭났으며, 도교 내단이론의 기초를 구성하여 '연정화기' '연기화신' '연신환허'의 내단체계를 확립하였다.

진단은 많은 저서를 남긴 것으로 알려져 있다. 그의 저술에 관한 기록은 『송사』 「진단전」을 비롯하여 여러 곳에서 찾을 수 있는데, 가장 풍부한 내용은 『태화희이지』 권하 제7에서 확인할 수 있다.

> 선생이 돌아가신 후 제자인 증손자 무존사武尊師가 있었다. 범范 문정공(범중엄)의 가르침으로 인하여 『입실환단시入室還丹詩』를 응진원凝眞院에서 얻었으며, 『삼봉우언三峰寓言』을 태화太華의 이영李寧 처사에게서 얻었고, 『지현편』을 적성赤城의 장무몽에게 얻었으며, 『구담집鉤潭集』을 장중용張中庸 진사에게 얻었다. 모두 300여 편이다.[60]

그의 저서로 알려진 것들을 종합해보면, 『구실지현편九室指玄篇』 『적송자팔계록赤松子八誡錄』 『태식결胎息訣』 『음진군환단가주陰眞君還丹歌注』 『입실환단시入室還丹詩』 『관공편觀空篇』 등은 도교의 내단수련과 관련한 저술들이며, 『역용도서易龍圖序』 『정역심법주正易心法注』는 『역』에 관한 것이고, 『인륜풍감人倫風鑒』은 관상법에 관한 저술이다. 그리고 『구담집鉤潭集』 『고양집高陽集』 『삼봉우언三峰寓言』 등은 시집으로 알려져 있다. 그

---

60 先生歿後 有弟子曾孫武尊師 因文正范公指教 得入室還丹詩于京師凝眞院 得三峰寓言于太華李寧處士 得指玄篇于赤城張無夢 得鉤潭集于張中庸進士 共三百篇餘.

외에 「무극도」와 「선천태극도」 등의 그림도 있다.[61] 이 중에서 현재 온전히 남아서 전하고 있는 것은 『역용도서』와 『음진군환단가주』에 불과하고,[62] 나머지는 모두 산일되어 단편적으로 전하고 있거나 발견되지 않고 있다. 현재까지 밝혀진 바로는, 단편적으로 전하고 있는 내용 중에서 『구실지현편』은 원대의 유염이 쓴 『주역참동계발휘周易參同契發揮』와 명대의 『성명규지性命圭旨』『옥전옥전玉詮』 등에 많이 인용되어 있고, 『태식결』은 송대의 『제진성태신용결諸眞聖胎神用訣』에 인용되어 있다. 『관공편』은 현재 《도장》에 수록된 『도추道樞』 권10 제10에 1장으로 남아 있는데, 그 첫머리에 '희이선생왈'이라 하고 있는 것으로 보아 인용된 것임을 알 수 있으나 그것이 전문인지는 확인할 수는 없다.

이상을 통해서 보면, 진단이 북송 초기의 사상계에서 갖는 중요성을 충분히 알 수 있다. 그러나 아직 한국에서는 말할 필요도 없고, 중국과 일본에서도 그에 대한 깊이 있는 연구결과가 보고된 바가 없는 실정이다. 그 중요한 이유는, 무엇보다도 그가 저술한 책이 거의 전하지 않고 여기저기 다른 사람들의 저술 속에 단편적으로만 전하고 있기 때문으로 보인다. 이제 본격적으로 그에 대한 연구가 이루어져서 북송초기의 도교 내단이론과 삼교회통적 성격과 내용에 관한 실체를 밝혀야 할 시점에 이르렀다고 하겠다.

---

61 孔令宏, 『宋明道敎思想硏究』(北京: 宗敎文化出版社, 2002) 74-75쪽 참조. 여기서도 이 문제에 대해 다소 분석하고 있지만 모두 확실하게 정리되지는 않았다.
62 이 책은 《정통도장》 4책과 《중화도장》 19책에 수록되어 있다. 『도추』에 수록되어 있는 『관공편』은 현재 선장본으로 1장이 전하는데, 완전한 형태로 전하는 것인지 알 수 없다.

3. 삼교회통론의 체계

　진단이 일찍이 벼슬길에 뜻을 두어 진사시에 응시했으나 낙방한 일이 있음은 이미 살펴보았다. 따라서 그가 유가의 경전에 두루 통달하였을 것은 상식에 속한다고 하겠다. 그 중에서도 그는 일찍부터 『역』에 깊은 관심을 갖고 늘 손에서 이를 놓지 않았다고 알려지고 있다. 이런 바탕 위에서 그는 마의도자로부터 『정역심법』을 전수받아 여기에 주를 달고, 또한 「하도」와 「낙서」도 전수받았다. 나아가 그는 「선천도」를 전수받아 후에 충방種放에게 전수하였던 것이다. '선천역'이 '만물화생'의 과정과 그 변화를 설명하는 것이라면, '후천역'은 '귀근복명'의 원리와 세계의 본원을 설명하는 것이다.
　그가 처음 공부하였던 『역』은 유가의 그것이었지만, 마의도자로부터 전수받은 '선천역'을 토대로 하여 그 스스로 도교 특유의 『역』으로 변화를 가져왔다. 이것은 그에게 있어 유가와 도가의 결합이었고, 그의 내단수련법이 비롯되는 단초였다. 「선천도」를 변화시켜 그가 그린 「태극도」는 태극을 상징하는 원 안에 음양이 운행하는 모습을 그렸다. 그 바깥에 위로부터 시계방향으로 건乾·손巽·감坎·간艮·곤坤·진震·리離·태兌괘가 사방사유四方四維로 분포되어 있다. 이것은 건곤·수화·산택·풍뢰가 서로 상대하여 교왕하고 승강하는 모습을 표현한 것이다. 명의 호위胡渭

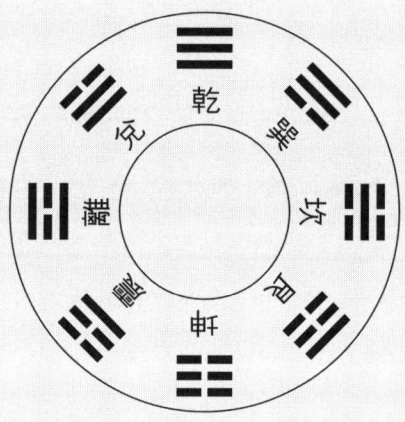

그림1. 선천팔괘방위도(先天八卦方位圖)

兌2	乾7	巽4
離8	中5	坎9
震3	坤6	艮1

南 ↑

巽4	離9	坤2
震3	中5	兌7
艮8	坎1	乾6

그림2. 선천후천팔괘방위표(先天後天八卦方位表)

는 진단의 『역』을 평하여 "요약하면 도가의 역이지 성인聖人의 역이 아니다"라고 했는데,[63] 이는 진단에게서 『역』이 변화를 일으킨 것을 잘 지적한 것이라고 할 수 있다. 또한 『불조통기』에서도 진단의 역학을 언급하면서 전현들이 미처 알지 못한 역의 비전秘傳을 진단이 밝혔다고 하면서 '9를 머리에 이고 1을 발로 밟고 있다. 좌는 3이며 우는 7이며 2와 4는 어깨이고 6과 8은 무릎이다. 가로 세로로 모두 15이며 5가 그 중앙에 있다'[64]고 하였다. 이는 이른바 '마방진魔方陣'으로 알려진 도식이고, 병법에서 '팔진도'로 응용되는 것이다. 이 원리는 아래의 중앙에서부터 시계반대방향으로 수화금목의 서로 상극되는 수를 배치하고 중앙에 토의 수인 5를 배치한 것으로 승강과 교왕의 차례에 따른 것이다. 이것이 후천역의 도상으로 진단의 내단수련법에 중요한 단서가 되는 상수역의 한 내용이다.[65] 이는 선천팔괘가 시계방향으로 오행상생의 순서로 배열된 것과 반대이다.

그렇다면 이러한 진단의 역학은 어떤 과정을 거쳐 내단수련의 원리로 정착되었는가? 원래 『주역』이 도교 역학과 관련이 된 것은 동한의 위백양이 『주역참동계』를 저술하고부터이다. 이 책은 도교에서 내단과 외단을 막론하고 수련이론의 최고봉으로 여겨 예로부터 '만고단경왕'이라는 명칭을 얻고 있다. 후촉 시대 광정廣政 10년(947)에 사천 사람인 팽효彭曉가 비밀리에 전해지던 이 책에 주석을 붙여 『주역참동계분장통의周

---

63 胡渭, 『易圖明辨』 권10: 要之道家之易 而非聖人之易. 진단의 「태극도」도 이 책에 수록되어 있다.
64 『불조통기』 권43: 戴九履一 左三右七 二四爲肩 六八爲膝 縱橫皆十五 而五居其室.
65 도표를 참고할 것. 이 그림들은 모두 卿希泰 主編, 『中國道敎史』 제2권(成都: 四川人民出版社, 1996)에서 재인용한 것임을 밝힌다.

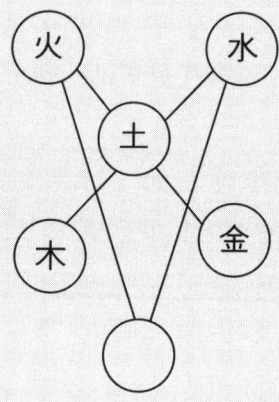

그림3. 삼오지정도(三五至精圖)

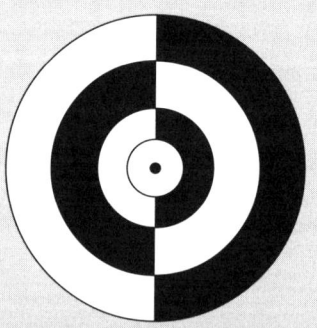

그림4. 수화광곽도(水火匡廓圖)

易參同契分章通義』를 탈고하였다.[66] 그는 직접 비학산에 상주하며 도교의 수련법을 익히기도 한 인물이다. 앞에서 살펴본 바와 같이 진단은 중년에 사천으로 돌아가 수련한 일이 있는데, 이 책의 탈고 시기와 그 기간이 겹치고 있다. 따라서 진단이 이 책을 얻어서 그 의미를 밝히고, 그의 내단수련법의 체계로 응용하였을 가능성이 매우 높다.[67]

이는 진단의 「무극도」를 분석하면 더욱 분명해진다. 「무극도」는 팽효가 그린 「수화광곽도水火匡廓圖」와 「삼오지정도三五至精圖」를 포함하고 있기 때문이다. 뒤에서 살피겠지만 진단의 내단이론을 가장 잘 표현하고 있는 「무극도」는 다섯 단계로 구성되어 있다. 그 중 가운데의 것이 오기조원을 표현한 것으로, 이는 팽효의 「삼오지정도」를 약간 변형한 것이다. 팽효는 『참동계』에서 말하는 '삼오三五와 일一은 천지의 지정至精이다'라는 구절에서 이 그림을 도출하였다. 오五는 오행을 말하고 삼三은 수화水火와 조원을 나타낸다. 내단법에서 수화는 가장 중요한 요소이다. 이 수화의 감괘坎卦와 리괘離卦가 서로 반원형으로 마주보고 이어져 있는 것이 「수화광곽도」이다. 진단의 「무극도」의 네 번째 단계에서 이 그림을 취하여, 이른바 취감전리取坎塡離를 설명한다. 감괘의 가운데 양효를 끌어다 리괘의 가운데 음효를 메워서 순양純陽의 건괘乾卦로 변화시키는 과정을 나타내고 있다. 이것이 그가 유가의 역에 선천역을 도입하여 내단수련법으로 변화시킨 기본과정이다.[68]

한편, 진단의 사상연원에서 불교의 승려인 마의도자가 중요한 인물로 등장하지만, 어디에서도 진단이 그로부터 불교의 교리를 전수받아

---

66 이 책은 《도장》에 『주역참동계』 바로 다음에 수록되어 있어, 그 중요성을 인정받고 있다.
67 이원국이 이 부분에 대하여 자세히 논고하였다. 김낙필 외, 위의 책 678-680쪽 참조.
68 이러한 과정에 대해서는, 卿希泰 主編, 『中國道教史』 제2권(成都: 四川人民出版社, 1996) 670-688쪽에서 그림과 함께 상세히 논하고 있으므로 참고할 만하다.

내단이론에 응용하였다는 설명은 없다. 따라서 아직도 그의 내단법에 포함된 불교의 수행법이 누구로부터 어떤 경로를 통하여 그에게 전수되었는지는 밝혀지지 않고 있다. 물론 『종려전도집』에서부터도 불교의 수행법을 언급하고 있다. 이를테면, 신선의 등급을 나누어 그 가장 낮은 단계에 귀선鬼仙을 배치하고서 이를 불교의 수행에서 도달할 수 있는 음신陰神의 경지라고 하는 것이 그것이다. 이는 불교의 '일심수행법'이 도교의 '심신쌍수' 내지는 '성명쌍수'에 비해서 수준이 현저히 떨어진다는 사실을 강조하기 위해서 하는 말이다.

그러나 진단에게 있어서는 그와 같은 저급한 의미는 탈각된다. 그의 내단수련법을 일목요연하게 표현하고 있는 구절은 다음과 같다. 진단의 『태식결태식결胎息訣』에서는 다음과 같이 선불교와 도교의 결합을 도모하여 수련을 정의한다.

> 마음을 바로 정하여 움직이지 않는 것을 일러 선禪이라 한다. 만 가지 변화에 신묘하게 통하는 것을 일러 령靈이라 한다. 지혜가 만사에 두루 통하는 것을 혜慧라고 부른다. 도의 시작과 기를 합하는 것을 수修라고 말하며, 진기가 그 근원으로 돌아가는 것을 일러 련煉이라 정의한다.[69]

불교에서 말하는 선禪의 경지를 도교 내단수련이론의 1단계로 가져와 자신의 수련론을 수립하고 있는 것이다. 그에게 있어 수련이란 '마음을 고요하게 하는 선의 수행으로부터 시작하여, 그 고요함의 끝에서 온

---

69 定心不動 謂之曰禪 神通萬變 謂之曰靈 智通萬事 謂之曰慧 道元合氣 謂之曰修 眞氣歸源 謂之曰煉.

갖 변화에 신묘하게 통할 수 있고, 지혜가 충만한 상태에 이르게 되면, 미묘한 정의 흐름을 간취하여 이것을 기로 변화시키는 과정을 거쳐서 결국 복귀무극의 상태로 돌아가는 것'이라고 할 수 있다.

이렇게 선불교의 관심觀心으로부터 나아가 도교의 내단수련으로 명공命功을 닦은 후에 연신환허의 성공性功에 이르게 되면, 이 경지는 또다시 불교의 열반과 유사하게 된다. 『성명규지』에서 인용한 『지현편』의 시 구절은 이 경지를 잘 묘사하고 있다.

> 마음이 텅 비어 고통이 없어지면,
> 무슨 생사와 무슨 구속 있으리오?
> 하루아침에 육신의 옷 모두 벗고,
> 자유로이 소요하는 대장부 되리니![70]

위의 구절은 불교적 해탈을 묘사하고 있고, 아래 구절은 도교 진인의 경지를 표현하고 있다고 할 수 있다. 세속의 고통에서 벗어난 해탈의 경지를 넘어서 선천의 육신을 가지고 장생불사하는 내단수련의 궁극목적을 노래하고 있는 것이다. 즉 진단은 선불교의 수행이 내단수련보다 한 단계 아래의 것이며, 동시에 그러한 수행이 수련의 과정에 필요불가결한 것임을 설파하고 있음을 알 수 있다.

진단은 선불교의 공능을 다시 자세히 설명하고 있다.

> 무릇 관심이란 공공심空空心을 보는 것이 아니다. 심은 성정을 통어[심통성정心統性情]하며 의식 또한 겸한다. 성性은 마치 바닷물과 같고, 정

---

[70] 若得心空苦便無 有何生死有何拘. 一朝脫下胎州襖 作個逍遙大丈夫!

情은 그 물의 흐름과 같으며, 의意는 큰 물결, 식識은 잔물결과 같다. 세 종류가 이미 본성으로서의 물을 구유하고 있지만 그 움직임이 매우 은미하므로 깊이 고찰하지 않으면 그것을 분별해 낼 수 없다. … 그러므로 사람의 선악은 모두 성전종자性田種子에 뿌리를 두고 있다. 자기 자신의 종자를 잘 다스려 부합하면 도에 들어가는 것이 저절로 빨라진다. 그러므로 『대능가경』에서는 자성을 분별하는 것을 최고의 선종으로 꼽는다.[71]

선불교에서 말하는 마음의 관찰에 대해서 말하고 있는 것이다. 선禪에서는 사물의 이치를 궁구하는 것이 모두 관심觀心이다. 이로부터 이원국은 진단의 관심법이 천태종의 지관법止觀法으로부터 유래하였다고 확신한다.[72] 그리고 '성전종자性田種子'설은 유가행파나 법상종의 중요 관점임도 지적하고 있다. 여기서 한 가지 반드시 지적하고 가야 할 문제는 진단의 위의 글에 '심통성정心統性情'이라는 구절이 명시되어 있다는 점이다. 이 구절은 장횡거 이래로 성리학의 심성론에서 결정적인 모티브로 작용하는 개념이다. 그런데 이를 훨씬 이른 시기에 진단이 이미 사용하고 있다는 점에서 장횡거 학설의 유래를 다시 검토할 여지가 있다는 점을 지적하고자 한다.

진단은 불교에서 말하는 공空을 도교적으로 해석하여 그의 독특한 공관空觀을 설하고 있다. 이것이 『도추』에 실려 있는 『관공편』이다. 이는 도교적 기의 세계를 『역』의 변화의 원리와 불교에서 말하는 '무자성無自

---

71 이 인용문은 『옥전』에 인용된 진단의 말인데, 『옥전』은 중간본 《도장》에만 수록되어 있어 필자가 확보하지 못하고 있다. 여기서는, 김낙필 외 역, 위의 책, 681쪽에 수록된 것을 그대로 재인용 하였다.
72 앞의 책, 681-682쪽 참조.

性'으로서의 공과 결합한 것이라고 할 수 있다. 즉, 일기一氣로 시작된 '성전종자'의 단계와 수련을 통한 변화를 거치면서 도달하게 되는 계단을 다섯 등급으로 나누어 설명하고 있다. 이것을 진단의 '오공설五空說'이라고 한다. 1단계는 완공頑空이라고 하는데, 기가 이치를 담고 있지만 발현하지 못하여 매우 어리석은 자[지우자至愚者]인 상태이다. 이것은 일반인을 가리키는 말이다. 2단계는 성공性空이라 하는 것으로, 리괘에만 매달려 감괘로 리의 음을 메우지 못하는 상태로 어두운 귀신이 되어 단견자斷見者라고 한다. 이것은 잘못된 불교 수행의 결과로 얻는 단계를 말하는 것이다. 3단계는 법공法空이라 하는데, 인위적 작위가 없이 자연의 법칙에 부합하는 것으로 도를 얻은 처음 단계의 사람[득지초자得之初者]라고 한다. 이것은 도의 경지를 처음 체득한 단계를 말하는 것이다. 4단계는 진공眞空이라 하는 것으로, 공과 색의 절대성에서 벗어난 경지로 신선神仙이라고 한다. 이는 진공眞空에서 진도眞道를 거쳐 진신眞神으로 변화한 상태를 가리킨다. 5단계는 불공不空이라 하는데, 노력하여 선인仙人이 된 경지로 진인眞人이라 한다. 이는 신神이 변하여 천 가지 신이 나타난 단계를 말한다.[73] 오공설은 진단이 불교의 공을 도교의 공으로 해석하여 만들어낸 새로운 수련의 이론이다.

    이상을 요약하면, 진단은 유가의 역에 도가의 선천역을 도입하여 유불융회를 이루고, 그 다음에 도교의 『참동계』와 「수화광곽도」 및 「삼오지정도」를 도입하여 「무극도」를 완성하여 내단수련이론을 정립하였다. 여기에 선불교의 관심수행법과 종자설을 첨가하였고, 나아가 불교의 공을 도교식으로 해석한 오공설까지 더하여 자신의 독특한 학설을 완성하였다. 이 과정에서 그가 유교·불교·도교를 각각 어떻게 받아들여 그의

---

73 이 부분에 대해서는 앞의 책, 683-685쪽에서 자세히 다루고 있다.

이론에 접합하였는지가 대략 밝혀졌다. 그 와중에 그는 '심통성정'이라는 개념을 사용하고 있음도 보았는데, 아마도 그 개념을 쓴 최초의 인물이 아닐까 생각된다.

4. 내단이론의 구조

진단의 내단이론은 정기신의 개념에 기반하여 '연정화기' '연기화신' '연신환허'의 단계로 수련하는 도식이다. 여기서 '화'는 점진적이고 질적인 변화의 과정을 말하는 것이고, '환'은 완전히 다른 차원의 세계로 옮겨가는 '귀근복명'을 지칭한다. 그가 『태식결』에서 말하는 생성변화의 원리는 다음과 같다.

> 무릇 도는 어린아이로 변하고, 어린아이는 노인으로 변하며, 노인은 병듦으로 변하며, 병듦은 죽음으로 변하고, 죽음은 신神으로 변한다. 신은 사물로 변하고, 기氣는 변하여 생명의 령靈을 낳고, 정精은 변하여 형체를 이룬다. 신기정이 3차례 변하고 수련하여 진선이 된다.[74]

이 구절의 전반은 불교의 생로병사설을 그대로 인용하고 있는 것처럼 보인다. 후반은 도교의 만물생성론과 이를 거꾸로 뒤집어 근원으로

---

74 夫道化少 少化老 老化病 病化死 死化神. 神化物 氣化生靈 精化成形 神氣精三化 煉成眞仙. 이 인용문은 『諸眞聖胎神用訣』에 인용되어 있는 것을 옮긴 것이고, 번역문은, 김낙필 외 역, 위의 책, 678쪽의 것을 약간 수정하여 재인용했음을 밝힌다.

되돌리는 내단수련론을 말하고 있다. 정기신은 내단수련의 삼대원소이며, 이에 대해 진단은 '정을 보존하고 신을 기르며 기를 정련해야 한다. 이는 삼덕三德의 신으로 반드시 알아야 한다.'[75]고 말한다. 이것은 『노자』에서 말하고 있는 '도가 일을 낳고, 일은 이를 낳고, 이는 삼을 낳으며, 삼은 만물을 낳는다.'라는 생성법칙과 이를 다시 뒤집어서 '귀근복명'하는 원리와 일치한다.

진단이 말하는 내단수련이란, 이미 앞에서 살펴본 대로 '도교 식으로 해석한 『주역』에 기초하고서 마음을 고요하게 하는 선禪의 수행으로부터 시작하여, 그 고요함의 끝에서 온갖 변화에 신묘하게 통할 수 있고 지혜가 충만한 상태에 이르게 되면 미묘한 정精의 흐름을 간취하여 이것을 기로 변화시키는 과정을 거쳐서 결국 복귀무극의 상태로 돌아가는 것'이라고 할 수 있다. 이러한 과정을 그는 「무극도」를 그려서 표현했다. 이 「무극도」에 대해서는 유학자인 황종염이 『태극도변』 중에서 그 기본원리를 자세히 설명하고 있다.

> 그 도圖는 아래로부터 위로 올라가며, 역행하여 단丹을 이루는 방법을 밝혀준다. 그 중점은 수화水火에 있다. 화의 성질은 불꽃이 위를 향한다. 이것을 역행시켜 곧 아래로 향하게 되면 불이 불꽃을 세게 튀기지 않으므로 부드럽게 길러 온화하고 따스하게 한다. …그 가장 아래의 원은 현빈玄牝이라고 하는데, 현빈은 곡신谷神이다. 빈이란 규이고 곡은 허로서, 사람의 신체상의 명문으로 양 신장 사이의 텅빈 틈새이다. 이곳은 기가 말미암아 생겨나는 곳으로 이것이 조기祖氣이다. 무릇 사람의 다섯 가지 감각기관과 온갖 몸이 운용되어 감각하는 것이 모두

---

[75] 『태식결』: 存精 養神 煉氣 此乃三德之神 不可不知.

여기에 뿌리를 둔다. 이에 조기를 이끌어 약간 위의 원으로 올라가는데 이것을 연정화기煉精化氣, 연기화신煉氣化神이라고 한다. 형체를 지닌 정精을 수련하여 어슴푸레한 기氣로 변화시키고, 희미한 호흡의 기를 수련하여 유有를 벗어나 무無로 들어가는 신神으로 변화시키며, 그것으로 하여금 오장육부에 관철되도록 한다. 중간 층의 왼쪽은 목화, 오른쪽은 금수가 되며, 가운데 위의 서로 연결된 하나의 원은 오기조원이라고 부른다. 이것을 운행하여 얻어지게 되면 수화가 서로 교구하여 잉태된다. 또한 그 위의 흑백으로 반으로 나뉘고 서로 사이에 섞인 하나의 원은 취감전리라고 부르며 이에 성태가 이루어진다. 또한 그로 하여금 무시로 돌아가게 하면가장 위의 원이 되는데 연신환허 복귀무극이라 부르며 그 공용이 지극한 상태가 된다. 대개 득규에서 시작하여 연기가 그 다음이며, 화합이 그 다음이며, 득약이 그 다음이며, 마지막으로 탈태구선 한다. 이것이 진정한 장생의 비결이다.[76]

바로 이러한 수련법이 도교의 내단수련법인 연정화기로 시작해서 연기화신으로 나아가며 궁극적으로는 연신환허 즉 복귀무극에 이르는 방법이다. 그 구체적 수련은 다섯 단계로 이루어진다. 위의 인용문과 그림에서 보는 바와 같이 1. 득규得竅 2. 연기煉己 3. 화합和合 4. 득약得藥 5.

---

[76] 其圖自下而上 以明易則成丹之法. 其重在水火 火性炎上 逆之便下 則火不熛烈 惟溫養而和煥 …其最下圈 名爲玄牝 玄牝卽谷神. 牝者竅也 谷者虛也 지인身命門兩腎空隔之處 氣之所由而生 是爲祖氣. 凡人五官百骸之運用所覺 皆根于此. 于是堤其祖氣上昇梢上一圈 名爲煉精化氣 煉氣化神. 煉有形之精 化爲微芒之氣 煉依希呼吸之氣 化爲出有入無之神 使貫徹于五臟六腑 而爲中層之左木火右金水 中上相聯絡之一圈 名爲五氣朝元. 行之而得也 則水火交媾而爲孕. 又其上之中分黑白而相間雜之一圈 名爲取坎塡離 乃成聖胎. 又使復于無始 而爲最上之一圈 名爲煉神還虛 復歸無極 而功用至矣. 蓋始于得竅 次于煉己 次于和合 次于得藥 終于脫胎求仙 眞長生之秘訣也.

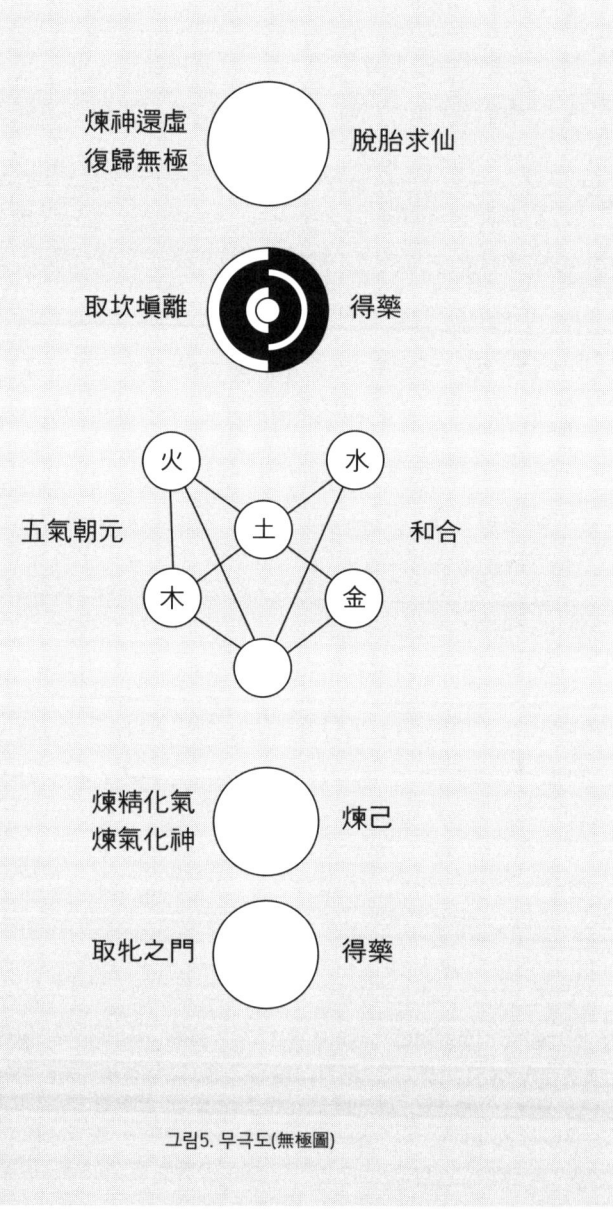

그림5. 무극도(無極圖)

탈태구선脫胎求仙이 그것이다.

진단의 수련법에서 가장 중요한 개념은 '심신상교' 즉 주역 마지막 괘인 '수화기제水火既濟'이다. 심화와 신수의 승강과 교왕으로 신체의 균형을 유지하는 것이 중요하다. 둘 가운데 하나가 넘치거나 부족하면 곧 병이 이르게 된다는 것이니 '심신불교' '수화부제'의 상태가 된다. 여기서 수련의 1단계인 '득규'의 의미를 찾을 수 있다.

그림에서 보이는 1단계인 '득규'와 그 구체적 방법인 '취빈지문'이라는 설명의 의미는 바로 수련을 위한 기초를 다지는 '축기築基'에 해당한다. 취빈지문이란 현빈의 문을 알아야 한다는 말이다. 현빈이란 신장을 지칭하고 문이란 두 신장 사이의 명문을 뜻한다. 바로 이곳이 인체 에너지의 발원지이다. '득규'란 수련을 할 때 사려를 맑게 하여 그치게 해서, 생각을 현빈지문에 집중하는 것을 말한다. 이 과정을 진단은 다음과 같이 『지현편』에서 시로 표현하였다.

> 그윽함을 살피니 한 실마리의 끝이 드러나니,
> 있는 듯 없는 듯 피차를 구분 못해.
> 가운데서 한 작은 것이 주재하고 있으니,
> 바로 세상사람 말하는 진종자로다.[77]

신장 속의 정과 명문의 기인 참된 종자種子를 확인하는 단계까지가 득규인 것이다. 이제 실질적 수련을 위한 준비가 끝났다. 두 번째 단계인 '연기煉己'로 나아간다. 이 단계는 채약하여 '연정화기'하고 다시 '연기화

---

77 『성명규지』 利集에서 인용한 구절이다. 窺冥才露一端倪, 恍惚未曾分彼此. 中間主宰這些兒, 便是世人眞種子.

신'하는 과정이다. 신장의 정과 명문 속의 '진종자'인 기를 채취해서 함께 제련하여 정을 모두 기로 변화시키고, 다시 이 기를 신으로 변화시키는 과정이 '연기'이다.

정은 물질을 이루는 기초이다. 따라서 형질을 지닌다. 그러므로 정의 상태를 지니고서는 육신의 장생불사를 이룰 수 없다. 이 정을 순수 에너지라고 할 수 있는 기로 변화시켜야만 가볍고 맑아서 형질이 없어지고, 그래야만 자유자재로 운행이 가능해진다. 이 두 번째 단계는 무엇으로 어떻게 이루는가? '연기'에서 말하는 '기'는 리괘를 받아들이며, 리괘는 사람에게는 심心이 된다. 기르는 곧 인심人心의 의념意念을 가리킨다. 그러므로 진종자의 약물을 채취한 후 제련하여 기로 변화시킨 단계에서 이를 의념意念으로 인체의 독맥督脈과 임맥任脈을 따라 소주천小周天을 운행한다. 이것이 삼三을 이二로 돌아가게 하는 것이다. 이 단계에서는 입에 진액이 증가하고, 이를 삼키면 온 몸에 옥액이 흐르게 된다고 설명한다.[78] 여기까지가 '명공命功' 즉 '수명修命'이다.[79]

그런 연후에 '연기화신'의 단계로 나아간다. 이는 이二를 일一로 돌이키는 것인데, 중단전을 정鼎으로 삼고 하단전을 로爐로 삼아 잘 수련하여 자연의 작용에 맡기면, 완전히 무의식 상태에 접어들어 영활한 빛이 들어서 어둡지 않다. 이 단계는 기를 순환시키는 것이 아니라, 마음과 생각을 맑게 닦아내고, 진기를 훈증시키며, 고요히 관조하고, 단전을 텅 빈 가운데 조화롭게 만들어 유위로부터 무위로 나아간다. 여기서 기는 미

---

[78] 『주역참동계발휘』에 인용된 『지현편』의 시: 但能息息皆相顧, 換盡形骸玉液流.
[79] 이 부분에서 필자와 이원국의 견해가 다르다. 이원국은 득규의 단계만 '수명'에 해당하고, '연기'의 단계는 '수성'에 해당한다고 보고 있지만, '성명쌍수'를 주장하는 진단의 내단수련론에서 엄밀히 말하면 '연기'의 과정이 수련의 핵심이므로, 이 단계에서 '연정화기'는 '수명'으로 '연기화신'은 '수성'으로 보아야 한다는 것이 필자의 견해이다.

동微動에서 부동不動으로 변하고 기와 신이 합하여 완전한 신으로 변화한다.[80] 이것이 이른바 '성공性功' 즉 '수성修性'이다. 선불교의 지관수행법止觀修行法과 같은 것이다. 여기서 이른바 '성명쌍수'가 온전히 이루어진다.

이제 세 번째 단계로 나아가니 바로 '화합和合'으로 '오기조원五氣朝元'을 말한다. 이것은 다시 도교의 '명공'으로 한발 더 나아감을 말한다. 다섯 가지 기를 하나로 통합하는 것이다. 즉 신체상의 모든 기관을 신神으로 환원시키는 과정이다. 오행의 기는 인체 상에서 각각의 기관과 대응한다. 즉 수는 신장, 화는 심장, 목은 간장, 금은 폐장, 토는 비장을 가리킨다. 그 외의 기관들도 오행에 대응하고, 심지어는 정精·신神·혼魂·백魄·의意 등도 여기에 대응한다. 따라서 이들 모두를 신의 경지로 변화시키는 과정이 장생불로를 위해서는 필수적인 것이 된다. 이 과정에서 오행상생의 모양이 '조원'을 표시하는 아래의 빈 원과 삼각을 이루는 형태로 묘사된 것이 '오기조원'의 뜻이다.

오기조원을 거친 후에는 다시 음양의 수화로 환원된다. 이 단계가 네 번째인 '득약'의 '취감전리'이다. 이것은 신체상의 신수腎水와 심화心火가 아니라, 진수眞水와 진기眞氣를 뜻한다. 이때의 진수는 호虎라고도 하며, 감괘로 형상화 되는데 바로 음 가운데 양이 있는 형태이다. 그리고 진기는 용龍이라고도 하며, 리괘로 형상화 되는데 곧 양 가운데 음이 있는 형상이다. 즉 신神 중의 음신陰神과 양신陽神을 나타내고 있다.[81] 그러

---

80 이 단계에 대한 설명은 이원국의 견해를 그대로 수용한다. 김낙필 외 역, 위의 책, 668-669쪽 참조.
81 지금까지의 연구들을 살펴보면, 진단의 수련론에서 이 부분에 대해서는 분명히 밝힌 것이 보이지 않는다. 이 부분이 이렇게 해명되지 않으면 진단의 수련론은 자체적으로 모순을 가지게 된다. 이 문제는 북송의 장백단의 내단수련론을 자세히 살핀 연후에야 알 수 있다고 보인다.

나 이 음신과 양신은 완전하지 못하다. 그래서 이 단계를 '득약'이라 하며, '성태聖胎'라거나 '영아嬰兒'를 맺었다[결結]고 한다. 따라서 완전히 탈태脫胎하여 진인眞人이 되기 위해서는 '순양純陽'으로의 변화가 요구된다. 이를 이루는 것이 '취감전리'이다. 바로 감괘(☵)의 가운데 양효를 취하여 리괘(☲) 가운데의 음효를 메워서 리괘를 순양의 건괘(☰) 상태로 변화시키는 것이다.

이렇게 변화된 상태가 다섯 번째 단계인 '탈태구선脫胎求仙'의 '연신환허' '복귀무극'이다. 이 경지를 진단은 『옥전』에서 다음과 같이 묘사한다.

> 하나의 기가 교합하여 융합하면 만 가지 기가 온전하게 갖추어진다. 그러므로 태극이라 이름하며, 이것은 바로 나의 신체가 생겨나기 이전의 모습이다.[82]

이 상태가 바로 '귀근복명'으로, 위에서 말하는 '신체가 생겨나기 이전의 모습'의 문자적 뜻에 국한되지 않는 경지이다. '탈태구선'이나 '신체가 생겨나기 이전의 모습'이라는 구절에만 집착하면 곧 불교의 '진여각성'과 다를 게 없어 보이기 때문이다. 여기서는 '만 가지 기가 온전하게 갖추어진' 것에 초점을 맞추어야 한다. 이를 진단은 다음과 같이 표현하였다.

> 순수한 빛 밝게 비추니 달 속의 두꺼비 같아,
> 구름이 오고 가도 이 내 몸은 매이지 않네!

---

82 一氣交融 萬氣全具 故名太極 卽吾身未生之前之面目.

번잡함을 쓸어내니 마음 절로 밝아지고,
태胎를 잘 보존하여 태는 성공聖功 이루었네.[83]

이는 바로 형신합일形神合一의 상태를 표현하고 있는 것이다. 일一이 다시 도道로 돌아간 것이며, 이제 선천의 육신으로 장생불로의 경지에 이르렀음을 노래하고 있음이다. 이상의 논리적 구조가 진단의 내단수련론의 핵심이라고 하겠다.

---

83 『옥전』 권5에서 인용한 진단의 말. 김낙필 외 역, 위의 책에서 원문 재인용. 童光晃郎似明蟾, 雲去雲來體不纏. 消盡葛藤心自瑩, 存胎胎就聖功圓.

5. 사상의 전승

진단이 다양한 경로로 이어받은 사상연원은 또다시 다양하게 전승되었다. 그의 내단사상은 장무몽과 유해섬에게 전해져서 결국 장백단에 이르러 완전히 정립된다. 도교 내단사상 전수의 과정에서 장무몽과 유해섬은 커다란 역할을 남긴 것으로는 보이지 않는다. 다만, 장무몽은 『지현편』을 전하였고, 『환원편』을 지어 진단의 삼교회통론과 내단이론을 계승하고 있다고 한다.[84]

유해섬에 대해서 말해보면, 『역세진선체도통감』의 「장용성」 항 앞에 있는 「유현영劉玄英」 항에 보면, '유현영은 자字가 종성宗成이고, 호號가 해섬자海蟾子이다. 처음 이름은 조操이고, 자는 소원昭遠이었는데, 득도 후에 바꾸어 칭했다. … 후에 여동빈을 만나 금단의 비결을 얻었고, 이로부터 종남산과 태산과 화산 사이를 왕래했다. 다시 장무몽과 충방 등과 함께 진희이 선생을 방문하여 방외우를 맺었다.'[85]고 되어 있다. 그 또한 시문에 능했던 것으로 알려져 있으며, 『환금편還金篇』, 『환단파미가還丹破迷

---

84 김낙필 외 역, 위의 책, 690-691쪽 참조.
85 조도일, 『역세진선체도통감』 권49, 「劉玄英」: '劉玄英 字宗成號海蟾子. 初名操字昭遠 後得道改稱焉. …後遇呂洞賓 得金丹之秘旨 自此往來終南泰華間 復結張無夢种放 訪陳希夷先生爲方外友.'

歌』, 『황제음부경집해黃帝陰符經集解』 등의 저술을 남겼고, 전진교全眞敎의 북종 5조의 한 사람으로 꼽히고 있는 인물이다. 그런데 이 기록을 제외하면 유해섬이 진단의 제자였다는 분명한 증거는 부족한 실정이다.[86] 특히나 유해섬은 후에 전진교의 창시자인 왕중양王重陽에 의해 북종의 개조開祖로 추앙받는 인물이 되었다. 진단 내단법의 정수를 이어받은 것으로 알려진 장백단이 남종의 개조인 것과 비교하면 그 단법에 차이가 있음을 알 수 있다. 장백단의 단법은 '선명후성'의 수련법을 택하고 있는데 반해서, 북종에서는 '선성후명'의 수련법을 택하고 있기 때문이다.

진단 내단법의 진수를 이어받은 것으로 알려진 장백단은 생존 시기로 보아 진단의 직접 제자가 될 수는 없다. 『역세진선체도통감』에서는 그가 유해섬으로부터 진단의 단법을 사천에서 얻은 것으로 기록하고 있지만 장백단 자신의 기록에서는 그러한 내용이 보이지 않는다. 다만, 그의 주요 저술인 『오진편』에서 그의 스승이 누구인지를 짐작하게 해줄 수 있는 시 1수를 칠언절구에 남기고 있을 뿐이다.

> 꿈에서 서악西岳 화산華山을 뵙고 구천九天에 이르니,
> 진인眞人께서 나에게 지현편指玄篇을 전수하셨네.
> 그 내용은 간단하고 쉬워 많은 말 없고,
> 단지 사람에게 연홍鉛汞의 수련을 가르치네.[87]

이 시의 첫 구절은, 꿈에서 서악西岳 화산華山을 만나뵙고 함께 구천

---

86 김경수, 위의 논문, 141쪽에서 이 문제에 대해 논의하였다.
87 『오진편』, 칠언절구 제11수: '夢謁西華到九天 眞人授我指玄篇. 其中簡易無多語 只是教人煉汞鉛.'

九天에 이르니, 그 진인眞人께서 자기에게 『지현편指玄篇』이란 책을 전수해 주었다는 것이다. 이 구절에서의 요점은 서악 화산과 『지현편』이 무엇을 지칭하느냐는 것이다. 화산은 통칭으로 진단의 별호로 쓰이고 있으며, 『지현편』이란 진단의 『구실지현편』을 지칭한다. 그리고 『지현편』은 81장으로 되어 있으며, 많은 부분이 시의 형태로 쓰여져 있다. 장백단의 『오진편』도 81장으로 되어 있으며, 모두 시의 형태로 되어 있다. 이것은 『노자』 81장을 본떠서 진단이 『지현편』을 81장으로 만들고, 다시 장백단이 『오진편』을 81장으로 구성하여, 그 계보에 대한 정당성을 확보하려는 시도로 보아 무리가 없겠다.[88]

진단의 내단수련론은, 그의 저술이 온전히 남아있지 않은 탓이기도 하겠지만, 논리적 체계가 불완전하다. 이것이 장백단에게 와서 비로소 온전한 논리적 구조를 갖추게 된다. 진단은 「무극도」를 그려서 역학과 합한 그의 내단법을 설명하고 있지만, 정기신의 상호 제련과정을 정치하게 설명하지는 못하고 있다. 장백단에 이르러서는 「무극도」에 의한 내단수련에 매이지 않고 '선명후성先命後性'의 수련법을 제시한다. 또한 정기신의 개념도 각각 선천과 후천으로 나누고, 하단전 중단전 상단전의 역할도 구분하여 조리정연한 이론을 제시하고 있다.[89]

진단의 「무극도」가 목수穆修를 거쳐 주돈이에게 전해져 「태극도」로 나타난 것은 주자로부터 황종염 등이 하나같이 인정하고 있는 사실이다. 주자도 만년에는 제자인 채원정과 함께 『참동계고이參同契考異』를 추흔鄒訢이라는 가명에 의탁하여 지었으며, 도교에 깊은 관심을 가졌음을 확

---

88 김경수, 위의 논문, 142쪽 참조.
89 김경수, 위의 논문, 제Ⅳ장 참조.

인할 수도 있다.⁹⁰ 이는 그의 평생 벼슬 중에서 대부분이 도관道觀의 관리자였던 것과도 무관하지 않을 것이다.

한편, 진단의 역학은 두 갈래로 전승된 것으로 나타난다. 『태화희이지』에 의하면 다음과 같다.

> 희이 선생은 『역』 읽기를 좋아했다. 그 수역數易으로서 백장伯長 목수穆脩에게 주었고, 목수는 정지挺之 이지재李之才에게 주었으며, 정지는 요부堯夫 소강절邵康節에게 주었다. 요부는 상역象易으로서 충방种放에게 주었고, 충방은 여강廬江 허견許堅에게 주었으며, 허견은 범악창范諤昌에게 주었으니, 한 가지가 남방으로 전해졌다.⁹¹

그의 역학은 유가 전래의 역을 넘어서 도교 비전의 선천 상수역이었는데, 이것이 수역數易으로 목수를 거쳐 소강절에게까지 전해져서는 다시 소강절이 상역象易으로 충방 이하에게 전했다는 것이다. 이 부분에서 요부가 충방에게 전했다는 것은 기록상의 잘못으로 보이는데, 충방이 상역을 요부에게 전했다고 해야 올바른 계보가 된다. 충방은 학덕이 있어 진종 때 여러 벼슬을 한 인물이었으며, 많은 제자를 길렀다고 알려지고 있다. 어쨌든 결론적으로 소강절은 진단의 상수역을 온전히 이어받아 선천역을 새롭게 드러낸 인물이 되는 셈이다.

그 밖에도 진단이 마의도자로부터 전수받은 「하도」 「낙서」의 하락학河洛學은 유목劉牧에게 전수되어 북송 당시 하나의 학풍을 이루었다고

90　김낙필 외 역. 위의 책, 699-700쪽 참조.
91　『태화희이지』권하, 希夷先生好讀易. 以數學授穆脩伯長 脩授李之才挺之 挺之授康節邵堯夫. 堯夫以象授种放 放授廬江許堅 堅授范諤昌 一枝傳於南方也.

알려진다.⁹²

진단에 대해 연구를 진행한 몽문통 교수는 그를 다음과 같이 평가하고 있는데, 거의 사실을 잘 나타내고 있다고 하겠다.

도남圖南은 높은 덕을 지닌 은사일 뿐만이 아니라 참으로 다재다능하고 박식하다. 그는 일개 서생이었을 뿐만이 아니라 진실로 웅대한 무예와 책략을 지니고 있었다. 바야흐로 그가 삼봉三峰에 높이 누웠구나! 하지만 양송시기의 도덕과 문장이 이미 그의 한 몸에 달려 있다.⁹³

진단의 학문과 사상의 전승에 대한 연구는 앞으로도 밝혀져야 할 부분들이 많이 남았다고 볼 수 있다.

---

92 김낙필 외 역, 위의 책, 702-703쪽 참조.
93 이 글은 蒙文通, 『陳碧虛與陳搏學派』에 수록된 것으로 되어 있는데, 앞의 책에서 번역문을 그대로 재인용 하였다.

6. 역사적 의의

당 말에서 북송초기에 나타난 유교 불교 도교의 삼교회통 경향은 당시 학문과 사상계에 커다란 변화를 초래하였다. 유교에서는 도교의 우주생성론과 불교의 심성론을 취하여 새롭게 전환된 성리학으로 모습을 탈바꿈하였다. 불교에서는 유가 인륜도덕의 가르침을 포섭하여 자신의 단점을 보완하면서 여전히 도교를 비판하는 입장을 고수했다. 도교는 종려내단법의 출현으로부터 진단에 이르러 명실공히 삼교회통의 길을 모색하였다고 볼 수 있다.

도교는 외단이론이 가지는 스스로의 한계를 극복하기 위해 내단으로 방향을 전환하면서 그 수련과정의 논리적 부족함을 메우기 위해 유교의 역학을 도교 비전의 역학으로 대치하고, 육신과 정신의 이중구조를 통합하는 방법을 모색하는 과정에서 선불교의 마음수행법을 자신의 체계 속으로 끌어들였다. 이렇게 하여 삼교는 각각 고유한 수도론의 완성된 형태를 갖게 되었다.

이러한 역사적 과정에서 당 말부터 북송 초까지 무려 118년을 살았던 진단의 존재는 도교와 유교의 양 방면에서 실로 전대미문의 큰 영향을 끼쳤다고 할 수 있다. 일상적인 삶에서는 그가 세속世俗의 일과 방외方外의 일을 철저하게 구분하여 유교적 다스림을 치세의 도구로 인정하고 있음도 알 수 있다. 그런데, 그의 저술이 많이 산일되어 여러 분야에 걸친 제대로 된 연구는 부족한 실정이다. 이제 그 단편적인 자료들이 곳곳에서 발견되고 있으므로 보다 폭넓고 깊이 있는 연구가 요청되는 시점이다.

진단의 내단이론은 그 자체로는 하나의 논리적 구조를 이루고 있다고 할 수 있지만, 분명하고 정합적이지 않은 점도 포함하고 있다. 그러나 우리는 당 말기부터 북송시기까지 도교의 수련을 닦은 많은 사람들이 평균보다 훨씬 장수하고 있음도 알 수 있다. 그 이전의 종려단법을 비롯해서 그의 내단법이나, 이후 보다 완비된 형태로 나타난 장백단의 내단법에서 말하는 수련의 단계와 방법은 궁극적으로 불로장생을 목적으로 한다. 그러나 '연정화기'나 '연기화신'은 그렇다고 하더라도 '연신환허'로 '복귀무극'하여 '귀근복명'한다는 논법은, 논리적으로는 모순이 없다고 할지라도 현실적 가능성에서는 불가능한 일이라고 할 수 있다. 역사적으로 그러한 실존인물은 단 하나의 사례도 없기 때문이다.

그러나 오늘날과 같은 '자아상실의 시대' 또는 환경오염으로 인하여 생기는 인간의 여러 난치병의 시대에 진정한 자아의 회복과 건강한 삶의 유지를 위해서는, 유교의 도덕적 수양론도, 불교의 주객미분의 공관적 수행론도, 나아가 그들을 아울러 몸과 마음의 온전한 모습을 찾아서 회복하려는 내단도교의 수련론도 모두가 여전히 의미 있는 일이라고 할 수 있지 않을까? 진단 이후 이 문제와 관련한 사상의 전개에서 나타나는 학자들의 심도 있는 논의들은 모두 결국은 여기로 귀결하는 것은 아닐까? 현대인에게 맞는 오늘날의 수도론을 진단을 통해서 찾아보는 것도 하나의 방법이지 않을까 한다.

3 장

장 백단의 삼교귀일론과 내단사상
張 伯 端   三 敎 歸 一 論   內 丹 思 想

1. 생애와 저술

 생애

도교의 내단이론을 집성한 인물을 꼽을 때 아무도 이의를 제기하지 않을 인물은 단연 장백단張伯端일 것이다. 후대에 그는 도교 남종南宗의 개산조사開山祖師로 추존되고, 그의 내단사상의 핵심을 담고 있는 저술『오진편悟眞篇』은 청대淸代에 이르기까지 주석을 단 인물이 30명을 넘을 정도로 중시되었다. 그렇지만 그러한 사실에 비해 그의 생애에 대한 자세한 기록은 남아 있지 않다. 도교사에 있어서 많은 경우에 이와 같은 현상이 보이는데, 여기에는 몇 가지 이유를 생각해 볼 수 있다. 첫째는 도사들의 행적이 다소 기이하여 자신의 정확한 출생과 신분을 잘 드러내지 않는 경우가 많기 때문이고, 둘째는 그 계보를 잇는 제자들이 스승의 행적을 미화하여 신비롭게 보이고자 하는 의도가 있기 때문이며, 셋째는 재야에 은둔하면서 수도에 전념한 관계로 인하여 살았을 당시나 죽은 직후에는 정사에서 거의 다루어진 일이 없기 때문이라고 할 수 있다.

장백단에 대한 기록으로 남아 있는 것 중에서 신빙성이 높다고 판단되는 것들을 중심으로 그의 생애를 살펴보자.

나는 어려서 도를 좋아해서 가까이하여 삼교三敎의 경전들을 섭렵하였고, 형법·서산書算·의복醫卜·전진戰陣·천문·지리·길흉사생의 방술에 이르기까지 마음을 두어 상세히 궁구하지 않음이 없었다. 오직 금단金丹의 한 법은 여러 경전과 제가諸家의 노래한 시와 깨우침을 논한 것에 이르기까지 모두 열람하였다. … 희령熙寧 기유己酉(1069)년에 용도龍圖 육공陸公을 따라서 성도成都에 들어갔다. 옛날의 뜻을 되돌리지 않고 처음의 정성이 더욱 신중하니 드디어 진인眞人을 감동시켜 금단의 약물藥物과 화후火候의 비결을 전수받았다. 그 말은 매우 간결하며 그 요점은 번거롭지 않아 가히 흐름을 가리키니 근원을 알고, 하나를 말하면 백을 깨우치고, 안개가 걷히니 해가 빛나고, 먼지를 닦으니 거울이 밝아졌다고 말할 수 있다. 이를 선경仙經과 비교하니 부절을 합한 것과 같았다.[94]

이것은 장백단이 직접 자신의 일생에 대해서 언급한 글 중의 일부인데, 그가 진인으로부터 단법을 전수받은 연도에 대한 언급만 있고, 출생과 그 밖의 일에 대해서는 연대를 비롯한 다른 내용이 전혀 없다. 여기서는 단지 그가 희령 기유년(1069)에 사천의 성도에서 진인으로부터 단법을 전수받았다는 연도를 알 수 있을 뿐이다. 그는 또 『오진편』의 내용을 증보하고 난 다음에 쓴 「후서後叙」에서도 '백단이 지난 기유년에 성도

---

[94] 張伯端, 『悟眞篇』「自序」: '僕幼親善道 涉獵三道經書 以至刑法書算醫卜戰陣天文地理吉凶死生之術 靡不留心詳究. 惟金丹一法 閱盡群經及諸家歌詩論契. …至熙寧己酉歲 因隨龍圖陸公入成都 以夙志不回初誠愈恪 遂感眞人 授金丹藥物火候之訣. 其言甚簡其要不繁 可謂指流知源語一悟百霧開日瑩塵盡鑑明. 校之仙經 若合符契.' 여기서 인용한 『오진편』은 《正統道藏》에 수록된 『紫陽眞人悟眞篇注疏』를 가리킨다. 『오진편』을 비롯한 장백단의 저술에 대해서는 다음 항에서 자세히 언급할 것이므로, 여기서는 생략한다.

에서 스승을 만나 단법을 전수받았다'[95]고 다시 언급하고 있어, 그가 그 해에 단법을 전수받았음을 거듭 밝히고 있다.

그렇다면 과연 장백단은 언제 어디에서 태어났으며, 무엇을 하며 어떻게 살았던 인물이고, 위의 인용문에서 언급하고 있는 것처럼 그에게 단법을 전해준 스승은 누구이며, 그는 용도龍圖 육공陸公이란 인물을 따라 왜 성도로 왜 가게 되었는가? 『역세진선체도통감』의 「장용성張用成」 항에 다음과 같은 내용이 있다.

> 장백단은 천태인天台人이다. 젊어서는 배우지 아니한 바가 없었으며 물결 같은 자취가 운수간雲水間에 있더니, 만년에는 혼원混元의 도를 전했으나 자세한 설명을 갖추지는 않았고 사방을 편력했다. 송나라 신종 희령 2년에 용도공 육선이 익주의 성도 수비를 책임질 때 의지하여 촉蜀에 놀았다. 유해섬劉海蟾을 만나 금액환단화후金液還丹火候의 비결을 전수받고서 이에 용성用成으로 이름을 바꾸었으니, 자字는 평숙平叔이요, 호는 자양紫陽이다. … 영종 치평 중에는 용도 육공이 계림桂林을 지키면서 자양을 데려다 막하에 두고서 중요한 일을 맡겼다. 공이 다른 진鎭으로 옮기면 모두 스스로 따라갔는데, 마지막으로 공이 성도에서 돌아가시자 자양은 진롱秦隴으로 옮겼다. 오랫동안 하동에서 부풍현령扶風縣令 마묵馬黙(자 처후處厚)을 모셨다. 마처후가 소명을 받아 행차하려 함에 자양이 오진편悟眞篇을 주면서 말하기를, "평생에 배운 바가 모두 여기에 있습니다. 원컨대 공께서 이 책을 유포하시면 마땅히 이 책으로 인하여 뜻을 이해하는 자가 있을 것입니다."고 하였다. 후에 처후處厚가 외직으로 나가 광남廣南의 조운漕運을 맡자 자양

---

95 장백단, 『오진편』 「後序」: '伯端向己酉歲 于成都遇師授丹法.'

이 다시 따라가서 놀았다. 원풍元豊 5년 3월 15일에 가부좌跏趺坐를 하고 앉아서 화化하니, 세상에 거주한 것이 99세였다. 시해송尸解頌이 있어 말하기를 "사대四大가 흩어지려 함에 부운浮雲은 이미 공空하도다. 한 점 신령함이 묘유妙有하여 법계法界에 두루 통하네."라고 하였다. 한 사람의 선禪을 좋아하는 자가 (시신을) 불로 화장하니 사리舍利 천백 개를 얻었는데, 큰 것은 가시연의 열매만 하였고 색깔은 모두 검푸른 색이었다. 여러 제자들이 이르러 가리키면서 말하기를 "이것이 도서道書에서 말하는 '사리가 금빛으로 빛나는 것이구나.'"라고 하였다.[96]

여기서 알 수 있는 것은 크게 세 가지로 나눌 수 있다. 첫째는 장백단이 절강浙江의 천태인天台人이며 젊어서는 박학다식하면서도 사방을 편력하였으며, 만년인 희령 2년에 육선陸詵을 따라 성도에 가서 유해섬劉海蟾을 만나 단법을 전수받아 이름을 용성用成으로 바꾸었고, 자는 평숙平叔으로 하였으며, 호는 자양紫陽으로 하였다는 사실이다. 참고로 『오진편』의 「서叙」에서는 끝에 '천태장백단평숙서天台張伯端平叔叙'라고 되어 있고, 「후서後叙」의 끝에는 '장용성평숙서張用成平叔叙'라고 되어 있다. 둘째는 육선이 죽고 나서는 마묵馬黙에게 의지하였는데, 그에게 자신이 지은 단법의 요체인 『오진편』을 주어 세상에 유포시키기를 원했다는 것이다.

---

96 趙道一, 『歷世眞仙體道通鑑』 권49, 「張用成」: '張伯端天台人也. 少無所不學 浪迹雲水 晚傳混元之道而未備 孜孜徧歷四方. 宋神宗熙寧二年 陸龍圖公詵鎮益都 乃依以遊蜀 遂遇劉海蟾 授金液還丹火候之訣 乃改名用成 字平叔 號紫陽 …英宗治平中 龍圖陸公帥桂林 取紫陽帳下典機事. 公移他鎮 皆以自隨 最後公薨於成都 紫陽轉徙秦隴. 久之事扶風馬黙處厚於河東. 處厚被召臨行 紫陽以悟眞篇授之曰 平生所學 盡在是矣 願公流布此書 當有因書而會意者. 後處厚出爲廣南漕 紫陽復從之遊. 於元豊五年三月十五日 趺坐而化 住世九十九歲. 有尸解頌云 四大欲散 浮雲已空 一靈妙有 法界圓通. 一好禪弟子 用火燒化 得舍利千百 大者如芡實焉 色皆紺碧. 群弟子至 遂指謂曰 此道書所謂舍利耀金姿也.'

그리고 셋째는 그가 원풍 5년(1082) 3월 15일에 99세의 나이로 시해송尸解頌을 남기고 앉은 채로 입적하였는데, 시신을 선禪을 좋아하는 제자가 불교식으로 화장하여 수많은 사리舍利를 얻었다는 사실이다.

　장백단의 출신지가 절강의 천태라는 사실과, 그가 어려서부터 온갖 종류의 책을 읽었으며 특히 금단의 도에 심취했다는 것으로부터, 그곳이 수당 이래로 천태지의天台智顗로 대표되는 불교의 천태종이 발원하여 지관수행止觀修行을 중시하며 크게 융성했었다는 역사적 사실과의 연관성을 생각해 볼 수도 있다. 또 희령 2년에 육선을 따라서 촉蜀에 가서 유해섬을 만나 단법을 얻었다고 하였으니 그 사실의 연대가 일치하고, 단법을 전해준 인물이 유해섬이라는 사실이 추가로 드러났다. 그리고 그가 원풍 5년에 99세의 나이로 시해했다고 하였으니, 그가 태어난 해는 984년이라는 것도 알 수 있다. 나아가 그는 죽음에 임하여 시해송을 읊었다고 하니, 이는 불교에서의 열반송涅槃訟과 유사한 행위이고 시신을 화장한 것과 사리를 얻은 것도 불교의 의례 내지는 득도자의 모습과 흡사하다.

　앞선 인용문에 등장했던 육공이 위의 인용문에서 육선이라는 인물로 밝혀졌는데, 육선은 그 당시 실존했던 인물로 자는 개부介夫이고, 희령 연간에 성도에서 죽은 것으로 『중국인명대사전』에서 확인된다. 그러나 장백단이 유해섬에게서 단법을 얻었다는 것은 다소 의문의 여지가 있다. 무엇보다도 장백단 자신이 그에게 단법을 전해준 사람을 밝히지 않았기 때문이다. 유해섬은 장백단과 부분적으로 같은 시대를 살았기 때문에 만날 수 있는 가능성이 없는 것은 아니지만, 유해섬은 전진도의 북종 제4조로 계보를 잇는 사람인데 반해 장백단은 남종의 개조로 추앙받아 남북종으로 서로 구분되는 인물이다. 게다가 『역세진선체도통감』을 저술한 조도일趙道一⁹⁷은 원나라 때의 인물로, 이미 시대적으로 많이 차이가 나는 시기에 종파별로 각 파의 계보를 정리한 후의 기록들을 토대로 이 책을 저술하였을 가능성이 높기 때문이기도 하다.

그런데 조도일의 이 기록은 그보다 앞선 기록인 「오진편기」에서 유사한 내용을 찾을 수 있다. '장평숙 선생은 천태인이다. 젊어서 과거에 뜻을 두었으나 일에 연루되어 영남으로 좌천당해 병적兵籍에 들었다. 치평 중에 선대부 용도공 선께서 …'⁹⁸ 라고 시작하는 글의 뒤에는, 『오진편』과 관련하여 마묵과의 사이에 있었던 일까지가 위와 똑 같은 내용으로 실려 있다. 이 글은 '선대부 용도공 선'이라고 한 것에서 알 수 있듯이 육선의 손자인 육사성陸思誠이 쓴 것이다. 이 글은 장백단이 죽은 지 오래되지 않아서 쓴 것이며, 또한 육사성의 부친이 살아 있을 때의 일이므로 상당히 믿을 수 있다고 할 수 있다.

여기서 '일에 연루되어' 라고 한 것은 무엇인가? 그 내용과 관련해서는 『내단-심신수련의 역사』⁹⁹에 상세히 기록되어 있으므로, 이를 그대로 옮겨본다.

> 부리府吏로 일할 때 장백단이 생선을 좋아하였다. 관청에서 일을 보고 있는데 집에서 생선을 보내왔고, 여러 사람들이 그 맛있는 생선을 장난삼아 기둥 사이에 숨겨놓았다. 장백단은 계집종이 훔쳤다고 의심하

---

97 趙道一은 元나라 때의 道士로 호는 全陽子이다. 儒家의 『自治通鑑』과 佛家의 『釋化通鑑』이 각 교단의 인물을 기록한 것에 착안하여 『歷世眞仙體道通鑑』 53권, 『續編』 5권, 『後集』 6권을 저술하여, 道敎의 인물 900여 명을 수록하였다.
98 陸思誠, 「悟眞篇記」: '張平叔先生者 天台人 少業進士 坐累謫嶺南兵籍. 治平中先大夫龍圖公詵 ….' 이 글은 『悟眞篇三註』에 실려 있다.
99 김낙필 외 옮김, 『내단-심신수련의 역사 1·2』(성균관대학교출판부, 2006) 이 책은 李園國, 『道敎氣功養生學』(四川: 四川省社會科學院出版社, 1988)을 번역한 것이다. 이하에서는 이 책을 『내단』이라고 줄여서 칭한다.

여 집으로 돌아가 그 계집종을 매질하였고, 그 계집종은 마침내 스스로 목을 매어 죽었다. 하루는 벌레가 기둥 사이에서 기어 나와 조사해 보았더니, 생선이 썩어 있고 그 속에서 벌레가 나온 것이었다. 이에 평숙은 탄식을 하면서 '문서가 상자에 가득 쌓여 있지만 이 문서들에는 생선을 훔친 사건과 비슷한 경우가 얼마나 많을지 모르겠구나!'라고 하였다. 그리고서 시를 지어 다음과 같이 읊었다. '칼과 붓을 쥔지 40년에, 세상사 옳고 그름 천만 갈래 나뉘네. 한 집이 따뜻하면 천여 집이 원망하니, 반세半世의 공명이 백세의 허물일세. 붉은 끈과 금으로 만든 장보 이제는 내려두고, 짚신에 대지팡이 절로 한가롭구나! 누군가 내게 봉래산 가는 길 묻기에, 구름은 청산에 있고 달은 산에 있다고 하였네.' 시를 짓고 나서 책상에 쌓아둔 문서들을 모두 불태웠다. 그리하여 문서를 태운 벌로 영남으로 좌천되어 그곳 수비를 맡게 되었다.[100]

생선을 무척 좋아한 그가 심부름하던 계집종이 생선을 훔친 것으로 오해하여 매질해서 자살에 이르게 하고, 결국 자신의 잘못임이 밝혀지자 세상사를 헛되이 여기고 벼슬길을 버릴 마음으로 공문서를 불에 태우고, 그 벌로 영남으로 좌천되어 군적軍籍에 종사하게 되었다는 것이다. 이제 장백단의 생애에 대한 내력이 대략 밝혀진 셈이다. 하지만 여기에 그의 출생연도와 관련한 또 다른 기록이 있다.

---

[100] 김낙필 외 옮김, 『내단』 2. 29-30쪽 및 주3을 轉載하였다. '『古今圖書集成·博物彙編神異典』 252卷에서 『臨海縣志』를 인용하였다. "爲府吏 性嗜魚 在官辨事 家送膳至 衆以其所嗜魚戲匿之梁間 平叔疑其婢所竊 歸朴其婢 婢自經死. 一日 虫自梁間下 驗之 魚爛虫出也. 平叔乃喟然嘆曰: '積牘盈箱 其中猶竊魚事不知凡幾.' 因賦詩云: '刀筆隨身四十年 是是非非萬千千. 一家溫暖千家怨 半世功名百世愆. 紫綬金章今已矣 芒鞋竹杖自悠然. 有人問我蓬萊路 雲在靑山月在山.' 賦畢縱火將所置案卷悉焚之 因按火燒文書律遣戍.'"

원풍 5년 3월 초5일 시해 때에, 이에 게偈를 남겨 이르기를 "하나의 신령이 신묘한 작용으로 법계에 두루 통하네."라고 하였다. 이는 성과 명의 도가 함께 원만하지 않고, 형과 신의 참됨이 함께 묘합하지 않으면, 어찌 능히 이에 함께 할 수 있겠는가? 그가 세상에 있은 지가 또한 96년이었다.[101]

이에 의하면, 장백단은 원풍 5년(1082)에 시해하였는데, 나이가 96세라고 하였다. 그렇다면 그의 출생은 987년이 된다. 이상을 정리해보면, 장백단은 984년 또는 987년에 태어났고, 젊어서는 박학하여 과거에 뜻을 두었으나[102] 부리府吏로 근무하던 중에 계집종이 자신이 좋아하는 생선을 훔쳤다고 오해하여 매질하여, 그 종이 자살했다. 이것이 후에 자신의 잘못임이 밝혀지자 세상사에 뜻을 잃고 공문서를 불에 태우고, 그 죄에 연루되어 영남으로 좌천되어 육선의 휘하에서 이리저리 옮겨 다니면서 살았다. 나이 80세 이후인 1069년에 성도에서 진인을 만나 단법을 전수받고, 그 요점을 정리하여 「서문」에 의하면 희령 을묘년인 1075년에 『오진편』을 저술하였고, 그 3년 뒤 원풍 원년인 1078년에 다시 「후서」를 저술하였다. 그리고 1082년에 세상을 떠난 것으로 된다. 물론 그 중간에 긴 기간은 아니었지만 제자들을 가르친 기록이 남아 있다. 이 정도가 그의 생애에 대한 가장 객관적인 진술이라고 할 수 있다.

---

101 翁葆光, 「悟眞篇直指詳說序」: '元豊五年三月初五日 尸解之時 乃留偈曰 "一靈妙用 法界圓通". 此非性命之道雙圓 形神之眞俱妙 豈能與於此哉? 其閱世亦九十六載矣.'
102 신진식, 「『悟眞篇』의 "道禪合一" 사상」(『도가문화연구』 제26집, 한국도교문화학회, 2007) p.417의 주2에서는 장백단이 '어려서 進士에 합격했으며'라고 하였는데, 어디에 근거한 것인지 알 수 없다. 특히 '어려서'라는 표현은 과거시험을 볼 수 있는 나이를 감안한다면 적절한 표현이 아닌 듯하다.

 저술

앞에서 살펴본 것처럼 장백단의 저술에서, 그 자신이 「서」나 「후서」에서 간기刊記와 자신의 이름을 직접 기록해 둔 것은 『오진편』뿐이다. 그런데 그의 저술이라고 현재 전하고 있는 것은 몇 종류가 더 있다. 더구나 『오진편』은 다른 사람들이 주석을 붙인 여러 판본이 전해지고 있다. 장백단 자신은 『오진편』을 지은 근본 뜻을 다음과 같이 설명하고 있다.

이르기를 "세상에 선仙을 배우는 자들이 열에 여덟아홉이나 되지만 그 참된 요지에 도달한 자는 한두 명도 듣지 못했다. 나는 이미 참된 도리를 만났으니 어찌 감히 얻은 바를 숨겨서 침묵하고 공허하게 하겠는가? 율시律詩 구구九九 81수를 이루어 이름하여 오진편이라고 하였다. 내편은 7언 4운 16수로 2와 8의 수를 나타내었고, 절구絶句 64수는 주역周易의 모든 괘에 안배하였으며, 5언 1수로 태일太一의 수를 상징하였다. 속편에는 서강월西江月 12수를 더하여 1년의 법도로 하였으니, 그 정기鼎器의 존비尊卑와 약물藥物의 근량斤兩, 화후火候의 진퇴進退와 주객主客의 선후先後, 존망存亡의 유무有無와 길흉회린吉凶悔吝이 모두 그 가운데 갖추어져 있다. 편집이 이미 이루어진 후, 또 그 가운데 오직 양명고형養命固形의 술術 만을 이야기하고 본원진각本源眞覺의 성에 대해서는 궁구하지 못한 바가 있음을 깨닫고, 드디어 불교의 서적 및 전등록傳燈錄으로부터 조사가 대나무를 두드려 깨달음을 얻은 것까지 탐구하고서 이에 시송가곡잡언歌頌詩曲雜言 32수를 만들어 지금 책의 끝에 붙이니, 근본에 이르고 성을 밝히는 도에 가까움이 거의 모두 여기에 있다. 바라는 바는, 동지들이 이를 열람하면 말단을 보고서 근본

을 깨닫고 망령됨을 버리고 참됨을 좇는 것이다.[103]

『오진편』은 원래 그가 얻은 선법仙法의 참 도리를 세상에 전하기 위해 지은 것이며, 처음 책의 구성은 모두 81수의 시 형태로 되어 있었음을 알 수 있다. 그 편차는 내편과 속편으로 나누어 내편에는 칠언율시 16수로 2와 8의 수[104]를 나타내었고, 칠언절구 64수는 『주역』의 64괘에 안배하였고, 오언율시 1수는 도가 태일太一의 수를 나타내었다. 속편에는 서강월西江月 12수를 더하여 1년 12개월을 본받았다고 하였다. 이렇게 일차로 편찬한 뒤에 '본원진각本源眞覺의 성性'에 대한 부족한 부분을 보충하기 위하여, 불교 서적과 선종禪宗 조사祖師들의 전법사서傳法史書인 『전등록傳燈錄』과 어록류語錄類 등을 참조하여 시송가곡잡언歌頌詩曲雜言 32수를 지어 보유편을 편찬하였다. 이 내용을 정확하게 이해하는 것이 장백단의 직접 저술에 대한 가장 정확한 길이 될 것이다. 보유편에 포함된 것들은 어떤 것인가? 그는 분명히 '본원진각의 성'에 대한 부분을 보충하기 위하여 불교의 서적을 연구하여 '가송시곡잡언 32수를 첨가하였다'

---

103 장백단, 『오진편』「자서」: '因謂 世之學仙者十有八九 而達其眞要者未達一二. 僕旣遇眞詮 安敢隱黙 聲所得成律詩九九八十一首 號曰悟眞篇. 內七言四韻一十六首 以表二八之數 絶句六十四首 按周易諸卦 五言一首 以象太一之奇. 續添西江月一十二首 以周歲律 其如鼎器尊卑 藥物斤兩 火候進退 主客後先 存亡有無 吉凶悔吝 悉備其中矣. 及乎編集旣成之後 又覺其中惟談養命固形之術 而於本源眞覺之性 有所未究. 遂歛佛書及傳燈錄 至于祖師有擊竹而悟者 乃形于歌頌詩曲雜言三十二首 今附之卷末. 庶幾乎達本明性之道 盡于此矣. 所期同志覽之 則見末而悟本 舍妄以從眞.'
104 여기서 말하는 '2와 8의 수'란, 장백단이 내단에서 사용하는 개념으로, 1斤이 16兩인 것에 대응하여 煉丹의 초에 陰陽 2氣가 眞土에서 8량씩 균형을 맞춘 상태로 相合하여 大藥을 만든다는 것으로 각각 金과 水에 상당한다고 한다. 이하 도교의 용어와 관련하여서는, 胡孚琛 主編, 『中華道教大辭典』(北京: 中國社會科學出版社, 1995)을 참조하여 간단히 해설하고, 필요할 경우에는 呂光榮 主編, 『中國氣功辭典』(北京: 人民衛生出版社, 1988) 및 戴源長 編, 『仙學辭典』(臺北: 眞善美出版社, 民國 67年)을 참고하기로 한다.

고 하였다.

그런데, 현재 전하고 있는 대부분의 판본에는 속편의 서강월 12수 뒤에 1수가 더 있어 '윤달을 상징'한다고 하고 있으며, 또 칠언절구 5수가 연이어 수록되어 '연홍사은토鉛汞砂銀土의 오행五行을 상징'한다고 되어 있다. 그러므로 이것들이 장백단의 직접 저술인지는 다소 불분명한 점이 있다고 하겠다. 그러므로 그의 저술이라고 전하고 있는 글들을 좀 더 분명히 분석해 볼 필요가 제기된다.

《정통도장》[105]과 《사고전서》에 수록되어 있는 『오진편』의 체제에 대하여 살펴보자. 먼저 《도장》 제4책 2,727쪽부터 3,004쪽까지에 걸쳐 6종의 『오진편』과 직접 관계있는 저술들이 연속하여 수록되어 있다. 첫째가 『자양진인오진편주소紫陽眞人悟眞篇註疏』 8권인데, 대기종戴起宗의 「오진편주소서悟眞篇註疏序」에 이어 진달령陳達靈의 「오진편주서悟眞篇註序」와 옹보광翁葆光이 건도乾道 계사년(1173)에 쓴 「서序」가 각각 대기종의 소와 같이 있고, 장백단의 「오진편서悟眞篇序」, 그리고 이어서 상천象川 무명자無名子 옹보광이 주를 달고 무이武夷 진달령이 전傳을 달고 집경集慶 공현자空玄子 대기종이 소疏를 단 『오진편』이 「서강월」 12수까지 권1에서 권7에 실려 있고, 권8에는 「독주역참동계讀周易參同契」와 「증백룡동유도인가贈白龍洞劉道人歌」 및 「석교가石橋歌」, 그리고 칠언절구 5수와 「서강월」 1수, 장백단의 「오진편후서」가 끝에 붙어 있는 것이다. 둘째는 『오진편삼주悟眞篇三註』 5권으로, 육사성陸思誠이 쓴 「오진편기悟眞篇記」, 「육자야주오진편서陸子野註悟眞篇序」, 「상양자주오진편서上陽子註悟眞篇序」, 공부상서工部尚書 잔사홍張士弘이 지은 「자양진인오진전제紫陽眞人悟眞篇筌蹄」, 장백단의 「오

---

105 여기에서 인용하는 《正統道藏》은 법인문화사에서 영인한 판본을 저본으로 하고, 이하에서는 《道藏》으로만 지칭한다.

진편서」, 그리고 이어서 자현紫賢 설도광薛道光, 자야子野 육서陸墅, 상양자上陽子 진치허陳致虛 등이 주를 단 것이 권1부터 권5까지 있는데, 권5에는 오언절구 1수와 「서강월」 12수, 「우서강월又西江月」 1수, 「속절구續絶句」 5수가 수록되었고, 책의 끝에 장백단의 「오진편후서」가 첨부되어 있는 것이다. 셋째는 『자양진인오진편직지상설삼승비요紫陽眞人悟眞直指詳說三乘秘要』 1권인데, 상천 무명자 옹보광이 술한 「오진직지상설悟眞直指詳說」에 〈강병전승지술强兵戰勝之術〉, 〈부국안민지법富國安民之法〉, 〈신선포일지법神仙抱一之法〉이 붙어 있고, 「삼승비요시三乘秘要詩」에 〈금단술金丹術〉, 〈운화법運火法〉, 〈포일법抱一法〉이 포함되어 있고, 가태嘉泰 갑자년(1204)에 쓴 백운자白雲子의 「서서序叙」가 있고, 「오진편본말사적悟眞篇本末事蹟」에는 〈장진인본말張眞人本末〉과 〈설자현사적薛紫賢事蹟〉이 붙어 있으며, 이어 지원至元 병자년(1336)에 쓴 대기종의 「변辨」과 정축년(1337)에 쓴 대순戴順의 「후서後叙」가 있고, 「금단법상金丹法象」이 끝에 붙어 있는 것이다. 넷째는 『자양진인오진편습유紫陽眞人悟眞篇拾遺』 1권인데, 「선종가송시곡잡언禪宗歌頌詩曲雜言」이라 하여 〈성지두性地頭〉 6수, 〈무죄복無罪福〉·〈삼계유심三界唯心〉·〈견물변견심見物便見心〉·〈원통圓通〉·〈수타隨他〉·〈보월寶月〉·〈심경송心經頌〉·〈인아우명제물人我又名齊物〉·〈독설두선사조영집讀雪竇禪師祖英集〉·〈계정혜해戒定慧解〉·〈즉심시불송卽心是佛頌〉·〈채주가採珠歌〉·〈선종지미가禪定指迷歌〉·〈무심송無心頌〉·〈서강월西江月〉 12수로 되어 있는 것이다. 다섯째는 『오진편집석悟眞篇註釋』 3권인데, 무명자의 「오진편주석서悟眞篇註釋序」 다음에 상천 무명자 옹연명翁淵明이 주를 단 것이 상·중·하로 나뉘어 있는데, 중권은 「서강월」 13수로 끝나고, 하권은 「독주역참동계」만 수록하였다. 여섯째는 『오진편강의悟眞篇講義』 7권인데, 운봉산인雲峰散人 영가永嘉 하종우夏宗禹가 지었다고 되어 있고 「서강월」 12수로 맺고 있다.

그 외에 다시 《도장》 제40책 5,567쪽부터 5,625쪽까지에 수록된 『수

『진십서』의 26권부터 30권까지가 『수진십서오진편修眞十書悟眞篇』이란 제목으로 되어, 『오진편』이 다시 실려 있다. 여기서는 처음 26권에 장백단의 「서」가 있고 그 다음에는 「단방보감지도丹房寶鑑之圖」가 있으며, 이어서 「애배사상생진토시挨排四象生眞土詩」 「연연화후鍊鉛火候」 「화기육백편火記六百篇」 「목욕沐浴」 「포일抱一」로부터 칠언율시 16수와 칠언절구 64수를 해설과 함께 싣고, 다시 칠언율시 5수와 오언율시 1수를 28권까지에 실었다. 그리고 29권에는 「서강월」 12수를 싣고 다시 「서강월」 1수를 첨부하고 「독주역참동계」를 수록하였다. 30권에는 「선종가송禪宗歌頌」이라 하여 〈성지두〉 6수, 〈무죄복〉·〈삼계유심〉·〈견물변견심〉·〈원통〉·〈수타〉·〈보월〉·〈심경송〉·〈인아〉·〈독설두선사조영집〉·〈계정혜해〉·〈즉심시불송〉·〈채주가〉·〈선정지미가〉·〈무심송〉이 있고, 그 뒤에 다시 29권의 「서강월」과는 다른 「서강월」 12수가 수록되고, 끝에 장백단의 「후서」가 있는 것이다.

《사고전서》 「자부子部」 14 〈도가류〉에 수록되어 있는 『오진편주소』는 상중하 3권인데, 맨 처음의 「제요提要」를 제외하면, 중권까지는 《도장》에 수록된 『오진편주소』의 권7까지에 실린 내용과 똑 같다. 그러나 중권의 끝 부분이 순서가 바뀌어 《도장》의 권8 뒤쪽에 수록된 「서강월」 1수와 칠언율시 5수가 먼저 실려 있고 그 뒤에 「독주역참동계」와 「증백룡동유도인가」 및 「석교가」가 수록되어 있다. 그 다음 권에는 『오진편주소직지상설』이라는 이름으로 《도장》에 세 번째로 수록된 『자양진인오진직지상설삼승비요』와 순서 및 내용이 똑 같은 것이 수록되어 있다.

이상을 통하여 추론해보면, 『오진편』 정본에 대한 주석은 《도장》에 실린 『자양진인오진편주소』 8권과 《사고전서》본의 권상과 권중에 실린 것이 가장 자세하다고 할 수 있다. 그런데 문제는 《도장》에 실린 『자양진인오진편습유』 1권의 「선종가송시곡잡언」과 『수진십서오진편』 권30

에 「선종가송」이라고 수록된 내용이 뒤 책의 끝에 있는 「서강월」 12수와 「후서」를 제외하면 똑 같다는 점이다. 장백단이 「서」에서 말한 '가송시곡잡언삼십이수'를 어떻게 해석하느냐에 따라서 이 문제는 장백단의 직접 저술을 결정짓는데 중대한 영향을 미칠 수밖에 없다. '가송시곡잡언'이 구체적으로 어떠한 것들을 지칭하는지가 문제의 초점이 된다. 한 가지 분명한 사실은, 그 두 저술에 포함된 내용은 〈성지송〉 6수, 〈무죄복〉·〈삼계유심〉·〈견물변견심〉·〈원통〉·〈수타〉·〈보월〉·〈심경송〉·〈인아〉·〈독설두선사조영집〉·〈계정혜해〉·〈즉심시불송〉·〈채주가〉·〈선정지미가〉·〈무심송〉과 「서강월」 12수이니 합하여 '가송시곡잡언삼십이수'의 숫자에 완전히 부합한다는 점이다.

만약 장백단 자신의 말에 충실히 따르면, 원래 『오진편』은 처음의 시 81수에 열두 달을 상징하는 「서강월」 12수를 더한 것이었고, 이후에 보유하여 펴낸 것의 내용은 원편에다가 위에서 밝힌 '가송시곡잡언삼십이수'를 더한 것이었다고 볼 수 있는데, 그 32수 중에서 끝에 붙은 「서강월」 12수는 앞의 것과 내용이 다른 것이라고 한다면 아무런 문제가 없게 된다. 그러므로 '윤달을 상징'하는 추가 1수의 「서강월」이나 「독주역참동계」와 「증백룡동유도인가」 및 「석교가」 등과 오행을 상징하는 칠언절구 5수 등을 제외한 모습이 보유편으로 편집한 『오진편』의 모습이라고 보아야 할 것이다. 그렇다고 당장 이러한 것들을 장백단의 저술이 아니라고 단정하고자 하는 것은 아니다. 다만 장백단이 「서」에서 말한 내용을 정확히 따랐을 때의 경우를 말하고 있을 뿐이다. 『수진십서』에서 「서강월」이란 제목의 시 12수가 중복하여 나온 것이 다소 의문스럽기는 하지만, 앞에 나온 것의 주에 이르기를 '진인께서 이르시기를 "서西라는 것은 금金의 방향이고, 강江은 물의 체體이며, 월月은 약藥의 용用이다."[106] 라고 하셨다'고 한 것으로 해석한다면 별 무리는 없다고 하겠다. 그러므로《도장》에 실린『자양진인오진편주소』와《사고전서》에 실린 것에는 이른바 송頌이나 곡曲에 해당되는 항목이 없으므로 책의 제목과 같이, 이것들은 원래 장백단의 저술이었는데 산일散逸하였다가 나중에 습유拾遺하여 수록하였다고 보는 것이 보다 타당하지 않을까?[107]

장진국張振國이『오진편도독悟眞篇導讀』에서 장백단의 저술들을 교석校釋하여 '오진편'과 '오진외편' 그리고 '오진편외 3종'으로 구분하여 '오진편'에「자서」「칠언사운 16수」「절구시 64수」「오율 1수」「서강월사 13수」「7절 5수」를 배당하고, '오진외편'에「독주역참동계」「증백룡동유도인가」「석교가」「오진편후서」를 배당하고, '오진편 외 3종'에『오진성종직지』『금단사백자해』『옥청금사청화비문금보내련단결』[108]을 배당한 것은 타당하다고 할 수 없다.[109] 왜냐하면, 만약 앞에서 살펴본 것처럼 분류한다면 '오진편'에「자서」「칠언사운 16수」「절구시 64수」「오율 1수」「서강월사 12수」및「후서」를 배당하고, '오진외편'을『오진편습유』라고 하여 그가『오진성종직지』라고 이름 붙인「선종가송시곡잡언」을 넣어야 할

---

106 「西江月」,『修眞十書悟眞篇』권29.: '眞人曰 西者金之方 江者水之體 月者藥之用.'
107 흔히 장백단의 저술이라고 전해지고 있는 것 중에서 이 부분의 진위가 가장 문제된다. 그러나 지금까지의 연구들에서는 이 문제를 구체적으로 전개하여 결론을 얻은 경우는 없고, 다만『金丹四百字』나『靑華秘文』의 진위문제와 묶어서 아직도 결론을 내리지 못하고 있다는 식의 논의를 하고 있는데, 장백단에 대한 연구의 선두를 달리고 있다고 할 수 있는 孔令宏도『宋明道敎思想硏究』(北京: 宗敎文化出版社, 2002) 98쪽에서 유보적 입장을 취하고 있다. 한국의 신진식도「『悟眞篇』의 "道禪合一"사상」(앞의 논문)의 주5와 참고문헌을 자세히 검토하면 그 내용을 정확히 이해하고 있지 못한 듯하다.
108 이하에서는 통례에 따라『청화비문』이라고만 지칭한다.
109 張伯端 原著, 張振國 著,『悟眞篇導讀』(北京: 宗敎文化出版社, 2001)의 목록 참조. 이 책의 이와 같은 분류법이 이후의 연구자들에게 장백단의 저술에 대한 근본적인 검토 없이 그냥 이를 답습하는 분위기를 만든 듯하다.

것이다. 원래 장백단의 저술 이름에 『오진성종직지』라는 것은 없으며, 여기에 포함된 내용은 『자양진인오진편습유』 1권의 「선종가송시곡잡언」과 거의 같기 때문이다. 그리고 난 후에 '오진편 외'라고 하여 『금단사백자』와 『청화비문』 그리고 「서강월」 1수와 칠언절구 5수, 「독주역참동계」 「증백룡동유도인가」, 「석교가」를 포함시키면 적절하다고 보인다.

한편, 장백단은 단법을 얻고 난 뒤의 일에 대해서 다음과 같은 말을 남기고 있다.

> 이후로 세 번 그 사람이 아닌 사람에게 전하여 세 번 재난과 근심을 만나니, 모두 20일을 넘기지 못했다. 요즈음 비로소 스승께서 경계하여 이른 말씀이 기억나니, "다른 날 너의 굴레를 풀고 쇠사슬을 벗겨주는 사람이 있을 것이니, 마땅히 이것을 바로 전하고 그 외에는 허락하지 않는다."고 하신 것이다. 후에 명부에서 벗어나기를 바랬지만 이 도를 사람들이 믿지 않는 것을 근심하여 드디어 이 오진편을 지어 단약의 본말을 서술하였다. 이미 완성되니 배우기를 구하는 자들이 매우 많이 모여 왔는데, 그 뜻이 부지런함을 보고 큰마음으로 차마 아깝게 여기지 않고 이에 풀어서 주었다. 그런 다음에 준 자들이 모두 큰 기세와 강한 힘으로 능히 위급을 구하고 물에 빠진 자를 끌어주며 강개특달慷慨特達하여 능히 도를 밝히는 자들이 아니어서 처음과 두 번째는 병에 걸리고 재난과 근심이 있었는데, 마음으로 오히려 알지 못하다가 마침내 세 번째에 이르러서야 이에 앞의 잘못을 깨달았다. 그리하여 대단大丹의 법은 지극히 간단하고 지극히 쉬워 비록 어리석은 소인일지라도 얻어서 이를 행하면 범속함을 뛰어넘어 성인의 경지에 이른다는 것을 알았다. 이는 하늘의 뜻은 비밀스럽고 아끼므로 가벼이 그 사람이 아닌 사람에게 전하는 것을 허락하지 않는데, 내가 스승

의 말씀을 준수하지 않고 천기를 누설하여 몸이 그런 까닭으로 매번 견책의 화를 받았다. 이것은 하늘의 깊은 경계함이 이와 같이 신묘하고도 빠른 것이니 감히 삼가고 두려워하지 않겠는가? 지금 이후로는 입에 칼을 채우고 혀를 묶어 비록 큰 가마솥이 앞에 있고 도검刀劍이 목에 더해져도 또한 감히 다시 말하지 않으리라. 이 오진편에서 대단의 약물과 화후의 자세한 가르침을 읊은 것은 빠트린 것이 없다.[110]

이 내용은 장백단이 스승으로부터 단법을 전수받고 난 뒤에, 그 자신이 이를 가르치고자 한 사실에 대한 기록이다. 그는 처음 세 번 사람을 가르쳤지만 그 사람들이 한결같이 세상을 구하고 도를 밝히고자 하는 큰 뜻을 가진 인물들이 아니어서, 오히려 매 번 자신에게 재앙과 화가 닥쳐 20일을 넘기지 못하고 그만두었다는 것을 말하고 있다. 세 번째의 실수를 겪고 나서야 비로소 스승이 자신에게 단법을 가르치면서 한 말을 기억하였는데, 그 내용은 장백단이 족쇄와 굴레에 묶이는 곤란을 당할 것이고, 그 때에 어떤 사람이 이를 구해줄 것이니 바로 그 사람에게만 도를 전하고 다른 사람에게는 전하지 못하게 한다는 것이다. 이를 통해 그는 자신이 천기를 잘못 누설한 잘못을 깨닫고, 그런 상황이 오기 전까지는 어떤 경우에도 단법에 대해서 더 이상은 말하지 않겠다는 맹

---

110 장백단, 「오진편후서」: '自後三傳非人 三遭禍患 皆不逾兩旬. 近方追憶師之所戒云 "異日 有與解韁脫鎖者 當直授之 餘皆不許爾." 後欲解名籍 而患此道人不之信 遂撰此悟眞篇 叙丹法本末. 旣成 而求學者湊集而來 觀其意勤 渠心不忍怪 乃釋而授之. 然後所授者非鉅勢强力能提危拯溺 慷慨特達能仁明道之士 初再罹禍患 心猶未知 竟至于三 乃省前過. 故知大丹之法 至簡至易 雖愚小人 得而行之 則立超聖地. 是天意秘惜 不許輕傳於非人 而僕不遵師語 漏泄天機 以有其身故每鷹譴患 此天之深誠如此之神且速 敢不不恐懼剋責. 自今以往 當鉗口結舌 雖鼎鑊在前 刀劍加項 亦無不敢言矣. 此悟眞篇中所說大丹藥物火候細微之旨 無不備悉.'

세를 하고 있다. 더불어 그가 찬한 『오진편』에는 단법의 모든 비방이 다 갖추어져 있어 하나도 빠진 것이 없다고 하는 자신감도 배어있다.

여기서 말하는 '장백단이 족쇄와 굴레에 묶이는 곤란'이란 어떤 것이며, 세 번이나 실패한 그의 단법이 어떻게 전수되었는가?

> 석태石泰는 상주인常州人이다. 자는 득지得之이고, 호는 행림杏林이며 다른 호는 취현자翠玄子이다. 장자양을 만나 금단의 도를 얻었다. 처음 자양은 유해섬에게서 도를 얻었는데, 해섬이 말하기를 … 중간에 봉주태수鳳州太守에게 죄를 얻어 태수가 노하여 일에 연루하여 묵형墨刑을 가하고 귀양 보냈다. 빈邠의 경계를 지날 때 큰 눈을 만나 호송하는 자와 시골 주막에서 술을 마셨다. 행림이 마침 주막에 와서 인사하니 함께 앉기를 청하여 … 함께 빈으로 가서 행림이 [잘 알고 있던 태수에게] 먼저 용서해 주기를 원한데, 한 번 만나서 사면을 받았다. 자양이 그를 칭송하여 말하기를 "이 은혜를 갚지 않으면 어찌 사람이겠는가? 그대가 평생 도를 공부하였으나 들은 바가 없었으니, 지금 장차 단법을 그대에게 전하려 한다."고 하니, 행림이 절하고 감사하며 우러러 부촉을 받았다.[111]

이것은 『역세진선체도통감』의 「석태石泰」 항에 있는 내용이다. 조도일趙道一은 장백단의 단법이 유해섬에게서 나왔다는 것을 「장백단」 항에

---

111 조도일, 앞의 책, 권49, 「石泰」: '石泰常州人也. 字得之號杏林一號翠玄子. 遇張紫陽得金丹之道. 初紫陽得道於劉海蟾 海蟾曰 …中罹鳳州太守怒 按以坐事黥竄. 經由邠境 會大雪與護送者 俱飮酒村肆. 杏林適肆中 旣揖而坐邀同席 …相與於邠 杏林爲之先容 一見獲免. 紫陽德之曰 "此恩不報豈人也哉! 子平生學道 無所得聞 今將丹法用傳於子." 杏林拜謝仰受咐囑.'

서도 주장하였다. 여기서 중요한 것은, 장백단이 봉주태수鳳州太守에게서 죄를 얻어 빈邠 땅으로 족쇄를 차고 귀양을 가게 된 사실이 있었고, 위의 인용문에서 생략한 부분의 유해섬의 말은 앞에서 인용한 것과 똑같은 내용이고, 귀양 가는 도중에 주막에서 석태를 만나 그의 도움으로 빈의 태수로부터 사면을 받게 되었고, 그 은혜를 갚기 위하여 단법을 전했다는 점을 알 수 있다는 것이다. 이것은 장백단 자신이 「후서」에서 밝힌 전말과 맹세한 내용 등과 일치하고 있다. 참고로 장백단에게서 단법을 전수받은 석태는 137세까지 장수한 인물로 기록이 남아 있다.

여기서 두 가지 중요한 사실을 알 수 있다. 하나는 장백단이 스승의 말씀을 어기고 여러 차례 단법을 전수하려고 시도했지만 모두 실패하여 더 이상은 인연이 닿을 때까지 그런 일을 하지 않겠다고 맹세하였다가 결국 스승의 예언과 부합하는 석태를 만나 그에게 단법을 전하였다는 점이고, 다른 하나는 장백단이 『오진편』에 그의 단법의 모든 것이 갖추어져 있다고 분명히 자신하고 있다는 점이다. 그가 「후서」를 쓴 것은 1078년의 일이고, 그는 1082년에 죽었으므로 그 사이의 기간은 불과 4년이다. 이것만 보면, 장백단 단법의 정통성을 계승한 인물은 석태이고 그 이외의 다른 인물들은 거론되지 않고 있으며, 『오진편』에 모든 것이 갖추어졌다고 말한 그가 노년에 다시 간기刊記나 자신의 이름을 쓰지 않은 채로 다른 저술인 『금단사백자』나 『청화비문』을 저술했을 가능성은 상당히 희박하다고 할 수 있다.

그런데, 여기서 참고로 하는 『청화비문』은 《도장》 제7책에 상·하 2권으로 5,044쪽부터 5,068쪽까지에 수록되어 있고, 『금단사백자』는 《도장》 제40책에 1권으로 3,2191쪽부터 3,2196쪽까지에 수록되어 있다. 『청화비문』이 저술된 배경은 다음과 같이 기록되어 있다.

내가 스스로 금단비결을 기록한 후에 여러 차례 하늘에 죄를 얻었으나 스스로 깨닫지 못하고 또 현서玄書를 지어 오진편 등과 세상에 유포하고서 스스로의 마음에 지극하다고 여겼다. 홀연히 객이 이르러 나를 방문하였는데, 그 모습이 비범함을 이상하게 여겨서 공경하여 엄숙히 그를 대하였다. 그가 물어서 말하기를 "그대는 금단의 도에 대해서 사람을 가르침이 또한 지극하다. 다만, 처음과 끝이 분명하지 않고 중요한 요점은 오히려 감추어져 있으니 후학들이 어떻게 앎으로 삼겠는가?"라고 하였다. 내가 스스로 "이것은 또한 부득이합니다. 천기는 지극히 무거우며 현율玄律은 지극히 엄하니, 그대가 참으로 좋은 말을 하지만 나는 감히 받들지 못하겠습니다."라고 하였다. 그가 말하기를 "그대가 다만 한 권의 책을 지어서 (천기를) 모두 누설하면 참으로 견책이 있을 것이니 내가 그 책임을 질 것이다."고 하였다. 내가 두 번 절하고 공손히 복종하려는데, 절을 마치자 간 곳을 알 수 없었다. 내가 이 말을 생각한 까닭에 이 책을 짓는다.[112]

이 글을 장백단이 직접 지었다고 확정할 근거는 부족하지만, 그 내용으로만 본다면 「후서」의 내용과 일관됨을 알 수 있다. 즉 그가 『오진편』을 지어 세상에 유포하여 그 마땅한 사람이 아닌 사람에게 단법을 전하려 하다가 견책을 받은 사실을 앞에서 언급하고 있다는 것이다. 그 다음은 그가 『오진편』 외에 다른 현서玄書를 지어 함께 세상에 유포시

---

112 『靑華秘文』, 「金丹圖論序」: '吾自識金丹秘訣之後 累獲罪於天 而不自悛 又爲玄書 幷悟眞篇等 行於世 自心爲至矣. 忽有客至訪余 怪其狀貌非凡 敬肅待之. 或問曰 子於金丹之道 訓人亦至矣. 但首尾未明 機關尙隱 後學何以爲識. 余自此亦不得已也. 天機至重 玄律至嚴 子固美言 某敢不奉. 曰 子但著爲一書 盡低泄漏 苟有譴焉 某當其責. 余再拜敬服 遂失所在. 余思此語 故著此書.'

켰다고 하고 있는데, 그 말을 사실로 받아들인다면 그 책은 『금단사백자』가 분명할 것이다.

　그러나 위의 글을 완전히 믿을 수 없다는 것은 장백단 앞에 홀연히 나타난 이인異人 때문이다. 그가 장백단의 다른 저술들이 금단의 도를 담아 사람들을 가르침이 지극하다고 말하면서, 그 처음과 끝을 분명히 하지 않았으며 또한 중요한 요점들은 숨겨져 있어서 배우는 자들이 온전한 앎을 가질 수 없게 되어 있다고 하였다. 그래서 다시 한 권의 책을 지어서 천기를 완전히 누설하기를 바라면서 천기누설에 따른 책임은 자기가 지겠다고 하였다. 이에 장백단은 그 말에 따라 이 『청화비문』을 짓는다고 하고 있다. 서술문 형태로 되어 있는 이 책은 『오진편』이나 『금단사백자』의 형식과는 다르다. 그래서 단법을 좀 더 자세하면서도 이해하기 쉽게 썼다고 할 수 있다. 그런데, 이 글 속에 나타나는 이인은 홀연히 나타났다가 홀연히 사라지는 존재 즉 신인神人이다. 이미 진인眞人의 경지에 이른 그가 처음 신인이 나타났을 때 그의 정체를 바로 알아보지 못했다는 점은 이해하기 힘들며, 이인과 신인을 통해 합리성을 배제하는 도교의 저술이나 전설은 믿기 어려운 부분이 많다.

　『오진편』의 「후서」에서 그와 같이 굳게 맹세한 장백단이 92세 또는 95세 이후의 나이에, 얼마 지나지 않아서 다시 『금단사백자』를 저술하고 또 『청화비문』을 지었다는 것은 믿기 힘들다. 더구나 신인의 등장이라는 가상현실을 동원한 점도 이 내용을 믿기 어렵게 만든다. 현실적으로 본다면 그가 이런 저술을 남긴 것은 석태를 만나 단법을 전하기 이전에 일어난 것이어야 하는데, 그가 이미 90이 훨씬 넘은 나이에 봉주태수에게 큰 죄를 지어 묵형을 당하고 귀양을 가면서 그 와중에 석태를 만나 단법을 전수했다는 것도 믿기 힘든 이야기인데, 이런 내용은 더욱 그렇다.

『금단사백자』의 첫머리에 실린 「서」는 연단의 방법과 효과 등을 개괄적으로 서술하고 있고, 누가 언제 지었다는 내용은 없다. 이 글을 지은 목적은 다음과 같다고 밝히고 있다.

> 지금 이 금단사백자를 지음은 조화의 근기根基를 포함하고 음양의 골수를 꿰뚫어 연단煉丹하는 선비들로 하여금 지류를 찾아서 근원을 알게 하고 망령됨을 버리고 진여眞如를 따라서 근본을 잊고 말단을 좇는데 이르지 않게 하고자 함이다. …지금 마자연馬自然이 떠나려 함에 인하여 이 몇 마디 말을 강하니, 너는 이것을 음미하라.[113]

여기에 등장하는 마자연馬自然은 실존인물인지조차 의심스럽다. 그에 대한 기록은 『역세진선체도통감』의 장백단 항 다음에 나오는 〈마자연〉 항이 가장 널리 알려진 것이다. 이 기록의 내용도 황당하기 짝이 없는데, 그가 우연히 종리권 여동빈 유해섬 진칠자 등이 모여 있는 것을 보게 되었고, 그 가운데 유해섬에게서 도를 전수받았다고 되어 있다. 그러면서도 장백단과의 관계는 전혀 언급이 없다. 그러니 장백단이 자신을 찾아와 가르침을 받고 떠나는 마자연을 위해 『금단사백자』를 강하였다는 것은 의문의 여지가 매우 많다고 하겠다.

이 책에 대한 또 다른 언급은 백옥섬이 남긴 기록에 있다. 그가 지었다고 되어 있는 「사장자양서謝張紫陽書」의 마지막 부분쯤에서 그는 자기의 스승인 진남陳楠이 자신을 데리고 작동동천霍童洞天으로 가서 진남의 스승인 설도광과, 설도광의 스승인 석태에게 인사를 드리고 가르침을

---

[113] 『금단사백자』「서」: '今作此金丹四百字 包含造化之根基 貫穿陰陽之骨髓 使煉丹之士 尋流而知源 舍妄以從眞 不至乎忘本逐末也. …今因馬自然去 講此數語 汝其味之.'

받았다고 하는 황당한 내용을 서술하고, 이어서 '예전에 무이산에 이르러 마자연을 뵈었는데 말씀으로 매우 정성스럽게 인도해 주시고, 보배로운 글을 보여 주셨는데 모두 400자로 글자마다 약석과 같았다.'고 하였다. 여기서 말하는 400자로 된 보배로운 글이란 『금단사백자』를 지칭하는 것이 분명할 것이다. 그런데, 마자연이 유해섬에게서 가르침을 받았다는 것이 사실이라면 백옥섬과의 생존연대가 100년 이상은 차이가 날 것이므로, 이를 근거로 해서 『금단사백자』는 백옥섬이 짓고서 마자연을 빌미로 하여 장백단이 구술한 것이라고 보는 관점도 있다.[114]

필자가 『청화비문』과 『금단사백자』 두 글을 장백단의 저술이 아닐 가능성이 아주 높다고 판단하고 있는 이유는, 이 외에도 한 가지가 더 있다. 그것은 다름 아니라, 장백단의 단법을 계승한 일차적 인물인 석태에 대한 기록에서 이 두 저술에 대한 언급을 전혀 찾아볼 수 없으며, 나아가 『오진편』에 주를 단 재전제자再傳弟子인 설도광과 옹보광의 기록 속에서도 이 두 저술에 관한 내용을 전혀 찾을 수 없다는 점이다. 옹보광은 자신이 스스로 장백단에게서 단법을 전수받은 유영년劉永年의 제자라고 기록하고 있으며,[115] 설도광은 석태에게서 단법을 전수받은 인물로 확정적으로 인정받는 인물이다. 만약 당시에 두 가지 저술이 있었다면 그들이 『오진편』을 주석하면서 이것들을 인용하거나, 아니면 오히려 그 두 저술에 대해서도 주석을 가했을 가능성이 높다. 그런데 이 두 인물이 그 두 가지 저술에 대해 전혀 언급이 없다는 사실은 오히려 『금단사백자』와 『청화비문』이 두 사람의 생존 시기 이후에 나타난 위작僞作일 가능성

---

114 김낙필 외 역, 『내단』 2, 60-61쪽 참조. 이 내용의 원문은 「謝張紫陽書」, 『수진십서』 권6에 실려 있다.
115 이 부분은 다소 문제의 소지가 있지만, 이원국, 위의 책, 49-51쪽에서 자세하게 고증하고 있으므로 참고하면 도움이 될 것이다.

이 높다는 것을 반증하는 사례가 아닐까?

그런데, 현재까지 대부분의 연구자들은 이 두 책도 장백단의 직접 저술로 잠정적으로 인정하면서 연구를 진행해 오고 있는 실정이다. 그 이유는 『금단사백자』의 저술 방식이 시의 형태를 취하고 있고 내용도 장백단의 내단법과 비슷하다는 점에서 『오진편』과 비슷하고, 『청화비문』의 내용도 내단의 수련법을 담고 있으면서 그 방법이 장백단이 주장한 내단수련법과 유사하다는 것이다. 그러나 필자는 이 두 책이 장백단의 저술이라는 것에 확신을 가지지 못하므로, 여기에 실린 내용을 직접적인 논증의 자료로 활용하지는 않는다. 다만, 『오진편』과 유사한 내용이 있을 경우에는 방증자료로 활용할 것이다.

여기서 인용하는 『오진편』은 《도장》에 수록된 것 중 첫째인 『오진편주소』와 두 번째인 『오진편삼주』이다. 그 이유의 첫 번째는 옹보광이 「서문」에서 밝히고 있는 바와, 육사성의 「오진편기」의 내용을 종합하여 그 판본이 원본일 것이라는 판단을 내렸기 때문이다.

> 살펴건대, 후에 전해진 것의 잘못됨이 넓어져서 문리와 순서가 자못 같지 않았고, 또 많이 어그러지고 잘못되었다. 오직 용도 육공의 손자인 사성이 소장한 가본이 진본이니, 이것이 선옹仙翁(장백단)이 직접 전수한 본이다. 육사성도 또한 책의 끝에 그 얻게 된 바를 상세하게 스스로 서 하였다.[116]

마묵이 사농소경司農少卿이 되니 남양南陽 장리張履 탄보坦夫 공이 시주

---

[116] 翁葆光,「序」: '顧後傳之寢廣 文理次序 頗有不同 又多舛謬. 惟龍圖陸公之孫思誠所藏家本爲眞本 此乃仙翁親授之本也. 思誠亦自序其所得之詳于卷末矣.'

부寺主簿가 되어 있었는데, 탄보가 말하기를 "나는 용도공의 사위"라고 하니, 마묵이 생각하기를 '탄보는 능히 그 술법을 알 것이라'고 여겨 드디어 책을 탄보에게 전했고, 탄보는 다시 선고先考 보문공寶文公에게 전했다. 나는 그때 어린나이로 곁에 있었는데, 가만히 가져다가 읽어 보았으나 능히 통하지 못하였다.[117]

앞의 인용문은 장백단의 단법을 이어받은 옹보광이 쓴 것으로, 장백단이 처음『오진편』을 지어 마묵에게 맡긴 것이 중간에 이리저리 전해지면서 순서와 내용이 잘못된 다른 판본이 많이 유포되고 있었던 사실과, 장백단과 깊은 인연이 있었던 육선의 손자인 육사성이 집에서 소장하고 있는 판본이 장백단이 직접 전수한 판본임을 확인하고 있다. 그리고 육사성이 그 책을 소장하게 된 경위도 자세하게 써 두었다는 것을 밝혔는데, 아래의 인용문이 바로 육사성이 직접 지은 것으로 자신이 책을 소장하게 된 경위를 말하고 있다. 육선이 죽고 난 후 장백단이 의지하였고『오진편』을 맡긴 인물인 마묵이 육선의 사위인 장탄보張坦夫를 만나 그 책을 전해주고, 장탄보가 다시 육사성의 아버지인 보문공寶文公에게 책을 전했으며, 그로 인하여 육사성은 어릴 때 그 책을 읽어보았으나 뜻을 깨우치지는 못했지만 지금까지 그 책을 소장하고 있다는 것이다. 바로 이 책을 옹보광이 얻어서 주를 단 것이 지금 볼 수 있는『오진편주소』라고 할 수 있을 것이다.

두 번째의 이유는 장백단 단법 전수의 정통성과 관련한 것이다. 앞

---

117 陸思誠,「悟眞篇記」: '默爲司農少卿 南陽張公履坦夫爲寺主簿 坦夫曰 吾龍圖公之子胥也. 默意坦夫能知其術 遂以書傳之坦夫 坦夫復以傳之先考寶文公. 余時童丱在傍 竊取而讀之 不能通也.'

에서 언급한 것처럼, 장백단은 석태를 만나 단법을 전수한 것 이외에는 자신이 직접 이를 전수했다는 기록을 남기지 않았다. 뒤에서 살피겠지만 석태는 설도광에게 단법을 전한 것으로 되어 있으니, 장백단 단법의 적전嫡傳은 석태에서 설도광으로 이어졌다고 보는 것이 정설이다. 이런 관점은 『역세진선체도통감』에서도 그대로 드러나고 있는데, 권49의 수록 인물이 장백단, 마자연, 석태, 설도광, 진남, 백옥섬의 순서로 되어 있음이 그것이다. 그리고 이들 중 마자연을 제외한 다섯 인물이 이른바 '남종오조南宗五祖'이다. 따라서 『오진편』에 대한 가장 정확한 주는 설도광의 것으로 봄이 타당하기 때문이다.

2. 삼교귀일론三敎歸一論

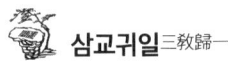 삼교귀일三敎歸一

　도교 내단 이론의 체계를 정립한 인물로 꼽히는 장백단의 사상에서 가장 두드러진 점은 삼교귀일론과 성명쌍수론性命雙修論에 기초한 도선융회道禪融會라고 할 수 있다. 그는 『오진편』「서문」의 시작에서, 사람은 업보에서 벗어나지 못하며 한 생각만 잘못되어도 삼악도三惡道에 떨어져 영원히 벗어날 기약이 없다고 하면서, 성현의 가르침을 하나로 묶어 내단 이론의 기초로 삼고 있다.

> 그러므로 노자와 석가는 성과 명의 학술로써 방편의 문을 열어 사람에게 종자를 닦아서 생사에서 벗어나도록 가르쳤다. 석가는 공적을 종지로 삼아 만약 돈오하여 두루 통하면 곧바로 피안으로 뛰어넘고, 만약 습관된 번뇌를 완전히 제거하지 못하면 오히려 삶에 윤회한다고 하였다. 노자는 연양을 진리로 삼아 만약 그 요체를 얻으면 성인의 지위에 올라서고, 만약 본성을 밝히지 못하면 오히려 환형幻形에 매달리게 된다고 하였다. 그 다음은 주역의 '궁리진성지명窮理盡性知命'이란 말이 있고, 논어에 '사의私意를 갖지 말고, 기필期必하지 말고, 고집固執

하지 말고, 아집我執을 가지지 말라'는 설이 있으니, 이것은 또 공자가 성명의 오묘함에 극도로 도달했음을 말한다. 그러나 그 말이 항상 생략되어 상세함에 이르지 못한 것은 무엇 때문인가? 아마도 인륜을 바로하고 인의예악을 베푸는 유위有爲의 가르침을 펴고자 한 까닭에 무위의 도에 대해서는 항상 드러내어 말하지 않으시고, 단지 명술命術은 역易의 상象에 감추고 성법性法은 은미한 말에 섞었기 때문일 것이다. … 이와 같이 가르침은 비록 셋으로 나누어졌지만 도는 어찌 하나로 돌아가지 않겠는가? 어찌하여 후세의 도사와 승려들의 무리는 각각 독립된 문파를 세워 서로 시비하여 결국 삼가의 요점을 미혹에 빠지게 하여 능히 하나로 섞어 같은 곳으로 돌아가지 못하게 하였는가?[118]

여기서 삼교에 대한 그의 기본적 관점을 명확하게 알 수 있다. 그에 의하면, 불교와 도교의 가르침의 목적은 생사윤회에서 벗어나는 것이다. 그런데, 불교는 성을 바탕으로 하고, 도교는 명을 바탕으로 하여 각각 가르침을 행한다. 석가는 공적을 종지로 삼으니 돈오를 통하여 피안으로 가지만 조금의 번뇌라도 남기면 윤회의 굴레를 벗어나지 못한다고 하였다. 도교는 연양을 진리로 삼으니 요점을 얻게 되면 성인의 경지로 나아가되 본성을 깨우치지 못하면 헛된 형상에만 매달린다고 하였다. 도교에서 본성을 깨치지 못하면 헛된 형상에 매달리게 된다는 말은 그의 '성

---

118 장백단,『오진편』,「서」: '故老釋以性命之學 開方便門 敎人修種 以逃生死. 釋氏以空寂爲宗 若頓悟圓通 則直超彼岸 如有習漏未盡 則尙狗于有生. 老氏以煉養爲眞 若得其樞要 則立躋聖位 如其未明本性 則有滯于幻形. 其次 周易有窮理盡性知命之辭 魯語有無意必固我之說 此又仲尼極臻乎性命之奧也. 然其言之常略 而不至于詳者 何也. 盖欲序正人倫 施仁義禮樂 有爲之敎 固於無爲之道 未常顯言. 但以命術寓諸易象 以性法混諸微言故耳. 如此豈非敎雖三分 道乃歸一. 奈何後世黃緇之流 各自專門 互相是非 致使三家宗要迷沒邪. 敎不能混一而同歸矣.'

명쌍수'론의 단초를 암시하고 있는 것이다. 또한 그가 여기서 불교와 도교의 가르침을 최상의 진리로 함께 인정하는 듯하지만, 사실은 불교가 '공적'을 종지로 삼는다고 하고 있다는 점에서 이미 불교에 대한 한 가지 비판적인 시각을 깔고 있다고 할 수 있다.

그리고 위와 같은 관점에 이어서, 그는 '그 다음[기차其次]'이라는 표현을 쓴 연후에 성과 명에 대한 공자의 견해를 서술하고 있다는 점이 중요하다. 공자는 비록 성명의 설에 정통하여 '진성지명盡性知命'과 '사무四毋'설을 말하여, 불교와 도교에서 말하는 가르침의 근본 종지를 충분히 알고 있었지만, 결국 유교는 인륜과 인의예악을 중시하는 현세적 유위有爲의 가르침에 중점을 두고 있는 것이라고 지적한다. 그래서 공자는 도교에서 말하는 명술命術에 관한 내용은 『주역』의 괘상에 감추어 두고, 불교에서 말하는 성법에 관한 가르침은 은미한 말에 섞어두어 보통 사람들이 알지 못하게 하였다고 한다. 유교는 도교나 불교와 같은 차원의 가르침이 아니라 한 단계 낮은 즉 '그 다음' 단계의 가르침이라는 것이 장백단의 입장이라고 할 수 있다.

일상적인 삶에서 인간의 윤리를 기반으로 하는 유교의 가르침은 1단계의 수준이고, 공적을 돈오하여 피안으로 뛰어넘는 불교는 2단계의 가르침이며, 연양의 요체를 얻어 성인의 지위에 올라서는 도교는 3단계의 가르침이라는 것이다. 궁극의 가르침인 도교도 참된 수련을 위해서는 일상의 삶 속에서 선행을 닦는 것이 반드시 전제되어야 함을 강조하는 그의 내단사상에서, 유교는 비록 낮은 단계이기는 하지만 필수적인 것이다. 이 유교의 단계를 넘어서고 난 후에 성의 본체를 밝히는 불교의 단계를 거쳐서, 성과 명이 합일된 상태로 나아가는 것이 도교가 추구하는 바른 수행의 방법이라는 것이다.

그러므로 삼교는 그 가르침의 요점은 결국 하나로 돌아가는 것이다.

삶에 윤회하거나, 환형에 매달리거나, 사무四冊에서 벗어나지 못하는 경지를 뛰어넘어서 도달하게 되는 궁극의 목적지는 같은 것이라는 주장이다. 그런데도 역대로 도교와 불교의 도사와 승려들은 서로 자기만이 옳은 가르침이라는 편견에 얽매여 서로를 비방하는 싸움을 끊임없이 계속해왔다고 한다. 실제로『홍명집弘明集』과『광홍명집廣弘明集』에 실린 유교와 도교 및 불교 사이의 오랜 시비에 관한 기록들이 장백단의 이런 주장을 뒷받침하고 있다.[119]

유교와 불교에 대해 함께 언급하고 있는 내용이『청화비문』에 다시 한 번 등장한다.

> 이 한 점이 밖으로 생겨나 후천을 좇는 것이 하나가 둘을 낳고, 둘은 셋을 낳으며, 셋은 만물을 낳는 것으로 모든 것이 이것을 따라 나오며, 보통 사람들이 알고 있는 바가 된다. 이것을 되돌려서 안으로 낳으면 장생구시長生久視의 도가 있게 되니, 어찌 귀근복명歸根復命이 아니겠는가? 복명귀근의 유래는 심근고체深根固蔕이다. 심근고체의 도는 마음을 맑게 하고 욕심을 버리는 것으로부터 시작하니, 마음을 맑게 하는 이치는 보는 것을 막고 듣는 것을 물리치는 것에서 시작한다. 공자께서 이르기를 "예가 아니면 보지 말고, 예가 아니면 듣지 말며, 예가 아니면 말하지 말고, 예가 아니면 행동하지 말라"고 하셨으니, 이것이 바로 참된 도리이다. 다만 유교는 세상에 행하고자 하고 당시에 쓰고자 하는 까닭에, 예로써 방비로 삼는다. 이른바 망심妄心이라는 것은 희노애락喜怒哀樂 등이요, 충서忠恕 · 자순慈順 · 휼공恤恭 · 경근

---

119 이 문제와 관련해서는, 李小榮,『《弘明集》《廣弘明集》述論稿』(成都: 四川出版集團巴蜀書社, 2005)가 참고할만하다.

敬勤은 진심이다. 그러나 우리 단법을 수련하는 선비들에게는 진심도 또한 망심이 되니, 이를 섞어서 처음으로 되돌리고 시작으로 소급하여 망심이 없는 가운데서 하나의 참된 생각이 생겨나는 데로 나아간다. 천지의 유위에서 떨치고 나아가 결국에는 무위에 이르는 것이다. 불교에서 말하는 진심은 또 다르다. 여섯 가지 정을 놓아버리고 한 생각도 없어져서, 성의 바탕이 확연하여 진원眞元이 스스로 드러나서 한 번 보는 사이에 왕래가 자재하다. 대개 고요함이 지극하여 지극한 것의 지극함에 이른 까닭에 태극을 보면 일언반구의 사이에 잠깐 사용하여 한 번 죽었다가 다시 살아난 것과 비슷한 것으로, 그런 다음에 조화의 지극한 기틀이 되어 불생불사의 근본이 될 수 있으니, 어찌 그 문을 쉽게 들여다 볼 수 있겠는가?[120]

이 글이 장백단이 직접 쓴 것인지의 여부는 접어두고, 앞의 인용문과 내용상 연관되는 것이므로 잠시 살펴보기로 한다. 인용문의 처음은 도가나 도교의 우주론과 내단수련의 원리를 설명하고 있다. 도道가 일一을 낳고, 일一이 이二를 낳으며, 이二가 삼三을 낳고, 삼三에서 만물萬物이 생긴다는 도가의 우주론은 주지의 사실이다. 반면에 이 순서를 거꾸로 하여 인간이 거슬러서 수련함으로써 다시 도와 하나가 되어 영원한

---

120 『青華秘文』「神室圖論」: '夫此一點産于外而順于後天者 一生二 二生三 三生萬物 皆從此 常人爲之志. 返逆焉而産於內 則長生久視之道 存矣 豈非歸根復命乎? 復命歸根之由 深根固蒂也.. 深根固蒂之道 自澄心遣欲 澄心之道 屛視去聽. 孔子曰 非禮勿視 非禮勿聽 非禮勿言 非禮勿動 此便是眞實道理. 但儒教欲行於世 用於時 故以禮爲之防. 所謂妄心者 喜怒哀樂各等耳 忠恕慈順恤恭敬勤 則爲眞心. 吾ôn丹之士 則以眞心亦爲妄心 混然返其初 而原其始 却就無妄心中生一眞念. 奮天地有爲 而終則至於無爲也. 若釋氏之所謂 眞心 則于異焉. 放下六情 了無一念 性地廓然 眞元自見 一見之頃 往來自在. 盖靜之極至 于極之極 故見太極 則須用一言半句之間 如死一場再生相似 然後可以造化至機 而爲不生不死之根本 豈易窺其門戶也.'

삶을 누릴 수 있다는 것이 도교 내단수련의 핵심이다. 그런데, 이런 귀근복명의 시작은 마음을 맑게 하고 욕심을 버리는 것에서부터 비롯된다고 말한다. 그리고 바로 마음을 맑게 하는 최선의 방법이 눈과 귀를 막아 외물의 유혹으로부터 벗어나는 것이라고 하면서, 이른바 공자가 말한 '사물四勿'이 가장 적절한 방법이라는 것이다. 그러나 유교는 세상의 쓰임에 부응하고자 하는 것이므로 예로써 희로애락의 망심을 제어하여 충서忠恕· 자순慈順· 휼공恤恭· 경근敬勤의 진심으로 돌이키는 방법으로 삼는다고 한다. 그러나 도교 수련의 입장에서 본다면, 유교에서 말하는 진심도 또한 망심의 일종이므로 근원적 진념眞念으로 나아가 결국 무위의 경지로 도달하고자 한다는 것이다.

반면에, 불교에서 말하는 진심은 유교나 도교에서 말하는 그것과 또 다른 것으로, 한 생각도 없는 경지여서 성의 본바탕이 확연히 드러난 자리라고 말한다. 그것은 지극히 고요한 상태여서 그 진여를 체험하는 것이 한 번 죽었다 살아나는 것과 유사하고, 이것이 조화의 기틀이 되어서 불생불사의 근본으로 삼는 것이라고 본다. 그러므로 이런 경지는 결코 장생구시의 단계에 해당될 수 없다고 보는 것이다. 그래서 불교의 관점으로는 도교의 경지를 엿볼 수 없다고 한다.

여기서 주장하는 것은, 유교의 가르침은 도교의 수련법에서 본다면 첫 번째 단계에 해당되는 것이며, 불교의 가르침은 두 번째 단계에서 그치는 것이고, 결국 도교의 최상승적 수련법이 따로 있다는 것이다. 이러한 관점을 공영굉孔令宏은 다음과 같이 정리하고 있다.

> 장백단은 내단수련을 구분하여 "선先"·"차次"·"종終"의 세 단계로 파악했으니, 시작은 유교로 말미암아 도교로 들어가며, 다음은 도교를 말미암아 선禪과 섞고 다시 선禪을 끌어다 성性을 해석하고, 마지막

으로는 자연의 큰 변화의 본원과 본체 및 성명의 시초 또는 본진으로 다시 돌이키고, 나아가 성명쌍수의 사상이 삼교합일의 관념을 완전히 관철한 것으로 파악하여, 내단학설을 대단히 풍부하게 하고 발전을 이루었다. 유교로 말미암아 도교로 들어간다는 것의 실제는 곧 윤리도덕을 함양하는 것을 수도의 전제로 삼았다는 것이다. 이러한 의미에서 본다면, 장백단의 윤리도덕과 유가의 윤리도덕은 서로 통하고 서로 같은 면이 있다. 선을 끌어다 성을 해석한다는 것은 수련의 고급 단계에 이른 것으로 연단과 선 수련의 관계 문제이다.[121]

장백단이 유교를 보는 관점은 일상윤리의 차원이었다는 것이다. 도교에서도 인간의 일상적인 윤리의 필요성을 강조하지 않을 수 없는 것인데, 이를 유교의 윤리에서 찾았다는 것이다. 윤리도덕이 전제되어야만 수도를 시작할 수 있으며, 그 다음에 명을 닦고 성을 밝히며, 그런 연후에 연신환허의 최종 경지에 도달한다는 것이다. 유교의 필요성을 기본적인 전제의 차원으로 확보한 장백단은, 이제 본격적으로 도교와 불교의 관계에 대해서 탐구한다.

---

[121] 孔令宏, 앞의 책, pp.117-118. '張伯端則把內丹修煉劃分爲"先"."次"."終"三个階段, 始則由儒入道, 次則由道參禪, 再則攝禪釋性, 終則復返于自然大化的本源和本體·性命的始初或本眞, 從而把性命雙修的思想完全觀徹到三教合一的觀念中去, 大大豊富和發展了內丹學說. 由儒入道的實質就是把涵養倫理道德作爲修道的前提. 這就意味着, 張伯端的倫理道德與儒家倫理道德有相通相同的地方. 攝禪釋性則涉及到在修煉的高級段階, 煉丹與禪修的關係問題.

이도포선以道抱禪 : **성명쌍수**性命雙修

장백단의 저술인 『오진편』이 위백양魏伯陽의 『주역참동계周易參同契』에 버금가는 내단수련이론서라고 하지만 그 자신이 「서」에서 말한 대로, 이 책은 명을 닦는 수준의 내용만을 포함하고 있어서 '본원진각의 성'에 대한 언급이 절대 부족했다. 그래서 그는 이를 보충하여 이른바 오늘날 『오진편습유』라고 부를 수 있는 내용들을 추가로 저술하였다. 현재 그의 저술로 대부분 분류하고 있는 책들을 수련의 단계에 맞추어 다시 배열해본다면, 먼저 『오진편』을 완전히 익혀 내단이론의 원리와 체계를 이해하는 것이 가장 중요할 것이다. 그 다음은 『금단사백자』를 공부하여 대약을 만들어 환단복식還丹服食하고 양태養胎하여 출신出神하는 과정을 밝혀 명에 대한 수련과정을 온전히 한 다음에,[122] 『오진편습유』의 내용을 통하여 성에 대한 수련의 본질과 내용을 파악하고서, 『청화비문』을 통하여 구체적인 수련의 단계를 거치는 절차가 필요한 것으로 보인다.

장백단이 「서」에서 '세상에서 신선을 배운다고 말하는 자들이 열 명 중에 여덟이나 아홉이 되지만 진정한 요체에 도달한 사람은 한두 사람도 들어보지 못했다'고 이미 밝힌 바와 같이, 신선이 되는 길은 어려운 것이다. 그에게 있어 수련이란 유위의 공부와 무위의 공부, 그리고 진여를 증득하여 연신환허의 상태가 되는 공부의 세 단계가 있다.

이것은 도를 배우는 사람들이 성명에 통하지 않고 오직 금단만을 닦

---

[122] 金榮俊, 「張伯端의 『金丹四百字』에 關한 硏究」(석사학위논문, 원광대학교, 2000)의 21쪽에 의하면, 오언절구 20수의 시로 이루어진 『금단사백자』의 본문은 크게 '첫째는 (1)에서 (13)까지 大藥을 만들어 還丹服食하는 것과 둘째 (14)에서 (19)까지 養胎過程, 셋째 (20)의 出神단계'로 되어 있다고 분석하였다.

음을 걱정함이니, 이와 같이 이미 성명의 도가 갖추어지지 않으면 마음 씀이 넓지 못하고 나와 사물이 가지런하지 못하니, 또 어찌 능히 마침내 원통하여 삼계를 뛰어넘겠는가? 그런 까닭에 경經에서 이르기를 "10종의 신선이 있으니, 모두 사람 속에서 마음을 단련하여 견고해지고 순수해지면 수명이 천만 년에 이르고, 만약 정각삼매正覺三昧를 닦지 않으면 끝까지 갔다가 다시 돌아와 삼악취三惡趣에 빠진다."고 하였다. … 이 오진편은 신선의 명맥을 먼저 하여 수련을 유도하고, 여러 부처들의 묘용을 그 다음으로 하여 신통을 넓히고, 마지막으로는 진여각성으로 환망을 없애고 궁극의 공적한 본원으로 돌이키고자 하는 것이다.[123]

그는 수련하는 사람들이 성명에 통하지 않고 단지 금단만을 닦음을 걱정하여, 성명의 도가 갖추어지지 않으면 생사를 넘어설 수 없다고 하였다. 나아가 정각삼매를 닦는 것이 중요하다고 하면서, 수련의 단계를 신선의 명맥, 제불의 묘용, 진여각성으로 공적한 본원으로의 회귀 등 세 차원으로 나누고 있다.

여기서 그가 말하는 '신선의 명맥'이란 『오진편』의 「서」에서 말한 '양명고형지술'을 지칭하는 것이며, '제불의 묘용'이란 '본원진각의 성'에 대한 깨달음을 말하는 것이 분명하다고 하겠다. 그렇다면 '공적한 본원으로의 회귀'는 앞의 두 단계를 넘어선 경지를 말하는 것이겠는데, 구체적

---

[123] 「禪宗歌頌詩曲雜言」, 『紫陽眞人悟眞篇拾遺』: '此恐學道之人 不通性理 獨修金丹 如此其性命之道未備 則運心不普 萬物難齊 又焉能究竟圓通 逈超三界. 故經云 有十種仙 皆於人中鍊心 堅固精粹 壽千萬歲. 若不修正覺三昧 則報盡還來 散入諸趣 …次悟眞篇者 先以神仙命脉 誘其修煉 次以諸佛妙用 廣其神通 終以眞如覺性 遺其幻妄 而歸於究竟空寂之本源矣.'

으로 어떤 것을 지칭하는가? 이 문제와 관련해서 『역세진선체도통감』에서는 장백단이 단법을 얻고서 수련하여 공을 이루고 『오진편』을 지어 세상에 유포하고 난 뒤의 일이라고 하면서, 다음과 같은 재미있는 이야기를 전하고 있다.

일찍이 계정혜를 수련하여 스스로 최상승의 선지를 얻었다고 여기는 한 승려가 있었는데, 능히 입정출신入定出神하여 수백 리 사이를 잠깐 동안에 도달할 수 있었다. 하루는 자양紫陽과 서로 만났는데 생각하는 바가 서로 잘 맞았다. 자양이 말하기를 "선사께서는 오늘 먼 곳으로 함께 유람 하시겠습니까?" 하니, 스님이 이르기를 "좋습니다."고 하였다. 자양이 말하기를 "(가실 곳을) 말씀만 하시면 따르겠습니다." 하니, 스님이 말하기를 "함께 양주楊州로 가서 경화瓊花를 보고자 합니다."라고 하니, 자양이 말하기를 "좋습니다."고 하였다. 이에 자양과 스님은 한 깨끗한 방에 처하여 마주 보고서 눈을 감고 가부좌하고, 같이 출신하여 유람을 떠났다. 자양이 겨우 그 땅에 도착하니, 스님은 이미 먼저 도착하여 꽃 둘레를 세 바퀴나 돌고 있었다. 자양이 말하기를 "오늘 선사와 같이 여기에 왔으니, 각자 한 송이 꽃을 꺾어 기념으로 합시다."하고 스님과 자양은 한 송이씩 꺾어 돌아왔다. 잠시 후에 자양과 스님은 기지개를 켜고서 깨어났다. 자양이 이르기를 "선사의 경화는 어디에 있습니까?" 하니, 스님의 소매와 손은 모두 비어있었다. 자양은 손에서 경화를 들어내어 스님과 웃으며 감상했다. 자양이 말하기를 "지금 세상 사람들이 선을 배우거나 신선을 배우는 것이 우리 두 사람과 같은 자들을 또한 더러 봅니다."라고 하고서, 자양은 드디어 스님과 막역지교가 되었다. 후에 제자가 자양에게 묻기를 "저 선사와 선생님께서는 함께 출신하여 유람하셨는데, 어떻게 꽃을 꺾어 온 것이 다릅니까?"하니, 자양이 말하기를 "나의 금단대도는 성명을 함께 닦는 것인 까닭에 모으면 형상을 이루고 흩으면 기를 이루니 이르는 곳에서 진신眞神이 형체를 드러내므로 양신陽神이라고 말하고, 그 사람이 수련한 바는 빨리 효과를 보고자 하여 다시 명을 닦지 않고 바로 성종을 닦은 까닭에 이르는 곳에서 사람들이 다시 형체와 그림자를 볼 수 없으므로 음신陰神이라고 한다."고 하니, 제자가 말하기를 "알겠습니다."하였다. 자양이 항상 말하기를 "도가는 명종으로 가르침을 세웠으므로 명은 상세히 말하면서 성은 간략히 말하고, 불교는 성종으로 가르침을 세웠으므로 성은 자세하게 말하면서도 명은 간략히 말한다. 성명은 본래 서로 떨어지지 않고, 도교와 불교는 본래 두 가지 이치가 아니다. 석가는 서방에서 태어났으나 또한 금단의 도를 얻어 성명을 함께 닦아, 바로 최상승법을 이룬 까닭에 금선부대사金仙傳大士라고 부른다."고 하였다.[124]

상식적으로 본다면, 위의 내용은 믿을 수 없는 것이다. 그러나 장백단이 말하고자 하는 도교의 세 단계 수련법으로 말한다면, 위의 내용은

---

124 趙道一, 『歷世眞仙體道通鑑』 권49, 「張用成」: '嘗有一僧修戒定慧 自以爲得最上乘禪旨 能入定出神 數百里間頃刻輒到. 一日與紫陽相遇 雅志契合. 紫陽曰 禪師今日能與同遊遠方乎? 僧曰 可也. 紫陽曰 唯命是聽 僧曰 願同往楊州觀瓊花 紫陽曰 諾. 於是 紫陽與僧處一淨室 相對瞑目趺坐 皆出神遊. 紫陽纔至其地 僧已先至遶花三匝. 紫陽曰 今日與禪師至此 各折一花爲記. 僧與紫陽各折一花歸. 少頃 紫陽與僧欠伸而覺. 紫陽云 禪師瓊花何在? 僧袖手皆空 紫陽於手中拈出瓊花 與僧笑翫. 紫陽曰 今世人學禪學仙 如吾二人者 亦間見矣. 紫陽遂與僧爲莫逆之交. 後弟子問紫陽曰 彼禪師與吾師同此神遊 何以有折花之異? 紫陽曰 我金丹大道 性命兼修 是故裒則成形 散則成氣 所至之地 眞神見形 謂之陽神. 彼之所修欲速見功 不復修命 直修性宗 故所至之地 人見無復形影 謂之陰神. 弟子曰 唯. 紫陽嘗云 道家以命宗立教 故詳言命而略言性 釋氏以性宗立教 故詳言性而略言命. 性命本不相離 道釋本無二致. 彼釋迦生于西土 亦得金丹之道 性命兼修 是謂最上乘法 故號曰金仙傳大士.'

가장 적절한 비유가 될 수 있다. 여기서 말하고자 하는 바는 도교는 명을 위주로 수련하고, 불교는 성을 위주로 수련하며, 진인眞人이나 신인은 명과 성을 함께 수련하여 최상승법을 이룬다는 것이다. 장백단은 불교 선사의 깨달음이 도교가 추구하는 근본적인 깨달음의 경지보다 한 수 낮은 것임을 증명해 보이기 위해 불교 수련의 가장 높은 단계에 있다고 자부하는 선승과 일종의 게임을 하고 있다.

스스로 최고의 깨달음 단계에 도달했다고 자부하고 있는 선사와 먼 양주 땅에 있는 경화瓊花를 구경하기로 약속하고서 함께 육체를 버리고 즉, 오늘날의 의미로 말하면 유체이탈遺體離脫에 해당되는 출신出神을 하여 유람을 떠난다. 그러나 장백단이 그곳에 도착했을 때 선사는 이미 도착해 있었다고 하여 불교가 한 수 위의 가르침인 것처럼 말한다. 그러면서 다시 장백단이 선사에게 기념으로 꽃을 하나씩 꺾어가자고 청하여 그렇게 한다. 다시 돌아와서 육체에서 깨어난 후에 그곳에서 꺾은 꽃을 보자고 하니, 선승은 꽃을 가져오지 못했고 장백단은 가지고 왔다. 바로 이 점이 선불교와 도교가 다른 점이라고 밝히고 있는 것이다.

여기서는 구체적으로 언급하고 있지는 않지만 그 배후의 의미를 살피면, 원래 도교는 명만을 수련하여 장생불사를 추구하지만 '본성을 밝히지 못하면 헛된 형상[환형幻形]에만 지체한다'고 말한 것처럼, 장백단은 기존 도교 수련법의 잘못된 점을 이미 통렬하게 지적하고 있다고 할 수 있다. 그렇지만 또 명의 수련을 소홀히 하고 오직 성만을 닦는 것은 단지 수련의 '효과를 빨리 보고자 하는 것'이어서, 육신의 형체를 버린 음신陰神을 얻을 뿐이라고 한다. 이에 반해 참된 수련이란, 먼저 명을 닦은 다음에 성을 닦아서 양신陽神의 상태로 장생불사하는 것이라고 하고 있다. 이것이 바로 그의 수련법에서 말하는 '선명후성'이다. 뒤에서 다시 구체적으로 언급하겠지만, 이것을 내단수련법의 단계로 말한다면 명만을 닦는 도교의 수련은 '연정화기'에 해당되고, 성만을 닦는 불교의 수련은 '연기화신'에 해당되며, 이 둘을 온전히 하여 진여의 본원으로 돌아가는 것이 '연신환허'라고 하겠다.

위 인용문의 이야기에서 선승이 수련한 것은 육신을 버리고 정신만 자유로운 해탈의 경지를 얻은 것인데 반해, 장백단의 경우는 육신까지도 함께 해탈을 얻었다는 것이다. 예를 들어 선승이 육신의 죽음을 맞이한다는 것은, 정신이 이제 공적의 상태로 되어 더 이상 윤회의 굴레에 얽매이지 않게 되었다는 의미가 된다. 그에 비해 장백단의 경우는, 정신이 육체와 함께 죽음의 사슬에서 완전히 해방되어 장생불사한다는 것이다. 선승이 죽음에서 벗어났다면, 장백단은 죽음을 초월했다고 할 수 있다.

여기서 말하는 초월이란 무엇인가? 장백단도 육신을 두고서 출신하여 유람을 다녀왔지만, 선승과는 달리 그 곳에서 꺾은 꽃을 가져왔다는 말에서 해답을 찾을 수 있다. 장백단이 두고 간 육신은 후천의 정기신으로 이루어진 육신인데 반해서, 그가 출신하여 갈 때에는 선천의 정기신으로 이루어진 육신도 함께 갔다는 말이다. 그러므로 그의 죽음이란 단지 도교에서 말하는 시해일 뿐이며, 육신의 죽음이 아니라 오히려 육신과 함께 하는 영원한 삶으로의 길인 것이다. 그러므로 그에게 있어 수련이란 명이나 성만을 닦는 것이 아니라 둘을 함께 닦는 것이어야 비로소 온전한 경지에 도달할 수 있는 것이다.

위의 이야기로만 보면, 장백단은 당시의 도교 수련자들이나 선불교 수련자들은 모두 온전한 수련을 하고 있지 못한 것으로 파악하고 있었으며, 자신이 주장하는 수련법이 선불교의 수련법을 뛰어넘는 것임을 말하고 있다. 그러나 결국은 성과 명은 함께 닦아야 한다는 점을 강조하기 위해서, 석가모니 부처는 서쪽 사람이면서도 참된 금단金丹의 도를 얻어서 최상승법을 이룬 인물임을 말하면서 '이도포선以道抱禪'으로부터 '도선합일道禪合一'을 주장하는 셈이다.

이상의 이야기는 비록 장백단 자신의 말은 아니지만, 그의 내단수련법의 요점을 잘 드러내고 있는 이야기라고 할 수 있다. 그러면 장백단 자신은 불교를 어떻게 보고 있었던가? 이미 언급한 것처럼, 그는 『오진편』의 「서」에서 책을 완성하고 난 뒤에 '본원진각의 성'에 대한 언급이 부족함을 깨닫고 이를 보충하기 위하여 '불경과 『전등록』 및 조사들이 죽비 소리에 깨침을 얻은 것까지 연구하여 가송시곡잡언 32수의 형태를 갖추어서 책의 끝에 붙였다'고 하였다. 즉, 가송시곡잡언 32수는 오직 선불교를 빌려 온 것으로, 명의 단계를 넘어 성의 단계에 대한 수련을 밝히기 위하여 철저하게 그 이론을 받아들였다는 말이다. 그 전에 그는 또 도교의 수련이 잘못된 경우를 말하면서 '그 가운데 오직 폐식 한 가지 방법이 능히 기틀을 잊고 생각을 쉬게 하면 2승의 좌선과 매우 비슷하여 만약 힘써 행하면 입정출신할 수 있다.'[125]고도 하였다. 이는 도교의 수련을 잘못하여 오직 폐식을 올바른 방법으로 알게 되면, 불교의 성문聲聞 연각승緣覺乘과 비슷하게 되어 능히 입정출신의 경지에 오를 수 있게 되는데, 여기에 머물러서는 결코 환골탈태하여 한낮에 하늘에 오를 수 없다는 점을 경고하고 있는 것이다.

도교의 잘못된 수련과 불교 수행의 일반적인 한계를 이와 같이 함께 지적한 그는, 다시 「후서」의 끝에서 다음과 같이 말한다.

> 『오진편』 끝의 가송은 성의 이치를 말하였으니, 위에서 말한 묘각의 도이다. 그런데 무위의 도는 중생의 제도를 요점으로 삼으니 비록 비

---

125 장백단, 『오진편』, 「서」: '其中惟閉息一法 如能忘機息慮 卽與二乘坐禪頗同 若勤而行之 可以入定出神.'

밀을 널리 드러내어도 마침내 허물이나 재앙이 없는데, 어찌하여 범부는 업의 인연에 두터움과 얇음이 있고 본성의 근기가 총명하고 둔함이 있어서, 가만히 하나의 소리를 듣고서 분연히 다른 견해를 가지는가? 그런 까닭에 석가와 문수보살이 설한 법보는 일승이 아님이 없는데, 듣고서 배우는 자가 역량에 따라서 이해하여 자연스럽게 삼승三乘의 차이를 이루었다. 이후로 만약 근성이 용맹한 사람이 있어 이 책을 보게 되면, 내가 달마와 육조의 최상 일승의 묘지를 얻었음을 알아서, 한 마디 말로 인하여 만 가지 법을 깨우칠 것이다. 만약 바탕이 아직 어리석은 자는 중소中小의 견해로 돌아가리니, 또한 나의 잘못이 아니다.[126]

이 내용은, 자신이 『오진편』의 끝에 묘각의 도를 보유한 것은 천기를 누설한 것이지만 중생 제도를 목적으로 하는 무위의 도에서 본다면 재앙이 없을 것이라고 자신의 입장을 먼저 변호하고 있다. 그리고 석가와 문수보살의 설법은 모두가 일승을 설한 것이지만, 중생이 자신의 근기에 따라서 삼승으로 나누어 이해하고 있다고 한다. 나아가 자신의 『오진편』은 달마와 육조 혜능의 선법을 정통으로 계승한 것이라고 분명히 선언하고 있다. 그 자신이 남종선南宗禪의 맥을 이어받고 있다는 것이다. 이제 그에게 있어 선불교禪佛敎란 내단수련법을 취하는 도교와 별개의 것이 아니게 되었다.

---

126 장백단, 『오진편』, 「후서」: '其如篇末歌頌 談見性之法 卽上之所謂妙覺之道也. 然無爲之道 以濟物爲心 雖顯宣秘要 終無過咎 奈何凡夫業緣有厚薄 性根有利鈍 縱聞一音 紛然異見. 故釋迦文殊所演法寶 無非一乘 而聽學者隨量會解 自然成三乘之差. 此後若有根性猛烈之士 見聞此篇 則知僕得達磨六祖最上一乘之妙旨 可因一言而悟萬法也. 如其習氣尚愚 則歸中小之見 亦非僕之咎矣.'

그는 『오진편』의 「서」에서 '당나라의 혜충국사慧忠國師도 어록에서 가장 먼저 노자와 장자의 말을 서술하여 지극한 도의 본말을 이와 같이 드러내었다'[127]고 하였다. 여기서 말하는 혜충국사(?-775)란 육조 혜능의 제자로써 40여 년간을 산에서 내려오지 않고 수도에 전념하여 그 명성이 크게 떨쳐, 숙종 때에 조칙을 받아 장안으로 와서 국사로 존경받았던 인물이다. 지금 그의 어록은 남아있지 않아 내용을 확인할 수는 없지만, 장백단이 본 바에 의하면, 혜충이 노자와 장자의 말을 빌려서 지극한 도를 드러내어 불교와 도교가 하나의 가르침임을 밝혔다는 것이다.

반면, 『오진편』 원편에서는 장백단이 도교의 수명적 연단술과 직접 관계있는 내용을 집중적으로 수록하고 있어서 불교와 상통되는 요소는 찾기 힘들다. 다만, 칠언사운 제1수의 '무상無常'이라든지, 칠언절구 제50수의 '염부閻浮'와 같은 불교적 용어를 몇 번 사용하고 있을 뿐이다. '무상'이란 가장 보편적인 불교 용어이며, '염부'란 '이상적인 큰 나무'를 뜻하는 불교 용어이다.

그러나 그 후에 쓴 '가송시곡잡언 32수'는 그야말로 완전히 불교인에 의한 불교 저술이라고 해도 아무런 문제가 없을 정도이다. 『수진십서』에 수록된 「선종가송」 중에서 몇 가지의 내용을 살펴보자. 먼저 〈성지두〉의 제2수는 다음과 같이 노래하여, 불성이 원융함을 드러내고 있다.

> 여래의 묘체는 항하사恒河沙와 같이 편재하여,
> 만 가지 형상이 빽빽해도 걸림이 없다네.
> 원통을 깨달아 참된 법안 가지면,

---

[127] 장백단, 『오진편』, 「서」: '唐忠國師於語錄 首敘老莊言 以顯至道之本末如此.'

비로소 삼계가 내 집인 줄을 안다네.[128]

〈삼계유심〉에서는 다음과 같이 말하여, 그야말로 일체유심조임을 밝힌다.

삼계가 오직 마음이라는 오묘한 이치는,
만물이 이것도 아니고 저것도 아니어서,
한 물건도 내 마음 아닌 것이 없으며,
한 물건도 내 것이 없다네.[129]

〈원통〉에서는 '진공을 요견하면 공이 또한 공 아님을 알아, 두루 밝으니 어느 곳엔들 두루 통하지 않으리.'[130]라고 하여 성의 묘용을 설명하였고, 〈보월〉에서도 '한 둥근 명월이 허공에 자리하니, 만국의 맑은 빛이 걸림이 없다네.'[131]라고 하여, 같은 뜻을 나타내고 있다. 〈심경송〉은 『반야심경』의 요지를 함축한 것인데, '오온의 진리는 육근과 육진이 모두 공이면서 색이라 하여, 한 마디도 더 나은 진리 있을 수 없네.'[132]라고 하였고, 〈인아〉에서는 '진아는 인과 다르지 않으나, 인심은 스스로 구별되네. 사람에게 친소가 있지만, 진아에는 피차가 없다네.'[133]라고 노래하여, 깨달

---

128 『수진십서』 권30, 〈性地頌〉 제2수: '如來妙體遍河沙 萬象森羅無障遮. 會得圓通眞法眼 始知三界是吾家.'
129 위와 같음, 〈三界唯心〉: '三界唯心妙理 萬物非此非彼 無一物非我心 無一物是我己.'
130 위와 같음, 〈圓通〉: '見了眞空空不空 圓明何處不圓通.'
131 위와 같음, 〈寶月〉: '一輪明月當虛空 萬國清光無障碍.'
132 위와 같음, 〈心經頌〉: '蘊諦根塵空色 都無一法堪言.' 여기서 말하는 根塵이란, 眼耳鼻舌身意의 六根과 色聲香味觸法의 六塵을 말한다.
133 위와 같음, 〈人我〉: '我不異人 人心自異. 人有親疎 我無彼此.'

음의 경지를 묘사하고 있다.

그 뒤에는 〈독설두선사조영집〉이 있는데, 설두중현雪竇重顯이 지은 『조영집祖英集』을 읽고 그 느낌을 쓴 것이다. 그 첫머리를 다음과 같이 쓰고 있다.

> 조계의 한 물이 천 갈래로 나뉘어,
> 옛날을 비추고 지금을 맑게 하여 막힘이 없네.
> 근래의 배우는 자들 근원을 궁구하지 않고,
> 망령되이 발굽에 고인 물을 대해라고 한다네.
> 설두 노사께서는 진리에 이르러,
> 우레 같은 소리로 법고를 두드리네.
> 사자왕이 포효하며 굴에서 나오니,
> 백 가지 짐승과 천 가지 사악함 모두가 두려워하네.
> 혹은 노래와 시로 혹은 어구로,
> 정녕 미혹한 사람을 바른길로 이끄시네.[134]

이 내용은 조계曹溪의 가르침, 즉 육조 혜능이 보인 올바른 길이 있음에도 당시의 배우는 자들은 미혹에 빠져 있었는데, 설두중현(980-1052)이 그 진리를 깨달아 사람들을 크게 깨우치고 있다는 것이다. 설두중현은 누구인가? 그는 운문종雲門宗 지문광조智門光祚의 법을 이어받아 그 종지를 크게 드러낸 인물이다. 그가 『경덕전등록』 중에서 가려 뽑

---

134 위와 같음,〈讀雪竇禪師祖英集〉: '曹溪一水分千派 照古澄今無滯礙. 近來學者不窮源 妄指蹄溿爲大海. 雪竇老師達眞趣 大震雷音推法鼓. 獅王哮吼出窟來 百獸千邪皆恐懼. 或歌詩或語句 丁寧指引迷人路.'

은 『송고백칙頌古百則』은 원오극근圓悟克勤이 평창評唱과 착어著語를 더하여 저 유명한 『벽암록碧巖錄』이 되었고, 그 외에도 많은 저술을 남겨 운문종 중흥에 큰 역할을 하였다. 장백단이 운문종의 선법을 특별히 좋아했다는 사실은 여기서도 드러난다.

그 뒤에는 〈계정혜해〉가 있어, 그는 불교의 삼학인 계정혜를 다음과 같이 규정하고 있다.

> 대저 계정혜라는 것은 법 중의 묘용이다. 부처와 조사께서 비록 일찍이 말씀하였으나 깨우치지 못한 자들이 편집된 바가 있으므로, 지금 간략히 언급하여 깨우치는데 도움이 되고자 한다. 마음과 대상을 함께 잊어 한 생각도 움직이지 않음을 계라고 하고, 성을 깨우침이 두루 밝아 안과 밖이 환함을 정이라 하며, 인연에 따라 사물에 응하여 미묘한 쓰임이 무궁함을 혜라고 한다. 이 셋은 서로 기다려 이루어지고, 서로 체와 용이 된다.[135]

그는 불교의 계정혜를 각각 '마음과 대상을 함께 잊어 한 생각도 움직이지 않음', '성을 깨우침이 두루 밝아 안과 밖이 환함', '인연에 따라 사물에 응하여 미묘한 쓰임이 무궁함'으로 규정하고, 그들은 서로 체용의 관계에 있다고 하였다. 이 말은 앞에서 그가 앞에서 언급한 것처럼 불교에서 말하는 진심을 '한 생각도 없는 경지여서 성의 본바탕이 확연히 드러난 자리'라고 한 것을 나누어 말한 것이다. 즉 제행무상의 바탕

---

135 위와 같음, 〈戒定慧解〉: '夫戒定慧者 乃法中之妙用也. 佛祖雖嘗有言而未達者有所執 今略而言之 庶資開悟然. 其心境兩忘 一念不動曰戒 覺性圓明 內外瑩澈曰定 隨緣應物 妙用無窮曰慧. 此三者 相須而成 互爲體用.'

[계戒]에서 일체존재의 본질은 무자성으로서[정定] 현상에서의 응용이 자재[혜慧]한 경지를 나타내고 있다.

그 다음의 〈즉심시불송〉은 글자 그대로 '마음이 곧 부처'임을 노래한 것이고, 다음에 이어지는 〈채주가〉는 보물인 구슬은 본래 자기에게 있으니 다른 곳에서 구하지 말 것을 노래하고 있으니, 내단수련론의 근본 전제에 해당되는 것이라고 할 수 있다. 그 다음의 〈선정지미가〉에서는 '만약 성 가운데 스스로 정이 있음을 밝게 알고, 정이 이루어지고 혜의 쓰임이 무궁하면 이것을 제불의 신통이라고 한다.'[136]고 하였다. 이것은 앞에서 이미 살펴본 것처럼, 그가 주장하는 수련의 두 번째 단계에 해당하는 '수성'에서 드러나는 효과를 말하고 있는 것이다. 그 다음의 〈무심송〉에서는 '배고프면 밥 먹고 목마르면 물 마신다. 피곤하면 잠자고 깨어나면 움직이네. 더우면 홑옷 입고 추우면 겹쳐 입네. 생각 없고 헤아림 없으니 무엇이 걱정이며 무엇이 기쁨인가. 후회 않고 꾀하지 않으니 생각 없고 뜻도 없네. 인생의 영욕이란 잠깐의 머무름일 뿐'[137]이라고 하여, 세간 속에서 출세간의 경지를 읊고 있다. 맨 뒤의 〈서강월〉 또한 불성佛性의 깨달음에 대한 노래로 구성되어 있다. 제3수에서는 '나의 성이 여러 부처의 성에 들어가고, 제방의 불성도 모두 그러하네.'라고 하여 중생과 제불이 진여성을 공유하고 있음을 노래하고, 제4수에서는 '법이라 법이라 하여도 법은 원래 법이 아니요, 공이라 공이라 하여도 공은 또한 공이 아니네.'라고 하여 중도를 말하였다. 제10수에서는 '깨달으면 적멸을 구하지 않으니, 인연에 따라 또 온갖 미혹을 접하네.'라고 하여 성속

---

136 위와 같음,〈禪定指迷歌〉:'若明見向性中自定 定成慧用無窮 是名諸佛神通.'
137 위와 같음,〈無心頌〉:'飢來喫飯 渴來飲水. 困則打睡 覺則行履. 熱則單衣 寒則蓋被. 無思無量 何憂何喜. 不悔不謀 無念無意. 凡生榮辱 逆旅而已.'

이 일여임을 말하고, 제12수에서는 '태어남이 없는 오묘한 진리를 바란다면, 스스로 참 마음을 보지 않으면 안 되네.'[138]라고 하여 무상의 진리를 얻기 위해서는 결국 스스로의 노력이 절대적임을 말하면서 끝을 맺고 있다.

이러한 것들에서는 도교의 수련 방법에 대한 내용은 전혀 찾아볼 수 없으며, 그야말로 선종禪宗 조사가 깨달음에 대해 노래한 것이라고 해도 아무런 문제가 없을 것이다. 그런 의미에서 명나라의 주시은朱時恩이 편집한 『거사분등록居士分燈錄』[139]의 끝에 여암呂巖(자 동빈洞賓)과 장백단이 도교의 인물이지만, 단 두 사람만을 책의 부록에 포함시켰다고 볼 수 있겠다. 장백단은 그의 내단이론을 완성함에 있어 선종의 종지를 완전히 도교 속으로 흡수했다고 할 수 있다.

한편, 『오진편』 속에는 두어 곳에서 유교와 관련 있는 내용에 대한 언급도 포함되어 있다. 칠언절구 제59수에서 '그대의 총명과 지혜가 안연安淵과 민자건閔子騫을 능가해도, 스승을 만나지 못하면 억지로 원망하지 말지니.'[140]라고 하였다. 이는 공자의 제자 중에서 으뜸으로 꼽히는 안연과 그와 함께 덕행으로 이름난 민자건을 비유로 들어, 비록 그들을 능가하는 총명과 지혜를 지녔다고 할지라도 올바른 스승을 만나지 못하면 수련의 도를 얻을 수 없음을 말하고 있다. 그리고 칠언절구의 마지막에서는 다음과 같이 읊고 있다.

---

138 〈西江月〉에서 인용한 구절들의 원문은 순서에 따라 한꺼번에 열거한다. '我性入諸佛性 諸方佛性皆然.', '法法法元無法 空空空亦非空.', '悟了莫求寂滅 隨緣且接群迷.', '欲了無生妙道 莫非自見眞心.'
139 朱時恩, 『居士分燈錄』(東京: 光融館, 明治 37年) 참조. 이 책은 출판사에서 《禪林叢書》의 제2편으로 간행한 책 속에 포함된 것이다.
140 『오진편』, 칠언절구 제59수: '饒君聰慧過安閔 不遇師傳莫强猜.'

수행은 세속에 섞여서 그 빛을 조화시키니,
둥글면 둥근 대로 모나면 모난 대로.
현회顯晦와 역순逆順을 사람들이 예측 못하니,
사람으로 하여금 행장行藏을 알기 어렵게 하네.[141]

    이것은 내단파의 특징이라고 할 수 있는 것 중의 하나인 세속 속에서의 수련을 강조하기 위한 내용이다. 수련하는 사람들이 세속에서 자신을 드러내거나 숨거나 거스르거나 순종하거나 하는 것이 일반인들과는 달라서, 사람들이 그 행동을 예측하지 못한다는 말을 하고 있다. 그런데, 그 마지막 구절에서 행장行藏이란 표현을 사용하고 있는데, 이 표현은 공자의 말에서 따온 것이다. 『논어』 「술이」편에서 공자가 안연에게 말하기를 "쓰면 나아가서 행하고 버리면 물러가서 감추는 것은 오직 나와 너만이 할 수 있도다."[142]라고 한 것에서 빌려와, 속세에서 수련하는 것이 유교의 출처와 유사함을 말하고 있다. 한 가지 더 첨언할 것은, 장백단이 『오진편』에서 『주역』을 많이 인용하고 있지만, 이것은 그가 이미 『주역참동계』를 자신의 내단사상의 연원으로 끌어들이고 있으며, 또 《도장》에서도 『주역』에 관한 여러 저술들을 수록하고 있는 등 원래 그 책이 유가만의 경전이 아니라는 관점에서 내용 분석을 배제하였다.[143]

---

[141] 『오진편』, 칠언절구 제64수: '修行混俗且和光 圓則圓兮方則方. 顯晦逆從人莫測 敎人爭得見行藏.'
[142] 『논어』 「술이」: '用之則行, 舍之則藏, 唯我與爾有是夫!'
[143] 이러한 관점에 대해서는, 陳鼓應, 『易傳與道家思想』(臺灣: 商務印書館, 1994)이 참고할만하다. 이 책은 최진석 외 2인이 『주역 유가의 사상인가 도가의 사상인가』(예문서원, 1996)로 번역하였다.

3. 내단사상 內丹思想

 장백단 내단사상의 연원

여기서 먼저 잠시 살피고 지나가야할 것이 있다. 장백단이 1069년에 사천의 성도에서 이인을 만나 도를 얻었다는 말의 내용에 관한 하나의 단서를 찾을 수 있기 때문이다. 구보 노리따다의 연구에 의하면, 1017년에 도사 장군방張君房이 책임자로 편집하여 4,565권으로 완성한《도장》인『대송천궁보장大宋天宮寶藏』은 발간 당시에, 이유를 알 수는 없지만 사천지방에는 하사되지 않았다고 한다. 그리하여 인종 때에 성도의 도사 요약곡姚若谷이 노력하여 2,000권 정도를 하사받았다가, 다시 영종(재위 1063-1067) 때에 건륭관 소장 관본官本을 하사받았다고 한다. 그리고 이것을 자기들이 가지고 있던 도경道經과 합하여 새롭게 약 500질, 4,500권의《도장》을 만들어 성도의 천경관, 비현의 숭도관, 청성산靑城山의 장인관丈人觀, 행주梓州의 통운관洞靈觀, 금주錦州의 홍덕관洪德觀에 나누어 놓았다고 한다. 이를 통해 유추해 보면, 사천지방의《도장》은 다른 종류였던 것으로 생각된다고 하고 있다.[144] 이런 시점에 장백단이 사천에 거

---

144 구보 노리따다, 최준식 옮김,『道敎史』(분도출판사, 2000) 272-273쪽 참조.

주하게 되었고, 영종의 치세 직후에 진인을 만나 득도하였다는 것은 서로 상관관계를 추론해 볼 수도 있지 않을까?

어쨌든 장백단이 내단사상의 체계를 완성한 데에는 몇 가지 요인이 복합적으로 기여했다고 할 수 있다. 첫째는 그가 80세가 훨씬 넘도록 오랜 세월 동안 이 분야에 관한 많은 책을 섭렵하였다는 점을 꼽을 수 있다. 둘째는 80이 훨씬 넘은 나이인 83세 또는 86세의 나이에 성도에서 이인을 만나는 기연을 얻어 득도하게 되었다는 점을 들 수 있다. 셋째는 전통적인 도교만의 수련법으로는 참된 진인의 경지에 이를 수 없음을 파악하고 선종의 종지를 수련의 제2 단계에 포함시켜 그 만의 독창적인 '선명후성'을 방법으로 하는 내단수련법을 완성하였다는 점을 들 수 있다.

먼저 『오진편』에 나타나는 그의 내단법에 영향을 준 서적들을 찾아보기로 한다. 그는 칠언절구 제58수를 다음과 같이 쓰고 있다.

> 음부경의 보배로운 글자는 삼백 자를 넘었고,
> 도덕경의 신령한 문장은 오천 자를 채웠네.
> 고금에 신선의 경지에 오른 수많은 사람들은,
> 모두가 이를 좇아 참 진리에 도달했네.[145]

이것은 그가 『음부경』과 『도덕경』이 내단 수련의 최고 경전으로서, 예로부터 신선이 된 사람들은 모두가 이 경전을 기본으로 삼았다는 사실을 강조한 것이다. 이 말은 그도 또한 이 두 경전을 기본으로 채택하

---

[145] 『오진편』, 칠언절구 제58수: '陰符寶字逾三百 道德靈文滿五千. 今古上仙無限數 盡從此處達眞詮.'

고 있다는 사실을 말하고자 하는 것이기도 하다. 현재《도장》제4책에만 18종의 주소편이 수록되어 있는『음부경』은 원래『황제음부경黃帝陰符經』을 줄여서 말하는 것으로, 황제가 광성자廣成子와 천진황인天眞黃人께 질문하여 들은 내용을 기록한 것이라고 전해지지만 그러한 설은 믿을 수 없고, 대체적으로 당나라 이전에 만들어진 책이라는 데에는 동의하지만 누구의 저술인지는 미상인 책이다.『도덕경』은 주지하다시피 노자의 저술로 알려져 있는 책으로『노자老子』라고도 불리는 것이다.

이제 먼저『도덕경』을 인용하고 있는 경우들을 살펴보자. 칠언절구 제12수는 다음과 같이 노래하고 있다.

> 도는 허무로부터 일기를 낳고,
> 일기를 좇아서 음양陰陽이 나오네.
> 음양은 다시 합하여 삼체를 이루고,
> 삼체가 거듭 낳아 만물이 창성하네.[146]

이 구절은『도덕경』제42장의 '도는 일을 낳고, 일은 이를 낳으며, 이는 삼을 낳고, 삼은 만물을 낳는다.'[147]는 구절과 내용상 차이가 없다.

제39수에서는 '곡신을 얻으면 장생불사하리니, 모름지기 현빈玄牝에 기대어 근기를 세우라.'[148]고 하였고, 제40수에는 '현빈의 문을 세상 사람들은 잘 모르니, 헛되이 입과 코로 망령되이 행하지 말라.'[149]고 하였다.

---

146 『오진편』, 칠언절구 제12수: '道自虛無生一氣 便從一氣産陰陽. 陰陽再合成三體 三體重生萬物昌.'
147 『道德經』제42장: '道生一 一生二 二生三 三生萬物.'
148 『오진편』, 칠언절구 제39수: '要得谷神長不死 須憑玄牝立根基.'
149 『오진편』, 칠언절구 제40수: '玄牝之門世罕知 休將口鼻妄施爲.'

3장 | 장백단의 삼교귀일론과 내단사상

이 또한 『도덕경』 제6장의 '곡신은 죽지 않으니, 이를 일러 현빈이라 한다. 현빈의 문, 이것을 일러 천지의 근원이라 한다.'[150]는 구절에서 빌려온 것이 분명하다. 이 시에서 장백단이 주장하고자 한 바는, 폐식과 같은 방법으로는 참된 금단의 도를 완성할 수 없고, 그것은 오직 내단을 통해서만 가능하다는 점이다.

또 제44수에서는 '황홀한 가운데서 상을 찾고, 어두움 속에서 참된 정을 구하네.'[151]라고 하였으니, 이는 『도덕경』 제21장의 '도라는 것은 황하고 홀하도다. 홀하고 황하도다, 그 가운데 상이 있다. 황하고 홀 하도다, 그 가운데 사물이 있다.'[152]는 구절에서 차용한 것임을 알 수 있다. 황이나 홀이란 어질어질한 모습이고, 묘와 명은 어둑어둑한 모습이니, 모두 도의 작용이 비롯되는 시점을 가리키고 있다. 장백단은 여기서 도의 작용이 시작되는 시점에서 참된 정, 즉 원정을 채취해야 함을 말하고자 한 것이다.

무엇보다도 장백단 내단사상이 비롯된 『도덕경』의 구절은 제51수라고 할 수 있겠다.

> 만물은 무성하나 모두가 근원으로 돌아가니,
> 근원으로 돌아가 명을 회복하면 장생불사 한다네.
> 근본으로 돌아가야 함을 사람들이 잘 몰라,
> 망령된 행위로 흉화를 초래함을 많이 들었네.[153]

---

150 『도덕경』 제6장: '谷神不死 是謂玄牝 玄牝之門 是謂天地根.'
151 『오진편』, 칠언절구 제40수: '恍惚之中尋有象 杳冥之內覓眞精.'
152 『도덕경』 제21장: '道之爲物 惟恍惟惚 惚兮恍兮 其中有象 恍兮惚兮 其中有物.'
153 『오진편』, 칠언절구 제51수: '萬物芸芸各返根 返根復命卽長存. 知常返本人難會 妄作招凶衆所聞.'

바로 여기서 말하는 '반근복명'이 그의 내단이론의 기초가 된다. 도가의 우주론은 앞에서 인용한 『도덕경』 제42장의 '도생일 일생이 이생삼 삼생만물'로 표현되는 것이고, 노자 또한 만물로부터의 귀근복명을 통해서 도와 합일하는 경지를 말하고 있다. 장백단도 이 논리를 자신의 내단이론에 그대로 차용하고 있는 셈이다. 이것은 그가 종리권 여동빈 진단으로 대표되었던 그 이전의 내단이론, 즉 종려파의 맥을 계승하여 연정화기 연기화신 연신환허로 거슬러 올라가는 수련법을 정립한 것과도 밀접한 관계가 있는 것으로 보인다.[154]

이 외에도 그는 『오진편』의 곳곳에서 '태을太乙' '희이希夷' '화광和光' 등과 같은 도가의 용어들을 많이 사용하고 있음을 쉽게 찾을 수 있다.

다음은 『음부경』을 인용한 경우를 살펴본다. 칠언절구 제22수의 첫 구절은 '먼저 하늘을 살펴 오적五賊을 밝히고, 다음은 땅을 궁구하여 백성을 편안히 하네.'[155]라고 하였는데, 이는 『음부경』의 첫머리에 '하늘의 도를 살피고 하늘의 운행을 잡으면 다하는 것이라. 하늘에 오적이 있으니 이를 보는 자는 창성할 것이요, 오적이 마음에 있으니 세상에 시행하면 우주가 손 안에 있고 만 가지 조화가 몸에서 생긴다.'[156]고 한 구절과 비교해보면 그 뜻이 서로 부합함을 알 수 있다. 여기서 말하고 있는 '오적'이란 『음부경』의 모든 주소에서 한결같이 '오행'을 지칭한다고 하였다.

제57수에서는 '삼재가 서로 훔치니 때맞추어 먹으라, 이것이 바로

---

154 沈志剛 主編, 『鍾呂傳道集注釋·靈寶畢法注釋』, 《道學經典注釋》1(北京: 中國社會科學出版社, 2004)의 「導言」을 보면, 내단수련의 이론체계를 상세히 정리한 내용을 볼 수 있다.
155 『오진편』, 칠언절구 제22수: '先且觀天明五賊 次須察地以安民.'
156 『黃帝陰符經集解』卷上, 《道藏》제4책: '觀天之道 執天之行 盡矣. 天有五賊 見之者昌 五賊在心 施行於天 宇宙在乎手 萬化生於身.'

신선 도덕의 기틀이니.'라고 읊었는데, 이것 또한 『음부경』에서 빌려온 구절이 틀림없다. 그 경의 중편은 다음과 같이 시작한다.

> 하늘이 살리고 하늘이 죽이니, 도의 이치이다. 천지는 만물의 도둑이요, 만물은 사람의 도둑이며, 사람은 만물의 도둑이다. 세 도둑이 마땅함을 얻으면 삼재가 안정된다. 까닭에 말하기를 "때맞추어 먹으면 온몸이 다스려지고, 기틀이 움직이면 만 가지 변화가 안정된다."고 하였다.[157]

이 구절이 표면적으로 의미하는 바는 『음부경』과 장백단이 서로 다르다고 할 수 있다. 경에서 말하는 바는 바로 자연에 순응하는 삶에 대한 것인 반면에, 장백단의 경우는 도의 작용이 비롯되는 때를 놓치지 말고 원정 원기 원신을 잘 채취해야 함을 강조하는 말이라고 볼 수 있다. 그러나 이 부분의 각종 주석을 보면, 모두가 한결같이 장백단의 내단이론과 같은 설명을 가하고 있음을 볼 수 있다.

이 두 경전 외에 장백단이 그의 이론체계에서 중요하게 여긴 책이 바로 '만고단경왕'으로 불리는 『주역참동계』이다. 장백단은 「독주역참동계」라는 글을 남겼는데, 실제로 그의 글인지 진위는 확인할 수 없지만, 그 내용을 간단히 살펴보자.

> 대단의 오묘한 쓰임은 건곤을 본받았으니, 건곤이 운행함에 오행이 나뉜다. 오행이 순행하니 변함없는 법으로 태어나고 죽는다. 오행을

---

[157] 위와 같음. 卷中: '天生天殺 道之理也.. 天地萬物之盜 萬物人之盜 人萬物之盜 三盜旣宜 三才旣安. 故曰 食其時 百骸理 動其機 萬化安.'

역행하니 금단의 몸이 항상 신령하여 항존한다. 일이 허무로부터 형상을 빌리니 양의兩儀(음양陰陽)가 일과 같이 뿌리를 내린다. 사상四象은 양의와 떨어지지 않고, 팔괘는 서로 조손이 된다. 만물이 변화에서 생겨나니, 길흉과 회린이 이에서 나뉜다. 백성은 날마다 쓰면서도 모르고, 성인은 능히 본원을 궁구한다. 주역의 도를 살펴서 건곤의 이치를 그윽이 다하고서, 드디어 이 글(참동계)에 상을 의탁했다. … 본래 말을 세워 상을 밝히고, 상을 얻었으면 말을 잊는다. 상을 베풀어 뜻을 가리키다가 뜻을 깨달으면 상을 버린다. 깨달음에 이른 자에게는 간단하고 쉽지만, 미혹한 자에게는 갈수록 미혹되고 갈수록 어렵다. 까닭에 진리를 닦는 상등의 선비는 참동계를 읽는 것이 상에 빠지고 글에 집착함에 있지 않음을 안다.[158]

이 글은 『오진편』의 내용과 「후서」에서 언급하고 있는 것들과 대동소이하다. 『청화비문』이 내단이론을 아주 상세하게 설명하고 있고, 『금단사백자』가 『오진편』 칠언절구의 내용을 너무나 명료하게 함축하여 표현한 것과는 다르다. 이 글의 앞부분은 내단이론의 근원을 설명하였고, 중간에 생략한 부분은 『주역』의 괘를 빌어 내단의 원리를 설명하고 있는 부분이고, 뒷부분은 『참동계』 또한 하나의 방편이므로 득도 후에는 이에서 벗어나야 하는 것임을 말하고 있다. 그러므로 이 글은 장백단의 직접 저술일 가능성이 높은 것으로 보인다.

---

158 『오진편』, 「讀周易參同契」: '大丹妙用法乾坤 乾坤運行兮五行分. 五行順兮 常道有生有滅. 五行逆兮 丹體常靈常存. 一自虛無兆質 兩儀同一開根. 四象不離二體 八卦互爲祖孫. 萬物生乎變動 吉凶悔吝玆分. 百姓日用不知 聖人能究本源. 顧易道妙盡乾坤之理 遂托象于斯文. …本立言以明象 旣得象以忘言 猶設象以指意 悟其意則象損. 達者惟簡惟易 迷者愈惑愈難. 故知修眞上士 讀參同契者 不在乎泥象執文.'

『주역참동계』란 어떤 책인가? 일반적으로 이 책은 동한 때 회계 사람인 위백양魏伯陽이 126년부터 167년 사이에 지은 것으로 알려져 있다. 참동이란 『주역』과 황로의 도 그리고 노화爐火의 세 가지 이치가 계합하여 하나로 된다는 뜻이다. 이 책은 현존하는 가장 오래된 연단원리에 관한 저술로, 황노의 도를 주역의 원리에 맞추어 화후의 방법으로 설명하고 있다고 간단히 말할 수 있다. 그래서 이것은 '만고단경왕' 또는 '단경지조'로 불리며, 당나라 이후로 이에 대한 주석서가 많이 나와 《도장》의 태현부太玄部에만 8종이 수록되어 있다. 이 책의 단법은 내단과 외단에 고루 응용되고 있는데, 장백단도 그의 『오진편』에서 내단이론을 『주역』의 원리와 결합하여 설명하고 있는 부분은 결국 이 『주역참동계』에서 빌려온 것으로 볼 수 있다. 또한 장백단이 사용하고 있는 연단의 개념들이 외단의 용어들을 그대로 답습하고 있는 것도 이 책의 영향이라고 할 수 있다.

이상에서 살펴본 바와 같이, 장백단은 그의 내단이론을 정립하면서 도가 계열의 『음부경』과 『도덕경』, 그리고 『주역참동계』를 사상적 연원으로 끌어다 썼음을 알 수 있다. 이것으로 명공 즉 연정화기의 단계를 밝히고, '귀근복명'의 연신환허의 원리를 도출하였지만, 그 가운데 과정인 연기화신의 성공을 충분히 설명할 수 없어 '불경과 『전등록』 그리고 스님들이 죽비소리에 깨달음을 얻은 것'까지를 참고하였다.

장진국張振國의 연구에 의하면, 그가 성공을 밝히기 위해서 저술한 '가송시곡잡언' 32수 속에서, 장백단은 『열반경』, 『법화경』, 『화엄경』, 『반야심경』, 『범망경』, 『대일경』, 『무량수경』, 『원각경』, 『유식론』, 『지도론』, 『구사론』 등을 직접 인용하거나, 그 개념들을 차용하여 쓰고 있다고 하였다.[159] 그 외에 그는 『전등록』을 참고했다고 했으니, 이것은 『경덕전등록』을 가리키는 것이다. 이 책은 도원道原이 편찬한 초기 단계의 정통 선종사서禪宗史書로서, 진종 경덕 원년(1004)에 《대장경》에 편입을 허락받은 선종의 전법계보를 수록하고 있는 책이다. 그 외에도 앞에서 살핀 것처럼, 그는 『육조단경』과 『조영집』 및 혜충의 어록을 비롯한 각종 선종서들을 두루 섭렵했음을 곳곳에서 확인할 수 있다.

이제 인맥을 통한 그의 내단사상의 계보를 추적해보자. 이미 그의 생애를 통해서 살펴보았듯이, 그는 도교의 특정한 교파에 속한 인물이 아니라 세속에서 하급 행정관리로 일하면서 상관에 의탁하여 이곳저곳으로 옮겨 다니면서 살았다. 그런 중간에 늘 도교의 수련에 관심을 갖고 많은 서적을 탐구하였지만 참된 스승을 만나지 못해 올바른 깨달음을 얻지 못하고 있다가, 그 자신이 「서」와 「후서」에서 밝히고 있는 바와 같이 80이 훨씬 넘은 나이인 기유년(1069)에 이르러서야 성도에서 이인을 만나 단법을 전수받게 된다. 앞에서 살펴본 것처럼, 그에게 단법을 전한 인물에 대해 그 자신은 분명한 기록을 남기지 않았고, 다른 사람들의 기록들에서는 유해섬이라고 하고 있지만 확실한 증거를 찾을 수는 없다.

다만, 그가 『오진편』에서 그의 스승이 누구인지를 짐작하게 해줄 수 있는 시 1수를 칠언절구에 남기고 있을 뿐이다.

> 꿈에서 서악 화산을 뵙고 구천에 이르니,
> 진인께서 나에게 지현편을 전수하셨네.
> 그 내용은 간단하고 쉬워 많은 말 없고,

---

159 張振國, 『悟眞篇導讀』, 앞의 책, 185-218쪽 참조.

단지 사람에게 연홍의 수련을 가르치네.¹⁶⁰

이 시의 첫 구절은, 꿈에서 서악 화산을 만나 뵙고 함께 구천에 이르니, 그 진인께서 자기에게 『지현편』이란 책을 전수해 주었다는 것이다. 이 구절에서의 요점은 서악 화산과 『지현편』이 무엇을 지칭하느냐는 것이다. 이원국은 송의 위료옹魏了翁이나 청의 모기령毛奇齡이 '화산진도남처사'나 '화산도사진단'이라는 표현을 사용하면서, 화산을 진단의 별칭으로 쓰고 있음을 보여주고 있다.¹⁶¹

진단(871-989)은 누구인가? 그의 생애는 118년이나 살았던 세월만큼이나 다양한 모습을 가지고 있으면서, 중국 송대宋代의 학술계에 가장 큰 영향력을 남긴 인물이라고 할 수 있다. 그의 생애와 사상체계를 『중화도교대사전』¹⁶²과 이원국의 연구¹⁶³를 종합하여 간단히 정리하면 다음과 같다.

그의 자는 도남이며, 호는 부요자이고, 사호는 희이선생이다. 출신 성분은 미천하였으나, 젊어서 온갖 종류의 책을 읽어 불교 의약 천문 지리 등에 통하지 않은 것이 없었고, 특히 시에 뛰어난 재주를 보였다. 벼슬에 뜻을 두었으나 세상이 어지러워 이루지 못하고, 무당산에 은거하여 20여 년간 태식 복기 벽곡술 도인술 및 내단의 연양술을 익혔다. 중간에 사천의 천경관에 머물면서 수련한 바가 더욱 높아졌고, 다시 후주

---

160 『오진편』, 칠언절구 제11수: '夢謁西華到九天 眞人授我指玄篇. 其中簡易無多語 只是教人煉汞鉛.'
161 김낙필 외 역, 『내단』 1, 앞의 책, 698-700쪽 참조.
162 胡孚琛 主編, 『中華道敎大辭典』, 앞의 책, 112쪽 참조.
163 김낙필 외 역, 『내단』 1, 앞의 책, 638-705쪽의 「제8절 陳摶 無極圖의 丹法 및 그 영향」 참조.

의 세종이 불러 간의대부諫議大夫에 임명하였으나 끝내 사양하고 화산에 들어가 운대관에 거주하였다. 태종이 태평흥국 9년(984)에 불러서 극진히 예우하여 희이선생이라는 호를 하사하고, 거처하던 화산의 운대관을 중수하도록 하였다. 그는 도교의 하창일을 스승으로 모셨으며, 불교의 마의도자에게서 역학의 은밀한 핵심을 전해 받았다. 마의도자로부터 「정역심법」「하도」「낙서」및 「선천도」를 이어받아, 유불도의 삼교사상을 융합한 사상체계를 만들었다. 그는 또 여동빈과 담초 등과는 방외우를 맺었으며, 장무몽과 유해섬 등의 제자를 두었다. 「무극도」를 그려 주돈이의 「태극도설」의 기초를 제공하였고, 「선천도」는 소옹에게 전해져 상수역학의 체계로 거듭났으며, 도교 내단이론의 기초를 구성하여 '연정화기' '연기화신' '연신환허'의 내단체계를 확립하였다. 저서로는 『구실지현편』『역용도』『적송자팔계록』『구담집』『음진군환단가주』『인륜풍감』 등을 비롯한 10여 종이 있고, 그에 대한 기록은 『송사』의 「진단전」과 『속자치통감』『태화희이지』등 정사와 그 외 사서에 보인다고 하였다.

위의 내용에서 이 글의 주제와 관련되는 중요한 점을 몇 가지 지적해보면, 첫째로 진단은 학문의 폭이 대단히 넓었으며, 특히 시詩에 뛰어난 재주를 보여 당시에 명망이 높았다는 것을 알 수 있다. 둘째로 그는 도교의 정통 교단에 몸을 담아 무당산에서 오랫동안 도교의 다양한 수련법을 익혔고, 사천四川의 천경관과 화산의 운대관에서도 오래 거주하였다는 사실이다. 셋째는 그가 도교와 불교 양쪽의 스승으로부터 가르침을 받았는데, 특히 불교의 마의도자로부터 역學의 심오한 핵심을 전수받았다는 특이한 사실이다. 넷째는 그가 여동빈을 벗으로 사귀었고, 유해섬을 제자로 두었다는 점이다. 다섯째는 그가 다시 전한 역학이 한편으로는 주돈이를 통하여 성리학적 우주론의 핵심인 「태극도설」로 나타났고, 다른 한편으로는 소옹에게 전해진 선천역학이 상수역학으로 나타났다는 점이다. 그리고 그는 내단이론의 체계를 확립하여 많은 저술을 남겼는데, 그 중에서 중요한 것이 『구실지현편』이며, 이것은 81장으로 구성되어 있었다는 사실이다.

이제 위에서 인용한 『오진편』의 시가 의미하는 바를 알 수 있게 되었다. 그것은 '꿈에서 진단을 만나 천궁으로 함께 가니, 진단 진인께서 『지현편』을 전수해 주셨네. 그 내용은 간단하게 시의 형태로 되어 있으면서, 단지 사람들에게 내단을 수련할 것을 가르치고 있네.'로 풀어서 쓸 수 있다.

문제는 장백단이 진단을 '꿈에서 만났다'는 것이다. 역사적 사실의 관점에서 본다면, 장백단이 진단에게서 직접 가르침을 받을 수는 없다. 장백단이 두 살이거나 다섯 살 때 진단이 죽었기 때문이다. 그렇다면 그가 진단의 『지현편』에 대한 가르침을 받았을 가능성은 두 가지로 볼 수 있다. 하나는, 그야말로 말 그대로 그가 『지현편』을 구하여 연구하던 중에, 꿈에 진단이 나타나 그 참뜻을 알려주었다고 가정하는 것이다. 다른 하나는, 진단의 제자 중 누군가가 장백단을 만나 『지현편』을 전해 주면서, 그 뜻을 자세히 풀어주었다고 볼 수 있는 경우이다.

이 문제에 관한 대부분의 도교서적들은 두 번째의 경우를 가정하고 있는 듯하다. 『역세진선체도통감』을 비롯한 저술들에서는, 진단의 제자인 유해섬이 장백단에게 단법을 전했다는 것을 정설인 것처럼 받아들이고 있기 때문이다. 그러나 아직까지 유해섬이 진단의 제자라는 사실을 명백하게 뒷받침해주는 증거는 없다. 앞에서도 지적했듯이 유해섬은 북종北宗에 속하는 인물이고, 장백단은 남종의 개조로 추앙받는 인물로, 서로 그 단법에 차이가 있다고 할 수 있으므로 유해섬을 통해서 진단의 단법을 계승했다는 사실은 여전히 의문이 남는다.

한편, 『역세진선체도통감』의 「장용성」 항 앞에 있는 「유현영」 항에

보면, '유현영은 자가 종성宗成이고, 호가 해섬자海蟾子이다. 처음 이름은 조操이고, 자는 소원昭遠이었는데, 득도 후에 바꾸어 칭했다. … 후에 여동빈을 만나 금단의 비결을 얻었고, 이로부터 종남산과 태산泰山과 화산 사이를 왕래했다. 다시 장무몽과 충방 등과 함께 진희이 선생을 방문하여 방외우를 맺었다.'[164]고 되어 있다. 그 또한 시문에 능했던 것으로 알려져 있으며 『환금편』 『환단파미가』 『황제음부경집해』 등의 저술을 남겼고, 전진교의 북종 5조의 한 사람으로 꼽히고 있다.

만약에 이와 같은 일반적인 견해를 받아들인다면, 장백단의 단법 계보는 너무나 쉽고 명백하게 판명된다고 할 수 있다. 즉 종리권에서 여동빈으로 이어지는 내단수련법에, 여동빈과 종유한 진단의 내단법까지 더하여, 여동빈과 진단 두 사람의 제자라고 할 수 있는 유해섬을 거쳐 장백단에게 전해진 내단수련법이 완전히 정립되었다는 주장이 되기 때문이다. 더구나 진단과 유해섬은 화산과 깊은 인연을 가지고 있었던 것을 기록에서 확인할 수도 있다. 그렇다면 장백단의 단법은 당연히 금상첨화의 가장 완전한 모습을 갖춘 것이 될 것이다. 또 장백단이 유해섬으로부터 직접 단법을 전수받지 못했다고 하더라도, 그들의 저술 모두를 수십 년간 깊이 연구하여 하나의 완전한 체계로 정립했다고도 할 수 있다. 그러나 명백한 증거가 없는 이러한 주장은 단지 하나의 가정일 뿐이다. 분명하게 밝혀지기 전까지 사실과 가정은 엄격히 구분되어야 한다.

장백단이 직접 시詩에서 쓴 표현은 '꿈에서 서악의 화산 진인을 만나'라고 하였고, 『오진편』의 「서」에서는 '성도에서 이인을 만나 단법을 전

---

164 조도일, 『역세진선체도통감』 권49, 「劉玄英」: '劉玄英 字宗成號海蟾子. 初名操字昭遠 後得道改稱焉. …後遇呂洞賓 得金丹之秘旨 自此往來終南泰華間 復結張無夢种放 訪陳希夷先生爲方外友.'

수받았다'고 하였고, 책을 마친후에게 주면서는 '평생의 공부한 바가 모두 이 책에 있다'고 하였으니, 이 말을 표현 그대로 받아들이고자 하여도 조리가 맞지 않는다. '성도에서 이인을 만난 것이 꿈에서'라고 했다면 아무런 문제가 없다. 그러나 이인을 만난 것과 꿈에서 진단을 만난 것이 상충되는 것이 아니라고 할 수 있어도, 그 자신이 이중적인 표현을 사용하고 있으므로 문제가 된다고 하겠다.

그렇다고 하여도 그의 단법이 진단의 내단법을 계승하고 있다는 점은 분명하다고 보인다. 무엇보다도 그가 꿈이건 현실이건 간에 진단의 『지현편』을 통해서 참된 길을 깨우치게 되었다는 사실이 분명해졌기 때문이다. 진단의 『지현편』은 현재 원본이 전하지 않는다. 다만, 원대의 유염이 쓴 『주역참동계발휘』 9권[165] 중에 '노자도덕경운' '진니환취허편운' '장자양오진편운' '설자현복명편운' 등과 같이 '진희이지현편운'이라고 칭하면서 인용하고 있는 내용들을 다소 볼 수 있다. 그리고 이 『지현편』은 아마도 많은 부분이 시의 형태로 되어 있었던 것으로 확인된다. 『주역참동계발휘』에서 인용하고 있는 부분들 중 칠언시의 형태를 가지고 있는 것이 많기 때문이다.[166] 이것은 『오진편』의 내편이 모두 시의 형태로 되어 있다는 점과 밀접한 연관이 있다고 할 수 있겠다.

한 걸음 더 나아가면, 『지현편』이 81장으로 되어 있다고 했는데, 이것은 『오진편』의 내편이 81수의 시로 구성되어 있다는 점과 상통한다. 이것이 단지 우연의 일치라고 할 수 있을까? 우리는 노자의 『도덕경』이 81장으로 되어 있음을 안다. 먼저 진단이 그의 『지현편』을 『도덕경』의 형

---

165 俞琰, 『周易參同契發揮』, 《道藏》 제34책에 수록되어 있다.
166 예를 들면, 처음으로 인용하고 있는 문장이 '遶無蹤迹歸玄武, 潛有機關結聖胎.'인 것을 비롯하여 '必知會合東西路, 切在冲和上下田.' 등 다수의 문장이 칠언시의 형태를 가지고 있다.

식을 본떠 의도적으로 81장으로 구성하였고, 이어 장백단도 진단의 의도를 파악하고서 『오진편』을 81수의 시로 구성한 것이라고 한다면 무리일까? 무리라고 한다면, 왜 장백단은 81수의 시로 『오진편』을 완성한 후에 다시 성공性功의 수련법을 위하여 32수의 가송시곡잡언을 추가한 것일까? 『오진편』을 처음부터 평이한 산문으로 구성할 수는 없었을까? 그가 전수받은 명공의 수련법을 81수의 시로 표현하고, 그 자신이 새롭게 발전시킨 성공의 수련법을 추가로 첨부한 것은, 계승한 바탕 위에 창조를 표현하려는 의도가 있었다고 할 수는 없을까?

장백단 내단사상의 전승

한편, 만년에 이르러서야 올바른 단법을 전수받은 장백단이 몇 차례에 걸쳐 제자에게의 전수에 실패하고, 드디어 석태石泰에게 그것을 전한 사연은 앞에서 언급하였다. 물론 이 이야기도 그 당시 장백단의 나이를 고려한다면 믿기 어려운 내용이라고 하겠다. 더구나 장백단 자신은 이렇게 도를 전한 경위에 대한 언급을 직접 남기지 않았다. 장백단 이후 이른바 도교의 남종 청수파淸修派의 전도계보를 잠시 살펴보자. 장백단 이후 남종의 계보는 여러 파가 있는 것으로 알려져 있지만, 그 전승계보가 분명한 것은 청수파만한 것이 없고, 장백단 내단이론의 정통성은 여기서 찾을 수 있다고 할 수 있기 때문이다.[167]

『역세진선체도통감』을 중심으로 살펴보면, 남종 청수파의 제2조인 「석태」 항에 '수명이 137세였다. 송나라 고종 소흥 28년 8월 15일에 시해

---

167 김낙필 외 역, 『내단』 2, 앞의 책, 35-57쪽 참조.

하였다.'168고 되어 있다. 이 해는 1158년에 해당되므로, 석태의 출생연도는 1022년이 된다. 그리고 앞에서 살펴본 것처럼, 장백단이 석태에게 단법을 전할 수 있는 기간은 그의 나이 95세 전후인 1079년부터 1082년 사이이므로 석태의 나이 57세 이후 61세까지의 기간에 해당된다.

청수파의 제3조인 설도광薛道光은 이름이 식式 또는 도원道源이며, 자는 태원太原인데, 일찍이 승려가 되어 법호를 자현紫賢이라 하고, 또 다른 호는 비릉선사毗陵禪師라고 하였다. 그가 단법을 전수받은 경위는 다음과 같이 기록되어 있다.

> 송나라 휘종 5년 병술년(1106) 겨울에 미현의 청진에 우거하면서 절에서 강론을 들었다. 때마침 봉상부 부풍현 행림역에서 도사 석태를 만났는데, 자는 득지이고 나이는 85세였다. 머리카락은 녹색이고 붉은 얼굴에 형상이 비범하였는데, 밤에는 새끼를 꼬았다. 자현이 그 때문에 마음으로 기이하게 생각하였다. 자현이 우연히 장평숙張平叔의 시곡을 읊으니, 석태가 놀라며 말하기를 "이 사람을 아는가? 나의 스승이다."하고서, 자양이 도를 전한 유래를 갖추어 말하였다. 자현이 이에 머리를 숙여 귀의하고는 인하여 수업받기를 청하여, 환단전수구결진요를 마침내 배웠다. … 자현의 도가 이루어지니, 수명은 114세로 광종 소희 2년(1191) 9월 초9일에 시해하였다.169

---

168 조도일, 『역세진선제도통감』 권49, 「石泰」: '壽一百三十七 於宋高宗紹興二十八年八月十五日尸解.'
169 위와 같음, 「薛道光」: '宋徽宗崇寧五年丙戌冬 寓郿縣之青鎭 聽講佛寺. 適遇鳳翔府扶風縣杏林驛道人石泰. 字得之年八十五矣. 髮綠朱顔神宇非凡 夜事縫紉 紫賢心因異之. 偶擧張平叔詩曲 石泰矍然曰 識斯人乎! 吾師也 備言紫陽傳道之由. 紫賢乃稽首歸依 請因受業 卒學遼丹傳受口訣眞要. …紫賢道成 壽一百一十四歲 於光宗紹熙二年九月初九日尸解.'

석태와 설도광이 만난 해는 1106년이고, 그때 석태의 나이는 85세였으며, 설도광은 114세를 살고서 1191년에 세상을 떠났다고 하였다. 그렇다면 그들이 만났을 때, 설도광의 나이는 29세가 된다.

제4조는 진남陳楠인데, 자는 남목南木이며, 호는 취허翠虛이다. 그에 관해서는 다음과 같이 기록하고 있다.

> 태을도규금단법결太乙刀圭金丹法訣을 비릉선사毗陵禪師에게서 얻었고, 경소대뢰랑서景霄大雷琅書를 여로산黎姥山 신인에게서 얻었다. 매양 사람들이 부수符水를 구하면 취허는 흙에 비벼 붙여주었는데, 병이 많이 나았다. 그런 까닭에 사람들이 그를 진니환陳泥丸이라고 불렀다. 송나라 휘종 정화(1111-1118) 중에 제거도록원사提擧道錄院事에 발탁되었다가, 후에 나부산羅浮山으로 돌아가 도법을 세상에 행했다. … 나부취허음羅浮翠虛吟을 지어서 단법을 경산瓊山 백옥섬白玉蟾에게 전수하였다. 그가 출입함에 옥섬이 항상 좌우에서 모셨다. 취허는 영종 가정 6년 (1213)에 … 장주 양산에 있었는데, 취허가 하나의 낡은 통과 더불어 마개를 뽑고 물에 들어가 서거하였다.[170]

진남에 이르러 남종의 단법이 변화를 보이기 시작한다. 그는 장백단으로부터 이어지는 내단수련법을 비릉선사 설도광에게서 전수받고, 또 뇌법雷法[171]을 다른 경로를 통해서 전수받고 있다. 또한 그는 세속에서 단

---

170 조도일, 『역세진선제도통감』 권49, 「陳楠」: '得太乙刀圭金丹法訣於毗陵禪師 得景霄大雷琅書於黎姥山神人. 每人求符水 翠虛捻土付之 病多趣愈 故人呼之爲陳泥丸. 宋徽宗政和中 擢提擧道錄院事 後歸羅浮山 以道法行於世 …作羅浮翠虛吟 以丹法授瓊山白玉蟾. 其出入 玉蟾常侍左右. 翠虛於英宗嘉定六年 …在漳州梁山 翠虛與一箍桶老子 揢角入水而逝.'
171 雷法이란 도교의 方術 중 하나로 五雷正法이라고도 한다. 이는 내단파의 발전과정에

법을 행하던 전통에서 벗어나 조정에서 교단과 관련한 벼슬을 하였고, 그 뒤에는 산으로 들어가 교단의 형태를 갖춘 것으로 보인다. 이것은 매우 중요한 변화로, 장백단의 단법이 교단의 조직을 갖추어 청수파로서의 모습을 드러내는 과정이라고 하겠다. 그는 1213년에 장주 양산에서 나무통과 함께 물에 들어가 서거한 것으로 되어 있는데, 이를 두고 그의 제자 백옥섬은 시해의 방법 중 하나인 수해水解라고 하였다. 진남이 태어난 해는 알려지지 않고 있지만, 그의 스승인 설도광이 1191년에 세상을 떠났다고 했으므로 그가 1213년에 세상을 떠났다면, 그 기간의 차이는 불과 12년이다.

그의 나이가 얼마였는지는 알 수 없지만, 특별히 나이에 대한 기록을 남기지 않고 있는 점으로 보아 크게 장수하지는 않았을 가능성이 높다는 점, 그리고 그가 시해에 즈음하여 다른 스승들처럼 시해송을 남기지 않았다는 점, 또한 굳이 물에 들어가 시해하고 있다는 점은 분명히 그 이전의 전통과는 다르다고 할 수 있다. 이것은 오히려 전진교 북종의 선성후명의 수련법에 의한 전통과 유사한 면이 많은 것으로 보이며, 선불교와의 융합에서 벗어나 도교 본연의 정체성을 회복하려는 움직임으로 볼 수도 있겠다.

진남으로부터 단법을 전수받아 남종의 제5조가 된 인물은 백옥섬이다. 그의 자는 여해如晦를 비롯하여 셋이며, 호는 해경자海瓊子를 위시해서 다섯 가지이다. 『중화도교대사전』 및 『역세진선체도통감』을 비롯한 많은 책에서는 그의 생년을 1194년으로 확정하면서, 어려서부터 영특하

서 나타난 것으로 내단을 수련하여 五行을 모아 五雷를 만들고, 이를 바탕으로 부적과 주문 등으로 五方雷將을 마음대로 부려서 귀신과 재앙을 물리치며 비와 구름을 부른다는 것으로 이후의 도교 역사에서 중요한 역할을 하였다.

여 12세에 동자과童子科에 급제하였으나 자라서 의협심으로 살인을 저지르고 도망가, 도사가 되어 9년 동안 진남陳楠을 스승으로 모시고서 그 도법을 모두 얻었다고 기록하고 있다. 그의 이러한 행적에 대해서 이원국은 다양한 저서들에서 필요한 내용을 인용하여 고증하였다.[172] 그런데 문제는, 그 연대가 잘 맞지 않는다는 것이다.

앞에서 살핀 것처럼 진남은 1213년에 시해하였고, 이원국의 고증에 따르면 그 1년 전인 1212년에 백옥섬이 단법을 전수받은 것으로 되어 있으니, 당시 그의 나이는 18세에 불과한 셈이 된다. 12세에 동자과에 급제하고 난 후에 성장하여 살인을 저질렀고, 그때부터 사방으로 도망 다니다가 진남을 만나 9년 동안 스승으로 섬겼다면, 이와 같은 계산은 분명히 잘못된 것이라고 해야 한다. 또한 그가 21세부터 제자들을 가르치기 시작하였고, 24세 때에 구궁산九宮山 서경관瑞慶宮에서 국초國醮를 행했다고 하는 것도 믿기 힘든 이야기로 보인다. 또한 그가 죽은 해는 일반적으로 35세 때인 1229년으로 되어 있지만, 또 다른 기록들에서는 그가 90세까지 살았다는 사실을 입증할만한 것들이 있는 점도 의문을 더하는 요인이 된다. 그가 죽은 시기는 접어두고라도, 그가 태어난 해는 적어도 10년 이상 앞으로 당겨져야 이야기의 연대가 최소한의 합리성을 가질 수 있다.

앞에서 인용한 「사장자양서」에서 검토한 것처럼, 이 글이 그가 직접 쓴 것이라면 그는 황당한 이야기를 스스로 하고 있는 셈인데, 이것은 그가 교단을 조직하는 중에 자신의 권위를 높이고자 하는 의도에서 비롯된 내용일 수도 있겠다. 그는 몇 군데의 도관에서 재초齋醮를 직접 주관한 것으로 되어 있으니 분명 교단의 조직에 속한 인물이라고 할 수 있다.

---

172 김낙필 외 역, 『내단』 2, 앞의 책, 43-49쪽 참조.

순수한 속세의 내단수련법이 진남으로부터 변질되기 시작하여 백옥섬에 이르러서는 직접 도관에서 재초를 행하는 교단조직의 도교로 탈바꿈하고 있는 셈이다. 이 와중에서 장백단의 권위는 실로 교단을 장악하는 데 결정적인 힘이 될 수 있었을 것으로 짐작할 수 있다. 그래서 그는 '스승이신 니환 선생 취허진인께서는 조사 비릉화상 설도광의 문하에서 나오셨고, 비릉께서는 한 길로 조사 행림선생 석태가 전한 바이다. 석태께서는 자양조사의 도를 이어 받으셔서 오늘날 한 갈래의 전함이다.'[173]라고 자신의 계보를 자랑하고 있는 것으로 보인다.

실제로 도교 연구자들은 백옥섬을 실질적인 남종 교단의 창시자로 인정함에 이견이 없는데, 이는 그 자신이 다른 사람의 권위를 빌려 스스로의 지위를 그렇게 만든 데서 기인한다고 할 수 있다. 뒤에서 살피겠지만, 이와 같이 교단 도교로 변모한 내단수련법은 엄밀한 의미에서 본다면 장백단의 본래적인 교법과는 이미 한참 멀어진 것이라고 해야 옳을 것이다.

장백단 내단사상의 체계와 의미

진단 이래의 내단이론의 체계를 완전히 정립한 장백단에게 있어서 내단수련이란 어떤 의미를 가지고 있는 것일까? 그는 내단수련의 중요성과 수련의 원론에 해당하는 내용을 담고 있는 『오진편』 칠언율시 16수

173　白玉蟾,「謝紫陽眞人書」,『修眞十書』권6: '先師泥丸先生翠虛眞人 出於祖師毗陵和尙薛君之門 而毗陵一線實自祖師杏林先生石君所傳也. 石君承襲紫陽祖師之道 以今日單傳.'

중 제2수에서 '인생은 비록 백 년을 기약할 수 있지만, 장수하고 요절하며 궁핍하고 형통하는 것은 누구도 미리 알지 못하네. … 대약을 구하지 아니하고 어찌 만날 수 있으며, 만나고도 수련하지 않으면 더더욱 바보라네.'[174] 라고 하여, 자신의 운명을 스스로 개척하기 위해서는 반드시 수련의 방법을 구해서 열심히 수련해야 한다는 것을 전제로 삼는다. 그러면서 그는 당시의 도교 수련방법을 두 가지의 갈래로 파악하였다.

> 지금 사람들은 도교가 명을 닦음을 숭상하는 것이라고 하면서도 명을 닦는 방법을 모른다. 그 이치는 두 갈래이니, 쉽게 만날 수 있으면서 이루기 어려운 것도 있고, 만나기는 어렵지만 이루기는 쉬운 것도 있다.[175]

한 마디로 도교의 수련방법은 크게 두 가지가 있는데, 둘 다 매우 어렵다는 것이다. 그 이유는 쉽게 만날 수 있는 것은 이루기가 어렵고, 이루기가 쉬운 것은 만나기가 어렵다는 것이다. 먼저 쉽게 만날 수는 있지만 이루기 어려운 방법을 그는 다음과 같이 말한다.

> 예를 들어, 오장의 진기[176]를 연마하고, 칠요七曜의 빛을 복식하며, 생각을 모아서 안마하고, 맑은 기운을 들여 마시고 탁한 기운을 내어 뱉

---

174 『오진편』, 칠언율시 제2수: '人生雖有百年期 壽夭窮通莫預知. …大藥不求爭得遇 遇之不煉更愚痴.'
175 『오진편』, 「서」: '且今人以道門尙于修命 而不知修命之法. 理出兩端 有易遇而難成者 有難遇而易成者.'
176 원문에는 '五芽之氣'로 되어 있는데, 이는 五臟의 眞氣와 五行의 生氣 등으로 풀이할 수 있지만, 여기서는 앞의 경우로 풀이하였다.

으며, 경전을 암송하고 주문을 지니며, 물을 뿜으며 부적으로 내쫓고, 이빨을 부딪치며 정신을 모으고, 아내를 멀리하고 곡식을 끊고, 정신을 집중하고 호흡을 막고, 미간에 생각을 운용하고, 보뇌환정하며, 방중술을 익히는 것으로부터 금석초목을 연단하여 먹는 것들에 이르기까지는 모두 만나기는 쉬우나 이루기는 어려운 것이다. 이상의 여러 방법은 수신의 방법에서는 대부분 쓸모가 없는 까닭에, 비록 힘은 많이 들이지만 효과를 구하면 징험할 수 없다.[177]

위의 인용문을 보면, 그는 기존의 도교수련법을 거의 부정하고 있다는 것을 알 수 있다. 세간에서 흔히 도교의 수련법이라고 하고 있는 많은 방법들이 실제로는 대부분이 쓸데없는 것들이라고 비판하고 있다. 다만 그는 위의 글 뒤에서, 폐식 한 가지 방법만은 불교의 좌선과 유사하여 잘 수행하면 입정출신 할 수 있다고 하였다.
이것을 다시 칠언율시 제8수에서는 다음과 같이 표현하고 있다.

삼황三黃과 사신四神으로 수련하지 말지니,
온갖 초목에서 찾는 것은 거듭 올바르지 않다네.
음양이 짝을 만나 바야흐로 교감하니,
두 가지가 조화하여 스스로 합하여 친하네.[178]

---

177 위와 같음: '如煉五芽之氣 服七曜之光 注想按摩 納淸吐濁 念經持呪 噀水叱符 叩齒集神 休妻絶粒 存神閉息 運眉宇之思 補腦還精 習房中之術 以至服煉金石草木之類 皆易遇而難成者. 以上諸法 于修身之道 率多滅裂 故施力雖多而求效莫驗'
178 『오진편』, 칠언율시 제8수: '休煉三黃及四神 若尋衆草更非眞. 陰陽得類方交感 二八相當自合親.'

삼황三黃은 웅황雄黃과 자황雌黃 그리고 유황硫黃을 말하고, 사신四神은 주사朱砂와 수은水銀과 연鉛과 초硝를 지칭하는 것으로 모두 외단수련법에서 약물로 사용하던 유형의 물질들이다. 그는 외단에서 사용하던 광물질이나 진귀한 초목과 같은 약물들이 모두 참된 수련에는 도움이 되지 않는 것이라고 단언하고 있다. 그리고 그는 음양의 교감을 수련의 방법으로 하여야만 참된 수련을 이룰 수 있다고 하고 있는 것이다. 이제 그는 '그대에게 권하노니 이 몸에서 궁구하여 취할 것이니, 반본환원이 바로 약물의 왕이라네.'[179] 라고 하면서, 외단을 버리고 완전한 내단으로의 전환을 선언하고 있다.

이것이 바로 '만나기는 어렵고 이루기는 쉬운 방법'이다. 그는 이 방법을 다음과 같이 구체적으로 설명한다.

> 금액을 연마하여 단으로 돌이키는 것은 만나기는 어렵지만 이루기는 쉽다. 그 요점은 모름지기 음양을 밝게 깨닫고 조화에 깊이 통달하여 바야흐로 능히 황도에서 이기二氣를 따를 수 있고, 원궁元宮에 삼성三性을 모으고, 오행을 모으고, 사상을 화합시킨다. 용과 호랑이가 상응하고 부창부수하여 옥정이 끓어오르고 금로가 활활 타오르면 비로소 현주玄珠가 모습을 드러내고 태을太乙이 진으로 돌아가니, 마침내 잠깐 동안의 공부가 무궁한 즐거움을 영구히 보존하게 한다.[180]

여기서 말하는 황도黃道란 인체에서 약물이 운행하는 길 중의 하나

---

179 『오진편』, 칠언율시 제9수: '勸君窮取生身處 返本還元是藥王.'
180 『오진편』, 「서」: '夫煉金液還丹者 則難遇而易成. 要須洞曉陰陽 深達造化 方能追二氣于黃道 會三性于元宮 攢簇五行 和合四象. 龍吟虎嘯 夫唱婦隨 玉鼎湯煎 金爐火熾 始得玄珠成象 太乙歸眞 都來片餉工夫 永保無窮逸樂.'

로 회음부會陰部에서 니환泥丸으로 바로 연결되는 길을 말하고, 이기二氣란 음양을 말하며, 원궁元宮은 중단전을 가리키고, 삼성三性은 원정·원기·원신을 말하고, 옥정玉鼎은 기혈인 하단전을 가리키며, 금로는 신장을 지칭하고, 현주는 무형의 신기가 응결하여 이루어진 현단을 가리키는 내단의 용어들이다. 이것을 풀어서 말해보면, 음양의 두 기를 화후로 잘 조절하고, 중단전에서는 삼성과 오행과 사상을 잘 모아서 배열하고, 신장에서 채취한 원정의 약물을 음양으로 잘 배합하여 하단전에서 응결시키면 마침내 단이 이루어지고 궁극에는 반본환원하게 되어 영원한 생명을 얻는다는 것이라고 할 수 있겠다. 비록 그가 외단의 용어들을 차용하여 자신의 내단법을 설명하고 있기는 하지만, 이것이 그가 주장하는 금단에 의한 내단수련의 기본 공식이라고 할 수 있다.

그러나 그것이 '만나기 어렵다'는 것은 실제로 어디서부터 어떻게 시작해야 하는지를 알 수 없기 때문이다. 당시의 많은 사람들이 도교의 수련을 말하면서도 그 실질을 아는 사람은 열에 한두 명도 없었다는 것이 장백단의 고백이었다.

> 지금 배우는 사람들은 연홍을 취하여 이기로 삼고, 장부를 가리켜 오행으로 삼으며, 심신心腎을 나누어 감리坎離로 여긴다. 간폐肝肺를 용호龍虎로 삼고, 신기神炁를 사용하여 자모子母로 삼으며, 진액을 집어다 연홍鉛汞으로 삼아 부침浮沈도 모르면서 마음대로 주객을 나누니, 어찌 다른 사람의 재물을 자기 것으로 알고 타성의 아이를 불러 자기의 아이라고 하는 것과 다르겠는가? 또 어찌 금과 목이 상극하는 깊은 뜻과 음양이 서로 작용하는 오묘함을 알겠는가? 이것은 모두 해와 달이 길을 잃고 연홍을 다른 화로에 넣은 것이니, 환단을 맺고자 하여도 또

한 어렵지 않겠는가?[181]

음양의 작용과 오행의 상극 원리를 제대로 알아야 올바른 내단수련이 가능한데, 당시의 사람들은 전혀 이러한 원리를 모르고 있다는 지적이다. 그는 이러한 폐단의 실상을 보다 구체적으로 언급하고 있다.

> 모두가 일혼日魂과 월백月魄, 경호庚虎와 갑룡甲龍, 수은水銀과 주사朱砂, 백금白金과 흑석黑錫, 감남坎男과 리녀離女는 능히 금액환단을 이룰 수 있다고 말하면서도, 끝내 참된 연홍이 무엇인지에 대해서는 말하지 않는다. 화후의 법도와 온양하여 돌아가는 곳도 언급하지 않는다. 게다가 후세의 미혹한 무리들은 마음대로 자기의 억설로 선대의 경전의 가르침에 망령되이 주석을 행하여 어그러지고 잘못됨이 만 가지 모양이 되었다. 그리하여 선경仙經을 문란하게 한 것만이 아니라 오히려 또 후학을 미혹시키고 잘못되게 하였다.[182]

많은 사람들이 모르면서 아는 것처럼 수련법에 대해서 온갖 말들을 늘어놓지만, 수련의 참된 재료와 법도 및 수련하여 마지막으로 귀착하는 바에 대해서는 말을 하지 못한다는 것이다. 그 폐해가 그런 정도에서 그친 것이 아니라, 더 나아가 선대에 만들어진 올바를 경전에 대해서조차도 엉터리 주석을 가하여 근본을 잘못되게 하고 후학의 공부조차 잘

---

181 위의 글: '今之學者 有取鉛汞爲二氣 指臟腑爲五行 分心腎爲坎離. 以肝肺爲龍虎 用神炁爲子母 執津液爲鉛汞 不識浮沈 寧分主客 何異認他財爲己物 呼別姓爲親兒. 又豈知金木相剋之幽微 陰陽互用之奧妙. 是皆日月失道 鉛汞異爐 欲結還丹 不亦難乎?'
182 위의 글: '皆云 日魂月魄 庚虎甲龍 水銀朱砂 白金黑錫 坎男離女 能成金液還丹 終不言眞鉛眞汞是何物色. 不說火候法度 溫養指歸. 加以後世迷徒 恣其臆說 將先經典敎 妄行箋注 乖訛萬狀. 不唯紊亂仙經 抑亦惑誤後世.'

못된 길로 인도하고 있는 지경이라고 하고 있다.

그는 『오진편』의 「후서」에서도 이와 같은 취지의 언급을 다시 하고 있다.

> 어찌하여 이 도는 지극히 오묘하고 지극히 미세하며, 세상 사람들의 근성은 미혹하고 둔하니, 그 육신을 붙들고 죽음을 싫어하면서 삶을 기뻐하는 까닭에 끝내 온전한 깨달음이 어렵다. 황제와 노자께서 사람의 탐욕을 불쌍히 여겨 이에 수신의 술수로써 욕망하는 바를 좇도록 하여 점차로 인도하셨다. 수신의 요체는 금단에 있고 금단의 요체는 신수와 화지에 있는 까닭에 도덕경과 음부경의 가르침이 세상에 성행하도록 하시니 사람들이 삶을 즐거워하였다. 그러나 그 말은 은미하고 이치는 오묘하니 학자들이 비록 그 문장은 읊조리지만 모두가 그 뜻을 밝히지는 못하였다. 만약에 지인의 구결을 전수받지 못하면 헤아리는 (책의) 양이 백 가지를 넘을지라도 마침내 능히 공을 드러내지 못하고 일을 이루지 못할 것이다. 그러니 어찌 배우는 자들의 수가 소털처럼 많지만 경지에 이른 자는 기린의 뿔과 같이 적지 아니할 것인가?[183]

사람들이 오래 살기를 바라면서도 바탕이 우둔하여 그 방법을 모르므로, 황제와 노자께서 『음부경』과 『도덕경』을 설하여 수신해서 장수

---

183 『오진편』, 「후서」: '奈何此道至妙至微 世人根性迷鈍 執其有身而惡死悅生 故卒難了悟. 黃老悲其貪著 乃以修身之術順其所欲 漸次導之. 以修身之要在金丹 金丹之要在神水華池 故道德陰符之敎 得以盛行于世矣 盖人悅其生也. 然其言隱而理奧 學者雖諷誦其文 皆莫曉其意 若不得至人授之口訣 縱揣量百種 終莫能著其功而成其事也. 豈非學者紛如牛毛 而達者乃如麟角也.'

하는 방법을 설하였다는 것이다. 그 방법은 금단인데, 말이 은미하여 그 뜻을 알기가 무척 어려우니 오직 지인의 구결을 전수받아야만 깨달음의 경지에 이를 수 있다고 하였다. 그래서 도를 배우는 자가 많기는 하지만 도를 얻는 자는 지극히 적을 수밖에 없는 것임을 강조한다. 분명한 것은 아무리 많은 책을 통해서 공부를 하여도 훌륭한 스승 즉 이미 도를 얻은 사람으로부터 직접 가르침을 받지 못하면 결코 성공할 수 없다는 점을 말하고 있다는 것이다.

이와 같은 내용을, 그는 다시 칠언절구 제27수에서 연홍의 채취와 화후의 방법을 모르면 '온전히 화후의 조절에 집중해야 하는데, 터럭만큼이라도 어그러지거나 중단하면 단을 이루지 못하네.'[184] 라고 노래하고 있다. 또 제28수에서는 다음과 같이 읊고 있다.

> 참동계와 논들과 경전과 노래들이 지극한 진리를 말하지만,
> 화후는 문장에 드러내지 않았네.
> 지인의 구결이 화후의 비결에 통함을 알아야만,
> 모름지기 신선과 더불어 자세히 논하네.[185]

내단수련에서 결정적으로 중요한 화후의 조절에 대해서는 어떤 경전이나 글들에서도 설명하지 않고 있으며, 그것은 오직 지인의 구결을 통해서만 전수되므로 신선을 만나지 않고서는 수련의 성공을 기약할 수 없다는 말이다. 바로 이런 의미에서, 여기에서는 장백단이 밝히고 있는

---

184 『오진편』, 칠언절구 제27수: '大都全借修持力 毫髮差殊不作丹.'
185 『오진편』, 칠언절구 제28수: '契論經歌講至眞 不將火候著于文. 要知口訣通玄處 須共神仙仔細論.'

내단수련의 구체적 방법에 대해서는 철저히 구명究明하지는 않을 것이다. 다만, 그 연단술의 기본적인 단계와 관점에 대해서만 선행 연구를 통하여 언급할 것이다.[186]

그렇다면 그가 말하고자 하는 내단수련이란 결국 무엇을 하고자 하는가? 외단을 배척하고 내단을 주장하는 장백단에게서 '내단'이란 어떤 의미인가?

> 환단을 연마하지 않았다면 산으로 가지는 말지니,
> 산 속의 안팎에는 모두가 진연真鉛이 아니라네.
> 이런 귀한 보배는 집집마다 있으나,
> 스스로 어리석은 사람들이 온전히 알지 못하네.[187]

내단은 사람마다 가지고 있는 귀한 보배라는 것이다. 칠언율시 제6수에서는 이것을 '사람마다 본래부터 장생약을 지녔으나, 스스로 어리석고 혼미하여 잘못 포기하도다.'[188] 라고 하고 있다.

'사람마다 본래부터 가지고 있는 장생약'이란 무엇을 말하는가? 이

---

[186] 장백단 내단수련법의 구체적 방법과 절차를 논구하는 것은 엄밀한 철학적 작업이 아닐뿐더러, 오늘날 그 방법으로 신선이 될 수 있다고 주장하는 것은 허황된 말로 이해되기 때문이다. 또한 장백단의 내단 방법론에 대한 연구는 이미 중국의 학자들인 孔令宏(앞의 책 참조), 李園國(앞의 책 참조), 張興發, 『道教內丹修煉』(北京: 宗教文化出版社, 2003.) 등에 의해서 충분히 밝혀졌다고 보인다. 또한 국내의 선행 연구인 이재봉, 「장백단의 내단 사상에 관한 연구」(『大同哲學』 제20집, 대동철학회, 2003.)과, 신진식(앞의 논문)의 연구는 중국학자들의 연구를 조금도 넘어서지 못하고 있는 수준으로 보이고, 오히려 그것들을 종합적으로 번역 정리한 것처럼 볼 수 있으므로, 더 이상 이 문제를 상론하는 것은 별로 의미가 없다고 판단하기 때문이기도 하다.
[187] 『오진편』, 칠언절구 제27수: '未煉還丹莫入山 山中內外盡非鉛. 此般至寶家家有 自是愚人識不全.'
[188] 『오진편』, 칠언율시 제6수: '人人本有長生藥 自是愚迷枉擺抛.'

에 대해 장백단은 구체적인 설명을 하고 있지는 않다. 그러나 『오진편』의 내용에 대한 제가의 주석들은, 그의 글 한 글자 한 구절들에서 이것을 드러내고 있다. 장백단 자신이 이를 가장 구체적으로 언급하고 있는 부분은 칠언율시 제11수라고 할 수 있다.

> 황아黃芽와 백설白雪은 찾기 어렵지 않으나,
> 여기에 이른 자는 모름지기 덕행이 깊어야 하네.
> 사상과 오행은 모두가 토에서 바탕하고,
> 삼원과 팔괘는 어찌 임수壬水에서 떨어지리.
> 수련하여 이룬 금단 남들은 알기 어렵고,
> 온갖 마귀 소멸하니 귀신도 침범 못하네.
> 사람들을 위하여 비결을 남기지만,
> 이것이 진리인 줄 아는 사람 하나도 없네.[189]

여러 주석서에 의하면, 여기서 말하는 황아黃芽는 연鉛을 가리키고 백설白雪은 홍汞을 지칭하며, 사상四象은 금목수화金木水火를 말하고 오행은 여기에 토土를 더한 것을 가리키며, 삼원은 원정과 원기 그리고 원신을 말하고, 팔괘는 주역의 팔괘가 상징하는 바를 말하고 있는 것이며, 임수란 신수腎水를 말하는 것이라고 한다. 즉 황아와 백설은 선천일기를 말하는 것이고, 사상은 목생화와 금생수의 화후를 가리키니, 선천의 일기가 사상의 화후를 통해 중앙의 토에서 금단을 형성한다는 뜻을 나타내고 있다. 또 임수란 신수를 말하는 것으로, 수련의 단계에서 처음 신

---

189 『오진편』, 칠언율시 제11수: '黃芽白雪不難尋 達者須憑德行深. 四象五行全藉土 三元八卦豈離壬. 煉成靈質人難識 消盡陰魔鬼莫侵. 欲向人間留秘訣 未逢一個是知音.

장에서 채취하는 약물인 원정을 가리킨다. '연정화기' '연기화신' '연신환 허'를 기본적인 수련의 방법으로 제시하는 내단수련법에서 가장 중요한 단계의 수련이라고 할 수 있는 것이다. 그러므로 삼원은 자연히 임수에서 떨어질 수 없는 것이다. 팔괘란 선천일기인 원기가 변하여 이루는 만물의 통칭이라고 볼 수 있으면서, 사람으로 치면 부 모 장남 장녀 중남 중녀 소남 소녀에 해당되므로 모든 사람을 말하고, 형체를 가진 만물은 선천일기의 변화에 의해 생겨난 것이 아님이 없으니 또한 임수와 별개의 존재일 수가 없다는 것이다. 그러므로 그가 말하는 '사람마다 가지고 있는 장생약'이란 수련에 필요한 근본 약물인 선천일기는 사람의 신장에서 채취하는 원정을 말한다. 그리고 더 나아가서는, 이것을 연마하여 단을 만드는데 필요한 사상의 화후와 단을 연마하는 장소인 토 즉 단전이 사람 몸에 모두 갖추어져 있다는 뜻까지도 포함하고 있는 것이다.

그러나 그가 여기서 언급하고 있는 중요한 점이 한 가지 더 있으니 바로 덕행이다. 덕행이 깊은 사람만이 선천일기를 찾아서 채취할 수 있으며, 그런 사람은 명리를 초월하여 어떤 유혹에도 현혹되지 않고 다른 사람들을 위하여 그 진리를 전하지만 어리석은 사람들은 그것을 알지 못한다고 하고 있다. 이런 내용을 그는 칠언절구 제56수에서 다시 강조하고 있다.

> 내단을 수련함에 쉬움과 어려움도 있고,
> 또한 나와 하늘로부터 비롯됨을 알아야 하네.
> 만약 음덕을 닦아 행함을 쌓지 않으면,
> 온갖 마귀가 수련에 장애를 만들 것이니.[190]

---

[190] 『오진편』, 칠언절구 제56수: '大藥修之有易難 也知由我亦由天. 若非積行修陰德 動有

이미 언급한 것처럼 수련에는 어려움과 쉬움이 있지만, 본인이 노력하여 되는 것도 있지만 하늘의 보살핌도 있어야만 된다는 것을 강조한다. 하늘의 보살핌이란, 평소에 남이 모르는 선행을 하여 덕을 쌓지 않으면 아무리 열심히 수련하고자 하여도 마귀가 방해하여 결코 공을 이루지 못한다고 하고 있는 것이다. 이러한 관점은 「서강월」에서도 나타나고 있다.

> 덕행을 닦아서 팔백을 넘고,
> 남모르는 공덕 쌓아 삼천을 채웠네.
> 사물과 나 그리고 친한 이와 원수를 하나로 보니,
> 비로소 신선의 본원에 합하네.
> 호랑이나 무소나 병기도 해치지 못하며,
> 온갖 잡념에도 구애되지 않는다네.
> 보배로운 부적이 내린 후에 선경에 이르니,
> 편안히 경여와 봉연을 타네.[191]

덕행과 남이 모르는 공덕 그리고 모든 것을 하나로 보는 경지에 이르러야 비로소 신선이 되고자 하는 소원에 합할 수 있다고 한다. 그렇게 되면 온갖 흉악한 짐승이나 날카로운 병기도 몸을 해치지 못하고 스스로도 잡념의 굴레에서 벗어나게 된다는 것이다. 그런 연후에 수련을 통하여 신선의 경지에 이를 수 있고 영원한 생명을 얻게 된다는 점을 강조하고 있다. 그러므로 여기서 그가 말하는 신선은 결코 인륜도덕의 범위

群魔作障碍.'
191 『오진편』, 「서강월」 제11수: '德行修逾八百 陰功積滿三千. 均齊物我與親寃 始合神仙本願. 虎兕刀兵不害 無常火宅難牽. 寶符降後去朝天 穩駕瓊輿鳳輦.'

를 벗어나서 구할 수 있는 것이 아닌 존재임을 알 수 있다.

그렇지만, 도교에서 추구하는 궁극적인 목적은 진인眞人이 되는 것이다. 장백단도 여기서 예외일 수는 없다. 다만 진인이 되고자 하는 방법이 외단에서 내단으로 바뀌었을 뿐이다. 비록 그 성공여부는 자신의 노력에 더하여, 하늘의 도움 즉 신선을 만나느냐 만나지 못하느냐에 달렸지만 말이다.

그에게서 진인이란 바로 천선天仙이다.[192] 그래서 그는 천선이 되는 방법을 다음과 같이 읊고 있다.

> 신선되기를 배우려면 모름지기 천선을 배울 것이니,
> 오직 금단이 최고의 방법이네.
> 두 가지가 만날 때 성과 정이 하나 되고,
> 오행이 온전한 곳에 용과 호랑이가 엎드려 있네.[193]

그는 천선이 되는 최고의 방법은 금단을 형성하는 것이며, 금단을 형성하는 방법은 두 가지를 하나로 합하는 것이라고 하고 있는 것이다. 여기서 말하는 두 가지란, 바로 음양이며, 감리坎離이며, 원정과 원신이다. 이것이 오행이 온전한 곳인 중앙의 토 즉 단전에서 금단을 형성한다는 말이다.

---

192 眞人이란 원래 道와 하나가 된 이상적 인간을 지칭하는 개념이지만, 후대의 도교에서는 수련을 완성하고 난 후 尸解하거나 昇天하지 않고 인간 세상에 머물러 있는 경우의 호칭으로 쓰이는 경우가 많은 것으로 보인다. 그에 비해서 神仙이란 크게 水仙과 地仙 그리고 天仙으로 구분되는 등의 여러 등급이 있는데, 그 중에서 천선은 최고의 경지로 하늘로 승천한 신선을 말한다.
193 『오진편』, 칠언율시 제3수: '學仙須是學天仙 惟有金丹最的端. 二物會時情性合 五行全處龍虎蟠.'

그렇게 되면 다음과 같은 결과를 가져오게 된다.

> 도가 높아지면 용호가 엎드리고,
> 덕이 무거우면 귀신도 흠모하네.
> 수명은 영원하여 천지와 나란함을 알겠고,
> 다시는 마음속에 번뇌가 일지 않네.[194]

금단을 이루면 명공을 완성하여 수명이 천지와 더불어 영원하고, 성공을 이루어 두 번 다시 마음속에 생사에 집착하는 번뇌가 없어진다는 것이다. 그러면서 바로 그런 경지를 도와 덕이 함께 높아지고 무거워진 상태로 파악하고 있다. 결국 그는 『오진편』의 전체적 성격을 다음과 같이 표현하고 있다.

> 만 권 선경의 말이 모두 같으니,
> 금단이 단지 이것의 근본이라.
> 곤위坤位에 의지해 대약을 생성하고,
> 건가乾家로 나아가 니환泥丸에 이른다.
> 천기 모두 누설함을 괴이하다 말지니,
> 모두가 학자들이 미혹하고 어리석기 때문이네.
> 사람들이 시의 뜻을 완전히 깨달으면,
> 삼청에 올라서 태상노군太上老君을 만날 수 있네.[195]

---

194 『오진편』, 칠언율시 제10수: '可謂道高龍虎伏 堪言德重鬼神欽. 己知壽永天地齊 煩惱無由更上心.'
195 『오진편』, 칠언율시 제16수: '萬卷仙經語總同 金丹只此是根宗. 依他坤位生成體 種向乾家交感宮. 莫怪天機俱露泄 都緣學者自迷夢. 若人了悟詩中意 立見三清太上翁.'

곤위坤位는 인체의 하단전을 가리키며 약물을 생성하는 곳을 뜻하고, 건가乾家는 상단전을 지칭하며 니환궁泥丸宮을 의미한다. 삼청은 옥청玉淸·상청上淸·태청太淸을 가리키며, 태청은 태상노군太上老君의 머무는 곳이다. 장백단은 도교의 수련법은 내단수련법이 근본이며, 하단전에서 약물을 채취하여 금단을 형성하고, 최종적으로는 상단전인 니환궁에서 용공하여 연신환허의 경지로 초월하는 것을 방법으로 제시하고 있다. 자신이 이러한 천기를 모두 누설하는 것은 배우는 자들이 미혹하기 때문이라고 전제하고 『오진편』을 통하여 깨달음을 얻으면 천선의 경지에 도달할 수 있음을 이 한 수의 시에서 모두 언급하고 있다.

이제 장백단이 제시하는 내단수련법의 구체적 단계와 방법에 대해서 간략히 살펴보자. 이미 검토한 것처럼 『청화비문』과 『금단사백자』는 장백단의 직접 저술이 아니고, 후대의 인물이 『오진편』의 내용을 풀어서 상세히 해설한 것이라고 볼 수 있다. 실제로 『오진편』만을 본다면 장백단의 내단수련법을 정확하고 완전하게 이해하기는 매우 어려운 것으로 보인다. 그래서 오늘날 그의 내단수련법을 밝히고 있는 거의 모든 연구들에서는 암묵적으로 『청화비문』과 『금단사백자』를 장백단의 저술인 것으로 인정하고, 그 속에서 구체적인 수련방법을 인용하고 있다고 할 수 있다. 이 두 저술의 내용을 『오진편』에 적용하면 큰 어려움 없이 그의 수련방법을 재구성 할 수 있다. 여기서는 이원국과 공령굉 그리고 이재봉의 연구[196]에서 밝히고 있는 바에 따라서 그 기본적인 방법만을 서술한다.[197]

장백단의 내단수련법은 네 단계로 이루어지는데, 먼저 축기하고 다

---

[196] 이재봉, 「장백단의 내단사상에 관한 연구」(『대동철학』 제20집, 대동철학회, 2003)를 가리킨다.
[197] 李園國(앞의 책), 86-100쪽과 孔令宏(앞의 책), 102-115쪽 및 이재봉(위의 논문), 136-156쪽 참조.

음은 연정화기하며 그 다음은 연기화신하고 마지막으로 연신환허하는 것이다. 여기에는 또 세 가지의 중요한 요소가 필요하니 이른바 노정爐鼎과 약물藥物 그리고 화후火候가 그것이다. 축기란 약물을 가공할 노정을 배치하고 약물을 채취할 심신의 준비단계에 들어감을 말한다. 노정이란 하단전과 중단전 그리고 상단전을 가리키고, 심신의 준비단계란 수심과 존심과 입정과 조신調神 그리고 조정 등을 지칭한다. 약물은 연홍이니 이른바 정기신이고, 진연진홍이란 선천의 원정과 원신을 말한다. 후천의 정기신은 유형유질인 반면에 선천의 정기신은 무형무질로서 '음일소감지정'이나 '구비호흡지기'나 '심의염려지신'과는 다른 것으로, 이 셋은 원래 선천일기의 세 가지 양태이다. 이 약물을 오행으로 말하면 목은 선천원신, 화는 후천식신, 금은 선천원정, 수는 후천음정, 토는 의념으로 매개의 역할을 한다. 내단수련이란 후천을 선천으로 되돌려 순양의 진일지기로 환원하고자 하는 것이므로, 목생화와 금생수의 상태를 거꾸로 돌이키는 수련이다.

그 다음부터는 모두 화후의 단계인데, 화후란 외단에서는 노정에 불의 기운을 조절하는 것이지만, 내단에서는 때에 맞추어 채취하고 양에 맞게 조절하여 금단金丹을 형성하고 속도를 알맞게 하여 운행하며 적절한 단계에서 휴식하고 멈추어 금단을 완성하는 것이다. 그 처음이 연정화기이니 이는 다시 채약과 봉고와 연약 그리고 지화止火로 나누어진다. 우선, 약물의 채취는 하단전에서 신수腎水를 때에 맞추어 확보하는 것이다. 이 신수는 선천신수先天腎水인 임수壬水와 후천신수後天腎水인 계수癸水가 있는데 계수가 생기는 순간을 포착하여 이를 채취하고, 그 속에서 임수를 찾아 연정화기의 단계로 수련해야 함을 말한다. 이때 후천의 정과 선천의 정을 각각 동일한 양[이팔二八]으로 하여 연마하는 것이 중요하다는 것도 지적한다. 봉고는 채취한 약물을 하단전에서 잘 가두는 것을 말하고, 연약은 금단을 화후의 법도에 맞게 임맥任脈과 독맥督脈을 따라 진양화進陽火와 퇴음부退陰符의 방법으로 소주천小周天과 대주천大周天으로 순환시키는 것이며, 지화는 양 미간 사이의 명당에서 양광陽光이 발현되는 때를 만나게 되면 두 번째의 경우에 화후를 멈추고 목욕沐浴 즉 온양溫養의 단계로 들어가야 한다는 말이다. 그리하여 결국 대약大藥이 완성되는 때에 이르면 연정화기가 완성된다고 한다. 이 단계가 바로 수명의 단계이니, 장백단의 선명후성 수련이론의 앞부분에 해당한다.

다음은 연기화신의 단계이니 기를 단련하여 신으로 돌이킨다는 것이다. 이때는 화후의 운행도 멈추고 의식도 작용을 중지하고 원신이 저절로 드러나기를 기다려서 목욕하고 온양하면 신과 기가 합일한다고 한다. 이는 유위를 넘어 무위에 도달함이니 관조의 경지이다. 이것이 바로 수성의 단계이니 장백단 내단수련론의 중간에 해당한다.

마지막은 연신환허의 단계이니 신을 단련하여 태허로 돌아간다는 것이다. 이 경지는 안정되고 고요하며 감이수통感而遂通하여 천지와 더불어 영원히 그 생명을 함께하는 초월적 진인이 된 상태이다. 이것은 수명과 수성을 함께 이루어 온전히 순양純陽으로 돌아간 것으로, 장백단 내단수련론의 최고 경지이다. 칠언절구 5수 중 제1수에서는 다음과 같이 읊고 있다.

> 그대가 진여성을 완전히 깨닫더라도,
> 몸을 버리고서 다시 몸으로 들어감을 면치 못하리.
> 어떻게 다시 대약을 수련하여,
> 무루無漏로 뛰어올라 진인이 되리.[198]

---

198 『오진편』, 七節五首 제1수: '饒君了悟眞如性 未免拋身却入身. 何似更能修大藥 頓超

이것은 선불교의 수성이 귀근복명을 종지로 하는 도교 내단수련의 경지에 이르지 못하는 것으로 윤회에 머무는 상태임을 말하면서, 수명과 수성을 함께 수련하여 태허로 돌아간 도교의 수련법이 최고의 경지임을 강조하고 있는 것이다. 그는 다시 이를 '모든 음을 다 벗겨내면 단이 성숙하고, 온갖 잡념에서 벗어나면 만 년의 수명을 누리리.'[199]라고 표현하고 있다.

그렇지만 이미 앞에서 분명히 지적한 것처럼, 신수에서 약물을 채취하는 방법이나 그것을 다시 이팔二八의 근량斤兩으로 동일하게 하여 연마하는 법 그리고 장기간에 걸친 구체적 수련에서의 화후는 전혀 하나도 명쾌하게 밝힌 바가 없다. 그리고 이러한 것들은 모두 이미 깨달음을 얻은 진인을 만나 직접 가르침을 받아야만 가능한 것이라고 장백단 스스로가 밝힌 바이다. 따라서 여기서는 그의 내단수련법이 오늘날에 있어서는 단지 '그림의 떡'일 뿐이라고 규정하고, 더 이상 그 방법론에 대해서는 언급하지 않기로 한다.

그런데 장백단으로부터 비롯된 내단수련법은 이미 하나의 새로운 전통을 지니고 있었다. 그것은 다름 아니라, 그들은 도교의 교단 조직에 속하지 않았을 뿐만 아니라 수련을 위하여 산 속에 은둔하거나 세속을 떠나지 않고 오히려 세간에서 수련하면서 비밀리에 단법을 전하였다는 점이다. 또한 철저하게 내단수련법만을 말하고 있고 여타의 모든 외단수련법을 비롯하여 폐식법까지도 배척하였다는 것이다. 바로 이런 점에서 남종의 제4조인 진남이 뇌법을 별도로 전수받고, 제5조인 백옥섬이 도관에서 재초를 주관하는 등과 같은 모습을 보이는 것에 대해 필자는 장

無漏作眞人.'
199 『오진편』, 칠언율시 제13수: '群陰剝盡丹成熟 跳出凡籠壽萬年.'

백단 남종 단법의 본질적 전환 내지는 일탈로 규정하고자 하면서 이에 대한 보충 연구가 필요하다고 본다.

장백단이 칠언절구 제7수에서 '환단을 수련하지 않았거든 산으로 들어가지 말지니, 산 속의 안팎에는 모두가 진연이 아니네.'라고 읊은 것은 내단의 근본 약물이 자신의 몸속에 본유적으로 갖추어진 것임을 말하는 것이지만, 한편으로는 바로 그렇기 때문에 수련을 위하여 세속을 떠날 필요가 없는 것임을 말하는 것이기도 하다. 이러한 점을 제64수의 시에서 거듭 강조하고 있다.

> 수행은 세속에 섞여서 그 빛을 조화시키니,
> 둥글면 둥근 대로 모나면 모난 대로.
> 현회와 역순을 사람들이 예측 못하니,
> 사람으로 하여금 행장을 알기 어렵게 하네.[200]

도교에서의 수련은 지극히 개인적인 일이다. 물론 장백단의 경우처럼 많은 사람들이 신선의 경지에 이를 수 있도록 하기 위하여 그 비법을 글로 남기고 제자를 가르치지만 온전한 인연이 아니면 결코 목적을 이룰 수 없는 일이기도 하다. 그러니 이러한 수련을 도관에서 한다고 해서 좋은 결과를 얻을 수 있는 것은 결코 아니다. 따라서 그는 「서강월」에서도 다음과 같이 말하고 있다.

---

[200] 『오진편』, 칠언절구 제64수: '修行混俗且和光 圓則圓兮方則方. 顯晦逆從人莫測 教人爭得見行藏.'

뜻있는 선비가 만약 수련하고자 한다면,
시장에 있거나 조정에 있음이 무슨 방해가 되리.
공부는 쉬우며 약은 멀리 있지 않으니,
이것을 깨달으면 사람마다 모름지기 미소를 지으리라.[201]

장백단 자신은 평생 지방 벼슬아치의 참모로 지냈고, 그의 제자인 석태는 새끼를 꼬면서 생계를 이었고, 석태의 제자인 설도광은 승려로 지내다가 환속하여 살았고, 그의 제자인 진남은 나무광주리를 만들어 팔면서 살았던 인물로 알려져 있다.

 성·기론

『오진편』의 용어들은 대부분 외단의 용어들을 차용하여 사용하고 있다. 이런 점은 「서강월」 제1수의 의미와 통한다.

내약은 도리어 외약과 같으니,
안으로 통하면 바깥 또한 모름지기 통하네.
일기가 화합함은 서로 같을지라도,
온양은 내외가 서로 다른 작용이라네.[202]

---

201 『오진편』, 「서강월」 제2수: '志士若能修煉 何妨在市居朝. 工夫容易藥非遙 說破人須失笑.'
202 『오진편』, 「서강월」 제1수: '內藥還同外藥 內通外亦須通. 丹頭和合類相同 溫養兩般作用.'

비록 이와 같은 관점에서 그가 외단의 용어들을 사용했다고 하더라도, 정기신精氣神으로 내단이론을 전개하고 있는 그의 『오진편』에는 놀라울 정도로 정기신이란 용어들이 거의 등장하지 않는다. 그가 대단히 의도적으로 그와 같이 했다고도 할 수 있겠지만, 바로 이런 면에서 그의 내단사상은 후인들이 많은 주석을 할 수밖에 없는 숙명을 가지고 있다고 하겠다.

그가 『오진편』의 81수 시 중에서 사용하고 있는 중요한 용어들을 살펴보면 '음양' '오행' '사상' '흑백' '용호' '연홍' '남녀' '장남 소녀' '서산백호 동해청룡' '금목수화토' '건곤' '비태' '둔몽' '감리' 등으로, 외단과 『주역』의 개념이 많이 들어있음을 알 수 있다. 특히나 『주역』의 개념들은 각각의 괘卦의 이름들로서 만물의 생성을 상징적으로 설명하고 있는 것이다. 즉 그가 칠언절구 제46수에서 읊고 있는 '비태否泰가 비로소 교감하니 만물이 가득하고, 둔몽屯蒙의 두 괘가 생성을 품부받았네.'[203]라고 하였다. 이는 하늘로 상징되는 건과 땅으로 상징되는 곤을 바탕으로 하여 하늘이 위에 있고 땅이 아래에 있는 형상인 비괘와, 하늘이 아래에 있고 땅이 위에 있는 형상의 태괘로, 하늘과 땅이 서로 교감하여 만물을 낳음을 나타내고 있다. 둔괘와 몽괘는 건괘와 곤괘의 다음에 나오는 괘로써 건곤을 이어받아 만물을 생성함을 표시한 것이다.

반면에 그가 『오진편』의 시 중에서 사용하고 있는 정기신이란 글자의 용례를 찾아보면 다음과 같다. 먼저 정이란 글자는 단 5번 사용하였다. 칠언절구 제2수에서 '정화를 단련하여 혼백을 제어하네.[鍛鍊精華制魂魄]'라고 한 것과, 제29수에서 '바로 정을 머금어 굳세고 왕성하게 할 때로다.[正是含精壯盛時]'라고 한 것, 제39수에서 '진정을 이미 황금실로

---

[203] 『오진편』, 칠언절구 제36수: '否泰才交萬物盈 屯蒙二卦稟生成.'

돌이켰도다.[眞精旣返黃金室]'라고 한 경우와, 제44수에서 '아득하고 어두운 가운데서 진정을 찾는다네.[杳冥之內覓眞精]'라고 한 경우, 그리고 제50수에서 '양정 및 주인과 손님을 알지 못하고[不識陽精及主賓]'이라고 쓴 것이 전부이다. 이 내용들은 모두 정을 채취하고 연정화기하는 단계에 대한 것들이다.

다음으로 기氣에 대한 언급도 모두 5번 나타나고 있다. 칠언절구의 제5수에서 '목구멍의 진액을 기로 거두는 것은 사람들의 행함이고[咽津納氣是人行]'라고 한 것과, 제30수에서 '기가 움직여 약이 생겨날 때 언기가 쉬우니[受氣之初容易得]'라고 한 것, 제32수에서 '약의 량이 균등하여 선천기와 후천기가 온전하네.[藥味平平氣象全]'라고 한 경우와, 제54수에서 '약의 음양이 서로 교감함을 만나 바야흐로 금단을 생성하니[藥逢氣類方成象]'라고 한 경우, 그리고 칠언율시 제14수에서 '어린아이 하나가 진기眞炁[204]를 머금으니[嬰兒是一含眞炁]'라고 한 것이 전부이다. 이것은 기에 대한 일반인의 잘못된 인식을 지적하고 약물의 채취 시기와 화후의 조절로 금단을 이루는 경위 그리고 그 결과로 선천일기의 금단을 형성한 상태에 대해서 말하고 있는 것들이다.

마지막으로 신에 대한 언급은 모두 3번에 걸쳐 나타나고 있다. 이것들은 모두 칠언율시에만 나타나고 있는데, 제8수의 '사신'은 단지 수은과 주사와 연홍을 지칭하는 것으로 쓰였으며, 제10수의 '귀신'도 일반적 의미의 귀신을 지칭하는 뜻으로 사용하였다. 오직 제4수의 '신공의 운화運火는 새벽에 그치지 말지니[神功運火非終旦]'라고 한 것만이 연단의 과정에서 연기화신의 단계에 대한 방법론으로 사용되고 있다.

이상을 통해서 보면, 장백단은 정기신의 개념을 극도로 자제하여 사

---

204 先天一氣의 氣를 뜻하고자 할 때에 이 炁字를 쓰고 있다.

용하였지만, 결국은 후대의 주석가들이 해석한 그의 내단방법론과 일치한다고 말할 수 있는 뜻으로 그 개념들을 사용하였음을 알 수 있다. 그것은 장백단 당시에 이미 도교에서 사용하고 있었던 기의 개념이 일반화된 의미로 통용되고 있었음을 반증하는 것이라고 할 수 있다. 정기신을 하나의 개념으로 아우르는 기氣는 당시에 어떤 의미로 쓰이고 있었는가?

북송이 성립하고 50년 남짓한 무렵에 장군방이 책임을 맡아 도교대장경道敎大藏經이라고 할 수 있는 《대송천궁보장》을 편찬하였다.[205] 이 《도장》은 현존하지 않는데, 이를 편집한 장군방은 이것들 중에서 긴요한 것들을 뽑아 『운급칠첨雲笈七籤』이라는 이름으로 묶었는데 이것이 오늘날 전하고 있다. 이 속에 「원기론」이 있는데, 장백단의 내단수련론에서 말하는 원기의 개념과 유사한 점이 많으므로 참고삼아 몇 구절을 인용하여 이해를 돕도록 한다.

> 가) 원기는 본래 하나인데 만물을 낳는다. 만물은 하나를 얻어야만 생성될 수 있다. 만물이 만약 하나를 잃는다면 곧 죽음으로 돌아간다. 따라서 일은 잃어서는 안 되니, 태일太一이라 부른다.[206]

---

[205] 이 《大宋天宮寶藏》은 1012년부터 시작하여 1019년 봄에까지 걸쳐 杭州에서 道士인 張君房이 편찬의 책임을 맡아서 완성하였다. 책의 제목에 天宮이 들어간 것은, 책의 편목을 千字文의 차례에 따라서 진행하여 天字로부터 시작하여 宮字에서 끝났기 때문이다. 여기에는 총 466항목에 4565건의 道敎 著述이 포함되었다. 이 《大宋天宮寶藏》과 그 이전에 편찬되었던 것들에 대해서는, 구보 노리따다, 최준식 옮김, 『道敎史』(분도출판사, 2000) 271-273쪽 참조.

[206] 張君房 輯, 『雲笈七籤』(齊南: 齊魯書社, 2003. 제3쇄) 권56, 「元氣論」: '元氣本一 化生萬有. 萬雖得一 乃隧生成. 萬若失一 立歸死地 故一不可失也 謂太一.'

나) 원기는 이름이 없으나 이름 있는 것을 낳는다. 원기는 같은 것이지만 다른 것을 낳는다. 같은 것이면서 상이 없으므로 일기이고 원이라 칭한다.[207]

다) 현묘한 것을 신이라 하고, 신의 신령함을 도라고 한다. 도는 자연을 낳은 본체인 까닭에 능히 오래 산다. 생명의 근원은 원기이다.[208]

라) 원기라는 것은 이에 생명의 근원이니, 신장 사이에서 움직이는 기가 그것이다. 이것이 오장육부의 근본이고, 12경맥의 뿌리이고, 호흡의 문門이며, 삼초의 근원이다.[209]

마) 광성자가 이르기를 "인간은 원기를 근본으로 삼으니, 근본이 변하여 정이 되고, 정이 변하여 형이 된다. 형은 비록 삶을 좋아하지만 욕망이 능히 삶을 다하게 할 수 있는 까닭에 욕망은 마음대로 놓아둘 수 없다. 내버려두면 삶이 이지러지고, 규제하면 삶이 가득 찬다. 가득 찬다는 것은 정이 충만하고 기가 왕성하여 백신이 갖추어지는 것이다.[210]

바) 사람이 태어남에 천지의 원기를 품부하여 신이 되고 형이 된다.

---

207 위와 같음: '元氣無號 化生有名. 元氣同包 化生異類. 同包無象 乃一氣而稱元.'
208 위와 같음: '玄妙曰神 神之靈者曰道. 道生自然之體 故能長生. 生命之根 元氣是矣.'
209 위와 같음: '夫元氣者 乃生命之源 則腎間動氣是也. 此五臟六腑之本 十二經脈之根 呼吸之門 三蕉之源.'
210 위와 같음: '廣成子曰 夫人以元氣爲本 本化爲精 精變爲形. 形雖好生 欲能竭之 故欲不可縱. 縱之則生虧 制之則生盈. 盈者精滿氣盛 百神備足.'

원일의 기를 받아 액이 되고 정이 된다. 천[氣]가 줄어들어 없어지면 신이 장차 흩어진다. 지기가 줄어들어 없어지면 형이 장차 병이 든다. 원기가 줄어들어 없어지면 수명이 장차 다한다.[211]

사) 원일은 다섯 기를 포함하니, 연한 기는 수가 되니 수의 수는 1이다. 따뜻한 기는 화가 되니 화의 수는 2이다. 부드러운 기는 목이 되고 목의 수는 3이다. 강한 기는 금이 되고 금의 수는 4이다. 바람의 기는 토가 되고 토의 수는 5이다.[212]

가)와 나)는 원기로부터 만물이 나오는 원리와 원기는 하나이므로 일기라고도 하며 그래서 원이라고 한다는 것이다. 다)는 이 현묘한 자연의 도가 신이며 이것이 생명의 근원일 때는 원기라는 말이다. 라)에서는 이 원기가 생명의 근원으로서 신장 사이에서 움직이는 것이라고 하였다. 마)는 원기로부터 정과 형으로 분화되는 원리와 거꾸로 다시 이를 가득 차게 하는 원리를 제시하고 있다. 바)는 이 원기가 수명과 직결되는 것임을 말하고 있으며, 사)는 이 원기 속에 이미 오행이 갖추어져 있는 것으로서 오행상생과 이를 되돌릴 수 있는 기틀이 이미 마련되어 있음을 밝히고 있다. '원기'에 대한 이러한 논의는 그대로 장백단의 내단수련론에 적용되는 원리로 받아들일 수 있으므로 당시 도교에서 사용하고 있는 기의 개념은 이미 보편적인 성격을 가지고 있었다고 볼 수 있다.

반면에 『오진편』의 시 81수 중에서는 '성性'이라는 개념이 단 한 번

---

211 위와 같음: '人之生也 稟天地之元氣 爲神爲形. 受元一之氣 爲液爲精. 天氣減耗 神將散也. 地氣減耗 形將病也. 元氣減耗 命將竭也.'
212 위와 같음: '一含五氣 軟氣爲水 水數一也. 溫氣爲火 火數爲二也. 柔氣爲木 木水三也. 剛氣爲金 金數四也. 風氣爲土 土數五也.'

도 보이지 않는다. 장백단 자신이 『오진편』에서는 '본원진각지성'에 대해서 말하지 않았다고 하였지만, 의도적이었다고 하여도 너무나 철저하게도 성에 대한 언급이 없다. 단지 「서강월」의 마지막 제13수에서 꼭 한 번 성의 개념이 사용되고 있다.

> 금단이 바로 육신의 지극한 보배이니,
> 수련하여 이루면 변화가 무궁하리.
> 다시 능히 본성 위에서 진종을 궁구한다면,
> 무생의 묘용을 결료하리라.
> 후세에 다른 몸을 기다리지 말고,
> 지금에 신통의 도를 얻을지니.
> 스스로 종리권과 여동빈이 드러낸 이 공을 좇는데,
> 후세에는 그 누가 능히 이 업적을 이을까?[213]

이 시가 장백단이 직접 지은 것인지의 여부는 확언할 수 없지만, 여기서 첫 번째 구절은 수명의 공을 말하는 것으로 볼 수 있다. 그리고 두 번째 구절에 있는 '다시 능히 본성 위에서 진종을 궁구한다면, 무생의 묘용을 결단하리라.'는 말의 뜻은, 수성의 단계를 말하고 더 나아가 '연신환허'의 경지 즉 장백단 단법의 최고 경지에까지 나아갈 것을 말하고 있는 것이라고 할 수 있다. 이 경지는 그가 칠언절구 제41수에서 말하고 있는 '명을 보전하고 형을 온전히 하는[보명전형保命全形]', 그리하여 천지와 더불어 장생불사하는 궁극적 목적을 이 생애에서 달성할 것을 촉

---

213 『오진편』, 「서강월」 제13수: '丹是色身至寶 煉成變化無窮. 更能性上究眞宗 決了無生妙用. 不待他身後世 現前獲道神通. 自從鍾呂著斯功 稱後誰能繼踵.'

구하는 말이다. 또한 이 시가 그의 시라면, 그가 스스로 종리권에서 여동빈으로 이어지는 단법을 계승하고 있다는 사실을 천명하고 있음도 알 수 있다.

장백단이 말하고자 하는 성은 '연기화신'의 단계에 해당하는 수련에 필요한 개념이다. 그에게 있어서 '성'은 '신'과 대치되어도 아무런 차이가 없는 개념이라고 할 수 있다. 따라서 그가 성에 대해서 하고자 한 말은「가송시곡잡언」 32수에서 이미 언급하여 그것이 선불교에서 말하는 본원지성과 같은 것임을 밝혔으므로, 더 이상 논구하지 않기로 한다.

끝으로 한 가지 지적하고 넘어가야할 것이 있다. 호부침胡孚琛과 여석침呂錫琛이 『도학통론道學通論』[214]에서 『청화비문靑華秘文』이 장백단의 저술이라는 전제하에, 그 내용 중에 있는 다음과 구절을 인용하여 커다란 오류를 범하였으며, 그 잘못이 무비판적으로 전파되고 있다는 점이다.

> 신이라는 것은 원신이 있고 욕신이 있다. 원신이라는 것은 선천 이래의 한 점 신령스러운 빛이다. 욕신이라는 것은 기질의 성이고, 원신이라는 것은 선천의 성이다. 형체가 있은 다음에 기질의 성이 있으니, 이를 잘 돌이키면 천지의 성이 보존된다.[215]

이 구절로부터 장재張載(1020-1077)가 그의 철학을 전개함에 있어 천지지성天地之性과 기질지성氣質之性을 구분한 것이, 바로 장백단의 영향을 받아서 그렇게 하였다는 터무니없는 주장을 하고 있는 것이다. 그래

---

214 胡孚琛·呂錫琛,『道學通論』(北京: 社會科學文獻出版社, 2004), pp 227 참조.
215 『청화비문』,「神爲主論」: '夫神者 有元神焉 有欲神焉. 元神者 乃先天以來一點靈光也. 欲神者 氣質之性也 元神者 先天之性也. 形以後有氣質之性 善返之 則天地之性存焉.'

서 주희가 이를 장재의 설인 것으로 받아들이고 성리학에서 매우 중요한 개념이 되었다는 주장이다. 앞에서 이미 검토한 것처럼 『청화비문』은 장백단의 저술이라고 볼 수 없으며, 또 백 번을 양보하여 이것이 장백단의 저술이라고 하여도 그것이 저술된 시기는 대략 1078년 이후에 해당되는 것이라고 논증하였다. 그렇다면 1077년에 죽은 장재가 어떻게 그 저술을 보고서 영향을 받을 수 있었겠는가? 오히려 설도광이나 옹보광이 『오진편』의 주석을 남기고 죽은 후인 남송의 시기에 이르러 누군가가 『청화비문』을 지어 장백단의 이름에 의탁했다고 보는 것이 훨씬 순리에 맞는 일이다. 『청화비문』을 자세히 읽어보면 성리학적인 개념의 색채가 상당히 많이 느껴진다. 이러한 점도 함께 고려하면서 이 책의 진위에 대한 연구가 진행되어야 할 것으로 보인다. 이와 같은 실수는 공령굉도 그대로 답습하고 있고,[216] 한국의 신진식은 이들의 주장을 그대로 수용하고 있다.[217]

　오늘날 장백단의 『오진편』에 대한 연구를 함에 있어, 그의 생애와 저술에 대한 고증적 검토 없이 하는 것과 엄밀한 수련가능성의 여부는 제쳐두고서 내단수련법의 일반적 방법만을 열거하는 것은 어불성설이라고 하겠다. 장백단은, 이것이 그가 지은 것이 맞다면, 「증백룡동유도인가」에서 다음과 같이 말하고 있다.

　　요즘의 세상에는 사기꾼이 많아서,
　　모두가 도포 입고 도인이라 칭하네.

216　孔令宏, 『송명도교사상연구』(앞의 책), p.106 참조.
217　신진식, 「『오진편』의 "도선합일 사상"」(앞의 논문), 434쪽의 주 48) 참조. 그의 논문은 곳곳에서 인용문의 誤記와 인용페이지의 誤記가 눈에 띄어, 실제로 그가 原文과 原著들을 보고서 참고하였는지를 의심스럽게 하는 데가 많다.

> 그에게 "금과 목이 무어냐" 물으면,
> 입 다물고 말 못하니 벙어리 같네.[218]

    장백단의 내단사상에 대한 연구는 보다 철저한 고증의 바탕 위에서, 내단의 의의와 정기신의 분명한 의미와 상호연관성 그리고 수련방법론에 대한 구체적 재구성에 대한 반성 위에서 행해져야만 할 것이다. 일찍부터 장생불사를 주장한 도교의 신선사상은 인간의 기본적인 욕망과 부합하여 끊임없이 이어져오고 있다. 그러나 역사적 사실에서 본다면 객관적으로 입증된 신선은 존재하지 않는 것이며 오늘날의 물리적 지식으로 본다면 더욱 사리에 맞지 않는다. 장백단이 말한 연신환허의 실제적인 의미는 무엇일까? 우리는 진단으로부터 시작된 내단수련의 계통에서 적어도 장백단 석태 설도광 등이 상당히 장수했음은 알 수 있었다. 도교의 연구에서 연단을 통한 장수의 가능성을 제시하는 일은 일정한 의미가 있다고 하겠지만 불사의 가능성과 검증되지 않은 특정한 수련법을 강조하는 것은 어불성설이 아닐까?

---

[218] 『오진편』,「贈白龍洞劉道人歌」: '近來世上人多詐 盡著布衣稱道者. 問他金木是何般 噤口無言如害啞.'

4. 내단사상의 완성

　도교 내단이론의 체계를 정립한 인물로 꼽히는 장백단 삼교귀일론의 특징은, 그의 말에 의하면, 불교와 도교의 목적은 생사의 윤회에서 벗어나는 것이다. 그런데, 불교는 성을 바탕으로 하고, 도교는 명을 바탕으로 하여 각각 가르침을 행한다. 석가는 공적을 종지로 삼으니 돈오를 통하여 피안으로 가지만 조금의 번뇌라도 남기면 윤회의 굴레를 벗어나지 못한다고 하였다. 도교는 연양을 진리로 삼으니 요점을 얻게 되면 성인의 경지로 나아가되 본성을 깨우치지 못하면 헛된 형상에만 매달린다고 하였다. 유교에 대해서는, 공자는 비록 성명의 설에 정통하여 '진성지명盡性知命'과 '사무四毋'설을 말하여, 불교와 도교에서 말하는 가르침의 근본 종지를 충분히 알고 있었지만, 결국은 인륜과 인의예악을 중시하는 현세적 유위의 가르침에 중점을 두었다고 지적하였다. 그렇지만, 삼교의 가르침의 요점은 결국 하나로 돌아가는 것이니, 삶에 윤회하거나, 환형에 매달리거나, 사무에서 벗어나지 못하는 경지를 뛰어넘어서 도달하게 되는 궁극의 목적지는 같은 것이라고 하였다.

　그는 도교에서도 인간의 일상적인 윤리의 필요성을 강조하여 이를 유교의 윤리에서 찾았다. 윤리도덕이 전제되어야만 수도를 시작할 수 있으며, 그 다음에 명을 닦고 성을 밝히며, 그런 연후에 연신환허의 최종 경지에 도달한다는 내단수련론을 전개하였다. 유교의 필요성을 기본 전제로 확보한 장백단은 이제 본격적으로 도교와 불교의 관계에 대해서 탐구한다. 그는 수련하는 사람들이 성명에 통하지 않고 단지 금단만을 닦음을 걱정하여 성명의 도가 갖추어지지 않으면 생사를 넘어설 수 없다고 하였다. 나아가 정각삼매를 닦는 것이 중요하다고 하면서 수련의 단계를 신선의 명맥, 제불의 묘용, 진여각성으로 공적한 본원으로의 회귀 등 세 차원으로 나누었다. 도교는 명만을 수련하여 장생불사를 추구하지만 본성을 밝히지 못하면 환형에만 지체한다고 말한 것처럼, 장백단은 기존 도교 수련법이 잘못된 것임을 지적하고 있다. 그렇지만 또 명의 수련을 소홀히 하고 오직 성만을 닦는 것은 단지 수련의 효과를 빨리 보고자 하는 것이어서 육신의 형체를 버린 음신을 얻을 뿐이라고 한다. 이에 반해서 참된 수련이란, 먼저 명을 닦은 다음에 성을 닦아서 양신의 상태로 장생불사하는 것이라고 하고 있다. 이것이 바로 그의 수련법에서 말하는 '선명후성'이다. 이것을 내단수련법의 단계로 말한다면 명만을 닦는 도교의 수련은 '연정화기'에 해당되고, 성만을 닦는 불교의 수련은 '연기화신'에 해당되며, 이 둘을 온전히 하여 진여의 본원으로 돌이키는 것이 '연신환허'라고 하겠다.

그는 석가와 문수보살의 설법은 모두가 일승을 설한 것이지만 중생이 자신의 근기根機에 따라서 삼승으로 나누어 이해하고 있다고 하였다. 나아가 자신의 『오진편』은 달마와 육조 혜능의 선법을 정통으로 계승한 것이라고 분명히 선언하고 있다. 그 자신이 남종선의 맥을 이어받고 있다는 것이다. 이제 그에게 있어 선불교란 내단수련법을 취하는 도교와 별개의 것이 아니었다. 그래서 선불교를 취하여 본원진각의 성에 대해서 읊은 '가송시곡잡언 32수'는 그야말로 완전히 불교인에 의한 불교 저술이라고 해도 아무런 문제가 없을 정도이다. 여기에는 그가 설두중현이 지은 『조영집』을 읽고 그 느낌을 쓴 글도 있는데, 설두중현은 운문종 지문광조의 법을 이어받아 그 종지를 크게 드러낸 인물이므로, 장백단이 운문종의 선법을 특별히 좋아했다는 사실을 알 수 있다.

　　장백단의 내단사상은 우선 그 유래에 있어 『음부경』과 『도덕경』이 내단 수련의 최고 경전임을 인정하고 예로부터 신선이 된 사람들은 모두가 이 경전을 기본으로 삼았다는 사실을 강조하였다. 먼저 그는 『도덕경』에서 말하는 '반근복명'을 그의 내단이론의 기초로 차용하였다. 이것은 그가 종리권 여동빈 진단으로 대표되었던 그 이전의 내단이론 즉 종려파의 맥을 계승하여 연정화기 란기화신 연신환허로 거슬러 올라가는 수련법을 정립한 것과도 밀접한 관계가 있다. 다음은 『음부경』과의 관계인데, 장백단이 인용한 내용에 대한 각종 주석을 보면, 모두가 한결같이 장백단의 내단이론과 같은 설명을 가하고 있음을 볼 수 있다. 이 두 경전 외에 장백단이 그의 이론체계에서 중요하게 여긴 책이 바로 '만고단경왕'으로 불리는 『주역참동계』이다. 장백단이 그의 『오진편』에서 내단이론을 『주역』의 원리와 결합하여 설명하고 있는 부분은 결국 이 『주역참동계』에서 빌려온 것으로 볼 수 있다. 또한 장백단이 사용하고 있는 연단의 개념들이 외단의 용어들을 그대로 답습하고 있는 것도 이 책의 영향이라고 할 수 있다.

　　장백단 단법의 연원은 진단의 내단법을 계승하고 있다고 보인다. 이것은 그가 꿈이건 현실이건 간에 진단의 『지현편』을 통해서 참된 길을 깨우치게 되었다는 사실을 분명히 하였기 때문이다. 여러 설들을 종합하면, 장백단에게 전해진 단법은 종리권에서 여동빈으로 이어지는 내단수련법에, 여동빈과 종유한 진단의 내단법까지 더하여, 여동빈과 진단 두 사람의 제자라고 할 수 있는 유해섬을 거쳐 장백단에게 전해졌다고 할 수 있는 계보가 만들어졌지만, 이는 믿을 수 없는 부분이 많다. 다만,

진단의 『지현편』이 81장으로 되어 있으며 대부분이 시의 형태로 되어 있고, 『오진편』의 내편이 또한 81수의 시로 구성되어 있다는 점은 상통한다. 또한 노자의 『도덕경』이 81장으로 되어 있다는 사실과의 연관성도 생각할 수 있다.

장백단 단법의 특징은 무엇보다도, 그는 기존의 도교수련법을 거의 부정하고 있다는 것이다. 오직 하나의 방법이 금단인데 그것을 수련하는 것은 기록한 말이 은미하여 그 뜻을 알기가 무척 어려워 오직 지인의 구결을 전수받아야만 깨달음의 경지에 이를 수 있다고 하였다. 내단수련에서 결정적으로 중요한 화후의 조절에 대해서는 어떤 경전이나 글들에서도 설명하지 않고 있으며 그것은 오직 지인의 구결을 통해서만 전수되므로 신선을 만나지 않고서는 수련의 성공을 기약할 수 없다고 하였다. 그러므로 오늘날 그의 단법의 구체적 방법론을 연구한다는 것은 큰 의미가 없다고 할 수 있다. 다만, 그의 내단사상이 가지고 있는 의미를 살펴볼 수는 있을 것이다.

그에 의하면, 내단은 사람마다 가지고 있는 귀한 보배로써 장생약이다. 그가 말하는 '사람마다 가지고 있는 장생약'이란, 수련에 필요한 근본 약물인 선천일기로 사람의 신장에서 채취하는 원정을 말한다. 그리고 더 나아가서는, 이것을 연마하여 단을 만드는데 필요한 사상의 화후와, 단을 연마하는 장소인 토 즉 단전이 사람 몸에 모두 갖추어져 있다는 뜻까지도 포함하고 있는 것이다. 여기서 한 가지 중요한 점이 더 있으니 바로 덕행이다. 덕행이 깊은 사람만이 선천일기를 찾아서 채취하고 연마할 수 있다는 것이다. 그러므로 여기서 그가 말하는 신선도 결코 인륜도덕의 범위를 벗어나는 존재가 아님을 알 수 있다.

그의 내단이론을 보면 주로 외단外丹의 용어들을 사용하고 있으며, 정기신으로 내단이론을 전개하고 있는 그의 『오진편』에는 놀라울 정도로 정기신이란 용어들이 거의 등장하지 않는다. 장백단은 정기신의 개념을 극도로 자제하여 사용하였지만, 결국 그 개념들은 후대의 주석가들이 해석한 그의 내단방법론과 일치한다고 할 수 있는 뜻으로 사용하였다. 그리고 정기신을 하나의 개념으로 아우르는 기氣는, 당시에 이미 삼교에서 보편적인 의미로 사용하고 있었음을 살필 수 있다. 장군방이 엮은 『운급칠첨』 속의 「원기론」을 통하여 그 당시 사용되고 있었던 기의 의미를 알 수 있다.

장백단의 생애에서 중요한 점은, 우선 그는 평생 도를 추구하면서도 세속을 떠나지 않았고, 다음은 결국 80세가 넘은 나이에 도를 얻고서 아주 늦은 나이에 그 비결을 기록으로 남기고 제자에게 단법을 전하였다는 점이다.

진위에 대해서 확정하지 못하고 있는 장백단의 저술에 대해서 본 연구에서는, '오진편'에 「자서」·「칠언사운 16수」·「칠언절구 64수」·「오언율시 1수」·「서강월 12수」 및 「후서」를 배당하고, '오진외편'을 『오진편습유』라고 하여 「선종가송시곡잡언 32수」를 넣어야 할 것으로 판단하였다. 그리고 '오진편 외'라고 하여 『금단사백자』와 『청화비문』 그리고 「서강월」 1수와 칠언절구 5수, 「독주역참동계」·「증백룡동유도인가」·「석교가」를 포함시키면 적절하다고 보았다. 그리고 몇 가지의 논거를 제시하여 『금단사백자』나 『청화비문』은 장백단의 저술일 가능성이 매우 희박하여 후인들의 위작일 것이라는 사실을 증명하였다.

한편 장백단의 내단사상이 후대에 끼친 영향을 살펴보면, 장백단 이후 남종의 계보는 여러 파가 있는 것으로 알려져 있지만, 그 전승계가 분명한 것은 청수파만한 것이 없고, 장백단 내단이론의 정통성은 여기서 찾을 수 있다고 할 수 있다. 백옥섬에 의하면, 스승이신 니환 선생 취허진인은 조사 비릉화상 설도광의 문에서 나왔고, 비릉은 조사 행림선생 석태로부터 나왔다. 석태는 자양조사의 도를 이어 받았다고 하였으니, 청수파의 계보는 분명하다. 그러나 필자는 청수파가 진남에 이르러 뇌법을 사용하며, 또한 세속에서 단법을 행하던 전통에서 벗어나 조정에서 교단과 관련한 벼슬을 하였고, 그 뒤에 산으로 들어가 교단의 형태를 갖춘 것으로 보이는 때부터 장백단의 원래 단법과는 거리가 멀어진 것으로 본다. 이러한 경우는 진남의 제자 백옥섬에게도 전해져서 재초까지 행하는 등 오히려 교단 조직의 권위로 장백단을 이용하는 것 같은 느낌이 강하다.

 세속에서 한 평생을 살면서 도를 추구한 장백단은 삼교귀일론을 주장하면서 오히려 도교로써 선불교를 포섭하고 유교를 하위에 두었다. 이는 그가 현실보다는 오히려 초월의 세계에 살았음을 반영하는 것이며, 개인적 득도에 더 깊은 관심을 가지고 있었다는 사실을 말하는 것이라고 하겠다. 그러므로 그는 선종의 깨달음의 경지를 도교에 끌어들이는 이도포선의 논리를 전개하였던 것이다. 그렇게 이루어진 그의 내단사상은 적어도 장수의 기틀은 마련한 것으로 보이지만, 시대의 변화에 따라 왜곡되어 갔다고 할 수 있다.

 장백단은, 주시은이 『거사분등록』에서 도교의 인물로 책에 포함시킨 두 사람 가운데 한 자리를 차지하고 있을 정도로 강한 불교적 경향을 보인 인물이라고 할 수 있다. 어떻게 보면, 오늘날 흔히 접할 수 있는 선불교仙佛敎라는 개념이 장백단으로부터 비롯된 것으로 볼 수도 있지 않을까 싶은 정도이다. 그러나 후세에 미친 그의 영향력은 도교의 정체성 회복이라는 관점과 연관되어 변질되어 간 것으로 보인다.

4 장

진단과 장백단의 도교 내단이론 비교

1. 내단 도교의 맥락

도교는 후한시대에 중국에서 자생적으로 발생한 종교이다. 철학적으로는 도가사상에 의탁하고, 여기에 더하여 전국시대로부터 진나라와 한나라 때에 유행하던 황로사상과 신선사상 및 민간신앙 등이 복합적으로 결합되어 만들어졌다. 사회가 혼란한 당시에 하북과 사천지방에서 거의 비슷한 시기에 태평도와 천사도가 탄생하였다. 초기에 이들은 모두 빈민구제와 병자의 치료를 주로 하였지만, 태평도는 황건적의 난이라는 농민봉기의 형태로 발전하여 결국 한나라의 몰락이라는 거대한 역사적 흐름의 동기를 제공하고 스스로도 쇠멸하였다. 남은 잔존세력은 천사도에 편입되어, 이후 오랫동안 도교는 한편으로는 억압받는 농민들의 민중항쟁이라는 한 측면의 움직임과, 다른 한편으로는 불로장생을 추구하는 수련의 두 가지 갈래로 진행되었다. 정치적 상황에 따라 흥망성쇠를 겪다가 당나라에 이르러서는 황실의 성이 이 씨라는 이유로 노자가 존숭되면서 도교의 지위는 확고해진다. 또한 유불도의 삼교가 정립하면서 인간의 자아완성이라는 목표달성을 위해 새로운 양상으로의 변화를 추구하게 되었다.

불로장생을 추구하는 도교는 진인 내지는 지인이 되는 것이 최종 목적이지만 그에 이르는 방법과 단계는 시대별로 차이가 있었다. 『도덕경』에서도 신인과 같은 존재가 언급되고 있고 그에 도달하는 방법으로 '포일抱一'을 언급하고 있지만 구체적 설명은 없다.『장자』에서는 진인이나 지인을 말하면서 '좌망坐忘' 또는 '수일守一'과 같은 내단의 방법을 제시하지만 역시 구체적 수련법은 제시하지 않고 있다. 진나라와 한나라 초기에는 불로초를 구하거나 신선의 강림을 통한 황권의 강화를 위한 행사들이 여러 차례 있었다. 도교가 교단조직으로 성립되고 난 이후에는 외단술의 발전과 불교로부터 영향을 받아 교단조직의 체계적 정비라는 두 갈래 방향에 힘을 쏟았다. 위진남북조 시대에는 연단술이 급속히 발전하였으며, 신선에 대한 관념이 구체화되어 갈홍葛洪의『열선전』이나 간보干寶의『수신기搜神記』[219]와 같은 저술이 만들어졌다. 교단의 조직과 교리의 정리는 도홍경이나 육수정과 같은 인물에 의해 크게 발전하였다. 또한 불교와의 치열한 교권다툼을 통해, 외부로부터 들어온 불교를 억누르고 스스로의 위상을 견고히 하려는 횡포에 가까운 노력도 끊임없이 진행하였다.[220] 그러나 당나라 말기에 이르러 외단술의 폐해가 더욱 커지고,[221] 갈수록 세력이 커지는 선불교의 영향으로 인하여 신선이 되고자 하는 방법의 전환을 가져왔다. 그 방법이 바로 내단수련법이다.

    도교에서 말하는 '내단內丹'이라는 개념이 이미 수나라 이전에 불교의 승려인 남악혜사南嶽慧思(515-577)로부터 유래했다는 것은 이미 널리

---

[219] 갈홍의『열선전』은 널리 알려진 저술이고, 간보의『수신기』는 상대적으로 덜 알려진 저술이다. 그러나 국내에도 임동석에 의해 1997년에 번역본의 초판이 출간되었다.
[220] 도교가 불교를 단압하기 위해서 저지른 행위가 이른바 '三武一宗의 亂'이다. 이에 대한 연구는, 김경수(2008) 11-15쪽 참조.
[221] 당나라 시기에는 외단술에 의한 폐해가 매우 많았다. 태종과 현종 같은 현명한 군주들도 결국에는 단약에 중독되어 죽는 등 최소 여섯 명 이상의 황제들이 중독되어 목숨을 잃었고, 당대를 대표하는 지식인과 공경대부들도 이와 유사한 사례가 많았던 것으로 기록이 남아있다.

알려진 사실이다. 그리고 그의 제자인 천태지의天台智顗(538-597)는 수행법으로서 지관법止觀法을 정립한 인물로 유명하다. 이 지관법은 100년 쯤 후에 당나라의 사마승정司馬承禎(647-725)에게로 계승되어 도교의 「좌망론」으로 다시 태어났고, 이는 다시 북송의 정이천에게로 이어져 '거경居敬'수양법으로 거듭 발전했다고 보는 견해가 상당한 설득력을 가지고 있다.[222] 동시에 지관수행법이 좌망론으로 이어지는 과정에서 절강성의 천태가 중요한 매개 장소임도 아울러 역설하였다. 미우라 구니오三浦國雄는 이러한 연관성 속에서 유불도 삼교의 수도론에 이미 회통적 요소가 다분히 내재해 있다고 보고 있다.

불교의 지관수행법이 정립되고 이를 토대로 도교의 좌망론이 수련법으로 정립되었으며, 이것이 유교 성리학의 거경수양법으로 거듭나는 과정 중에서 선불교는 이른바 5가7종의 갈래가 생기고, 도교는 크게 남북2종의 내단법이 나누어지고, 유교는 극기복례의 전통적인 수양법에서 거경궁리의 성리학적 수양법으로 변화되어 갔다. 여기서는 이 중에서 도교의 내단수련법 특히 남종으로 분류되는 장백단의 수련법이 완성되는 과정에 대해서 살펴보고자 한다.

도교의 역사에서 당나라 말기로부터 북송 초기에 이르는 200년이 되지 않는 짧은 기간 동안은 독특한 의미를 지니고 있다. 이 기간의 도교는 국가적인 지원 속에서 교세를 크게 떨치기도 하지만, 한편으로는 '내단'도교의 계통이 성립하여 한 시대를 풍미하다가 어느 순간 홀연히 그 본질을 잃어버린 것으로 보이기 때문이다. 당나라 말기의 인물로 알

---

[222] 이러한 연구는 일본의 미우라 구니오에 의해서 체계화 되었다. 그의 연구성과는 박사 논문으로 정리되었고, 이는 국내에서도 출판되었다. 미우라 구니오, 이승연 옮김(2003) 참조.

려진 종리권과 여동빈으로부터 비롯된 이른바 '종려전도법'은 유해섬과 담초 등의 내단도교 인물을 배출하고, 결정적으로는 진단陳摶이라는 걸출한 위인을 낳아 도교의 내단이론을 완성하였다. 뿐만 아니라, 진단은 북송의 학술계에 커다란 영향을 끼쳐 이후의 사상계에 획기적인 변화를 가져온 인물이다. 그의 단법은 후세에 두 갈래로 전해져 하나는 유해섬을 시조로 삼는 북종이 되고, 하나는 남종이 된다. 진단이 정립한 내단도교의 이론적 틀을 보다 정교하게 가다듬어 '남종도교'의 개산조사開山祖師로 추앙받는 인물이 장백단이다.

북종의 수련법은 '선성후명先性後命'을 추구하고, 남종의 수련법은 '선명후성先命後性'을 주장한다. 그들은 각각 유불도 삼교의 장점을 취하여 자기들의 수련론 속에 포함시키는 삼교회통론을 가지고 있다. 필자는 지금까지 몇 편의 관련 연구를 통하여 남종의 수련법이 정통적인 내단수련법에 부합한다는 입장을 가지게 되었다. 즉, 진단으로부터 장백단으로 이어져서 다시금 석태와 설도광에게로 전해진 단법이 내단도교의 정통계보라고 보는 것이다. 그리고 남종의 정통단법은 여기서 사실상 끝나게 되어 홀연히 사라진 것으로 보인다. 남종의 4조인 진남과 5조인 백옥섬에 이르게 되면 그 단법은 완전한 변화를 보이기 때문이다.

필자는 이미 진단과 장백단의 내단도교에 대한 연구를 수행한 바가 있다.[223] 본 연구는 필자가 진단으로부터 이어진 내단도교의 정통파로 인정하고 있는 남종도교 장백단의 단법을 서로 비교하여 봄으로써, 그 구조와 실체를 보다 자세히 분석해보고자 하는 목적을 지니고 있다.

---

[223] 김경수(2008) 및 김경수(2010) 그리고 김경수(2011) 참조.

2. 진단과 장백단의 내단 전승

　진단陳搏(871-989)과 장백단張伯端(984 또는 987-1082)은 태어난 시기와 장소가 달라서 서로 간에 직접적인 교류관계는 있을 수 없는 인물이다. 진단은 사천성의 보주 숭감 출신이며, 장백단은 절강성의 천태 출신이다.[224] 진단이 989년에 시해했고, 장백단이 984년에 태어났다고 하더라도 진단이 시해할 당시 장백단은 불과 6살이었으므로 사승관계가 성립될 수 없다. 그러나 둘 사이에는 직접적인 사승관계가 아닌 다른 형태의 사승관계가 장백단의 만년에 이루어진다. 이러한 관계로 인하여 진단의 단법은 장백단에게 전해져서 약간의 변형을 거쳐 완전한 형태로 정립된다.
　먼저 도교수련을 통하여 118세까지 살았던 진단의 단법이 형성된 과정을 알아보자. 필자는 선행연구 결과를 통해 다음과 같이 진단의 생애를 정리하였다.

---

[224] 진단의 출생지에 대해서는, 이원국이 자세히 논증하고 있다. 이원국 저, 김낙필 외 역 (2006) 참조. 장백단의 출신지에 대해서는, 김경수(2008), 학위논문에서 자세히 논증하고 있다.

그의 자는 도남圖南이며, 호는 부요자扶搖子이고, 송의 태종으로부터 받은 사호賜號는 희이선생希夷先生이다.[225] 출신 성분은 미천하였으나, 젊어서 온갖 종류의 책을 읽어 불교, 의약, 천문, 지리 등에 통하지 않은 것이 없었고, 특히 시에 뛰어난 재주를 보였다. 벼슬에 뜻을 두었으나 세상이 어지러워 이루지 못하고, 무당산에 은거하여 20여 년간 태식과 복기, 벽곡술과 도인술 및 내단의 연양술을 익혔다. 중간에 사천의 천경관에 머물면서 수련한 바가 더욱 높아졌고, 다시 후주의 세종이 불러 간의대부에 임명하였으나 끝내 사양하니 백운白雲이란 호를 하사하였고, 화산에 들어가 운대관雲臺觀에 거주하였다. 태종이 태평흥국년간에 두 차례(977, 984) 불러서 극진히 예우하여 희이선생이라는 호를 하사하고, 거처하던 화산의 운대관을 증수하도록 하였다. 그는 도교의 하창일을 스승으로 모셨으며, 불교의 마의도자에게서 역학의 은밀한 핵심을 전해 받았다. 마의도자로부터 「정역심법」 「하도」 「낙서」 및 「선천도」를 이어받아, 유불도의 삼교사상을 융합한 사상체계를 만들었다. 그는 또 여동빈과 담초 등과는 방외우를 맺었으며, 장무몽과 유해섬 등의 제자를 두었다. 「무극도」를 그려 주돈이 「태극도설」의 기초를 제공하였고, 「선천도」는 소옹에게 전해져 상수역학의 체계로 거듭났으며, 도교 내단이론의 기초를 구성하여 '연정화기' '연기화신' '연신환허'의 내단체계를 확립하였다.[226]

아울러 그는 도교사에서 주요저술이라고 할 수 있는 『구실지현편九

---

[225] 希夷라는 사호는 『노자』 제 14장의 '視之不見 名曰夷 聽之不聞 名曰希'에서 따온 것으로, 진단이 황제의 부름과 벼슬의 제수를 거부하고 산으로 돌아가고자 했던 의미에서 내린 것으로 보아야 한다.
[226] 김경수(2011), 63-64쪽.

室指玄篇』등을 비롯하여 많은 저술을 남겼으나 현재까지 온전하게 전하고 있는 것은 거의 없는 실정이다.[227] 위의 내용을 요약하면, 그는 어려서부터 벼슬에 뜻을 두어 유학을 공부하였으나 뜻을 이루지 못했으며, 중년에 도교에 귀의하여 여러 가지 연양법을 연마하는 중에 하창일을 스승으로 만나 쇄비술鎖鼻術을 익혔으며, 그런 중간에 불교의 마의도자를 만나 역학을 전수받았다는 내용이다. 이것은 그가 정립한 내단도교가 이미 삼교회통의 요소를 온전히 갖추고 있음을 충분히 입증하고 있다고 할 수 있다. 마의도자와의 관계는 다음의 기록에서 확인할 수 있다.

> 처사 진단은 마의도자에게서 『역』을 전수받아, 그가 저술한 『정심역법』 42장을 얻었다. 하늘과 인간을 이치로서 궁구하여 선유들의 잘못을 두루 비판하였다. 진단은 처음으로 그것에 주를 달았다. 그리고 「도」와 「낙」의 비결을 전수받음에 이르러서는 역도의 비전, 즉 한이나 진의 지식인들 예를 든다면 정강성鄭康成 경방京房 왕필王弼 한강백韓康伯과 같은 학자들이 모두 알지 못하는 바를 밝혀냈다.[228]

여기서 가장 중요하게 검토하고 넘어가야 할 부분이 바로 불교의 승려인 마의도자로부터 역학에 대한 내용을 전수받았다는 사실이다. 왜냐하면, 그의 단법은 「하도」의 선천역과 「낙서」의 후천역 두 가지 원리 위에서 성립하였기 때문이다. 마의도자는 『송사』에도 등장하는 실존인물로 특이한 행적을 많이 남긴 것으로 알려지고 있다. 그는 불교의 승려이

---

227 진단의 저술에 대한 분석도 김경수(2011)에서 상세하게 검토하고 있다.
228 『불조통기』 권43: 處士陳摶 受易于麻衣道者 得所述正易心法四十二章. 理極天人 歷詆先儒之失. 摶始爲之注 及受河圖洛書之訣 發易道之秘. 漢晉諸儒如鄭康成京房王弼韓康伯皆所未知也..

면서도 여러 분야에 정통한 방외인이었던 듯하다. 진단의 저술로 알려진 책들의 목록 중에는 관상법에 관한 것도 몇 가지 있는데, 그것들도 모두 마의도자에게서 전수받은 것으로 볼 수 있다.[229] 마의도자는 달마로부터 전해진 선법과 상법을 정통적으로 전수받은 위에 중국 비전의 역학까지 통달한 인물로 보인다.

중국의 불교사에서 달마達磨가 차지하는 비중은 재론의 여지가 없다. 뒤에서 살피겠지만 진단이나 장백단의 단법에 수용된 불교의 내용은 모두 달마 이래의 선불교이다. 흔히 달마가 중국에 전수한 것이 세 가지 있다고 하는데, 첫째가 선법禪法이요, 둘째가 권법拳法이며, 셋째가 상법相法이라고 한다. 달마의 세 법 중에서 진단은 마의도자를 통하여 두 가지를 전수받았던 것이다.

진단의 도교수련법에서, 그가 도교에서 스승으로 섬겼던 하창일로부터 전수받은 쇄비술은 중요한 부분이 아니라고 할 수 있다. 오히려 방외우로 사귀던 여동빈의 영향이 컸다고 볼 수 있으니, 여동빈은 종리권으로부터 전해지는 내단도교 '종려전도파'의 핵심인물이기 때문이다. 진단의 내단도교는, 여동빈을 통해서 전수받은 종리권의 수련체계를 받아들이고 그 위에 마의도자로부터 전수받은 역학의 원리를 더하여, 이론적으로 완전한 수련도식을 만들었다고 보아야 한다.

한편, 도교 내단수련이론의 집성자로 꼽히는 장백단의 생애는 다음과 같이 요약할 수 있다.

---

[229] 현재까지 관상에 관한 최고의 고전으로 꼽히는 책이 바로 『麻衣相法』이다. 이 책을 실제로 마의도자가 지은 것인지에 대해서는 의문의 여지가 매우 많고, 오히려 마의도자로부터 상법을 전수받은 진단의 저술이라고 알려져 있으며, 그로 인해 중국에서 상법의 새로운 지평이 열린 것만은 분명한 사실인 것 같다.

장백단은 984년 또는 987년에 태어났고, 젊어서는 박학하여 과거에 뜻을 두었으나[230] 관청의 아전으로 근무하던 중에 계집종이 자신이 좋아하는 생선을 훔쳤다고 오해하여 매질하여, 그 종이 자살했다. 이 것이 후에 자신의 잘못임이 밝혀지자 세상사에 뜻을 잃고 공문서를 불에 태우고, 그 죄에 연루되어 영남으로 좌천되어 육선의 휘하에서 이리저리 옮겨 다니면서 살았다. 나이 80세 이후인 1069년에 성도에서 진인을 만나 단법을 전수받았고, 그 요점을 정리하여 「서문」에 의하면 희령 을묘년인 1075년에 『오진편』을 저술하였고, 그 3년 뒤 원풍 원년인 1078년에 다시 「후서」를 저술하였다. 그리고 1082년에 세상을 떠난 것으로 된다. 물론 그 중간에 긴 기간은 아니었지만 제자들을 가르친 기록이 남아 있다.[231]

장백단도 진단과 마찬가지로 젊어서 과거에 뜻을 두었으나 급제하지는 못했으며, 벼슬아치의 막료로써 일생을 떠돌아다니며 지냈다. 진단과 장백단은 둘 모두 천문으로부터 지리와 인사에 이르기까지 넓은 분야에 걸쳐 깊은 지식을 갖고 있었으며 특히 시에 뛰어난 소질을 지녔던 사실도 공통점으로 드러난다. 또한 둘은 특정한 계기가 있었던 삶의 어느 순간부터 자유인으로 살면서 무엇인가에 얽매이지 않고 살았던 점에서도 유사하다.

장백단의 생애와 단법을 얻은 과정에 대해서는 조도일의 『역세진선체도통감』에 자세히 기록되어 있다.

---

[230] 신진식(2007), 417쪽의 주2에서 장백단이 '어려서 進士에 합격했으며' 라고 하였는데, 어디에 근거한 것인지 알 수 없다. 특히 '어려서'라는 표현은 과거시험을 볼 수 있는 나이를 감안한다면 적절한 표현이 아닌 듯하다.
[231] 김경수(2010), 146쪽.

장백단은 천태인이다. 젊어서는 배우지 아니한 바가 없었으며 물결 같은 자취가 운수 사이에 있더니, 만년에는 혼원의 도를 전했으나 자세한 설명을 갖추지는 않았고 사방을 편력했다. 송나라 신종 희령 2년에 용도공 육선이 익주의 성도 수비를 책임질 때 의지하여 촉에 놀았다. 류해섬을 만나 금액환단화후金液還丹火候의 비결을 전수받고서 이에 용성用成으로 이름을 바꾸었으니, 자는 평숙平叔이요, 호는 자양紫陽이다. … 마처후가 소명을 받아 행차하려 함에 자양이 오진편悟眞篇을 주면서 말하기를, "평생에 배운 바가 모두 여기에 있습니다. 원컨대 공께서 이 책을 유포하시면 마땅히 이 책으로 인하여 뜻을 이해하는 자가 있을 것입니다."고 하였다. … 원풍 5년 3월 15일에 가부좌를 하고 앉아서 선화하니, 세상에 거주한 것이 99세였다. 시해송尸解頌이 있어 말하기를 "사대四大가 흩어지려 함에 부운은 이미 공하도다. 한 점 신령함이 묘유妙有하여 법계에 두루 통하네."라고 하였다. 한 사람의 선禪을 좋아하는 자가 (시신을) 불로 화장하니 사리舍利 천백 개를 얻었는데, 큰 것은 가시연의 열매만 하였고 색깔은 모두 검푸른 색이었다.[232]

여기서 중요한 점은, 장백단이 사천의 성도에서 80이 넘은 나이에 유해섬으로부터 단법을 전수받았고 이로 인하여 스스로의 이름을 바꾸었으며 자양이라는 호를 사용하게 되었다는 사실과, 그가 정립한 내단

---

232 趙道一, 『歷世眞仙體道通鑑』 권49, 「張用成」: '張伯端天台人也. 少無所不學 浪迹雲水 晚傳混元之道而未備 孜孜徧歷四方. 宋神宗熙寧二年 陸龍圖公詵鎭益都 乃依以遊蜀 遂遇劉海蟾 授金液還丹火候之訣 乃改名用成 字平叔 號紫陽 …處厚被召臨行 紫陽以悟眞篇授之曰 平生所學 盡在是矣 願公流布此書 當有因書而會意者. …於元豊五年三月十五日 趺坐而化 住世九十九歲. 有尸解頌云 四大欲散 浮雲己空 一靈妙有 法界圓通. 一好禪弟子 用火燒化 得舍利千百 大者如芡實焉 色皆紺碧.'

도교의 수련법을 담은 저술인 『오진편』을 남겼다는 점,[233] 마지막으로는 그의 시해에 얽힌 이야기로서 그의 죽음은 불교의 그것과 너무나 유사하다는 사실이다. 그가 남긴 저술인 『오진편』은 내단도교에서 대단히 중요한 비중을 갖는 것으로 이에 대한 주석서만 30여 종이 넘게 남아있다. 또한 그의 죽음이 불교의 그것과 너무나 일치하는 것으로 보이는 점에서 장백단의 사상에 선불교의 요소가 강하게 영향을 끼치고 있음도 쉽게 짐작할 수 있다.

위의 기록에서 장백단이 유해섬으로부터 단법을 전수받았다는 사실은 충분한 검토를 필요로 한다. 앞서 진단의 단법 유래를 살피면서 그의 제자 중 한 사람으로 거론된 인물이 바로 유해섬이다. 이 기록을 믿는다면 장백단은 진단의 사숙인이 된다. 그렇다면 그의 단법은 진단으로부터 직계로 전수된 것이 되므로 정통성을 확보하는데 아무런 문제가 없다. 그러나 후대에서는 장백단을 도교 남종파의 개산조사로 추앙하며, 유해섬은 북종의 개산조사로 추숭한다. 따라서 두 사람의 단법에는 차이게 있다고 보아야 한다. 그 차이점 중에서 가장 중요한 점이 바로 '선명후성'과 '선성후명'으로 표현되는 수련과정에서의 '명命'과 '성性'에 대한 우선순위이다. 이것은 수련법에서 대단히 중요한 차이다. 이러한 차이점이 있는데도 불구하고 장백단이 유해섬으로부터 단법을 전수받았다고 단순히 믿는다는 것은 어려움이 있다. 원대의 인물인 조도일의 기록은 내단도교의 계보를 맞추려는 의도가 있는 것으로 해석할 수 있다. 물

---

[233] 그의 저술로 알려진 것으로는 『오진편』 외에 『금단사백자』와 『청화비문』이 있다. 이들은 모두 『正統道藏』 및 『中華道藏』에 장백단의 저술로 수록되어 있고, 중국이나 한국의 선행연구자들은 모두 이것을 그의 저술로 인정하고 있다. 그러나 필자는 상세한 고증을 통하여 『오진편』 외의 저술은 장백단이 직접 지은 것이 아니라는 사실을 밝힌 바 있다. 김경수, 「북송초기 유불도의 삼교회통론」, 위의 논문. 참조.

론 진단이 사천과 밀접한 인연이 있었고, 장백단이 만년에 사천에서 거주했다는 사실로부터 위와 같은 가능성을 배제할 수는 없다. 그러나 장백단은 그 스스로가 유해섬으로부터 단법을 전수받았다는 기록을 남기지 않았다.

오히려 그는 그가 단법을 전수받은 과정에 대해서 다른 기록을 남기고 있다. 그는 『오진편』 속에서 다음과 같은 시를 한 수 남겼다.

> 꿈에서 서악 화산을 뵙고 구천에 이르니,
> 진인께서 나에게 지현편을 전수하셨네.
> 그 내용은 간단하고 쉬워 많은 말 없고,
> 단지 사람에게 연홍鉛汞의 수련을 가르치네.[234]

장백단의 이 시는, 그가 꿈에서 진단으로부터 직접 『지현편』에 있는 내단수련법을 전수받았다고 말하고 있는 것이다. 조도일의 기록과 장백단이 직접 쓴 기록 중에 어떤 것을 더 믿어야 할까? 장백단이 남긴 기록에 의하면, 그는 진단의 저술인 『지현편』을 얻어서 열심히 궁구하여 그 원리를 터득한 것으로 보아야 한다. 그가 유해섬으로부터 진단의 단법을 전수받았다면 고의적으로 그러한 사실을 왜곡할 필요가 있었을까?

그러나 결론적으로 말하자면, 장백단의 단법은 진단의 단법을 계승한 것이 확실하다는 사실이며, 진단의 단법은 종려전도법의 수련법에 역학의 원리를 더하여 그 스스로가 독창적으로 수립한 것이라고 보아야 한다는 것이다.

---

[234] 『오진편』, 칠언절구 제11수: '夢謁西華到九天 眞人授我指玄篇. 其中簡易無多語 只是教人煉汞鉛.'

3. 진단과 장백단의 단법 비교

그렇다면, 진단이 독창적으로 수립한 단법과 장백단이 진단에서부터 전래된 단법을 보다 정교하게 정립한 단법의 구체적 모습은 어떤 것인가? 그 둘 사이의 공통점과 차이점은 무엇인가?

진단의 경우 그의 저술들이 거의 남아있지 않아 단법의 구조를 명확히 구명하기는 어렵다. 그러나 여기저기 다른 저술들에서 인용하고 있는 그의 저술들의 단편을 수습하여 그 체계를 구성할 수는 있다. 그의 단법은 정기신의 개념에 기반하여 '연정화기' '연기화신' '연신환허'의 단계로 수련하는 것이다. '화'는 점진적인 질적 변화를 말하며, '환'은 차원이 다른 세계로 옮겨가는 '귀근복명'을 말한다.

『제진성태신용결諸眞聖胎神用訣』에서 인용하고 있는 진단의 저술 『태식결胎息訣』에서 진단이 말하는 생성변화의 원리는 다음과 같다.

> 무릇 도는 어린아이로 변하고, 어린아이는 노인으로 변하며, 노인은 병듦으로 변하며, 병듦은 죽음으로 변하고, 죽음은 신神으로 변한다. 신은 사물로 변하고, 기는 변하여 생명의 령靈을 낳고, 정은 변하여 형

체를 이룬다. 신기정이 3차례 변하고 수련이 이루어져 진선이 된다.[235]

여기에 더하여 진단은 '정을 보존하고 신을 기르며 기를 정련해야 한다. 이는 삼덕三德의 신으로 반드시 알아야 한다.'[236]고 말한다. 이러한 기본원리에 바탕하여 정립한 그의 단법은 결국「무극도」로 집약되어 표현된다. 그리고 이「무극도」에 대해서는 유학자 황종염이「태극도변」에서 그 연단의 원리를 상세히 설명하고 있다.[237]「무극도」는 다섯 단계의 그림으로 되어 있는데, 그 각각의 단계에 대하여 진단은 1. 득규得竅 2. 연기煉己 3. 화합和合 4. 득약得藥 5. 탈태구선脫胎求仙의 명칭을 붙였다.

맨 아래의 원은 '득규'로서 취빈지문取牝之門에 해당한다. 신장의 정과 명문의 기를 확인하는 단계이다. 이때에 선의 수행을 통한 지혜가 충만한 상태로의 전환이 필요하다. 두 번째 단계의 '연기'는 연정화기 연기화신에 배당하였다. 형질인 정을 순수에너지인 기로 변화시킴이 연정화기이다. 여기서 다시 이 기를 부동의 상태로까지 이끌어 신과 합치하여 완전한 신으로 변화시키는 과정이 연기화신이다. 연정화기는 '명공'이며, 연기화신은 '성공'이다. 이렇게 되면 '성명쌍수'가 이루어진다. 진단의 단법은 명공으로부터 성공으로 다시 연신환허의 도교적 수련으로 나아가는 방식인 것이다. 세 번째 단계의 '화합'은 이른바 오기조원五氣朝元에 해당한다. 이때의 기는 이미 후천의 기가 아니라 선천의 기이다. 다섯 가지의 기를 하나로 통합하는 것이다. 네 번째의 단계가 '득약'이니, 이 지점

---

235 夫道化少 少化老 老化病 病化死 死化神. 神化物 氣化生靈 精化成形 神氣精三化 煉成眞仙. 이 인용문은『諸眞聖胎神用訣』에 인용되어 있는 것을 옮긴 것이고, 번역문은. 김낙필 외 역, 위의 책, 678쪽의 것을 약간 수정하여 재인용했음을 밝힌다.
236『태식결』: 存精 養神 煉氣 此乃三德之神 不可不知.
237 김경수(2011), 72-73쪽 참조.

이 진단 특유의 단법이라고 할 수 있는 주역의 원리를 활용한 '취감전리取坎塡離'이다. 오기조원을 거친 기는 음양, 즉 수화水火의 2기로 환원된다. 즉 신神 중의 음신과 양신을 나타내고 있다. 그러나 이 음신과 양신은 완전하지 못하다. 그래서 이 단계를 '득약'이라 하며, '성태聖胎'라거나 '영아嬰兒'를 맺었[結]다고 한다. 따라서 완전히 탈태하여 진인이 되기 위해서는 '순양純陽'으로의 변화가 요구된다. 이를 이루는 것이 '취감전리'이다. 바로 감괘(☵)의 가운데 양효를 취하여 리괘(☲) 가운데의 음효를 메워서 리괘를 순양의 건괘(☰) 상태로 변화시키는 것이다. 그런데 지금까지의 연구들을 살펴보면, 진단의 수련론에서 이 부분에 대해서 분명히 밝힌 것이 보이지 않는다. 이 부분이 이렇게 해명되지 않으면 진단의 수련론은 자체적으로 모순을 가지게 된다. 이 문제는 장백단의 내단수련론을 자세히 살핀 연후에야 알 수 있다. 그리고 이렇게 해서 순양의 온전한 진인으로 변화된 상태가 다섯 번째 단계인 '탈태구선'의 '연신환허' '복귀무극'이다.

이 경지를 『옥전玉詮』에서 인용하고 있는 『지현편』에서는 다음과 같이 묘사하고 있다.

> 하나의 기가 교합하여 융합하면 만 가지 기가 온전하게 갖추어진다. 그러므로 태극이라 이름하며, 이것은 바로 나의 신체가 생겨나기 이전의 모습이다.[238]

여기서 말하고 있는 '신체가 생겨나기 이전의 모습'이라는 설명은 불교의 '진여각성'과 같은 것이 아니다. 오히려 '만 가지 기氣가 온전하게

---

238 一氣交融 萬氣全具 故名太極 卽吾身未生之前之面目.

갖추어진' 상태로서 귀근복명하여 선천의 육신으로 장생불로의 경지에 이르렀음을 말하고 있는 것이다.

장백단의 단법은 기본적으로 진단으로부터 전해진 것임을 살펴보았지만, 그 내용에 있어서는 다소 다른 점이 보인다. 그의 단법은 『오진편』에서 구체적으로 확인할 수 있는데, 그는 이전의 경전 중에서 『도덕경』과 『음부경』 그리고 만고단경왕으로 불리는 『주역참동계』로부터 많은 부분들을 인용하여 그 이론적 근거로 삼고 있다. 또한 그의 단법은 내단을 최고로 여기면서 외단을 배척한다. 그렇지만 그는 여전히 당시까지 사용되고 있던 외단의 개념을 빌려 자신의 이론을 설명하고 있다.

그의 단법의 요점을 정리해보면, 우선 그는 종래까지의 모든 도교수련법을 철저히 부정한다. 복기 복식 안마 도인 주문 벽곡 방중술 등 모든 수련법이 참된 수련이 아니라고 하면서 오직 폐식閉息 한 가지 방법만은 다소의 도움이 된다고 말한다. 이를 그는 다음과 같이 표현하고 있다.

> 삼황三黃과 사신四神으로 수련하지 말지니,
> 온갖 초목에서 찾는 것은 거듭 올바르지 않다네.
> 음양이 짝을 만나 바야흐로 교감하니,
> 두 가지가 조화하여 스스로 합하여 친하네.[239]

삼황三黃은 웅황雄黃과 자황雌黃 그리고 유황硫黃을 말하고, 사신四神은 주사朱砂와 수은水銀과 연鉛과 초硝를 지칭하는 것으로 모두 외단수

---

[239] 『오진편』, 칠언율시 제8수: '休煉三黃及四神 若尋衆草更非眞. 陰陽得類方交感 二八相當自合親.'

련법에서 약물로 사용하던 유형의 물질들이다. 그는 외단에서 사용하던 광물질이나 진귀한 초목과 같은 약물들이 모두 참된 수련에는 도움이 되지 않는 것이라고 단언하고 있다. 그리고 그는 음양의 교감을 수련의 방법으로 하여야만 참된 수련을 이룰 수 있다고 하고 있는 것이다. 이제 그는 '그대에게 권하노니 이 몸에서 궁구하여 취할 것이니, 반본환원이 바로 약물의 왕이라네.'[240]라고 하면서, 외단을 버리고 완전한 내단으로의 전환을 선언하고 있다.

그에게 있어 내단이란 모든 사람들이 본래부터 가지고 있는 보배를 뜻한다. 칠언율시 제6수에서는 이것을 '사람마다 본래부터 장생약을 지녔으나, 스스로 어리석고 혼미하여 잘못 포기하도다.'[241]라고 하고 있다.

기존의 모든 수련법을 배척하고 참된 수련법인 내단을 주창한 그의 수련법은 다음과 같이 구체적으로 제시된다.

> 금액金液을 연마하여 단으로 돌이키는 것은 만나기는 어렵지만 이루기는 쉽다. 그 요점은 모름지기 음양을 밝게 깨닫고 조화에 깊이 통달하여 바야흐로 능히 황도黃道에서 이기二氣를 따를 수 있고, 원궁元宮에 삼성三性을 모으고, 오행을 모으고, 사상四象을 화합시킨다. 용과 호랑이가 상응하고 부창부수하여 옥정玉鼎이 끓어오르고 금로金爐가 활활 타오르면 비로소 현주玄珠가 모습을 드러내고 태을太乙이 진眞으로 돌아가니, 마침내 잠깐 동안의 공부가 무궁한 즐거움을 영구히 보존하게 한다.[242]

---

240 『오진편』, 칠언율시 제9수: '勸君窮取生身處 返本還元是藥王.'
241 『오진편』, 칠언율시 제6수: '人人本有長生藥 自是愚迷枉擺拋.'
242 『오진편』, 「서」: '夫煉金液還丹者 則難遇而易成. 要須洞曉陰陽 深達造化 方能追二氣于黃道 會三性于元宮 攢簇五行 和合四象. 龍吟虎嘯 夫唱婦隨 玉鼎湯煎 金爐火熾 始

여기서 말하는 황도黃道란 인체에서 약물이 운행하는 길 중의 하나로 회음부會陰部에서 니환泥丸으로 바로 연결되는 길을 말하고, 이기二氣란 음양을 말하며, 원궁元宮은 중단전中丹田을 가리키고, 삼성三性은 원정 원기 원신을 말하고, 옥정玉鼎은 기혈氣穴인 하단전下丹田을 가리키며, 금로金爐는 신장腎臟을 지칭하고, 현주玄珠는 무형의 신기神氣가 응결하여 이루어진 현단玄丹을 가리키는 내단의 용어들이다. 이것을 풀어서 말해보면, 음양의 두 기를 화후로 잘 조절하고, 중단전에서는 삼성과 오행과 사상을 잘 모아서 배열하고, 신장에서 채취한 원정의 약물을 음양으로 잘 배합하여 하단전에서 응결시키면 마침내 단이 이루어지고 궁극에는 반본환원하게 되어 영원한 생명을 얻는다는 것이라고 할 수 있다.

장백단의 내단수련법의 전체 과정을 필자의 기존연구[243]를 통하여 정리해보면 다음과 같이 말할 수 있다. 그의 수련법은 네 단계로 이루어지는데, 먼저 축기하고, 다음은 연정화기하며, 그 다음은 연기화신하고, 마지막으로 연신환허하는 것이다. 여기에는 또 세 가지의 중요한 요소가 필요하니, 이른바 로정爐鼎과 약물藥物 그리고 화후火候가 그것이다. 축기란 약물을 가공할 노정을 배치하고, 약물을 채취할 심신의 준비단계에 들어감을 말한다. 노정이란 하단전과 중단전 그리고 상단전을 가리키고, 심신의 준비단계란 수심收心과 존심存心과 입정入靜과 조신調神 그리고 조정調精 등을 지칭한다. 약물은 연홍鉛汞이니 이른바 정기신이고, 진연진홍眞鉛眞汞이란 선천의 원정과 원신을 말한다. 후천의 정기신은 유형유질인 반면에, 선천의 정기신은 무형무질로서 '음일소감지정'이나 '구비호흡지기'나 '심의염려지신'과는 다른 것으로, 이 셋은 원래 선천일기의 세

得玄珠成象 太乙歸眞 都來片餉工夫 永保無窮逸樂.'
[243] 김경수(2008), 173-175쪽 참조.

가지 양태이다. 이 약물을 오행으로 말하면 목木은 선천원신, 화火는 후천식신, 금金은 선천원정, 수水는 후천음정, 토土는 의념으로 매개의 역할을 한다. 내단수련이란 후천을 선천으로 되돌려 순양의 진일지기眞一之氣로 환원하고자 하는 것이므로, 목생화木生火와 금생수金生水의 상태를 거꾸로 돌이키는 수련이다.

그 다음부터는 모두 화후의 단계인데, 화후란 외단에서는 로정爐鼎에 불의 기운을 조절하는 것이지만, 내단에서는 때에 맞추어 채취하고 양에 맞게 조절하여 금단을 형성하고, 속도를 알맞게 하여 운행하며 적절한 단계에서 휴식하고 멈추어 금단을 완성하는 것이다. 그 처음이 연정화기이니, 이는 다시 채약採藥과 봉고封固와 연약煉藥 그리고 지화止火로 나누어진다. 우선, 약물의 채취는 하단전에서 신수腎水를 때에 맞추어 확보하는 것이다. 이 신수는 선천신수天腎水인 임수壬水와 후천신수後天腎水인 계수癸水가 있는데, 계수가 생기는 순간을 포착하여 이를 채취하고, 그 속에서 임수를 찾아 연정화기의 단계로 수련해야 함을 말한다. 이때 후천의 정과 선천의 정을 각각 동일한 양[二八]으로 하여 연마하는 것이 중요하다는 것도 지적한다. 봉고는 채취한 약물을 하단전에서 잘 가두는 것을 말하고, 연약은 금단을 화후의 법도에 맞게 임맥任脈과 독맥督脈을 따라 진양화進陽火와 퇴음부退陰符의 방법으로 소주천小周天과 대주천大周天으로 순환시키는 것이며, 지화는 양 미간 사이의 명당에서 양광陽光이 발현되는 때를 만나게 되면 두 번째의 경우에 화후를 멈추고 목욕沐浴 즉 온양溫養의 단계로 들어가야 한다는 말이다. 그리하여 결국 대약大藥이 완성되는 때에 이르면 연정화기가 완성된다고 한다. 이 단계가 바로 수명修命의 단계이니, 장백단의 선명후성 수련이론의 앞부분에 해당한다.

다음은 연기화신의 단계이니 기를 단련하여 신으로 돌이킨다는 것이다. 이때는 화후의 운행도 멈추고 의식도 작용을 중지하고, 원신이 저절로 드러나기를 기다려서 목욕하고 온양하면 신과 기가 합일한다고 한다. 이는 유위를 넘어 무위에 도달함이니 관조의 경지이다. 이것이 바로 수성의 단계이니 장백단 내단수련론의 중간에 해당한다.

 마지막은 연신환허의 단계이니 신을 단련하여 태허로 돌아간다는 것이다. 이 경지는 안정되고 고요하며 감이수통感而遂通하여 천지와 더불어 영원히 그 생명을 함께하는 초월적 진인이 된 상태이다. 이것은 수명과 수성을 함께 이루어 온전히 순양으로 돌아간 것으로 장백단 내단수련론의 최고 경지이다. 칠언절구 5수 중 제1수에서는 다음과 같이 읊고 있다.

> 그대가 진여성을 완전히 깨닫더라도,
> 몸을 버리고서 다시 몸으로 들어감을 면치 못하리.
> 어떻게 다시 대약을 수련하여,
> 무루로 뛰어올라 진인이 되리.[244]

 이것은 선불교의 수성이 귀근복명을 종지로 하는 도교 내단수련의 경지에 이르지 못하는 것으로 윤회에 머무는 상태임을 말하면서, 수명과 수성을 함께 수련하여 태허로 돌아간 도교의 수련법이 최고의 경지임을 강조하고 있는 것이다. 그는 다시 이를 '모든 음을 다 벗겨내면 단이 성숙하고, 온갖 잡념에서 벗어나면 만 년의 수명을 누리리.'[245] 라고

---

[244] 『오진편』, 七節五首 제1수: '饒君了悟眞如性 未免抛身却入身. 何似更能修大藥 頓超無漏作眞人.'
[245] 『오진편』, 칠언율시 제13수: '群陰剝盡丹成熟 跳出凡籠壽萬年.'

표현하고 있다.

그러나 이러한 경지를 수련하기 위해서 절대적으로 필요한 두 가지가 전제되어야 한다는 사실도 장백단은 강조하고 있다. 그 하나는 도덕적 수양이요, 다른 하나는 화후에 대한 비전을 얻어야 한다는 것이다. 도덕적 수양에 대해서는 다음과 같이 말하고 있다.

> 덕행을 닦아서 팔백을 넘고,
> 남이 모르는 공덕 쌓아 삼천을 채웠네.
> 사물과 나 그리고 친한 이와 원수를 하나로 보니,
> 비로소 신선의 본원에 합하네.
> 호랑이나 무소나 병기도 해치지 못하며,
> 온갖 잡념에도 구애되지 않는다네.
> 보배로운 부적이 내린 후에 선경에 이르니,
> 편안히 경여瓊輿와 봉연鳳輦을 타네.[246]

덕행과 남이 모르는 공덕, 그리고 모든 것을 하나로 보는 경지에 이르러야 비로소 신선이 되고자 하는 소원에 합할 수 있다고 한다. 그렇게 되면 온갖 흉악한 짐승이나 날카로운 병기도 몸을 해치지 못하고 스스로도 잡념의 굴레에서 벗어나게 된다는 것이다. 그런 연후에 수련을 통하여 신선의 경지에 이를 수 있고 영원한 생명을 얻게 된다는 점을 강조하고 있다.

화후에 대한 지인의 비전을 얻어야 함에 대해서는 다음과 같은 말

---

[246] 『오진편』, 「서강월」 제11수: '德行修逾八百 陰功積滿三千. 均齊物我與親冤 始合神仙本願. 虎兕刀兵不害 無常火宅難牽. 寶符降後去朝天 穩駕瓊輿鳳輦.'

을 남기고 있다.

> 참동계와 론들과 경전과 노래들이 지극한 진리를 말하지만,
> 화후는 문장에 드러내지 않았네.
> 지인의 구결이 화후의 비결에 통함을 알아야만,
> 모름지기 신선과 더불어 자세히 논하네.[247]

내단수련에서 결정적으로 중요한 화후의 조절에 대해서는 어떤 경전이나 글들에서도 설명하지 않고 있으며, 그것은 오직 지인至人의 구결을 통해서만 전수되므로 신선을 만나지 않고서는 수련의 성공을 기약할 수 없다는 말이다.

도덕적 수양과 지인을 직접 만나 화후의 비전을 전수받아야만 참된 수련을 시작할 수 있고, 온전히 진인眞人의 경지에 이를 수 있다는 장백단의 내단수련법은 대단히 중요한 의미를 함축하고 있다. 바로 이러한 점 때문에, 필자는 그에 의해서 완성된 내단도교가 오래 전하지 못하고 얼마 못가서 홀연히 사라졌다고 판단하고 있다. 진단과 장백단 그리고 장백단의 제자인 석태와 석태의 제자인 설도광이 백세 또는 그보다 훨씬 오랜 세월을 생존했지만, 그 이후의 도교 남종파의 인물임을 자처하는 사람들은 그와 같이 장수하지 못했기 때문이다.

---

[247] 『오진편』, 칠언절구 제28수: '契論經歌講至眞 不將火候著于文. 要知口訣通玄處 須共神仙仔細論.'

4. 진단과 장백단의 삼교회통론 비교

　진단과 장백단의 내단체계에서 드러나는 중요한 공통점 중의 하나가 삼교회통의 이론이다. 당말의 회창법난 이후 불교는 막대한 피해를 입어 더 이상 교종불교의 재기가 어렵게 되었고, 선종과 정토종 정도가 맥을 잇고 있었다. 선불교는 오대십국을 거치면서 역설적으로 사대부의 마음을 많이 사로잡는 결과를 가져와 북송에 이르면 이른바 거사불교가 성하게 되기도 하였다. 오가칠종으로 분기한 선불교는 유학의 사대부와 결탁하면서 새로운 중흥을 모색하였고, 내단으로 전환한 도교는 오히려 선불교를 흡수하면서 그 이론적 체계를 정립하였던 것이다.

　진단의 경우, 그는 일찍부터 유학을 공부하였고 특히 『역』에 깊은 관심을 가져 늘 손에서 놓지 않았다고 알려져 있다. 『역』에 대한 그의 이러한 관심이 결국 나중에 마의도자로부터 비전의 역학을 전수받는데 큰 도움이 되었을 것임은 분명하다고 하겠다. 그가 공부한 『역』이 어떻게 도교의 내단원리로 정착되었는가? 『주역』이 도교 역학과 관련되게 된 것은 동한의 위백양이 『주역참동계』를 저술하고부터이다.[248] 비전되고 있던

---

[248] 『주역참동계』와 내단도교의 수련법과의 연관성에 대해서는 서대원(2006)의 「외단으로 본 『참동계』」 및 (2006) 「『참동계』와 태극도」 등이 참고할 만하다.

이 책에 팽효가 주석을 붙여 『주역참동계분장통의』를 저술하였다. 그런데 그 시기가 진단이 사천으로 들어가 수련한 시기와 일치한다. 진단이 이 책을 얻어 보고 그의 내단이론에 응용하였을 가능성이 매우 높다는 점이 보고되기도 하였다.[249] 그 대표적인 예가 바로 진단의 「무극도」에 나타나는데, 그 속에 팽효의 「삼오지정도」와 「수화광곽도」가 포함되어 있기 때문이다.

다음으로 진단은 어떻게 선불교와 내단을 통합하여 회통하였는가? 그는 『태식결』에서 다음과 같이 말하고 있다.

> 마음을 바로 정하여 움직이지 않는 것을 일러 선禪이라 한다. 만 가지 변화에 신묘하게 통하는 것을 일러 령靈이라 한다. 지혜가 만사에 두루 통하는 것을 혜慧라고 부른다. 도의 시작과 기를 합하는 것을 수修라고 말하며, 진기가 그 근원으로 돌아가는 것을 일러 연煉이라 정의한다.[250]

불교에서 말하는 선禪의 경지를 도교 내단수련이론의 1단계로 가져와 자신의 수련론을 수립하고 있는 것이다. 그에게 있어 수련이란 '마음을 고요하게 하는 선의 수행으로부터 시작하여, 그 고요함의 끝에서 온갖 변화에 신묘하게 통할 수 있고, 지혜가 충만한 상태에 이르게 되면, 미묘한 정의 흐름을 간취하여 이것을 기로 변화시키는 과정을 거쳐서 결국 복귀무극의 상태로 돌아가는 것'이라고 할 수 있다.

---

249 이원국이 이 부분에 대해서 자세히 논고하였다. 김낙필 외 역(2006), 678-680쪽 참조.
250 定心不動 謂之曰禪 神通萬變 謂之曰靈 智通萬事 謂之曰慧 道元合氣 謂之曰修 眞氣歸源 謂之曰煉.

이 단계에서 '명공'을 거쳐 '성공'으로 나아간 경지에 대해서 진단은 다시 『성명규지』에서 인용하고 있는 『지현편』에서 다음과 같이 묘사하고 있다.

> 마음이 텅 비어 고통이 없어지면,
> 무슨 생사와 무슨 구속 있으랴!
> 하루아침에 육신의 옷 모두 벗고,
> 자유로이 소요하는 대장부 되리니![251]

위의 구절은 불교적 해탈을 묘사하고 있고, 아래 구절은 도교 진인의 경지를 표현하고 있다고 할 수 있다. 세속의 고통에서 벗어난 해탈의 경지를 넘어서 선천의 육신을 가지고 장생불사하는 내단수련의 궁극목적을 노래하고 있는 것이다. 즉 진단은 선불교의 수행이 내단수련보다 한 단계 아래의 것이며 동시에 그러한 수행이 수련의 과정에 필요불가결한 것임을 설파하고 있음을 알 수 있다.

여기에 더하여 진단은 선불교의 '관심법'을 그의 이론에 접목시키고 있다. 사물의 이치를 궁구하는 것이 모두 관심이라는 것인데, 이원국은 진단의 이 이론이 천태종의 '지관법'으로부터 유래한 것이라고 확신하고 있다.[252] 또한 그는 불교의 공을 도교식으로 해석하여 '오공설五空說'을 만들기도 하였다. 일반인인 완공頑空, 단견자인 성공性空, 첫 단계의 도를 얻은 법공法空, 도를 얻어 진신眞神으로 변화한 진공眞空, 그리고 진인의 경지에 이른 불공不空이 그것이다.

---

[251] 若得心空苦便無 有何生死有何拘. 一朝脫下胎州襖 作個逍遙大丈夫!
[252] 김낙필 외 역(2006), 681-682쪽 참조.

결국, 진단은 유가의 역에 선천역을 도입하여 유불융회를 이루고, 여기에 도교의 『참동계』를 더하여 내단수련법을 정립하였다. 여기에 더하여 선불교의 관심수행법과 종자설 그리고 오공설까지 합하여 자신의 독특한 체계를 완성하는 삼교회통의 구조를 완성하였다고 할 수 있다.

한편, 장백단의 경우에는 삼교회통에 대해 다음과 같은 분명한 관점을 제시하고 있다.

> 그러므로 노자와 석가는 성性과 명命의 학술로써 방편의 문을 열어 사람에게 종자를 닦아서 생사에서 벗어나도록 가르쳤다. 석가는 공적을 종지로 삼아, 만약 돈오하여 두루 통하면 곧바로 피안으로 뛰어넘고, 만약 습관이 된 번뇌를 완전히 제거하지 못하면 오히려 삶에 윤회한다고 하였다. 노자는 연양을 진리로 삼아, 만약 그 요체를 얻으면 성인의 지위에 올라서고, 만약 본성을 밝히지 못하면 오히려 환형幻形에 매달리게 된다고 하였다. 그 다음은, 주역의 '궁리진성지명窮理盡性知命'이란 말이 있고, 논어에 '사의私意를 갖지 말고, 기필期必하지 말고, 고집固執하지 말고, 아집我執을 가지지 말라'는 설이 있으니, 이것은 또 공자가 성명의 오묘함에 극도로 도달했음을 말한다. 그러나 그 말이 항상 생략되어 상세함에 이르지 못한 것은 무엇 때문인가? 아마도 인륜을 바로하고 인의예악을 베푸는 유위의 가르침을 펴고자 한 까닭에 무위의 도에 대해서는 항상 드러내어 말하지 않으시고, 단지 명술命術은 역의 상象에 감추고 성법性法은 은미한 말에 섞였기 때문일 것이다. … 이와 같이 가르침은 비록 셋으로 나누어졌지만 도는 어찌 하나로 돌아가지 않겠는가? 어찌하여 후세의 도사와 승려들의 무리는 각각 독립된 문파를 세워 서로 시비하여 결국 삼가의 요점을 미혹에 빠지게 하여, 능히 하나로 섞어 같은 곳으로 돌아가지 못하게

하였는가?[253]

그에 의하면, 불교와 도교의 가르침의 목적은 생사의 윤회에서 벗어나는 것이다. 그런데 불교는 성性을 바탕으로 하고, 도교는 명命을 바탕으로 하여 각각 가르침을 행한다. 석가는 공적을 종지로 삼으니 돈오를 통하여 피안으로 가지만 조금의 번뇌라도 남기면 윤회의 굴레를 벗어나지 못한다고 하였다. 도교는 연양을 진리로 삼으니 요점을 얻게 되면 성인의 경지로 나아가되 본성을 깨우치지 못하면 헛된 형상에만 매달린다고 하였다. 도교에서 본성을 깨치지 못하면 헛된 형상에 매달리게 된다는 말은 그의 '성명쌍수'론의 단초를 암시하고 있는 것이다. 또한 그가 여기서 불교와 도교의 가르침을 최상의 진리로 함께 인정하는 듯하지만, 사실은 불교가 '공적'을 종지로 삼는다고 하고 있다는 점에서, 이미 불교에 대한 한 가닥 비판적인 시각을 깔고 있다고 할 수 있다.

그리고 위와 같은 관점에 이어서, 그는 '그 다음[기차其次]'이라는 표현을 쓴 연후에 성과 명에 대한 공자의 견해를 서술하고 있다는 점이 중요하다. 공자는 비록 성명의 설에 정통하여 '진성지명盡性知命'과 '사무四毋'설을 말하여, 불교와 도교에서 말하는 가르침의 근본 종지를 충분히 알고 있었지만, 결국 유교는 인륜과 인의예악을 중시하는 현세적 유위의 가르침에 중점을 두고 있는 것이라고 지적한다. 그래서 공자는 도교에서

---

[253] 장백단, 『오진편』, 「서」: '故老釋以性命之學 開方便門 教人修種 以逃生死. 釋氏以空寂爲宗 若頓悟圓通 則直超彼岸 如有習漏未盡 則尙狥于有生. 老氏以煉養爲眞 若得其樞要 則立躋聖位 如未明本性 則有滯于幻形. 其次 周易有窮理盡性知命之辭 魯語有無意必固我之說 此又仲尼極臻乎性命之奧也. 然其言之常略 而不至于詳者 何也. 盖欲序正人倫 施仁義禮樂有爲之教 固於無爲之道 未常顯言. 但以命術寓諸易象 以性法混諸微言故耳. 如此豈非教雖三分 道乃歸一. 奈何後世黃緇之流 各自專門 互相是非 致使三家宗要迷沒邪. 教不能混一而同歸矣.'

말하는 명술命術에 관한 내용은 『주역』의 괘상에 감추어 두고, 불교에서 말하는 성법性法에 관한 가르침은 은미한 말에 섞어두어 보통 사람들이 알지 못하게 하였다고 한다. 유교는 도교나 불교와 같은 차원의 가르침이 아니라 한 단계 낮은, 즉 '그 다음' 단계의 가르침이라는 것이 장백단의 입장이라고 할 수 있다. 그러나 유가적 일상윤리의 실천이 중요하다는 점은 이미 앞에서 서술한 바와 같다. 수련을 위해서는 덕행을 쌓는 것이 무엇보다도 필요한 전제조건임을 누누이 강조하고 있기 때문이다.

그는 수련의 단계를 다음과 같이 표현하고 있다.

> 이 오진편은 신선의 명맥을 먼저하여 수련을 유도하고, 여러 부처들의 묘용을 그 다음으로 하여 신통을 넓히고, 마지막으로는 진여각성으로 환망을 없애고 궁극의 공적한 본원으로 돌이키고자 하는 것이다.[254]

그는 수련하는 사람들이 성명에 통하지 않고 단지 금단만을 닦음을 걱정하여 성명의 도가 갖추어지지 않으면 생사를 넘어설 수 없다고 하였다. 나아가 정각삼매를 닦는 것이 중요하다고 하면서 수련의 단계를 신선의 명맥, 제불의 묘용, 진여각성으로 공적한 본원으로의 회귀 등 세 차원으로 나누고 있다. 이 단계가 바로 각각 연정화기 연기화신 연신환허의 내용을 구성하는 것이다. 그리고 이러한 수련법이 곧 '선명후성'의 내단수련법이다. 신선의 명맥은 도교의 '명공'에 해당하고, 제불의 묘용은 선불교의 '성공'에 해당하며, 마지막 단계의 공적한 본원으로의 회귀

---

[254] 「禪宗歌頌詩曲雜言」, 『紫陽眞人悟眞篇拾遺』: '此悟眞篇者 先以神仙命脉 誘其修煉 次以諸佛妙用 廣其神通 終以眞如覺性 遺其幻妄 而歸於究竟空寂之本源矣.'

는 도교의 '복귀무극' 내지는 '귀근복명'에 해당한다.

　　장백단의 이러한 수련법은 이른바 도교로써 선불교를 포섭한다는 '이도포선以道抱禪'으로 알려지고 있다. 도교의 내단이론을 정립한 그가 수련에서 필요한 선불교의 공능을 어느 정도로 평가하고 있는지는 다음과 같은 시에서 잘 드러나고 있다.

　　　조계曹溪의 한 물이 천 갈래로 나뉘어,
　　　옛날을 비추고 지금을 맑게 하여 막힘이 없네.
　　　근래의 배우는 자들 근원을 궁구하지 않고,
　　　망령되이 발굽에 고인 물을 대해라고 한다네.
　　　설두雪竇 노사께서는 진리에 이르러,
　　　우레 같은 소리로 법고를 두드리네.
　　　사자왕이 포효하며 굴에서 나오니,
　　　백 가지 짐승과 천 가지 사악함 모두가 두려워하네.
　　　혹은 노래와 시로 혹은 어구로,
　　　정녕 미혹한 사람을 바른길로 이끄시네.[255]

　　이 내용은 조계曹溪의 가르침, 즉 육조 혜능이 보인 올바른 길이 있음에도 당시의 배우는 자들은 미혹에 빠져 있었는데, 설두중현(980-1052)이 그 진리를 깨달아 사람들을 크게 깨우치고 있다는 것이다. 설두중현은 누구인가? 그는 운문종 지문광조智門光祚의 법을 이어받아 그 종

---

255 『修眞十書』 권 30, 〈讀雪竇禪師祖英集〉: '曹溪一水分千派 照古澄今無滯礙. 近來學者不窮源 妄指蹄窪爲大海. 雪竇老師達眞趣 大震雷音推法鼓. 獅王哮吼出窟來 百獸千邪皆恐懼. 或歌詩或語句 丁寧指引迷人路.'

지를 크게 드러낸 인물이다. 그가 『경덕전등록』 중에서 가려 뽑은 『송고백칙頌古百則』은 원오극근圓悟克勤이 평창評唱과 착어著語를 더하여 저 유명한 『벽암록碧巖錄』이 되었고, 그 외에도 많은 저술을 남겨 운문종 중흥에 큰 역할을 하였다. 장백단이 운문종의 선법을 특별히 좋아했다는 사실을 알 수 있는 내용이기도 하다.

장백단의 삼교회통론을 요약해보면, 유교의 일상윤리에 바탕한 선행과 공덕을 쌓은 연후에 비로소 내단의 수련에 들어갈 수 있으며, 그런 후에는 연정화기의 명공 즉 도교내단으로 수련하고, 다시 연기화신의 성공 즉 선불교의 수행을 거친 다음, 최종적으로 연신환허의 내단이 추구하는 궁극의 경지에 이르러야 함을 말하고 있다. 바꾸어 말하면, 유교를 발판으로 삼은 연후에 육신수련의 도교내단법과 정신수행의 선불교 수행을 거쳐 최고의 경지인 도교의 진인이 이를 수 있다는 논리이다.

5. 정초에서 완성으로

중국의 도교사에서 내단도교는 독특한 역사를 갖는다. 필자는 정통 내단도교의 한 파는 당나라 말기부터 북송 기간까지의 일정한 시기에 재야의 인물들에 의해 전승되다가 어느 시점에 홀연히 그 단법이 사라진 것으로 보고 있다. 그 단법이 바로 '종려전도법'으로 알려진 것으로, 종리권으로부터 시작되어 여동빈을 거치고 진단에서 이론적 체계를 구축하고 장백단에 이르렀으며, 다시 석태와 설도광으로 이어진 남종의 청수파 계열이다.

진단은 그 단법을 독창적으로 구성한 것으로 보인다. 그는 도교의 하창일이나 불교의 마의도자와 같이 양 쪽의 스승이 있었지만, 어느 한 쪽의 스승으로부터 이어받은 법을 고수하지 않았다. 오히려 그가 섭렵한 다양한 이론들을 하나로 통합하여 새로운 이론체계를 창안해 낸 것으로 보아야 한다. 또한 그는 많은 시간 동안 도관에 머물며 살았지만, 그의 행적을 보면 제도적인 틀에 얽매여 살지는 않은 것으로 보인다. 장백단은 일생 동안 특정한 스승 없이 재야에서 수련에 몰두하다가 만년에 이르러서야 진단의 단법을 우연히 얻었고, 다시 그것을 자신의 방식으로 정립했다고 할 수 있다. 그러나 둘의 단법은 기존의 외단을 배척하고 순수한 내단이라는 점에서 공통점을 가지고 있으며 또한 그 기본적인 틀이 연정화기 연기화신 연신환허의 방법이라는 점에서는 일치한다.

진단의 단법은 「무극도」에서 잘 드러나고 있듯이 5단계의 수련법이다. 득규 연기 화합 득약 탈태구선이 그것이다. 반면에 장백단의 단법은 4단계이니, 축기 연정화기 연기화신 연신환허가 그것이다. 진단의 득규와 장백단의 축기는 수련을 위한 완전한 준비라는 점에서 같다. 그러나 진단이 말하는 '연기'는 연정화기와 연기화신을 모두 포함하는 것임에 반해서, 장백단은 연정화기는 도교의 '명공' 단계로 분류하고 연기화신은 선불교의 '성공' 단계로 분류하는 차이가 있다. 그 다음 진단은 화합과 득약 탈태구선을 크게 하나로 묶어 연신환허의 경지에 이르는 과정으로 분류하고 있는데 반해서, 장백단은 연기화신으로 선천의 신神으로 환원된 상태를 궁극의 본원으로 돌이키는 연신환허를 주장한다. 이 과정에서 진단은 '오기조원'의 오행이론과 '취감전리'의 『주역』 이론을 도입하고 있지만, 장백단에게서의 '오기조원'은 이미 '명공' 단계에서 수련하는 것이며 '취감전리'와 유사한 것으로는 한 가닥이라도 남아 있을 음신을 양신으로 전환하는 과정이 연신환허의 수련에 해당된다고 볼 수 있다. 진단의 수련법은 이론적 도식에 보다 치중한 느낌이 있는 반면에 장백단의 그것은 보다 실질적인 수련에 초점을 맞춘 것으로 보인다.

나아가 진단의 삼교회통론은 득규의 과정에서 이미 선불교의 수행이 먼저 필요하고, 연기의 단계 중에서 연기화신의 수련에 다시 필요성이 제기되고 있다. 진단은 『주역』의 이론을 도교 역학으로 전환하여 그의 이론에 채용하였고, 선불교의 공능도 도교식으로 해석하여 관심법과 지관법을 그의 이론에 차용하는 삼교회통의 이론을 주장하고 있다. 반면, 장백단은 보다 실천적인 차원에서 유교의 일상윤리를 수련의 첫 단계로 끌어들이고, 여기에 도교의 '명공'을 더한 후에 선불교의 '성공'을 도입한다. 그 또한 선불교의 수행이 내단의 수련에 얼마나 중요한 역할을 하는지 분명한 인식을 하고 있었다. 그러나 결국은 두 사람 모두 도교의 연신환허의 단계가 궁극의 목표라는 점에서는 일치하며, 그 경지는 선불교가 추구하는 깨달음의 경지를 넘어서는 것이라는 점에서는 이의가 없다.

종리권으로부터 비롯하여 진단을 거쳐 이론적 틀이 구성되고, 장백단에 이르러 완전한 형태로 정립된 내단이론은 몇 갈래로 전해지지만, 남종의 청수파를 가장 정통으로 꼽고 있다. 그런데 유해섬과 장백단으로부터 전승되었다고 주장하는 북종과 남종의 내단도교는, 사실 그들을 개산조사로 삼고서 자신들의 권위를 세우려고 사승관계를 조작한 것으로 보이는 왕중양과 백옥섬에 의해서 만들어진 계보이다. 따라서 그들 계보의 전승과정과 단법의 변질에 대한 연구가 절실히 필요하다. 장백단과 제자인 석태, 그리고 석태의 제자 설도광은 교단조직에 속한 인물이 아니다. 그러나 진남과 백옥섬은 분명히 교단조직에 속한 인물이다. 따라서 남종 청수파의 전승은 심하게 왜곡된 사실을 발견할 수 있었다. 그 과정에는 장백단이 분명히 밝히고 있듯이, 내단수련에서 가장 중요한 화후에 대한 전승은 글로써 전달할 수 있는 것이 아니라 오직 진인을 직접 만나 각 수련의 단계마다 그에 맞도록 전수되어야 하는 것이기 때문이다. 필자의 다음 연구과제가 바로 남종오조의 전승과 단법의 변화이다.

5장

도교 남종 5조의 전승과 내단법

1. 내단 도교의 연원

　　내단 도교의 연원은 『도덕경』의 '수일'과 '포일'까지 소급하기도 하고, 『장자』의 '심재'나 '좌망'에서 보다 구체적인 맥락을 찾기도 한다. 그렇지만 실제로 내단이란 용어를 처음 사용한 인물은 오호십육국시대로부터 수나라에 걸쳐서 살았던 불교 천태종의 제3조 혜사慧思이다. 그는 '외단에 의지하여 힘써 내단을 수련한다[자외단역수내단藉外丹力修內丹]'는 말을 남겼다. 이어 수나라의 도사 소원랑蘇元朗이 '몸을 로정爐鼎으로 삼고 마음을 신실神室로 삼는다[신위로정身爲爐鼎 심위신실心爲神室]'고 하여, 혜사의 관점을 계승하는 듯한 기록을 남기고 있다. 당나라 때에 적어도 6명의 황제가 불로장생을 꿈꾸며 외단의 약을 복용했다가 도리어 중독되어 죽음에 이른 이후로, 외단은 급속히 쇠퇴하고 내단이 그 자리를 대신하게 되었다.

　　내단 도교의 성립 초기에 기여한 주요인물로는 성현영 장과 사마승정 왕현람 최희범 두광정 팽효 등이 있고, 이를 결정적으로 정립한 인물로는 종리권과 여동빈을 들고 있다. 이를 계승하여 내단의 체계를 논리적으로 완성한 인물은 진단으로 인정한다. 당나라 말부터 북송 초기까지 생존했던 진단은 중국사상사에서 유교 불교 도교 등 삼교 모두에 가장 큰 변화의 열쇠를 제공한 인물로 꼽힌다.[256] 『주역참동계』의 사상을 이어받아 팽효가 그린 「수화광곽도」와 「삼오지정도」를 발전시킨 그의 「무극도」는 주돈이의 「태극도」로 거듭나 성리학 우주론의 기틀이 되었고, 『지현편』은 내단 도교의 금과옥조로 여겨졌으며, 그가 내단수련론에 끌어들인 달마 이래의 선불교는 도교와 불교의 회통을 가능하게 하였다. 또한 그의 스승 중 한 명이 불교의 선승인 마의도자麻衣道者였다. 젊어서 유학을 공부한 그로서는 한 몸에 유불도를 아우르는 삼교회통의 새로운 영역을 제시한 셈이 되었다.[257]

진단과 비슷한 시기에 살았던 인물들로서 담초 장무몽 유해섬 등이 내단의 이론을 전수하고, 북송의 장백단에 이르러 내단은 완전한 체계로 거듭난다. 오늘날 진단의 저술들은 온전하게 전하는 바가 없고 다만 다른 사람들의 저술 속에서 단편적으로만 확인할 수 있을 뿐이어서 장백단의 『오진편』이 내단 도교의 최고 저술로 평가받고 있다. 그런데 내단이론은, 장백단이 강조한 바와 같이, 스승으로부터 제자에게로 직접 그리고 은밀하게만 전수될 수 있는 단법이기 때문에 한꺼번에 많은 제자를 양성할 수 있는 전승법이 아니다. 또한 그것은 짧은 시간 동안에 이룰 수 있는 수련법도 아니어서 실제로는 일정한 규모의 문파를 형성하기도 매우 힘든 것이다.

이러한 상황에서 내단 도교는 그 흐름의 과정에서 일차적으로 남종

---

[256] 김경수, 「진단의 내단이론과 삼교회통론」(『한국철학논집』 제31집, 한국철학사연구회, 2011)에서 이 문제에 대해 자세히 논구하고 있다.
[257] 실제로 중국사상사에서 가장 큰 변화를 몰고 온 인물을 들자면 오히려 인도에서 건너온 달마라고 해야 할 것이다. 사실이건 전설이건 간에 그는 인도로부터 중국으로 세 가지를 가져와서 전했다고 하는데, 선불교와 소림권법 및 마의상법으로 알려지고 있는 관상법 등이 그것이다. 사상의 교류에서 생기는 창조적 발전의 가능성을 충분히 알 수 있게 하는 하나의 전형이라고 할 수 있다.

과 북종으로 파가 생겨난다. 남종은 백옥섬에 의해서 장백단을 교조로 받들어 창립하였고, 북종은 장백단보다 한 세대 뒤의 인물인 왕중양에 의해서 창립되었다. 남종은 그 계보를 장백단-석태-설도광-진남-백옥섬으로 이어진다고 하였으며, 북종은 왕중양이 스스로 자기의 계보를 동화제군-종리권-여동빈-유해섬-왕중양으로 이어진다고 내세웠다. 북종의 4조에 등장하는 유해섬은 다른 여러 기록들에서는 장백단의 스승이라고 말하고 있다.[258] 그렇다면 남종과 북종은 같은 인물로부터 분파된 것이라고 할 수밖에 없게 된다. 그러나 장백단이 스스로 단법을 얻은 사실에 대한 기록에서는 유해섬이란 인물은 거론하지 않고 있다.

그런데 문제의 핵심은 이들이 내세우는 종파의 계보라는 것이 실질적인 전승계보와는 관계없이 자신의 권위를 강조하기 위해서 조작한 것이라는 점이다. 여기서 다루고자 하는 주제는 북종이 아니라 남종이기에, 백옥섬의 주장에 대한 사실여부를 추적하면서 남종계보의 실체성에 대해 논구하고자 한다. 미리 결론을 언급하자면, 남종의 계보에서 장백단에서 석태로, 다시 설도광에게로 이어지는 전승과정은 그 사실을 인정할 수 있다. 그러나 설도광에게서 진남으로 이어지는 전승은 신빙성이 거의 희박하다고 할 수 있다.

한편, 내단 수련법의 특징은 이른바 '성명쌍수'라고 할 수 있다. 내단 수련법의 완성자라고 할 수 있는 장백단은 '선명후성'의 수련법을 주장하였고, 석태와 설도광은 이를 계승한 것으로 보인다. 이것이 남종의 적전이라고 불리는 청수파의 단법이었다. 그러나 진남 이후로 남종에서는

---

258 조도일의 『역세진선체도통감』에서도 장백단의 제자인 「석태」 항을 서술하면서 이와 같은 설을 제시하고 있는데, 이는 그가 단법의 전승계보에 등장하는 인물들의 생존 시기를 염두에 두고서 기록한 것이기 때문으로 판단된다.

뇌법을 시행하고 교단조직을 만들어 본래적 단법의 의미를 흐리게 하고 있기도 하다. 여기서는 이와 같이 진행되는 일련의 과정과 내용을 검토하여 도교 남종 5조의 계승과 단법에 대해서 그 실체를 분석하고자 한다.

2. 내단 도교의 종파들

도교 내단파에 여러 종파가 있지만, 그 중에서도 5종파를 주장하는 설은 사실 후대의 관점으로 다소 억지로 명명한 것이라고 할 수 있다. 그 5종파란 남종 북종 중파 동파 서파를 가리킨다.[259] 그러나 사실 이 외에도 몇몇 종파가 있었으며, 나아가 중파나 동파 서파 등은 남종과 북종으로부터 분파된 것이므로 지엽적인 명칭에 지나지 않는다고 할 수 있다. 이들에 대해서 개략적으로 살펴보자.

먼저, 사실 남종은 실제로 문파를 형성하였다고 할 수 없으니 그 문파의 이름이 자칭 남종의 제5조인 백옥섬으로부터 비롯되었기 때문이다. 본래 남종은 진단을 간접적으로 계승한 장백단이 정립한 단법이다.[260] 나이 80이 넘어서 단법을 전수받은 장백단은 그 자신이 말하고 있는 바와 같이 제대로 된 제자를 만나지 못해 단법을 전하지 못하다가, 그의 나이 95세 전후에야 비로소 석태를 만나 단법을 전하였다. 장백단 본인의 말을 따르면, 그가 정식으로 참된 단법을 전한 유일한 제자가 석

---

259 郭健,『取經之道與務本之道』(中國: 巴蜀書社, 2008) 54-63쪽 참조.
260 진단과 장백단은 그 생존 시기가 같지 않아 직접 단법을 전할 수 없었기 때문이다. 다만, 장백단은 스스로 그가 만년에 성취한 단법이 진단으로부터 유래한 것임을 밝히고 있을 뿐이다.

태이다. 석태는 또한 은밀한 사승관계를 통해 설도광에게 그 단법을 전하였다. 그러나 설도광으로부터 진남에게로 이어지는 단계에서는 남종단법의 본질이 흐려지고 전승 과정도 분명한 고리의 연결이라고 보기 어렵다. 그 다음 백옥섬에 이르게 되면, 그의 생존 시기와 단법의 전수 등에서 지금까지 중국 측의 고증에 많은 착종이 있어 거의 신빙할 수 없는 수준으로 전락한다. 이 부분에 대한 자세한 탐구가 제3장과 제4장의 주제이므로 여기서는 이 정도의 문제 제기에 그친다.

둘째, 북종은 금원시기의 왕중양(1112-1170)에 의해서 개창되었다. 전진교라는 명칭으로 개창된 이 종파는 북쪽에서 세력을 키우고 있던 금나라와 원나라의 지원을 받아 교세를 크게 확장하였다. 힘든 생애를 살면서 독특한 득도의 과정을 겪은 왕중양은 7명의 뛰어난 제자를 두어 이른바 '북칠진北七眞'으로 불리는데, 마옥 담처단 유처현 구처기 왕처일 혁대통 손불이 등이 그들이다. 그들은 각각 저술을 남기고 전진교 내에서 새롭게 파를 열었으니, 우선파遇仙派, 남무파南無派, 수산파隨山派, 용문파龍門派, 유산파崳山派, 화산파華山派 및 청정파淸淨派 등이다. 그 중에서도 검술에 전설적인 조예가 있었다는 구처기가 세운 용문파가 가장 번성하였고, 이 파는 명청 시기에도 많은 내단 문도를 배출하여 유일명 등이 유명하다. 또한 이 파는 오늘날에도 중국에서 대다수의 도교인들이 속해 있는 파이다.

이 북종 전진교는, 종파로 성립한 것으로 본다면, 남종보다도 먼저라고 해야 한다. 남종의 백옥섬이 스스로 남종의 5조임을 주장하기 전에 이미 장백단보다 불과 한 세대 뒤의 인물인 왕중양으로부터 교단이 성립되어 있었기 때문이다.[261] 그런데 두 파의 단법 유래를 살펴보면, 앞에

----

[261] 남종과 북종의 단법과 전승에 대한 고찰은 필자가 도교와 관련하여 집필하고 있는 논

서도 언급한 바와 같이 유해섬과 같은 인물이 함께 거론되기도 하는 만큼 선명히 구분될만한 이론적 구조는 없다고 보인다.[262] 단지 일반적인 차이점으로 지적되고 있는 점은 남종이 '선명후성'의 수련법을 주장한 반면에 북종은 '선성후명'의 방법을 제시하고 있다는 것이다.[263] 또한 삼교회통의 내용에서도 남종에서는 선불교를 강조하고 있음에 반해 북종에서는 유교와 불교를 대등한 비중으로 중시한다고 본다.

셋째, 중파는 진치허(1290-?)에 의해서 남종과 북종을 통합하려는 의도로 만들어져 그 이름을 붙인 것이다. 그는 왕중양의 제자인 마옥 계통의 전수자인 조우흠의 제자인데, 후에 다시 청성산에서 남종 음양파의 인물로부터 단법을 전수받고서, 북종을 주로 하고 남종을 보조로 하는 융합을 모색했다. 그의 저술 『금단대요선파金丹大要仙派』에서 그는 북오조와 북칠진에 대해서는 '제군帝君'이나 '진군眞君'의 칭호를 사용하면서, 남오조에 대해서는 '진인眞人'의 칭호를 쓰고 있다고 한다.[264]

그의 단법은 노자를 최고의 지위인 '만대성진萬代聖眞'으로 추앙하고서 공자와 석가를 노자의 도를 이어서 밝힌 것일 뿐이라고 하면서 '삼교일가三敎一家'를 주장하였다. 그는 도를 두 가지로 나누어 '언어로 전달할 수 있는 도[입담지도立談之道]'와 '마음으로 전하는 도[심수心授]'가 있다고 하면서, 후자는 오직 깨달음을 통해서만 얻을 수 있다고 하였다. 단법

문시리즈의 다음 편으로 예정되어 있다.
262 진단의 단법에 대한 두 종파의 언급을 살펴보는 것이 각각의 이론에 대한 차이점을 구명하는 하나의 방법이 될 수도 있을 것으로 생각된다.
263 이에 대해서는 그 차이점을 크게 나누어보는 경우와 별 차이가 없다고 보는 경우가 있다. 곽건과 같은 경우는 위의 책에서 북종의 단법은 실제로 남종 장백단의 단법의 범위 안에 있는 것이라고 단정하면서 '선성후명'의 논리에 대해 사람들이 오해하고 있다고 주장한다.
264 이원국, 김낙필 외 옮김, 『내단』 2(성균관대학교출판부, 2006) 171-172쪽 참조.

의 전승에서는 북종을 주로 하였지만 그 내용에서는 오히려 남종을 수용하였다고 한다. 그의 가장 큰 특징은 당시의 보편적 현상이었던 '삼교합일'을 매우 강조한 점이다.

넷째, 동파는 명대의 육서성(1520-1606)을 개조로 한다. 그는 여러 차례 과거에 실패한 후 도사가 되었는데 스스로 여동빈으로부터 단법을 전수받았다고 믿을 수 없는 주장을 하였다. 그러나 지금까지 그의 스승이 누구인지 알려지지 않고 있으며 또한 제자에게 전수된 내용도 전하지 않는다. 다만 본인의 저술을 통해서만 단법의 요점을 알 수 있을 뿐이다. 그런데 실제로 그가 말하는 단법은 남종의 음양파가 주장하는 것으로 남녀가 함께 수련하여 음양의 합일을 이루는 방식이다. 그는 남녀의 육체적인 교접을 통하여 수련하는 방식을 말하고자 한 것이 아니라 '격체신교膈體神交' 즉 몸은 떨어져서 기만을 교류하여 끝내 궁극에 도달하는 방법을 주장한 것으로 보인다. 그러나 이러한 방식은 남종의 정통파인 청수파의 수련법과는 완전히 다른 것이며, 잘못된 타락의 길로 빠질 위험성이 다분한 것으로 평가된다.

다섯째, 서파는 청대의 이서월(1806-1856)이 창시하였다. 그는 아미산에서 정박산鄭朴山으로부터 단법을 전수받은 후, 다시 여동빈과 장삼봉으로부터도 직접 단법을 전수받았다고 황당한 주장을 하였다. 그러나 실제로 그가 가장 추숭한 인물은 육서성이었다. 그러므로 단연 그의 단법은 쌍수법이다. 이 파는 사천 일대에서 유행하였는데 강소성과 절강성에서 유행한 동파와 구분하기 위한 이름이다. 그는 초명인 원식을 개명하여 서월西月이라고 하였는데, 이 또한 육서성陸西星의 이름과 대비하기 위함이고, 호도 육서성이 잠허潛虛라고 한 데에 대하여 함허涵虛라고 하여 대비하면서 당시의 동파보다 훨씬 청정자연을 주장하였다. 아마도 타락의 길로 들어선 경향이 보였던 동파에 비해서 그는 보다 강력히 '격체신교'를 강조하기 위한 것으로 보인다. 그의 단법이론은 여타의 이론에 비해서 번쇄한 것으로 알려져 있다. 아마도 이전의 다양한 이론들을 종합하다보니 그렇게 되었을 것이다. 이런 점은 그의 단법의 장점이자 단점이기도 한 것으로 평가된다.

그 외에도 구분하자면 중파에 속한다고 볼 수 있는 송말원초의 이도순을 들 수 있다. 그는 삼교합일에 철저히 입각하여 불교의 '진여'와 유교의 '태극' 그리고 도교의 '금단'이 같은 말이라고 하였다. 그 개념들을 그는 모두 '중中'이라고 하면서 자신의 단법을 '수중치허守中致虛'의 방법이라고 불렀다. 그러나 사실 그의 단법은 삼교합일이나 수련법 모두 장백단의 단법을 좀 더 자세히 풀이한 것에 지나지 않는다고 보는 견해도 있다.

또 한 명 내단파의 중요인물은 장삼봉(1247-?)이다. 무당파를 개창하고 태극권을 창시하였으며 156세까지 거처하다가 종적을 감춘 전설적인 인물이다. 그 또한 삼교합일에 기초하여 내단이론을 전개하였다. 그는 장천사의 후손으로 알려져 있으며, 단법은 진단과 진치허를 계승한 것으로 전한다.

그 밖의 청대 후기의 내단파에 대해서는 언급을 생략한다.

3. 남종 5조의 전승

　　남종 5조의 계보는 장백단-석태-설도광-진남-백옥섬이다. 그들의 사승관계를 면밀히 검토해보자. 이들 중 스스로 자신의 사승관계를 모두 밝히고 있는 경우는 백옥섬 뿐이다.

> 스승이신 니환 선생 취허진인翠虛眞人께서는 조사 비릉화상毗陵和尙 설도광의 문하에서 나오셨고, 비릉께서는 한 길로 조사 행림杏林 선생 석태가 전한 바이다. 석태께서는 자양조사紫陽祖師의 도를 이어 받으셔서, 오늘날 한 갈래의 전함이다.[265]

　　이로부터 남종 5조의 계보가 밝혀졌던 것이다. 뒤에서 자세히 검토하겠지만, 백옥섬은 그 자신이 교단을 설립하고서 이를 장악하는 가장 쉬운 수단으로 장백단의 권위를 차용하기 위하여 이러한 계보를 만든 것으로 보인다.

---

[265] 白玉蟾,「謝紫陽眞人書」,『修眞十書』 권6: '先師泥丸先生翠虛眞人 出於祖師毗陵和尙薛君之門 而毗陵一線實自祖師杏林先生石君所傳也. 石君承襲紫陽祖師之道 以今日單傳.'

남종의 교조로 꼽히는 장백단의 생애와 사상의 전승에 대해서는 이미 선행 연구가 있으므로[266], 그에 대해서는 그것의 요점에 대해서만 간략히 언급하고자 한다. 장백단은 984년 혹은 987년 절강의 천태에서 태어나 과거에 뜻을 두었으나 실패하자 벼슬아치의 서리로 생활하였다. 실수로 계집종을 죽이고서 세상사에 뜻을 잃고 공문서를 불태워 그 죄로 영남으로 좌천되어 이리저리 떠돌다가, 나이 80이 넘어 성도에서 진인을 만나 단법을 전수받았고 그 요점을 정리하여 1075년에 내단학의 요체를 담은 『오진편』을 저술하였다. 그리고 중간에 제자를 가르쳤으나 실패를 맛보다가 드디어 석태를 만나 그의 단법을 전수한 뒤에 1082년에 시해하였다.[267]

　그의 단법은 진단의 『지현편』에서 가장 큰 영향을 받은 것으로 되어 있다.[268] 그가 성도에서 만났다고 하는 진인이 유해섬이라는 설이 있지만, 그 자신은 단 한 번도 유해섬에 대해서 언급하고 있지 않다. 그리고 그는 자신의 단법을 전하는 일에 대해서는 다음과 같은 기록만을 남기고 있을 뿐이고, 더 이상 누구에게 전했다는 기록은 남기지 없다.

　　이후로 세 번 그 사람이 아닌 사람에게 전하여 세 번 재난과 근심을 만나니, 모두 20일을 넘기지 못했다. … 그리하여 대단의 법은 지극히 간단하고 지극히 쉬워 비록 어리석은 소인일지라도 얻어서 이를 행하면 범속함을 뛰어넘어 성인의 경지에 이른다는 것을 알았다. 이는

---

[266] 김경수, 『북송 초기의 삼교회통론』(서울: 예문서원, 2013)의 제4장에서 자세히 다루고 있다.
[267] 김경수, 위의 책, 199-206 참조.
[268] 이 문제에 대해서는 김경수, 「진단과 장백단의 도교 내단이론 비교」, 『남명학연구』(경상대학교 경남문화연구원 남명학연구소, 2012)에서 자세히 다루고 있다.

하늘의 뜻은 비밀스럽고 아끼므로 가벼이 그 사람이 아닌 사람에게 전하는 것을 허락하지 않는데, 내가 스승의 말씀을 준수하지 않고 천기를 누설하여 몸이 그 까닭에 매번 견책의 화를 받았다. 이것은 하늘의 깊은 경계함이 이와 같이 신묘하고도 빠른 것이니 감히 삼가고 두려워하지 않겠는가? 지금 이후로는 입에 칼을 채우고 혀를 묶어 비록 큰 가마솥이 앞에 있고 도검刀劍이 목에 더해져도 또한 감히 다시 말하지 않으리라. 이 오진편에서 대단의 약물과 화후의 자세한 가르침을 읊은 것은 빠트린 것이 없다.[269]

이것은 그가 마땅한 사람이 아닌 제자에게 단법을 전하려 하다가 오히려 그 자신이 세 번이나 화를 입게 되었음을 말하고, 이후로 다시는 이를 전하지 않을 것임을 맹세하고 있는 내용이다. 게다가 그 자신의 단법이 완벽하여 더 이상 한 점도 더할 것이 없다는 점에 대한 강한 자부심도 담고 있다. 그러나 여기에는 반드시 마땅한 사람을 얻은 뒤에라야 단법을 전하겠다는 의지도 담겨 있다고 할 수 있다.

오늘날 장백단의 단법은 네 가지 갈래로 전해진 것으로 정리되어 있다. 그 첫째가 청수파로 바로 석태와 설도광 그리고 진남과 백옥섬에게로 전해진 계보로 장백단 단법의 적전으로 평가된다. 둘째는 쌍수파로서 이른바 남녀의 음양쌍수법을 주장하는 것인데 유영년을 거쳐 다시 옹보광에게로 전해졌다고 한다. 세 번째는 북종의 제자인 조연독이 다시금 석태에게서 전수받아 진관오에게 전한 파라고 한다. 네 번째는 천태

---

[269] 장백단,「오진편후서」: '自後三傳非人 三遭禍患 皆不逾兩旬… 故知大丹之法 至簡至易 雖愚小人 得而行之 則立超聖地. 是天意秘惜 不許輕傳於非人 而僕不遵師語 漏泄天機 以有其身故每膺譴患 此天之深誡如此之神且速 敢不恐懼刻責. 自今以往 當鉗口結舌 雖鼎鑊在前 刀劍加項 亦無不敢言矣. 此悟眞篇中所說大丹藥物火候細微之旨 無不備悉.'

자양파라고 자칭하는 것이지만 정통 도교계보에서 언급하고 있지 않아 그 유래를 알 수 없다고 한다.[270] 그러나 아무튼 형식적으로만 본다면, 위의 인용문에서 언급하고 있는 바와 같이 결국 장백단의 단법은 네 번의 전수과정을 거친 것이 된다. 청수파를 제외한 세 번의 경우가 잘못된 전수에 해당된다고 억지로 해석할 수도 있다. 실제로 장백단으로부터 직접 전수된 계보는 청수파와 쌍수파로 대별된다고 볼 수 있다. 여기서는 청수파의 남종 5조를 주제로 다루므로 다른 계파에 대해서 언급할 겨를이 없지만 쌍수파에 대해서 한 마디만 한다면, 원대의 조도일이 편찬한 『역세진선체도통감』에서도 이 파에 속한 유영년이나 옹보광에 대해서 언급이 없다는 점이다. 다만, 옹보광은 『오진편』에 대한 초기의 주석서를 남긴 인물로 널리 알려져 있다.[271] 따라서 처음부터 장백단의 단법은 청수파만을 정통으로 보는 관점이 지배적이었음을 알 수 있다. 이제 『역세진선체도통감』을 중심으로 남종 5조의 계통을 살펴본다.

장백단에서 석태로 단법이 이어진 내용은 다음과 같은 이야기가 전한다.

> 석태石泰는 상주인이다. 자는 득지得之이고, 호는 행림杏林이며 다른 호는 취현자翠玄子이다. 장자양을 만나 금단의 도를 얻었다. 처음 자양은 … 중간에 봉주태수에게 죄를 얻어 태수가 노하여 일에 연루하여 묵형墨刑을 가하고 귀양 보냈다. 빈邠의 경계를 지날 때 큰 눈을 만나 호송하는 자와 시골 주막에서 술을 마셨다. 행림이 마침 주막에 와서 인사

---

270 이원국, 김낙필 외 옮김, 위의 책, 33-34쪽 참조.
271 『오진편』의 주석서 및 그 외의 장백단 저술에 대해서는 김경수, 위의 책, 207-224쪽에 상세히 언급하고 있다.

하니 함께 앉기를 청하여 … 함께 빈으로 가서 행림이 (잘 알고 있던 태수에게) 먼저 용서해 주기를 원한데, 한 번 만나서 사면을 받았다. 자양이 그를 칭송하여 말하기를 "이 은혜를 갚지 않으면 어찌 사람이겠는가? 그대가 평생 도를 공부하였으나 들은 바가 없었으니, 지금 장차 단법을 그대에게 전하려 한다."고 하니, 행림이 절하고 감사하며 우러러 부촉을 받았다.[272]

앞에서 언급한 장백단의 생애와 더불어 이 내용을 살펴보면, 만약 이 내용이 사실이라고 한다면, 장백단은 시해하기 불과 몇 년 전에 태수에게 큰 죄를 지었고 이로 인해 귀양길에서 석태를 만나 은혜를 입어서 방면되었으며 그에 대한 보답으로 단법을 전수해 주었다는 것이다. 이 일은 장백단이 앞의 글을 쓴 1078년 이후로부터 그가 시해한 1082년 사이에 있어야 된다. 그리고 석태는 소흥 28년(1158) 8월 15일에 시해했으며 당시 그의 나이는 무려 137세였다고 한다. 이 시기를 역으로 계산해보면 두 사람이 만났던 때에 석태의 나이는 대략 60세 전후였으니, 구도 상으로는 이야기가 된다고 할 수 있다. 석태는 단법을 완전히 익힌 후에 『환원편』을 지어서 세상에 남기고 설도광에게 그 단법을 전수해준 것으로 전한다. 그들의 사승관계에 대한 이야기는 다음과 같다.

송나라 휘종 5년 병술년(1106) 겨울에 미현郿縣의 청진靑鎭에 우거하면서 절에서 강론을 들었다. 때마침 봉상부鳳翔府 부풍현扶風縣 행림역

---

[272] 조도일, 앞의 책, 권49, 「石泰」: '石泰常州人也. 字得之號杏林一號翠玄子. 遇張紫陽得金丹之道. 初紫陽 …中罹鳳州太守怒 按以坐事黥竄. 經由邠境 會大雪與護送者 俱飮酒村肆. 杏林適肆中 旣揖而坐邀同席 …相與於邠 杏林爲之先容 一見獲免. 紫陽德之曰 "此恩不報豈人也哉! 子平生學道 無所得聞 今將丹法用傳於子." 杏林拜謝仰受咐囑.'

杏林驛에서 도사 석태를 만났는데, 자는 득지이고 나이는 85세였다. 머리카락은 녹색이고 붉은 얼굴에 형상이 비범하였는데, 밤에는 새끼를 꼬았다. 자현이 그 때문에 마음으로 기이하게 생각하였다. 자현이 우연히 장평숙張平叔의 시곡을 읊으니, 석태가 놀라며 말하기를 "이 사람을 아는가? 나의 스승이다."하고서, 자양이 도를 전한 유래를 갖추어 말하였다. 자현이 이에 머리를 숙여 귀의하고는 인하여 수업받기를 청하여, 환단전수구결진요還丹傳受口訣眞要를 마침내 배웠다. …자현의 도가 이루어지니, 수명은 114세로 광종 소희 2년(1191) 9월 초9일에 시해하였다.[273]

설도광薛道光은 이름이 식式 또는 도원道源이며, 자는 태원太原인데, 일찍이 승려가 되어 법호를 자현紫賢이라 하고, 또 다른 호는 비릉선사毗陵禪師라고 하였다. 아마도 새끼를 꼬아서 생계를 유지하던 석태를, 어려서 출가한 승려였던 설도광이 길을 가던 중에 역에서 만나 같이 묵으면서 있었던 인연을 기록한 것으로 보인다. 위의 내용에서 언급하는 연대와 석태의 나이가 착오가 없으므로 당시 설도광의 나이는 29세가 된다. 이후로 설도광은 도읍으로 가서 부유한 인물에 의지하여 수련을 완성하고 승려를 버리고 도사가 되어 세상 속에서 화광동진和光同塵하면서 산 것으로 보인다. 그는 『환단복명편』과 『단수가丹髓歌』를 짓고, 옹보광과 마찬가지로 『오진편』에 주석을 달았다. 설도광이 진남에게 단법을 전

---

273 위와 같음, 「薛道光」: '宋徽宗崇寧五年丙戌冬 寓郿縣之靑鎭 聽講佛寺. 適遇鳳翔府扶風縣杏林驛道人石泰. 字得之年八十五矣. 髮綠朱顔神宇非凡 夜事縫紉 紫賢心因異之. 偶擧張平叔詩曲 石泰矍然曰 識斯人乎! 吾師也 備言紫陽傳道之由. 紫賢乃稽首歸依 請因受業 卒學還丹傳受口訣眞要. …紫賢道成 壽一百一十四歲 於光宗紹熙二年九月初九日尸解.'

한 경위에 대해서는 다음과 같이 기록되어 있다.

> 태을도규금단비결太乙刀圭金丹法訣을 비릉선사에게서 얻었고, 경소대뢰랑서景霄大雷琅書를 여모산 신인에게서 얻었다. … 나부취허음羅浮翠虛吟을 지어서 단법을 경산瓊山 백옥섬白玉蟾에게 전수하였다. 그가 출입함에 옥섬이 항상 좌우에서 모셨다. 취허는 영종 가정 6년(1213)에 … 장주 양산에 있었는데, 취허가 하나의 낡은 통과 더불어 마개를 뽑고 물에 들어가 서거하였다.[274]

진남陳楠은 자는 남목南木이며, 호는 취허翠虛이다. 조도일이나 다른 사람들의 기록에서도 그의 나이에 대한 언급이 없다. 이것은 그가 특별히 장수하지 않았다는 사실을 반증하는 것은 아닐까? 설도광이 1191년에 시해하였고, 그가 1213년에 시해하였다면 그 기간의 차이는 불과 22년이다. 그의 죽음은 도교적 색채가 강하게 풍기는 수해水解를 한 것으로 되어 있다. 여기서 중대한 문제점이 제기되는데, 이에 대해서는 다음 장에서 그의 단법과 함께 다루고자 한다. 위에서 서술하고 있는 것처럼 그의 단법은 백옥섬에게 전해졌다. 백옥섬은 어머니의 꿈에 응해 이름 지었으며, 자는 자청紫淸이며, 호는 해경자海瓊子 해남옹海南翁 경산도인瓊山道人 등이고 1194년에 태어나 1229년에 졸한 것으로 알려져 있어 불과 36세의 수명을 산 것으로 되어 있다.

---

[274] 위와 같음, 「陳楠」: '得太乙刀圭金丹法訣於毗陵禪師 得景霄大雷琅書於黎姥山神人. …作羅浮翠虛吟 以丹法授瓊山白玉蟾. 其出入 玉蟾常侍左右. 翠虛於英宗嘉定六年 …在漳州梁山 翠虛與一箍桶老子 搯角入水而逝.'

어려서 동자과에 급제하고 자라서는 방외를 유랑하였다. 진취허 니환의 도를 얻음에 당시 사대부들이 별과로서 천거하고자 하였으나 나아가지 않았다. 스스로 도를 얻은 뒤에 채소만 먹고 곡식을 끊음이 9년이었고, 사방의 배우는 자들이 소털처럼 모여들었다. 그 출처의 대략과 저서입언著書立言한 개략 및 행동에서 신이하고 영험한 것들은 여러 책에 보인다. 처음 선생이 취허를 모셔 9년에 그 도를 비로소 얻었다.[275]

그가 동자과에 급제하고서 방외를 유람한 것은, 성장하여 의협심으로 살인을 하고서 도망 다녔기 때문이라고 한다. 그런데 이원국이 고증한 바에 따르면,[276] 진남은 1213년에 시해하였고, 1212년에 백옥섬이 단법을 전수받았다고 하면서 위의 인용문에서 보는 바와 같이 스승을 9년 동안이나 모시고서 비로소 도를 얻었다고 하는 것은 상당한 모순이 있다. 물론 도사들의 생몰연대는 불분명한 경우가 많다. 그러나 백옥섬과 같은 경우는 몰년은 접어두더라도 생년은 거의 고증이 된 것으로 볼 수 있다. 그렇다면 이와 같은 모순은 어떻게 설명할 수 있을까? 한편으로 백옥섬은 많은 저술을 남긴 것으로 되어 있는데, 그 저술 속에는 앞에서 본 것과 같이 황당한 내용을 담고 있는 부분들이 적지 않다. 또한 일반적으로 알려진 그의 몰년에 대해서도 다른 사람의 기록이나 그 자신이 남기고 있는 기록들에서도 곳곳에서 오차가 발견되고 있다. 과연 믿을 수 있는 내용은 무엇인가?

---

275 위와 같음,「白玉蟾」: '幼擧童子 長遊方外 得翠虛陳泥丸先生之道 當時士大夫 欲以異科薦之 弗就也 自得道之後 蔬腸絶粒凡九年 而四方學者如牛毛 若夫出處之大槪 與著書立言之略 及所行有神異靈奇之處 備見諸書 初先生事翠虛九年 始得其道'
276 이원국, 김낙필 외 옮김, 앞의 책, 41-43쪽 참조.

4. 남종 5조의 단법

진단의 단법을 계승하여 장백단이 정립한 내단법에 대해서는 이미 그 두 단법을 비교한 연구가 있다.[277] 장백단의 단법은 네 단계로 이루어지는데, 축기-연정화기-연기화신-연신환허의 방법이다. 여기서 축기는 수련을 위한 완벽한 준비단계를 말하며, 연정화기는 이른바 도교의 '명공'의 단계를 뜻하고, 연기화신은 선불교의 '성공'의 단계를 나타낸다. 연신환허는 연기화신으로 이미 선천의 신으로 환원된 상태에서 다시금 궁극의 도로 돌이키는 '복귀무극'에 해당한다. 이 과정에서 그는 유교가 말하는 윤리적 삶의 중요성을 수련법의 기초로 도입하고, 달마 이래 선불교의 수행법을 그의 단법 제3단계로 끌어들여 '이도포선以道抱禪'의 수련법을 완성한다. 즉 윤리적 삶에서 시작되는 그의 수련법은 육신의 수련인 명공을 거쳐 정신의 수련인 성공을 지나서 최고의 경지인 도교의 진인에 이르는데서 마친다. 그는 이를 간단히 다음과 같이 표현하고 있다.

이 오진편은 신선의 명맥을 먼저하여 수련을 유도하고, 여러 부처들의 묘용을 그 다음으로 하여 신통을 넓히고, 마지막으로는 진여각성

---

[277] 김경수, 「진단과 장백단의 내단이론 비교」(앞의 논문) 참조.

으로 환망을 없애고 궁극의 공적한 본원으로 돌이키고자 하는 것이다.[278]

그의 단법의 세부적인 단계와 내용에 대해서도 이미 상세한 논구가 있다.[279] 그러나 여기서는 그것을 언급하지 않는다. 왜냐하면, 약물을 채취하여 각 단계에 맞는 수련법을 행함에 있어 가장 중요한 요소는 바로 화후로서, 내단에서의 화후란 때에 맞추어 채취하고 양에 맞게 조절하여 금단을 형성하고 속도를 알맞게 하여 적절하게 휴식하고 나아가기를 조절하는 것인데, 이는 오로지 개인의 자질에 따라 다르기 때문이다. 또한 그 시기를 정확히 알고서 조절하는 것은 매 수련의 단계마다 오로지 지인으로부터 직접 1:1로 지도를 받을 수밖에 없기 때문이다. 이것은 오직 지인의 구결로서만 제자에게 전승되는 것이어서 어떤 문장에서도 표현할 수 없는 것이라고 하였기 때문이기도 하다. 장백단은 이를 다음과 같이 표현하였다.

참동계와 론들과 경전과 노래들이 지극한 진리를 말하지만,
화후는 문장에 드러내지 않았네.
지인의 구결이 화후의 비결에 통함을 알아야만,
모름지기 신선과 더불어 자세히 논하네.[280]

---

278 「禪宗歌頌詩曲雜言」, 『紫陽眞人悟眞篇拾遺』: '此悟眞篇者 先以神仙命脉 誘其修煉 次以諸佛妙用 廣其神通 終以眞如覺性 遣其幻妄 而歸於究竟空寂之本源矣.'
279 김경수, 『북송 초기의 삼교회통론』(앞의 책), 273-281쪽 참조.
280 『오진편』, 칠언절구 제28수: '契論經歌講至眞 不將火候著于文. 要知口訣通玄處 須共神仙仔細論.'

적어도 장백단이 말하는 내단의 수련에서 가장 중요한 부분이 이것이다. 그리하여 장백단으로부터 이어진 단법은 1:1 전승법을 택한 것이다. 이로부터 도출되는 남종 단법의 또 한 가지 중요한 점은 그들이 교단의 조직을 갖지 않는다는 것이다. 오로지 개인적 수련만을 중시하여 신선이 되는 것이 목적이기에 별도로 교단과 같은 조직을 통해서 수련을 해야 할 필요성이 없다는 것이다

> 뜻있는 선비가 만약 수련하고자 한다면,
> 시장에 있거나 조정에 있음이 무슨 방해가 되리.
> 공부는 쉬우며 약은 멀리 있지 않으니,
> 이것을 깨달으면 사람마다 모름지기 미소를 지으리라.[281]

따라서 남종의 단법은, 장백단의 논리를 철저히 따른다면, 반드시 청수파의 단법이 옳다고 할 수 있으며 쌍수파의 단법은 틀린 것이라고 할 수 있다. 사제 간의 비밀스러운 전승과 교단조직을 필요로 하지 않는 것이 장백단 단법의 가장 큰 특징이라고 할 수 있다.

석태는 그의 저서 『환원편』을 통하여 장백단으로부터 이어받은 단법을 펼치고 있다. 그는 그 「서」에서 '작년에 우연히 역에서 스승인 장자양 진인을 뵈었다. 간단하고 쉬운 말로써 반 구절에 불과하였고, 그 증험의 효과는 잠깐 사이에 있었다. 배워서 신선이 될 수 있다는 것을 알고는 나는 저절로 기쁨이 넘쳤다'[282]고 하고서, 81수의 시로 자신의 관점을

---

281 『오진편』, 「서강월」 제2수: '志士若能修煉 何妨在市居朝. 工夫容易藥非遼 說破人須失笑.'
282 석태, 『환원편』 「서」: '昔年于驛中遇先師紫陽張眞人 以簡易之語 不過半句 其證驗之效 只在片時 知仙之可學 私自生喜歡'

서술하고 있다.[283] 그가 말하는 단법의 핵심 몇 구절만 간추려보자.

> 원기를 어찌 복용하는가? 참된 정을 옮기지 말아야 하네.
> 참된 정과 원기, 이것이 바로 대단의 기초라네!
>
> 기는 형체속의 명이고, 마음은 성 안의 신이라!
> 능히 신과 기의 자리를 안다면, 곧 바로 신선 된다네!
>
> 옥액은 신의 방을 적시고, 금단의 태는 기의 단초를 묶네.
> 단지 몸속의 약을 찾을 뿐, 단서丹書에서 찾을 필요 없다네![284]

이와 같은 그의 견해는 장백단의 단법과 하등의 차이도 없는 것으로 볼 수 있다. 그로부터 단법을 이은 설도광은 『오진편』에 주석을 달아 오늘날 육서 및 진치허의 주석과 더불어 『오진편삼주』로 전하고 있다. 그의 「단수가」에서는 '예전에 스승 만나 친히 구결 주시니, 단지 요점은 신을 응결하여 기혈에 넣음이라! 연정화기 연기화신으로, 수련하여 황아와 백설을 만드네!'[285]라고 하여, 정기신으로 내단의 기본으로 삼음을 분명히 밝히고 있다. 그는 『환단복명편』의 「자서」에서는 '선화 경자(1120)년에 지인의 구결을 얻었는데, "대도의 근본은 일기一氣가 변하여 이루

---

283 여기서 81편이란 매우 중요하고도 상징적인 의미가 있다. 먼저 『도덕경』이 81장이고, 진단의 『지현편』이 81장이며, 장백단의 『오진편』 81수의 시로 되어 있기 때문이다.
284 석태, 『환원편』: '元氣如何服 眞精不用移 眞精與元氣 此是大丹氣'
   '氣是形中命 心爲性內神 能知神氣穴 卽是得仙人'
   '玉液滋神室 金胎結氣樞 只尋身內藥 不用金丹書'
285 설도광, 「단수가」: 昔日遇師親口訣 只要凝神入氣穴 以精化氣氣化神 煉作黃芽幷白雪'

는 것을 벗어나지 않는다. …"286고 했다. 여기서 한 가지 문제가 되는 것은, 앞의 『역세진선체도통감』에서는 석태가 설도광과 만난 때가 1106년이라고 했는데, 여기서는 설도광 자신이 1120년이라고 하고 있다는 점이다. 또한 설도광은 스스로 그가 만난 지인이 석태라고도 밝히고 있지 않다. 둘 중 누군가가 착종을 일으켰다고 할 수 있는데, 석태가 137세까지 살았다는 점을 감안한다면, 그가 99세 때에 만났다고 하는 설도광의 기록이 더욱 타당할 것으로 볼 수 있다. 그의 내단에 대한 관점을 담은 시 가운데 일부를 옮겨본다.

> 시장터 사람 왕래 많은 곳에서, 밝고 밝은 성과 함께 돌아가네.
> 깨달으면 오직 한 물건, 미혹하면 천 겹의 산에 막히네!

> 뿌리로 돌아가 명을 돌이키고 원진元眞을 돌이키니,
> 기는 사지로 들어가고 정은 신을 기르네.
> 신과 기가 돌아가 흩어지지 않으면,
> 세속에 묻혀 살아도 한가한 사람일세!287

이러한 내용은 스승과 제자 사이의 1:1 사승관계로 전수되고 교단의 조직을 필요로 하지 않는다는 장백단의 단법을 고스란히 이어받고 있다. 이제 이것이 진남에게로 전해지면서 상당한 변화를 보이게 되는 것이다. 앞에서 본 조도일의 기록에 의하면 진남은 두 갈래로 단법을 전

---

286 설도광, 『환단복명편』 「자서」: '宣和庚子歲 得至人口訣曰 大道之祖 不出一氣而成變 …'
287 설도광, 위의 책: '塵市通人處 明明與性還 悟來惟一物 昧處隔千山'
'歸根復命復元眞 氣入四肢精養神 神氣若還俱不散 混同塵世一閒人'

수받는다. 더구나 여모산의 신인으로부터 '경소대뢰법'을 전수받은 그는 신비한 행적을 남기게 된다.

> 매양 사람들이 부수符水를 구하면 취허翠虛는 흙에 비벼 붙여주었는데 병이 많이 나았다. 그런 까닭에 사람들이 그를 진니환陳泥丸이라고 불렀다. 송나라 휘종 정화(1111 – 1118) 중에 제거도록원사提擧道錄院事에 발탁되었다가 후에 나부산으로 돌아가 도법을 세상에 행했다.[288]

그가 설도광에게서 단법을 전수받은 것과 신인에게서 뇌법을 전수받은 것의 선후는 밝히고 있지 않지만, 그 두 가지 모두가 사실이라고 한다면 아마도 설도광으로부터 전수받은 단법이 먼저일 가능성이 높다. 왜냐하면, 그는 나무광주리를 만들어서 팔아 생계를 유지했다고 하는 것으로 보아 장백단에서 석태와 설도광으로 이어지는 단법의 전수자로서 자격을 갖추었다고 보이기 때문이다. 그러던 그가 갑자기 뇌법을 전수받아 고통에 시달리는 백성들을 구하고 더 나아가서는 졸지에 제거도록원사에까지 발탁되어 도교의 교단을 관장하는 벼슬에 나아갔다는 것은 이해하기 어려운 부분이다. 특히나 그가 벼슬에 나아간 시기가 1111에서 1118년 사이라고 되어 있으니, 이때는 석태와 설도광이 서로 단법을 전수하던 시기와 중복되는 기간이다. 석태와 설도광이 단법을 전수한 시기에 대해서는 이미 살펴본 것처럼 1106년이거나 1120년이다. 그렇다면 조도일이 말하는 바와 같이 앞의 경우라면, 석태는 그가 단법을 전수받자마자 자신이 그것을 수련하여 일정한 경지에 도달하기도 전에

---

288 조도일, 『역세진선제도통감』 권49, 「陳楠」: '每人求符水 翠虛捻土付之 病多趣愈 故人呼之爲陳泥丸. 宋徽宗政和中 擢提擧道錄院事 後歸羅浮山 以道法行於世'

곧바로 진남에게 단법을 전한 것이 되어 불합리하다. 설도광 자신이 말하고 있는 바와 같이 뒤의 경우라면, 이것은 오히려 남종의 제3조와 제4조가 순서가 뒤바뀌게 되는 어이없는 일이 생겼다는 것이 된다. 게다가 그의 몰년은 1213년으로 되어 있으니『역세진선체도통감』의 기록은 심각한 자기모순을 범하고 있다. 또 한 가지 주목할 점은 남종 5조의 다른 경우는 모두 사승관계에 얽힌 일화들이 개입되어 있는데 반해서 진남의 경우에는 그와 같은 내용이 전하지 않고 있는 것도 문제점으로 지적할 수 있다.

　이 심각한 딜레마를 해결할 수 있는 길은 한 가지밖에 없는 듯하다. 그것은 바로 진남과 관련한 기록이 조작되었다고 보는 것뿐이다. 앞에서 이미 백옥섬의 기록들이 가지는 허황된 점을 보았지만, 아마도 진남과 백옥섬의 관계는 많은 부분 사실로 인정할 수 있을 것 같다. 그런데 백옥섬이 자신의 위상을 위하여 진남의 도통을 억지로 설도광과 연결시켰다고 보는 것이 보다 설득력이 있고, 그로부터 뇌법의 사용과 교단조직으로 변질되어간 그들의 정통성을 확보할 수 있었을 것이다. 아마도 진남은 뇌법을 주로 사용한 남방 도교 신소파神霄派의 일원이었을 가능성이 있다. 그가 지었다고 하는『취허편』이 진짜인지 가짜인지의 고증도 절실히 요구된다. 그가 그 책에서 '대약은 모름지기 정기신에 의지하여, 한 곳에서 채약하여 응결하여 완성하네. 내단의 시작은 선천기이니, 수련하여 황아를 만들고 옥영을 드러낸다네!'[289]라고 하여, 그 내용으로만 본다면 장백단 이래의 단법을 그대로 표현하고 있지만 그것은 석태나 설도광에서 전해지는 기록의 내용과 너무도 흡사하여 그 진위여부에 대한 검

289　진남,『취허편』: '大藥須憑神氣精 採來一處結交成 丹頭只是先天氣 煉作黃芽發玉英'

증은 반드시 필요하다고 보인다.[290]

진남은 장백단이나 석태 그리고 설도광이 시해에 임하여 남긴 시해송도 남기지 않고, 평소 그가 만들어 생계수단으로 삼았던 나무통에 들어가 물속에 빠져서 시해하였다고 하는 기록도, 그가 계승한 단법이 그 이전의 남종단법과 다른 점으로 지적된다. 이러한 모순점은 백옥섬에 이르면 더욱 커진다. 그와 직접 관련된 저서는 대표적으로 『해경옥섬선생문집海瓊玉蟾先生文集』, 『해경백진인어록海瓊白眞人語錄』, 『해경전도집海瓊傳道集』 등이 있다. 앞서 고증하였지만 그의 젊은 시절에 대한 행적은 그 시기가 연대적으로 맞지 않는다. 또한 그는 21세부터 제자들을 가르치기 시작했고, 24세 때에 구궁산 서경궁에서 국초國醮를 행했다고 하는데 이 또한 믿기 힘든 이야기이다. 그와 관련된 연대기적 이야기는 모두가 혼란스러워서 도무지 종잡을 수가 없는 실정이다. 백옥섬에 대해서는 보다 구체적인 연구가 절실히 필요하지만 여기서는 지면 관계와 주제 외의 논의이기에 다음 기회로 미룬다.

한 가지만 언급한다면, 아마도 그는 뢰법을 주로 하는 도교에 몸을 담았다가, 이론적 근거의 필요성을 절실히 느껴서 그의 스승인 진남으로부터 위조된 계보를 만들어 남종의 연원에 결합시키고, 그 자신은 남종단법과 관련되는 여러 학설을 저술로 남긴 것으로 판단하면 무리가 없겠다. 그의 단법의 특징을 한 마디로 요약하면, 정기신을 근본으로 삼되 '안으로는 단을 만들고 밖으로는 법을 사용한다'[291]고 하여, 자신의 도교 수련법이 내단법과 뢰법을 함께 응용하고 있음을 분명히 한 것이라고 한

---

[290] 지금까지 중국 측의 도교 연구자들은 이런 점을 간과하고서 무조건 전래의 기록을 믿는 태도를 보여 이와 같은 어처구니없는 연구결과를 제시하고 있다. 진남과 백옥섬의 사승관계와 설도광과 진남의 사승관계에 대한 보다 깊이 있는 연구가 요구된다.
[291] 이원국, 앞의 책, 109쪽에서 재인용.

다. 이원국의 논의에 따르면, 그는 주희를 매우 사모하고 존숭하였으며, 삼교회통에 기초한 그의 내단법도 전통·유교의 윤리적 관점이 아니라 성리학의 우주론과 깊이 관련되어 있다고 한다.[292] 그런 면에서 본다면, 그는 중국도교사에서 내단과 뢰법을 결합시키고 여기에 성리학까지 도입한 혁명적 사상가임이 틀림없다고 할 수 있으며 동시에 허망함과 모순에 가득 쌓인 인물이기도 하다는 평가를 할 수 있다.

---

292 이원국, 위의 책, 101-108쪽 참조.

5. 내단의 성립과 쇠퇴

지금까지 중국 도교 내단파 남종 5조의 전승과 단법에 대해서 살펴보았다. 중국 내단파의 역사적 흐름은 몇 개의 학파로 분기하기는 했지만, 사실은 모두 장백단이 정립한 단법의 영향력 아래에 있는 것으로 보아도 무리가 없다.

남종 5조의 전승과정을 살펴보면, 장백단에서 석태를 거쳐 설도광에게 이르기까지는 나름대로의 일관성이 있다. 가장 중요한 점 몇 가지를 들어보면, 우선 그들은 단법을 수련하여 대단한 장수를 누렸고, 스승에게서 제자로 직접 비밀리에 전수하는 사승관계를 지켰으며, 교단에 몸담지 않고 세속에서 더불어 살면서 수련하는 단법을 주장하였고, 철저히 개인위주의 수련법을 지켰다는 점이다.

따라서 필자는 내단 도교의 가장 순수한 의미를 지킨 인물들을 진단 장백단 석태 설도광 정도로만 한정한다. 그러므로 그 단법은 당나라 말기에 등장하여 설도광이 시해한 1191년에 이르기까지의 기간 동안인 약 2백 년간만 제대로 전승되다가 홀연히 역사에서 사라졌다고 본다. 그 이유는, 그 단법은 반드시 합당한 인물을 만나야만 전수할 수 있는 것이었고, 구체적 수련의 단계는 스승과 제자가 구결로서만 직접 전수하기에 널리 알려질 수 없는 것이었으며, 수련의 기간이 길고 꾸준한 노력을 필요로 하는 것이어서 보통 사람이 감당하기에는 무리였을 것이기 때문이다.

여기에서는 충분히 논의하지는 못했지만, 여러 가지 정황으로 보아 설도광 이후에 등장하는 진남과 백옥섬은 사실은 남방도교의 뇌법파인 신소파 소속이었을 가능성이 많은 것으로 판단된다. 그 중에서도 백옥섬은 뇌법과 내단을 결합하고자 노력한 인물로 보이지만, 그 과정에서 많은 허구와 모순을 만들어낸 것으로 볼 수 있다. 그들은 이론적으로는 내단도교의 학설을 취했지만, 그 실상은 고래로부터 전해오는 민간도교로 회귀한 것이라고도 할 수 있겠다. 필자는 이러한 주장에 대해 상당한 정도의 방증자료를 거론할 수 있다. 따라서 필자는 내단 도교 남종 5조의 전승과 단법에서 진남과 백옥섬은 제외되어야 한다고 생각하며, 변질된 단법은 새로운 계보로 정리해야 할 필요성이 있다고 판단한다.

6장

내단도교 남·북종의 단법 비교
- 장백단과 왕중양을 중심으로

1. 남종과 북종

 **도교와 정권**

도교는 그 성립초기부터 왕조의 흥망성쇠와 깊은 관련을 가지고 있었다. 태평도太平道가 일으킨 '황건적黃巾賊의 난'이 후한의 멸망을 초래하는 기폭제가 되었으며, 남북조시대에 남조에서 유행한 현학玄學의 풍조는 남조 각 왕조의 쇠망에 많은 영향을 준 것으로 알려지고 있다. 또한 당나라 때는 외단의 풍조로 인하여 적어도 여섯 명 이상의 황제가 수은水銀에 중독되어 죽었으며, 당 말의 무종 때에 도교가 불교를 핍박하기 위해서 일으킨 '회창법란會昌法亂'으로 인하여 불교가 타격을 입은 것 이상으로 국력의 약화를 초래하였다. 이제 내단으로 방향을 전환한 도교는 북송에 이르러 세력을 확장하지만, 역설적으로 북송은 도교로 인하여 망한 전형적인 모델이 되었다고 하여도 과언이 아니다.

북송의 태조 조광윤趙匡胤이 천하를 통일하자 당시의 유명한 도사 진단陳摶이 "이제 천하가 안정되리라."고 말했다는 전설로부터 북송 황실과 도교와의 긴밀한 관계가 시작된다.[293] 조광윤을 이은 태종 조경趙炅이

---

293 세상에 전하는 그림 중에 태조 조광윤과 진단이 만나 바둑을 두고 있는 모습을 그린

즉위하자 도교에 관심을 갖고서 진단을 초청하여 벼슬을 하사하였으나 받지 않고 떠나가자 그에게 희이선생希夷先生이라는 호를 하사하였다.[294] 이후 진종眞宗 조항趙恒은 요나라와 실질적으로 패배를 인정하는 화의 [단연지맹澶淵之盟]를 맺은 후부터 도교에 급격히 빠져들게 된다. 도사들이 날조한 천서강하天書降下 사건으로 연호를 대중상부大中祥符로 바꾸고, 4년 뒤에는 또 다시 송나라 황실의 시조인 조현랑趙玄郎이 강림하는 사건을 조작하면서 황실의 무너진 권위를 유지하려고 하였다. 나아가 용호산龍虎山에 근거를 두고 있던 초기 도교의 주류파인 천사도의 장천사에게 '선생'의 호칭을 주었다.

또한 개국 초부터 문치주의를 표방한 송나라는 유불도의 학문을 두루 장려하였는데, 오대시절부터 급속도로 발전한 인쇄술에 힘입어 삼교의 경전을 두루 간행하여 지방에까지 보급하면서 특히 불교와 도교의 대장경 편찬사업을 적극 추진하였다. 이는 회창법난 이후 쇠퇴일로에 있던 불교가 달마 이래의 조사선으로 부활하는데 크게 기여하였으며, 도교는 황실의 지원으로 불교에 준하는 정도의 교리정리와 교단확장을 가져오게 되었다. 그런데 이와 같은 불교와 도교의 대장경 간행사업은 몇 곳에서 이루어졌지만, 그 중 대표적인 곳이 절강의 천태산 일대라는 사실은 매우 중요하다. 그곳은 오대십국 시절의 오월국吳越國이 자리한 곳으로서, 오월국은 불교를 중심으로 하는 삼교회통의 사상을 크게 진흥했었다. 그 대표적인 인물이 바로 영명연수永明延壽(904-975)였다.

북송의 실질적 마지막 황제인 휘종徽宗 조길趙佶은 도사 임영소林靈

것이 있다. 사실 여부는 제쳐두고서 이러한 그림은 송 황실과 도교와의 관계를 상징적으로 나타내고 있다고 하겠다.
294 희이라는 말은 『도덕경』 제14장의 '視之不見 名曰微 聽之不聞 名曰希 搏之不得 名曰夷'에서 따온 말이다.

素 등을 크게 예우하여 그에게 '통진달령선생通眞達靈先生'이라는 호를 내렸다. 그러면서 전국적으로 도관을 크게 확장하여 중국역사상 도교가 가장 번성한 시기를 맞이하였다. 또한 그는 스스로를 '교주도군황제敎主道君皇帝'라고 칭하여, 지상의 황제와 천상의 천제 그리고 하늘과 땅을 아우르는 교주라고 하여 삼위일체三位一體의 제왕임을 선언하였다. 휘종은 불교중심의 삼교회통적 입장을 부정하고 도교중심의 삼교회통을 강조하였다. 그러면서 망해가는 나라를 도교의 신력을 빌어 회복하고자 하는 어리석은 짓을 하였는데, 금나라의 침입으로 적군이 황궁을 포위했을 때에도 아들에게 양위하고 상황으로 물러나 있던 그는 도군道君의 복장을 하고서 도술로 적병을 물리칠 수 있다고 믿었을 정도였다. 결국 그는 나라의 멸망과 함께 흠종과 더불어 포로가 되어 금나라로 끌려가 온갖 모멸 속에서 살다가 객지에서 비참하게 죽음을 맞이한 신세가 되었다.

송나라 이후의 사상계에 가장 큰 영향을 끼친 사람은 단연 진단이라고 할 수 있다. 그리고 비록 간접적이기는 했지만, 진단에게 가장 큰 영향을 준 인물은 인도로부터 건너온 달마達磨라고 할 수 있다.[295] 그 진단으로 말미암아 북송은 도교와 관계를 맺게 되었지만, 그렇게 맺어진 관계는 전혀 엉뚱한 방향으로 전개되어 오히려 북송을 망하게 만든 결정적 요인으로 작용하였다. 도사로서의 진단은 쇄비술鎖鼻術을 비롯한 여러 가지 외단술도 익힌 것으로 알려지고 있으며, 몇 곳의 도관에서 생활을 하였다. 그러나 그의 행적을 보면 일반적인 도사들과 같은 도관의 규율에는 얽매이지 않은 것으로 볼 수 있다. 이와 같이 그는 도사이면서

---

295 이 문제에 관해서는 김경수, 「진단의 내단이론과 삼교회통론」(『한국철학논집』 제31집, 한국철학사연구회, 2011)에서 충분히 언급하고 있다.

도 자유분방한 자유인으로서의 삶을 영위하는 이중적인 생활을 한 것으로 파악된다. 그러면서 결국 그는 종리권 여동빈 이래의 종려단법을 계승 발전시켜서 내단의 수련법을 정초하기에 이르렀다.

그리하여 북송에서의 도교는 기본적으로 두 가지 방향으로 전개되었다고 보인다. 하나는 외단과 재초齋醮와 뇌법雷法을 중심으로 하면서 황실과 결합하여 교단 조직으로 세력을 확장한 전통적 도교이며, 다른 하나는 교단 조직과는 상관없이 개인적 수련을 목적으로 내단을 추구한 계통이다. 이후 북송이 망하고 남송이 성립하며 동북쪽 지역이 금나라의 지배하에 들어가면서 도교는 새로운 양상으로 나타나게 된다. 개인과 개인의 사승관계로 전승된 남종 내단도교는 일정한 시기 동안 명맥을 유지하다가 북종으로 통합되고, 금나라의 지배하에서 민중을 교화하여 새로운 내단도교의 교단을 형성한 북종의 전진교全眞敎는 거대한 세력으로 발전하여 이후 중국 도교의 주류가 되었다.

2. 남종과 북종의 특징

남종과 북종은 장백단張伯端과 왕중양王重陽으로부터 각각 비롯되었다. 그들은 모두 종리권과 여동빈 이래의 내단도교를 이어받았지만, 그 중간 단계에서 남종은 진단의 단법으로 연결되고 북종은 유해섬의 단법으로 연결되는 차이점을 보이고 있다.[296] 종리권이나 여동빈이나 진단이나 유해섬이거나 그들 모두는 전통적인 도사의 규율에 얽매이지 않은 생활을 한 것으로 보이는 것이 내단파의 특징 중의 하나라고 할 수 있다. 장백단 이래의 남종은 훗날 백옥섬에 의하여 남종의 다섯 조사에 대한 계보를 만들게 된다. 그 계보는 장백단-석태-설도광-진남-백옥섬으로 이어진다.[297] 반면에 북종의 경우는 그 창시자인 왕중양이 스스로 하나의 조사계보를 주장하고 있다. 그에 의하면, 동화제군-종리권-여동빈-유해섬-왕중양으로 이어지는 계보이다. 즉 남종5조는 창시자인 장백단으로부터 아래로 내려가는 계보인 반면에, 북종5조는 창시자인 왕중양까지 내려오는 계보인 것이다. 따라서 남종5조의 계보는 백옥섬이

---

296 이 문제는 제2장에서 북종5조의 계보와 함께 자세히 다루고자 한다.
297 이에 대해서는 김경수, 「도교 남종 5조의 전승과 내단법」(『한국철학논집』 제39집, 한국철학사연구회, 2013)에서 상세히 다루고 있다.

북종5조의 계보를 본받아 자신의 권위를 내세우기 위하여 만든 것으로 해석해야 하며, 북종5조의 계보는 왕중양이 스스로의 권위를 위해서 만든 것이라고 해야 할 것이다.

한편, 남종은 북송이 안정기에 접어든 때에 정립되어 장백단으로부터 설도광에 이르기까지는 순수하게 개인적인 수련중심으로 스승과 제자 사이에 비밀리에 전승되는 단법으로 이어지다가 진남에서부터 남방 신소파의 뇌법과 재초를 행하면서 교단도교화 되어간 것으로 보인다. 그리하여 백옥섬에 이르게 되면 사실상 북종인 전진교로 통합되는 것이다. 북종은 요나라와 금나라가 격전을 벌이면서 북송을 압박하고, 다시 1225년에 북송을 멸망시키고 중원을 장악한 금나라가 1234년에 원나라에 의해 멸망하는 과정을 겪는 와중에, 바로 그 전쟁의 소용들이 한 가운데에 있었던 강북지역의 도탄에 빠진 민중 구휼로 터전을 잡게 되었다.

황제가 도교에 심취해 망국으로 이끌었던 북송정권에 염증을 느낀 백성들은 한동안 도교를 매우 배척하는 경향을 보였다. 그러나 다른 한편으로는 국가를 대신하여 민중의 아픔과 고통을 함께 해주는 도교에 다시 빠져들어 이제는 정치도교가 아니라 민중도교로 거듭나게 되었다. 그 당시 주로 금나라의 통치를 받고 있던 지역에서 일어난 새로운 민중도교는 크게 세 파로 나누어진다. 태일교太一敎와 진대도교眞大道敎 그리고 전진교全眞敎가 그것이다. 그들은 창립초기에 주로 병의 치유와 구휼로 민심을 얻었다.[298] 이 중에서 전진교가 바로 내단도교 북종의 계보이다.

남종과 북종의 이러한 기본적인 차이에 대한 인식으로부터 본 논의

---

[298] 옛날이나 지금이나 신흥종교가 민심을 얻어 교세를 확장하는 기본 방법은 바로 병의 치료와 가난의 구휼이 최고의 효과를 발휘하였다.

를 전개하고자 한다. 여기서는 장백단과 왕중양 각각의 단법을 치밀하게 분석하는 것이 일차적인 목적이 아니라 기존의 가장 상세한 그들에 대한 연구 결과를 토대로 그 내단법과 삼교회통론의 차이점을 구명하고자 하는 목적을 가지고 있다.

필자는 순수한 의미의 내단도교는 남종으로 보고 있으며, 그 남종도 4파가 있지만 남종5조의 계열인 청수파淸修派가 가장 정통파라고 본다. 남종과 북종의 단법은 '선명후성'과 '선성후명'으로 대별하지만, 바로 이러한 구분이 생기게 된 중요한 배경으로서 남종5조와 북종7진의 생애를 비교하여 분석해보자.

조도일의 『역세진선체도통감』 및 그 『속편』과 『후집』을 토대로 하고, 호부침이 주편한 『중화도교대사전』을 종합하여 지금까지 밝혀진 내용을 정리하여 남종과 북종의 주요 인물들에 대해서 간단히 정리해보자. 종리권과 여동빈에 대해서는 남종과 북종이 다 같이 그 단법을 계승한 것으로 인정하고 있으므로 여기서는 그들의 행적에 대해서는 언급하지 않는다.[299] 남종과 북종을 가르는 결정적인 인물은 진단과 유해섬이다. 남종의 비조인 장백단은 스스로 진단의 단법을 계승하였다고 말하고 있고, 북종의 창시자인 왕중양은 유해섬의 단법을 계승하였다고 말하고 있기 때문이다. 진단(871~989)은 당나라 말기부터 북송 초기까지 118년을 살았던 인물이다. 자는 도남, 호는 부요자이며 사호賜號는 백운선생과 희이선생이다. 그는 무당산에서 태식과 복기 및 벽곡과 도인술 등을 익혔고, 후에는 사천의 천경관으로 옮겼다가 다시 화산의 운대관에서 주로 생활하였다. 천경관에서는 도사 하창일로부터 도술을 배웠다는 기

---

[299] 필자의 다음 논문 주제가 내단도교의 형성과정에 대한 것이므로 그 때에 자세히 언급하고자 한다.

록이 있고, 『불조통기』에는 그가 승려인 마의도자로부터 『역』을 전수받은 것으로 기록되어 있다. 그는 유불도의 삼교회통에 바탕한 내단 이론을 체계화 하여 이후 남종 내단파의 기초를 세웠다. 유해섬은 이름이 조操(일명 철誓)이고 자는 현玄(원元)영英이며, 호가 해섬자여서 보통 유해섬으로 부르는 인물이다. 산동 출신으로 알려지고 있으며, 연나라에서 벼슬하여 승상의 지위에까지 올랐다고 하지만 구체적인 생몰연대는 알려지지 않는다. 여동빈을 만나서 청정무위와 양성수명 그리고 금액환단법을 배웠다고 전하며, 벼슬을 버리고 화산과 종남산 그리고 봉황산에 은거하였다고 한다. 장무몽과 충방 그리고 진단과 더불어 방외우를 맺었다고 전해진다.

　　장백단과 왕중양에 대해서는 다음 장에서 자세히 다룰 것이며, 기타 남종4조와 북종7진에 대해서는 여기서 충분히 언급할 여유가 없으므로, 간단히 도표화 하여 이 논의에 필요한 내용을 정리한다.

　　오른쪽 〈표〉에서 우리는 몇 가지 사실을 읽을 수 있다. 남종의 인물들은 출신지가 다양한데 비해서 북종칠진北宗七眞은 왕중양을 제외하고는 모두가 산동인이다. 남종의 진단부터 설도광까지는 모두가 대단한 장수를 누린 것에 비해, 북종의 유해섬은 생몰연도를 알 수도 없고 나머지 인물들은 말 그대로 장생불사長生不死를 추구하는 도사들로서는 특별히 장수했다고 할 수가 없다. 남종에서는 이름과 호 등을 스스로 자유롭게 사용한 반면에 북종 왕중양의 제자 칠진은 모두 원래의 이름이나 자와 호 등이 있음에도 스승으로부터 이름과 호를 하사받고 있다. 이러한 사실은 남종과 북종의 단법이 다르다는 점을 나타내고 있다고 볼 수 있다. 남종이 개인적 사승관계로 단법을 전수한 것과는 달리 북종은 교단적 조직이 우선이었음을 말하는 것이다. 그리고 무엇보다도 '선명후성'과 '선성후명'을 표방한 내단수련의 방법의 차이에서 기인한다고 하겠다.

	이름	신상내용				생몰연대
		자	법호	호	출신	
남종	陳搏	圖南		扶搖子	四川	871-989(118세)
	張伯端(張用成)	平叔		紫陽	浙江	984 or 987-1082 (95세 or 98세)
	石泰	得之		杏林 翠玄子	常州	1022-1158(137세)
	薛道光(薛式&薛道原)	太源	紫賢	毗陵禪師	四川	1078-1191(114세)
	陳楠	南木		翠虛	廣東	? - 1213(미상)
	白玉蟾(葛長庚)	如晦 紫淸 白叟		海瓊子 武夷山人 瓊山道人	雷州	1194-1229(36세)
북종	劉海蟾	玄英		海蟾子	山東	미상
	王重陽 (王中孚/王世雄/王喆)	允卿 威德 知明		重陽子	陝西	1112-1170(58세)
	馬丹陽(馬從義/馬鈺)	宜甫, 玄寶		丹陽子	山東	1123-1183(61세)
	潭處端(潭玉)	通正	處端	長眞子	山東	1123-1185(63세)
	劉處玄	通妙, 道妙	處玄	長生子	山東	1147-1203(57세)
	王處一		玉陽	金陽子 玉陽子 華陽子	山東	1142-1217 (76세)
	郝大通(郝升郝璘)		大通	恬然子 廣寧子 太古道人	山東	1140-1212 (73세)
	孫不二(孫富春) 세칭: 孫仙姑・馬丹陽夫人		不二	淸淨散人	山東	1119-1182 (64세)
	丘處機	通密		長春子	山東	1148-1227 (80세)

3. 장백단과 왕중양

 생애와 득도

장백단의 생애에 대해서는 이미 필자의 상세한 연구가 있으므로,[300] 여기서는 그 내용을 간단히 정리하는 것으로 분석을 대신한다. 그의 생애에 대해 언급하고 있는 글은 몇 가지가 있는데, 장백단 자신이 쓴 『오진편』의 「자서」와 「후서」 그리고 육선의 손자인 육사성이 쓴 「오진편기」 및 원나라의 조도일이 쓴 『역세진선체도통감』의 「장용성」항, 옹보광의 「오진편직지상설서」 및 현대중국의 이원국이 『도교기공양생학』에서 『임해현지』를 인용하여 고증한 내용 등을 종합하면 그 대략을 알 수 있다.

그는 984년 혹은 987년에 절강성 천태에서 태어나 1082년에 시해하였다.[301] 그는 젊어서 박학다식하고 사방을 편력한 경력이 있으며 금단의 도에 심취하였다. 관청의 서리로 근무하던 중에 자신의 실수로 집안의 계집종을 자살하게 한 뒤로 세상사에 허무함을 느껴 공문서를 불태

---

300 김경수, 『북송초기의 삼교회통론』(예문서원, 2013)의 제4장 1절에 그 내용이 자세히 분석되어 있다.
301 근래의 연구들에서는 대체로 그의 출생연도를 987년으로 인정하는 경향이 있다.

웠는데, 그 일로 영남으로 좌천되어 병적兵籍에 들게 되었다. 육선의 휘하에서 총애를 받아 나중에 그를 따라 사천의 성도에 들어가 그곳에서 1069년에 이인異人을 만나 금단의 단법을 전해 받아 득도하게 된다. 그가 얻은 단법이 일설에 유해섬으로부터 전수받았다고 하는 기록이 있지만, 그 자신은 단 한 번도 유해섬에 대해서 언급하지 않고 오직 진단의 『지현편』을 통하여 득도하게 된 것이라고 하고 있다. 단법을 얻은 후에 그는 스스로 이름을 용성이라고 바꾸고, 자는 평숙으로, 호는 자양으로 하였다.

한편, 그는 생애의 마지막 몇 년 동안 제자를 가르쳤던 경험도 말하고 있으나, 초기의 경우는 모두 실패로 끝났음을 언급하고 마지막으로 석태를 만나 단법을 전하였음도 알 수 있다. 그리고 그는 죽음에 임하여 시해송을 남기고 그의 시체에서는 많은 사리를 얻었다고 하고 있어, 그의 죽음과 화장이 모두 불교식으로 진행된 것임도 알게 한다. 그는 도사로 살았지만 세속에서 도를 닦았으며 도관에서 생활하지 않았다. 그의 삶은 오히려 홀로 수도하는 선승과 같은 모습이었고 죽음도 또한 그와 유사하다. 진단 이래의 내단법이 삼교회통에 기반하고 있는데, 그의 단법도 선불교를 적극적으로 수용한 면모가 여실히 드러나고 있다고 하겠다.

왕중양은 원래 이름이 중부中孚이고 자는 윤경允卿이었다. 이름을 『주역』의 괘명에서 따온 것이다. 그의 생애에 대해서는 문인인 이도겸李道謙이 지은 『칠진연보七眞年譜』에 자세하며, 그 외에도 『역세진선체도통감속편』 등을 통해서 상세히 알 수 있다.[302] 1112년에 섬서성 종남현에서 태어났으니, 장백단이 시해한 지 정확히 30년 후이다. 어려서 독서를 좋

---

302 전진교를 창시한 왕중양에 대한 연구는 중국이나 일본에서 이미 거의 완벽할 정도로 구명하였다고 할 수 있다.

아하였고 자라면서 진사 공부를 할 때에는 글과 더불어 무술에도 매진하였다. 26세인 1138에 금나라의 과거에 우수한 성적으로 합격하여 뜻을 크게 펴고자 스스로 기약하면서 이름을 세웅世雄으로, 자를 덕위德威로 바꾸었다. 그 이름은 부처를 대웅大雄으로 호칭하는 것과 의미가 통하는 것이다. 그러나 그는 주세酒稅를 거두는 하급관리에 임명되자 실망하여 벼슬을 버리고 미친 듯이 술에 취하여 살다가 집을 떠나 48세인 1159년에 감하진에서 이인을 만나 내단의 도를 얻게 되어 득도하였다. 득도 이후 그는 이름을 철喆로 바꾸고, 자는 지명知明으로, 호는 중양자重陽子라고 하였다. 자는 불교의 무명無明과 대비되는 말이고, 호는 내단도교에서 수련을 통하여 음신을 제거하여 최종적으로 순수한 양신으로 환원된 경지를 뜻하는 의미로서 순양純陽이나 정양正陽이나 자양紫陽 등과 같은 의미이다.

그의 득도에 관해서『역세진선체도통감속편』에서 다음과 같이 말하고 있다.

> 그 해 6월 선생은 감하진에서 술에 취해 있다가, 머리를 산발하고 가죽 모자를 쓴 두 사람을 만났는데 두 사람의 나이와 외모가 거의 똑같았다. 이에 선생이 이상히 여기고 가르침을 청하였다. … 그러므로 우사시遇師詩에서 읊기를, '사십 팔세에 비로소 진인을 만났으니, 구결을 받자마자 곧 수행하였네'라고 하였다. 아마도 그 이인은 당나라 때의 순양자 여선옹呂仙翁의 화신일 것이다.[303]

---

[303] 이원국, 김낙필 외 역,『내단』2(성균관대학교출판부, 2006) 205-206쪽에서 재인용.「우사시」는『중양전진집』'찰언절구'편의 첫 번째에 수록되어 있다. 위 인용구의 원문은 '四旬八上得遭達 口訣傳來便有功'이다.

왕중양이 48세에 득도하였다는 사실을 설명하면서 스스로 지은 시 「우사遇師」를 인용하고, 그가 만난 이인이 여동빈의 '화신'일 것이라고 하였다. 참으로 교묘한 표현이다. 부처의 명칭이 법신불 보신불 화신불 등으로 나뉘지만, 생존의 시기로 보아 만날 수 없는 두 사람의 내적 연관성을 만들기 위해서 '화신'이라는 표현을 빌어 왕중양의 계보가 여동빈에서부터 비롯된 것임을 강조하고 있는 것이다. 이리하여 결국 왕중양의 내단도교 연원은 '주周나라 정양正陽이 시조이고, 당나라 순양純陽이 사부가 되고, 연燕나라 해섬海蟾이 숙부이며, 종남산의 중양重陽이 제자라네'[304]라는 완성된 계보를 만든다.

그리고 이제부터가 중요하다. 1159년에 그는 스승에게서 구결을 받자마자 수련하였다고 하였다. 또 다음해(1160)에 다시 스승을 만나서 비결 5편을 전수받고서[305] 집을 떠나 출가하여 미치광이처럼 떠돌게 된다. 또 한 해 후(1161)에는 무덤을 하나 파고서 이름을 '활사인묘活死人墓'라 하고 그 속에 들어가 2년간 도를 닦아 수련을 완성하고(1163), 이후 3년간 다시 유장촌으로 돌아가 화옥섬, 이영양 등과 더불어 거처하였다고 한다. 1167년에 홀로 걸식하며 산동으로 가서 재력가인 마의보馬宜甫를 만나 수련할 암자를 짓고서 그 이름을 '전진全眞'이라고 하였다. 전진교라는 이름이 유래하게 된 내력이다. 왕중양은 마의보의 집에서 100일 동안 수련하며 그 부부에게 배와 산밤을 먹게 하고 인과응보의 신기한 현상을 보여주며 그들을 경계시켰다. 다음해인 1168년 2월 그 부부가 제자의 예를 갖추고 귀의하니 바로 단양자 마옥과 청정산인 손불이라는

---

304 『중양전진집』 권9, 「了了歌」: 周正陽兮爲的祖 唐純陽兮爲師父 燕國海蟾兮是叔主 終南重陽兮弟子'
305 이 비결은 스승이 읽어본 후에 태워버리라고 한 것인데, 지금도 전하고 있다. 그러나 그 뜻은 완전히 알기가 어렵다.

이름을 내려준 첫 번째의 제자였다. 이후 담처단 및 구처기와 같은 제자를 거두어들이고 사방으로 전도하여 산동지역에 교단을 건립하였다. 그는 교단에 '삼교금련회' '삼교옥화회' '삼교평등회' 등의 이름을 부여하였다. 섬서성으로 포교 여행을 떠나 1170년 개봉開封에 도착하여 정월 초4일에 마단양 담장진 구장춘 등에게 교단을 부탁하는 유언을 남기고 59세의 나이로 시해하였다.

왕중양은 득도 후 11년 만에 죽었지만, 위에서 본대로 실제 그가 수련에 전념한 시기는 불과 3년 정도에 불과한 것으로 나타난다. 원래 내단의 완성은 '구전환단九轉還丹'이라고 하여 최종 완성까지는 9년이 걸린다고 한다. 그는 죽기 전 2년 정도의 기간에 잔진교의 교단을 산동지역에서 성공적으로 뿌리내렸고, 죽음에 임하여서도 제자들에게 교단을 잘 이끌 것을 유언으로 남겼다. 바로 이와 같은 수련의 기간과 교단의 운영 등에서 왕중양은 장백단과 극단적으로 다른 면모를 보이고 있는 것이다.

 저술

장백단의 저술에 관한 연구는 필자에 의해 매우 자세하게 이루어졌다.[306] 대체적으로 장백단의 저술로 알려지고 있는 것은 『오진편』과 『옥청금사청화비문금보내련단결』[307] 및 『금단사백자』 등 세 종류이다. 이 중에서 『오진편』은 내단도교의 정종正宗으로 꼽히는 책으로 청나라에 이르기까지 그에 대한 주석서만 30종이 넘게 출간되었다. 그런데 필자는

---

306 김경수, 「장백단의 저술고」(『한국철학논집』 제29집, 한국철학사연구회, 2010) 참조.
307 이 책은 일반적으로 『청화비문』이라고 약칭된다.

위의 세 종류 중에서 『오진편』을 제외한 다른 두 책은 장백단의 저술이 아닐 가능성이 매우 높은 것으로 논증하였다.

장백단은 스스로 『오진편』의 「서」와 「후서」에서 그 책 외의 저술에 대한 언급이 없으며, 오히려 다른 저술이 필요 없음을 언급하고 있다. 또한 『청화비문』이나 『금단사백자』에는 간기刊記도 없으며 장백단의 이름조차 기록되어 있지 않기 때문이다. 『청화비문』은 운문체가 아니라 산문체여서 다른 두 저술과는 형식도 다르고, 『금단사백자』는 백옥섬이 마자연馬自然으로부터 가르침을 받은 것이라고 하고 있으므로 그 전도의 계보부터가 다르다. 또 한 가지 중요한 근거로는 장백단의 직접 제자인 석태나 재전再傳제자인 설도광과 옹보광의 저술과 그들에 대한 기록 어느 곳에서도 이 두 책은 거론되지 않고 있다는 점이다. 따라서 필자는 『청화비문』을 후인이 장백단의 단법을 산문 형태로 서술하고서 그의 이름을 가차假借한 것으로 보며, 『금단사백자』는 백옥섬에 의해서 조작된 것으로 판단한다. 또한 『오진편』의 경우 여러 판본이 있고 다양한 주석서가 나왔지만, 필자는 그 원본의 유래를 추적하여 지금 현재 『도장』에 수록된 것 중에서 첫 번째와 두 번째에 있는 『오진편주소』와 『오진편삼주』를 정본으로 판단하였다. 그 또한 장백단의 재전제자인 설도광의 주석이 가장 신빙성이 높은 것이라고 보았기 때문이다.

왕중양의 경우는 그 저술이 비교적 잘 정리되어 있고, 그 유래와 내용들도 잘 알려져 있다.[308] 이는 왕중양으로부터 전진교의 교단이 설립되고 정비되면서 교조의 저술과 어록에 관한 기록들을 잘 관리했기 때문

---

308 蜂屋邦夫, 『金代道教の研究-王重陽と馬丹陽-』(東京: 東京大學東洋文化研究所, 1992)에서 그 목록들이 잘 정리되었을 뿐만 아니라, 여러 계통으로 전해지는 그 판본들을 모아서 책의 뒷부분에 수록해두고 있어서 연구에 편의를 제공하고 있다. 왕중양에 관한 그의 연구는 전 방위에 걸쳐서 일단락을 이루고 있다고 보아도 무리가 아니다.

일 것으로 보인다.

　왕중양이 직접 저술했거나 그의 구술을 기록했거나 아니면 제자들과의 문답을 정리한 것으로서 그의 사상을 담고 있는 책들의 목록은 다음과 같다. 우선 그의 저술로 볼 수 있는 것으로는 『중양전진집重陽全眞集』, 『중양분리십화집重陽分梨十化集』, 『중양교화집重陽敎化集』, 『중양진인금관옥쇄결重陽眞人金關玉鎖訣』, 『중양입교십오론重陽立敎十五論』 등이 있고, 왕중양이 구술한 내용을 수록한 것으로는 『중양진인수단양이십사결重陽眞人授丹陽二十四訣』, 「중양진인수선료성비결重陽眞人修仙了性秘訣」, 「답마사부십사문答馬師父十四問」, 「중양조사논타좌重陽祖師論打坐」 등이 있으며, 왕중양이 주를 달고 청허도인淸虛道人이 기록한 『오편령문五篇靈文』과 왕중양이 마음으로 전하고 청허도인이 기록한 「최상일승묘결最上一乘妙訣」 등이다.

　왕중양이 지은 것으로 되어 있고, 그 사상의 요체를 알 수 있는 13권으로 된 『중양전진집』은 대부분이 시詩의 형태로 되어 있으며, 그 중에는 자신이 수련의 요점을 직접 읊은 것도 있지만 제자들의 질문에 시로써 대답한 것들이 매우 많다. 『중양분리십화집』은 3편으로 되어 있으며, 왕중양이 그의 수제자인 마단양과 주고받은 도에 관한 시들을 수록한 것이다. 『중양교화집』도 3권으로 되어 있는데, 마단양과 주고받은 시들로 이루어져 있다. 이것은 주로 마단양을 깨우치기 위해서 왕중양이 시를 적어 보낸 것에 대하여 마단양이 화답한 것이라고 할 수 있다. 『중양진인수단양이십사결』과 「답마사부십사문」은 마단양이 도에 대해서 왕중양에게 질문한 것과 그에 대한 왕중양의 대답을 정리한 것이다. 「중양진인수선료성비결」은 '전진全眞'의 도에 대해서 풀이한 짧은 글이다. 『중양입교십오론』은 도를 구하는 기본자세로부터 실질적인 수련의 과정과 궁극적으로 삼계를 초월하고 속세를 벗어나는 방법 15조를 서술한 것인데, 구체적이라기보다는 매우 간략한 형태로 되어 있다.

　　왕중양의 저술들을 분석해보면, 대부분의 도교 수련서들이 그러하듯이 처음부터 끝까지 수련의 단계에 대해 구체적으로 서술하고 있는 것이 아님을 쉽게 알 수 있다. 비록 『중양입교십오론』이 그런 단계를 서술하고 있기는 하지만, 그 내용이 구체적이지는 않다. 대체로 그때그때 제자들에게 비결처럼 알려준 운문체의 시 형태이거나, 이에 대한 제자들의 화답 또는 물음과 대답 등도 시의 형태로 남기고 있는 것이 많다.[309] 이런 점들로 인해 내단도교는 스승으로부터 제자에게로 직접 전수되는 비전의 체계를 갖게 되었다고 할 수 있다.

　　장백단은 『오진편』에 자신의 단법을 고스란히 담고 있다고 스스로 언급하고 있다. 그 내용을 일반인들이 쉽게 알 수 있고 없고는 별개의 문제이지만 그는 뚜렷한 의도를 갖고서 그 책의 체재를 구성하고 내용을 정리하였다고 할 수 있다. 반면에 왕중양의 경우 많은 저술들은 그러한 일관성이 없어 보인다. 다만, 『중양입교십오론』만이 구체적 수련의 내용과 방법은 부족할 지라도 일관된 체재를 갖고 있다고 할 수 있다.

---

[309] 한나라의 하상공에 의해 『노자』가 81장의 서로 독립된 내용으로 분류된 이래로, 도교의 저술 특히 내단도교의 저술들은 진단과 장백단을 거치면서 시의 형태로 전해지는 것이 하나의 전통처럼 된 느낌이 있다. 그러면서 그것들은 일관된 체재를 가지기보다는 산만한 형태를 지닌다. 따라서 그 내용들만으로는 내단도교의 수련법을 따라서 익힌다는 것은 지난한 일로 보인다.

4. 남종과 북종의 단법비교

　　장백단으로부터 비롯된 남종과 왕중양이 창시한 북종의 전진도는 모두 내단을 종지로 하여 신선을 구한다. 그러나 사천과 산동이라는 지역적 차이와 북송이라는 평화로운 시대에 나타나 개인적 수련에만 치중한 남종에 비해서, 북송이 도교의 지나친 숭상으로 망하고 난 후 금나라의 지배 하에서 민중의 구제를 또 다른 목적으로 가지고 출발하여 교단을 형성한 북종은 역사적 배경이 다를 수밖에 없었다. 이러한 차이점은 두 파의 실질적 수련법에도 그대로 반영되었다고 할 수 있다. 이에 대해서 이원국은 다음과 같이 말하고 있다.

　　남종 단법과 비교해 볼 때, 북종 단법에는 여러 가지 다른 특징들이 있다. 우선, 북종은 '성'을 중심으로 삼아 '성'을 앞세우고 '명'을 뒤로 하므로[선성후명], 시종일관 '명심견성'이 제일 중요한 사항임을 강조한다. 다음으로, 욕망을 단절하고 하늘과 일치되는 목적에 도달하기 위해, 수도자의 고행을 요구하며 절대적인 승려주의를 제창한다. 구체적인 수련 공부에 있어서는 전적으로 '청수단법'을 위주로 하며, 이를 실천하기 위한 방법론으로 돈오법과 점수법 두 가지가 있다. 이런 특징은 남종에는 없으며, 따라서 이런 것은 북종 단법의 독특한 체

계를 형성하게 되었다.[310]

여기에는 몇 가지의 의미가 내포되어 있다. 첫째는 북종이 선성후명을 위주로 한다고 하였으므로 당연히 남종은 선명후성을 위주로 한다는 것이며, 둘째는 수도자의 고행을 동반한 승려주의를 지향한다고 하였으므로 남종은 이에 반하여 개인주의 수련을 주장한다는 것이며, 셋째는 청수단법을 위주로 하되 돈오법과 점수법 두 가지를 구체적 수련법으로 한다고 하였으므로 불교의 수행법을 원용하고 있다는 점이다. 세 번째의 방법은 남종에서도 부분적으로 채택하고 있는 것이지만 그 방법에는 분명한 차이가 있다.

장백단의 단법

장백단은 나이 80세 전후에 사천에서 진인을 만나 도를 얻었다고 알려졌지만, 그 자신은 분명한 스승을 지칭하지 않고 다만 진단이 남긴 『지현편』을 통해서 단법을 깨우친 것으로 말하고 있다.[311] 진단의 내단법을 계승 발전시킨 것이 장백단의 내단법인 사실은 분명하다. 그리고 장백단이 더 발전시킨 단법으로 인하여 진단의 단법과 약간의 차이점도 나타난다. 장백단의 단법에 대해서는 중국과 한국의 기존 연구들을 충분히 검토하면서 자세한 분석이 이루어졌으므로,[312] 여기서는 그것을 요

---

310 이원국, 김낙필 외 역, 『내단』 2(앞의 책) 246쪽.
311 김경수, 「진단과 장백단의 내단이론 비교」(『남명학연구』 제35집, 경상대 경남문화연구원, 2012)에서 이 문제에 대하여 상세히 논구하고 있다.
312 김경수, 『북송초기의 삼교회통론』(앞의 책) 제4장 3절에서 상세히 논하고 있다. 장백

약하여 정리하도록 한다.

장백단의 단법은 진단을 계승하되 더 나아가 『도덕경』『음부경』『주역참동계』 등에서도 근거를 가져온다. 그는 기존의 모든 도교수련법을 거부하고 오직 태식胎息 한 가지만은 다소의 도움이 된다고 한다. 그에게서 가장 중요한 것은 오직 인간이 본래부터 가지고 태어나는 보배로서의 정기신이다. 그 어떤 약물도 배척하고 오직 선천과 후천의 정기신을 서로 배합하여 후천의 정기신을 모두 선천으로 환원하여 궁극적으로는 '연신환허'의 단계에 이르는 방법을 제시한다.

그의 단법은 네 단계로 이루어지는데, 축기하여 연정화기하고서 연기화신으로 나아가며 마침내 연신환허하는 것이다. 이 과정에서 중요한 것이 로정과 약물과 화후이다. 축기란 약물 가공의 노정을 배치하고, 약물 채취를 위한 심신의 준비를 말한다. 그리고 노정은 하단전 중단전 상단전을 가리킨다. 심신의 준비는 수심收心, 존심存心, 입정入靜, 조신調神, 조정調精 등을 말한다. 이리하여 유형유질의 정기신을 무형무질의 정기신으로 환원하는 과정이 수련이다.[313] 여기서 각각의 약물들을 오행에 배당하면 목木은 선천원신, 화火는 후천식신, 금金은 선천원정, 수水는 후천음신, 토土는 의념으로서 매개의 역할을 맡는다. 이리하여 궁극적으로 반본환원 즉 복귀무극으로 되돌려 순양의 진일로 회귀하기 위해서는 오행의 상극원리相剋原理로 수련하게 된다. 즉 토극수로부터 시작하여 수극화 화극금 금극목의 순서가 되므로 결국 선천원신의 순양을 회복하게

단에 대한 연구는 중국에서 비교적 전문적으로 이루어진 데에 반해서 일본에서는 뚜렷한 성과가 눈에 띄지 않는다. 한국에서의 기존 연구는 중국 연구를 답습하여 부분적으로 번역하는 수준이었다고 보인다.
313 도교의 수도법이 수련이고, 유교의 수도법은 수양이며, 불교의 수도법은 수행으로 구분하며, 이러한 차이점이 삼교의 지향점을 대변한다고 할 수 있다.

된다는 논리이다.

그 과정에서 중요한 것이 화후이니, 화후란 불의 기운을 조절한다는 뜻이지만 내단에서는 때와 양에 맞추어 조절하며 속도를 알맞게 운행하여 휴식과 수련을 적절히 행하여 금단을 완성한다는 말이다. 그 첫 단계가 연정화기로서 채약採藥과 봉고封固와 연약煉藥 그리고 지화止火로 나누어진다. 채약은 하단전에서 선천신수先天腎水와 후천신수後天腎水를 잘 포착하여 같은 양으로 채취함이고, 봉고는 이를 하단전에 가두는 것이며, 연약은 화후에 맞게 소주천과 대주천으로 순환시키는 것이며, 지화는 양미간 사이의 명당에서 양광陽光이 발현되는 때를 포착하여 화후를 멈추고 온양溫養해야 한다는 것이다. 여기서 연정화기가 완성된다. 이것이 수명修命의 과정이다.

다음은 기를 신으로 환원시키는 연기화신이다. 화후와 의식을 모두 중지하고 원신元神이 스스로 드러나기를 기다려 목욕沐浴하고 온양溫養하면 기가 신과 합일한다고 한다. 이제 유위에서 무위의 단계로 넘어감이며 관조의 경지로서 수성修性의 단계이다. 다시 최종 단계인 연신환허는 말 그대로 태허로 돌아간다는 것으로 감이수통感而遂通하여 천지와 더불어 영원해지는 경지이다. 후천의 정기신으로 이루어졌던 음신의 육신이 순양純陽 선천의 신을 넘어 태허太虛로 돌아갔으므로 이제 그 육신은 이미 육신이 아니라 태허로서 영원한 존재가 된 것이다.

이 전체 과정에서 연정화기는 수명修命에 해당하고, 연기화신은 수성修性에 해당하며, 연신환허는 궁극의 경지가 된다. 수명은 도교적 수련이고, 수성은 선불교적 수행이며, 연신환허는 다시 도교적 절대경지이다. 이것이 바로 선명후성의 남종 수련법인 것이다. 물론 그 수련에는 도덕적 수양과 화후에 대한 스승으로부터의 비전秘傳이 절대적으로 전제되어야 한다. 그래서 남종의 내단은 스승으로부터 제자에게로 비밀리에 이어지는 단법인 것이다. 또한 그러하기에 많은 제자를 기를 수 없는 한계가 있기도 하다. 비전의 화후는 수련의 매 순간 중에 오직 스승의 구결口訣을 통해서만 전승되는 것이므로, 진인을 만나지 않고서는 진인이 될 수 없는 것이다. 바로 이러한 수련법으로 인하여 남종 내단법은 그 수명이 길지 못했다고 하겠다.

진단이나 장백단 그리고 석태와 설도광에 이르기까지 대단한 장수를 누린 계보가 진남에 이르러 무너지게 된 이유가 바로 이것이다. 남종의 내단법은 장기간의 수련을 통하여 서서히 도달할 수 있는 것임에 반해서, 북종의 수련법은 이와 다르면서 교단조직을 이루어 의례적인 행사에 치중했다는 점도 둘 사이의 단법 차이가 있게 된 이유로 보인다. 이론적으로만 본다면, 남종의 단법은 진인의 구결이라는 부분을 구체적 내용으로 보충할 수만 있다면 대단히 치밀한 논리적 구조를 갖추고 있다고 볼 수 있다. 그러나 그 부분은 또한 수련과정이라는 단계에서 본다면 불가능한 요구이기도 한 것이 사실이다.

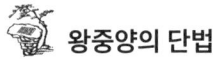
왕중양의 단법

왕중양의 내단법은 말 그대로 전진全眞을 목적으로 한다. 전진이란 왕중양이 마단양의 집으로 가서 수련을 위한 초옥을 만들어 그 이름을 붙인 데서 유래한다. 전진이란 개념을 처음 사용한 예는 『장자』「도척」편에 나타나니, 도척을 두고서 '그 도는 참됨을 온전히 할 수 없다'고 한 것이다. 전진교에서 사용하는 의미는 이도순이 잘 정리하고 있는 듯하다. '이른바 전진이란 것은 본래의 참된 성품을 온전히 하는 것이다. 정을 온전히 하고 기를 온전히 하며 신을 온전히 하는 것을 바야흐로 전진이라고 한다'³¹⁴고 하였다. 내단도교의 기본명제라고 할 수 있는 정기신을 온전히 한다는 것이다.

여기서는 하치야 쿠니오蜂屋邦夫의 연구 성과를 따라서 왕중양의 단법을 정리하고자 한다.³¹⁵ 우선 전진도의 수련방법에 대해 그 대략을 설명하고 있는 『중양입교십오론』의 순서와 내용을 간략히 살펴본다. 1) 주암住庵은 마음이 편안함을 얻고 기와 신이 조화롭게 발현되어 참된 도에 들어가기 위해 몸을 의탁하는 것이다. 2) 운유雲遊는 스승을 찾아 도를 묻는 것을 싫어하지 않음을 말한다. 3) 학서學書는 많은 책을 읽음이 중요한 것이 아니라 마음에 합치되고 흥미를 얻을 것을 말함이다. 4) 합약合藥은 초목의 약에 정통해야 함을 말한다. 5) 개조蓋造는 몸 안의 보전 寶殿인 성과 명을 닦음을 지칭한다. 6) 합도반合道伴은 수련을 함께 하며 질병을 서로 도와주고 수련의 공과功課를 서로 증명해 주기 위해 고명한 인재를 선택하는 일이다. 7) 타좌打坐는 오감의 문을 닫고서 외부의 유혹을 차단하고 잡념 없이 정좌하는 일이다. 8)강심降心은 마음을 고요히 움직이지 않게 하는 일이다. 9) 연성煉性은 가야금이나 검을 다루고 만드는 것과 같이 중을 잡아 본성을 연마함이다. 10) 필배오기疋配五氣는 인

314　李道純, 『中和集』 권3 「「全眞活法」: 所謂全眞者 全其本眞也 全精 全氣 全神 方謂之 全眞.
315　왕중양에 대한 연구로 필자가 지금까지 확인한 바로는 蜂屋邦夫, 『金代道敎の硏究-王重陽と馬丹陽-』(앞의 책)만큼 치밀한 것이 없어 보인다. 그의 연구는 왕중양의 모든 것을 포괄하고 있으며, 특히 내단수련법과 관련해서는 『입교십오론』과 『금관옥쇄결』을 중심으로 분석하고 있다. 원래 왕중양의 저술은 대부분 단편적으로 시의 형태로 표현한 것이 많아 하나의 논리적 체계로 재구성하기에는 어려움이 많은데, 그는 책의 제2장 제1절에서 대단히 상세하게 자료를 분석하여 정리하고 있다. 한편, 왕중양의 단법에 대한 연구는 중국의 이원국도 두루뭉술하게 북종 단법을 포괄적으로 서술하고 있는 정도이며, 한국에서도 아직 제대로 된 분석이 없는 듯하다. 여기서는 蜂屋邦夫의 성과를 인정하여 그의 논리를 따르고자 한다. 무엇보다도 이 글의 목적은 장백단과 왕중양의 남북종의 단법 특징을 비교하는 것이기 때문에 새로운 분석을 할 여유가 없기도 하다.

체 속 오장의 진기를 중앙에 모으는 일이다. 11) 혼성명混性命은 신인 성과 기인 명을 서로 합하여 성이 명을 제어함을 말한다. 12) 성도聖道는 성인의 경지에 들어 형체는 세속에 있지만 마음은 사물을 벗어난 경지를 말한다. 13) 초삼계超三界는 잡념을 잊어 욕계를 초월하고, 대상을 잊어 색계를 초월하며 공견空見을 벗어나 무색계를 초월하는 일을 말한다. 14) 양신養身은 진성眞性을 함양하고 법신法身을 보호하는 일을 말한다. 15) 이범세離凡世는 심성이 해탈하여 자유로운 세계에 나아감을 말한다.

이상의 내용을 단계로 나누어 본다면, 6)까지는 수련을 위한 구체적 준비과정이라고 할 수 있다. 7) 8) 9)는 성을 닦는 과정이라고 할 수 있으며, 10)과 11)은 명을 닦는 과정이며, 12)와 13)은 수련의 일차적 공효를 말하는 것으로 성공性功의 결과라고 볼 수 있고, 14)는 명공命功의 결과라고 할 수 있겠다. 15)는 수련을 통하여 얻게 된 궁극의 경지를 말하는 단계이다. 여기서 중요한 점 몇 가지를 살펴보면, 먼저 4)에서 초목의 약에 정통해야 한다는 점과 6)의 도반을 선택하는 일, 그리고 11)의 성이 명을 제어한다는 것과 14)의 양신이 법신을 보호한다는 것이다. 4) 초목의 약에 정통해야 한다는 것은 손사막 이래 도교의학의 전통을 계승한 것으로 볼 수 있으며, 건강한 신체가 수련에 도움이 된다는 관점을 표방한 것으로 이해할 수 있다. 6)은 질병과 수련의 공과 확인을 위하여 도반을 필요로 한다는 것인데, 이러한 방법은 완전히 교단조직으로서의 내단수련법이라고 하겠다. 4)와 6)은 남종의 경우에서는 찾아볼 수 없는 방법이다. 여기에는 북종의 수련법이 그 시작의 단계에서 고행을 동반하고 있다는 사실과도 밀접한 관련이 있다고 볼 수 있다. 11)의 성이 명을 제어한다는 것은 왕중양이 마단양에게 내린 가르침에 '주인은 성이

요, 손님은 명이다'³¹⁶이라고 한 것이나, '이 진성은 어지럽지 않다. 만 가지 인연에 얽히지 않고 오지도 않고 가지도 않으니, 이것이 바로 장생불사이다'³¹⁷라는 말과 맥을 같이 한다. 엄밀히 말하자면, 북종에서의 수명修命은 육신의 장생불사를 추구하는 것이 아니라는 말이다. 이 점이 매우 중요하다. 필자는 적어도 왕중양의 단법에서 말하는 '선성후명'이 장백단이 말한 '선명후성'의 '수명'과는 완전히 다른 개념이라고 파악한다. 왕중양에게 있어 장생불사는 성과 명이 함께 하는 것이 아니라 오직 성만의 장생불사인 것이다.³¹⁸ 따라서 14)의 양신이란 궁극적으로 법신을 보호하기 위한 방법으로 전락되는 것이다. 선천의 육신으로 돌이키는 '연명煉命'이 아니라, '연성煉性'된 육신을 목숨이 다하는 순간까지 잘 보존하기 위한 방법으로서의 '양신養身'이 필요한 것이다. 그리고 바로 이것이 선불교와 구별되는 미세한 차이점이라고도 할 수 있다. 이는 처음으로 내단이란 개념을 사용한 혜사慧思가 '외단에 의지하여 힘써 내단을 닦는다'고 한 말과 부절을 합한 듯이 그 의미가 일치한다. 불교의 도를 이루기 위해 도교의 연양煉養을 끌어들이고자 했던 혜사의 꿈이 왕중양에 와서 이루어졌다고 하겠다. 왕중양을 비롯한 북종의 주요인물들이 장수하지 못한 이유가 여기에서 설명되는 것이다.

그러나 이제 『금관옥쇄결』에서 말하고 있는 수명연단修命煉丹의 방법을 구체적 단계로만 간단히 알아보자. 연단의 첫 단계는 수행의 전제

---

316 『중양진인수단양이십사결』: 主者是性 賓者是命.
317 『중양진인수단양이십사결』: 是這眞性不亂 萬緣不掛 不去不來 此是長生不死也.
318 바로 이런 점에서 蜂屋邦夫는 왕중양의 단법이 '내단술의 극복으로서의 성의 중시'라고 표현하고 있다. 사실 일본에서는 장백단을 포함한 남종의 단법에 대해서 구체적인 연구 성과가 부족한 실정으로 보인다. 반면에 북종의 단법에 대한 연구는 대단한 성과를 보이고 있다. 이것은 내단을 보는 일본학자들의 기본적인 관점이라고 생각된다.

조건으로서 마음의 청정을 말한다. 두 번째 단계는 신체의 시간과 오장의 관계를 설정하니, 간심폐신비肝心肺腎脾와 동서남북중東西南北中 그리고 춘하추동계하春夏秋冬季夏의 대응관계를 정하고, 『주역』의 김괘坎卦와 리괘離卦를 진양眞陽과 진음眞陰으로 확보한다. 세 번째는 하단전에 오기五氣를 집중하는 것이다. 네 번째는 정기신을 세 단전에 온전히 하는 것이다. 다섯째는 기를 순환시키는 원리를 설명한다. 여섯째는 입 속에 진기眞氣를 모으는 것이고, 일곱째는 기를 운행하여 소주천小周天하는 단계를 말한다. 여덟째는 음양이 얽혀서 기가 오장에서 활동함을 말하다. 아홉째는 원기元氣가 신기腎氣·간기肝氣·심기心氣·비기脾氣를 거쳐 폐기肺氣로 순환하는 소주천을 거쳐 임맥任脈과 독맥督脈까지로 순환하게 되는 대주천大周天을 말한다. 열 번째는 진음진양眞陰眞陽의 기인 심心과 신腎의 기가 서로 교합한 상태인 자하거紫河車에 대해서 말한다.

　이러한 방법은 인체의 장기를 건강하게 하는 방법일 수는 있는지 모르지만, 남종의 이론과는 확연히 다른 것이다. 정기신을 각각 선천후천으로 나누어 오행에 배당하여 그 상극의 원리로 귀근복명하는 것이 남종의 단법인데 반해, 북종에서는 오장을 오행에 배당하여 소주천과 대주천을 거쳐 음양상교陰陽相交에 이르는 자하거의 방법을 제시하고 있는 것이다. 이와 같은 남종의 연명법煉命法은 궁극적으로 '귀근복명'의 방법이 된다고 볼 수 없다고 하겠다.

5. 남종과 북종의 삼교회통론

 장백단의 삼교귀일론三敎歸一論

남종과 북종은 모두 당 말기부터 오대십국을 거치면서 급속히 확산된 삼교회통의 성향을 강하게 내포하고 있었다. 이는 당의 무종 연간에 있었던 회창법난으로 인하여 중국의 종파불교가 괴멸적 타격을 입고 사라져가는 와중에, 달마 이래의 선종이 새로운 불교의 중심으로 급격히 부상하면서 5가7종으로 나뉘어 세력을 확대해 간 것과 맥을 같이 한다. 북송에 이르러서는 유불도 삼교 모두의 경전을 대대적으로 간행 보급하는 등 문치주의에 바탕하여 삼교를 같이 장려하였다. 당시 삼교회통론의 중심지가 바로 절강의 천태라고 할 수 있다. 이는 오대십국의 오월국이 삼교회통을 강하게 지원하였고, 그러한 배경 속에서 영명연수가 이 지역에서 배출되어 불교를 중심으로 삼교회통론을 크게 확산하였다. 또한 북송의 경전 간행사업 중에서 불교와 도교의 대장경을 바로 천태에서 간행하기도 했던 것이다.

이와 같은 분위기에서 살았던 장백단은 자연스럽게 그의 사상체계 속에 삼교회통론을 받아들였다고 볼 수 있다. 물론 그가 완성한 내단도교의 연원이 진단에게 있으며, 진단은 일찍이 달마 이래의 선법을 계승하여 그의 단법에 포함시키고 있기도 하였다.[319] 장백단의 삼교론은 도불융회道佛融會에 입각한 성명쌍수론性命雙修論이라고 할 수 있으며, 더 나아가서는 유교의 일상윤리를 수련의 첫 단계로 도입한 삼교귀일론三敎歸一論이라고 할 수 있다.[320]

> 그러므로 노자와 석가는 성과 명의 학술로써 방편의 문을 열어 사람에게 종자를 닦아서 생사에서 벗어나도록 가르쳤다. …그 다음은, 주역의 '궁리진성지명'이란 말이 있고, 논어에 '사의私意를 갖지 말고, 기필期必하지 말고, 고집固執하지 말고, 아집我執을 가지지 말라'는 설이 있으니, 이것은 또 공자가 성명의 오묘함에 극도로 도달했음을 말한다. … 이와 같이 가르침은 비록 셋으로 나누어졌지만 도는 어찌 하나로 돌아가지 않겠는가?[321]

그는 불교는 성을 바탕으로 하고, 도교는 명을 바탕으로 하여 생사의 윤회에서 벗어나고자 함을 목적으로 한다고 보았다. 불교는 공적을 종지로 돈오를 토하여 피안으로 가고자 하며, 도교는 연양을 진리로 삼아 요점을 얻게 되면 진인의 경지로 간다고 하였다. 『주역』에서 말하는 '진성지명'과 『논어』에서 공자가 말하는 '사무설'은 하나로 통하는 것이며, 이로 보건대 공자는 이미 성명의 도에 통했다는 것이다. 다만, 공자

---

319 진단의 스승 중에는 도교의 하창일도 있었지만, 불교의 마의도자가 더욱 영향력이 컸던 것으로 보인다. 마의도자는 달마로부터 전승된 마의상법과 조사선 및 『주역』까지도 진단에게 전해준 것으로 나타나기 때문이다. 실제로 도교와 불교가 이론적인 체계성을 갖고서 하나의 맥락으로 회통한 것은 진단으로부터 비롯되었다고 하여도 과언이 아니라고 하겠다.
320 김경수, 『북송초기의 삼교회통론』(앞의 책) 4장 2절에 상세히 분석되어 있다.
321 장백단, 『오진편』「서」.

가 이를 상세히 말하지 않은 것은 일상 인륜을 강조하기 위해서라고 한다. 그리고 결국은 삼교의 도는 '하나로 돌아간다'고 하였으니, 삼교회통에 대한 그의 논리를 '삼교귀일론'이라 할 수 있다.

장백단의 내단이론에서 '귀근복명'은 외물의 유혹으로부터 벗어나는 것에서 시작한다. 그 최선의 방법이 바로 공자가 말한 '사물四勿'이다. 불교의 '진심盡心'은 한 생각도 없는 경지를 말하는 것으로 보고서 '진여'의 체험은 한 번 죽었다 살아나는 것과 유사하다고 인식하여 그것이 궁극적인 '장생구시'의 단계는 아니라고 보았다. 그러기에 그는 수련의 최종단계로서 도교의 연신환허를 주장한 것이다. 따라서 그에게 있어 삼교귀일이란 수련을 행함에 있어 첫 단계에서는 유교의 일상윤리로 시작하고, 두 번째 단계에서는 도교의 '연명煉命'을 행하며, 세 번째 단계에서는 선불교의 '연성煉性'을 행하고, 다시 마지막으로 도교의 '귀근복명'으로서의 '연신환허'를 이루는 것이라고 본다. 유교적 윤리의 실천을 수련을 위한 기초로 확보한 그는 그 다음 수련의 단계를 신선의 명맥, 제불의 묘용, 진여각성으로 공적한 본원으로의 회귀 등 세 차원으로 나누고 있다. 결국 그의 삼교귀일론은 유교에서 도교로, 도교에서 선불교로, 다시 선불교에서 도교로 상승하는 단계로의 수련을 말하는 것이다. 삼교에 각각 등급이 있다는 말이며, 도교가 최상승의 법이라는 말이기도 하다. 이는 또한 그의 수련법이 '선명후성'을 주장하고 있음을 대변한다. 이를 '이도포선以道抱禪'의 '도선합일道禪合一'이라고도 한다.

장백단의 '이도포선'은 그가 내단수련법을 담은 『오진편』을 완성하고 난 후에 '본원진각의 성'에 대한 언급이 부족함을 깨닫고서 『전등록』과 조사들의 어록에서 채취하여 '가송시곡잡언' 32수의 형태를 갖추어서 책의 끝에 붙였다고 책의 서문에서 밝히고 있는 바와 같다. 그는 「후서」에서 『오진편』의 불교적 내용은 달마達磨와 혜능慧能의 선법을 정통으로 계승한 것임을 밝혀서 남종선의 맥을 이어받았다고 천명하고 있는 셈이 되었다. 이제 그에게 있어 선불교는 내단수련을 행하는 도교의 한 단계로 포섭된 것이다. 한 마디 더 언급한다면 그가 포섭한 선법은 설두 중현의 계통을 잇는다. 설두 중현은 운문종雲門宗 지문광조智門光祚의 법을 이어받아 그 종지를 크게 드러낸 인물이다. 그가 『경덕전등록』 중에서 가려 뽑은 『송고백칙』은 원오극근이 평창과 착어를 더하여 저 유명한 『벽암록』이 되었고, 그 외에도 많은 저술을 남겨 운문종雲門宗 중흥에 큰 역할을 하였다. 장백단이 운문종의 선법을 특별히 좋아했다는 사실을 알 수 있음이다.

그의 삼교회통론에서 중요한 점이 또 하나 있다.

> 수행은 세속에 섞여서 그 빛을 조화시키니,
> 둥글면 둥근 대로 모나면 모난 대로.
> 현회顯晦와 역순逆順을 사람들이 예측 못하니,
> 사람으로 하여금 행장行藏을 알기 어렵게 하네.[322]

이것은 내단파의 특징이라고 할 수 있는 것 중의 하나인 세속 속에서의 수련을 강조하기 위한 내용이다. 수련하는 사람들이 세속에서 자신을 드러내거나 숨거나 거스르거나 순종하거나 하는 것이 일반인들과는 달라서, 사람들이 그 행동을 예측하지 못한다는 말을 하고 있다. 그런데, 그 마지막 구절에서 행장行藏이란 표현을 사용하고 있는데, 이 표현은 공자의 말에서 따온 것이다. 『논어』 「술이」편에서 공자가 안연에게

---

[322] 『오진편』, 칠언절구 제64수: '修行混俗且和光 圓則圓兮方則方. 顯晦逆從人莫測 敎人爭得見行藏.'

말하기를 "쓰면 나아가서 행하고 버리면 물러가서 감추는 것은 오직 나와 너만이 할 수 있도다."³²³라고 한 것에서 빌려와, 속세에서 수련하는 것이 유교의 출처와 유사함을 말하고 있다.

삼교에 대한 장백단의 기본적인 관점은 교단의 조직적 생활에 얽매이지 않는 것이다. 유교적 관점에서도 공자와 안연의 출처정신을 강조하고, 선불교에서도 사찰에서 승려생활의 필요성을 전혀 말하지 않는다. 나아가 그가 말하는 내단수련은 철저하게 세속에서 행하되 다른 사람들이 알지 못하게 하는 것이다. 장백단은 삼교의 교리에서는 장점을 취하였지만, 교단으로서의 종교에서는 자유를 원했다고 하겠다. 이는 그의 내단도교가 종교성을 지닌 도교라기보다는 오히려 자유로운 영혼을 강조한 도가의 장자莊子와 비슷하다고 할 수 있다.

 왕중양의 삼교일가론三敎一家論

왕중양도 당시의 일반적인 경향에 따라, 아니면 오히려 더욱 적극적으로 삼교회통론을 주장하고 있다. 아마 그 이전의 누구보다도 강하게 삼교의 융합을 주장하고 있는 것으로 보인다. 하치야 쿠니오蜂屋邦夫의 연구 결과에 따라 그의 삼교에 대한 관점을 정리해본다.³²⁴ 왕중양의 삼교에 대한 기본적인 관점은 '유교와 불교 도교는 서로 통하니, 삼교는 본래 하나의 맥에서 나왔다네'³²⁵라는 데서 잘 드러난다. 또한 '마음 속 단

---

323 『논어』 「술이」: '用之則行, 舍之則藏, 唯我與爾有是夫!'
324 蜂屋邦夫, 『金代道敎の硏究-王重陽と馬丹陽-』(앞의 책) 제2장 제3절 3항에 상세히 분석되어 있다.
325 『중양전진집』 권1, 「孫公問三敎」: 儒門釋戶道相通 三敎從來一祖風.

정하여 사악함 생겨나게 말지니, 삼교는 살펴보면 일가一家가 된다네'[326] 라고 하고 있으므로, 그의 삼교론을 삼교일가론三敎一家論이라고 할 수 있다.

왕중양 역시 삼교 중에서 유학에 대한 언급이 가장 적다. 물론 그 이유는 교단을 만들어 출가 생활을 하는 종교인으로서 세속의 가르침인 유학에 대해 많은 말을 할 필요가 없었을 것이다. 다만, 그에게 있어 유학이 지니는 장점은 역시 일상의 인륜 때문이었다. 그는 시인施仁·취인取仁·인덕仁德·덕행德行·지성至誠 등의 표현을 가끔 사용하며 이러한 개념들을 도교로 끌어와서 응용하였다. 이런 개념들은 그가 교단을 조직하기 위해서는 필수적인 것이라고 할 수 있으며, 그가 유학을 공부하여 과거에까지 급제했었던 사실을 비추어보면 당연한 귀결이라고 할 수 있겠다.

그러나 여기서 중요한 점 하나는, 그가 세속인들을 전진교로 끌어들이기 위해서는 유교의 윤리적 덕목이 필요했지만 교단을 운영하는 지도자의 입장에서는 그렇지 않다는 모순이 발생한다는 것이다. 대표적으로 그 자신이 처를 버리고 자식을 버리면서 출가했으며, 그의 가장 중요한 제자인 마단양도 이혼을 하고 가정을 버리게 한 것은 유교적 도덕규범으로는 설명할 수 없다는 것이다. 유교에 대한 그의 관점은 이와 같이 평신도와 출가신도에게 이중적으로 적용되는 기준을 가지고 있었다. 이러한 입장은 완전히 불교와 같은 것이라고 하겠다.

왕중양은 그의 내단수련법이 그러하듯이 도와 선의 완전한 일치를 주장하고 있다.

---

326 『중양전진집』 권1, 「永學道人」: 心中端正莫生邪 三敎搜來做一家.

선 중에서 도를 봄은 온전치 못하고,
도道 속에서 선에 통하면 애증을 끊는다네.
선과 도에 온전해야 훌륭한 인물 되나니,
도와 선을 얻으면 스스로 참된 승려라네.
도에 깊어지면 맑고도 깨끗한데,
선의 경지는 어느 때에 깨끗하고 맑아지나.
선을 선이라 하고 도를 도라고 하면,
자연히 피안에 이르고 세속을 초월한다네.[327]

그는 '불교와 도교는 원래 일가이니, 두 가지 모습이나 이치에 차이 없네. 식심견성識心見性이 전진全眞의 깨달음이고, 연홍鉛汞에 달통함이 착한 싹을 맺음이네'[328]라고 할 정도로 선불교와 내단도교를 구분하지 않고 있다. 이는 '도선일치道禪一致'을 주장함이니, 어쩌면 차라리 그의 내단도교를 선불교의 또 다른 중국화라고 할 수 있을 정도이다. 이것은 그의 내단법이 내단도교의 순수성을 잃었음을 말하는 것으로 보아도 무리가 없는 것이다. 북종의 수련법이 '선성후명'을 강조하고 있지만, 그 실상을 냉정하게 본다면 선불교의 '식심견성'을 이룬 이후에 '연명煉命'이 아니라 일정한 정도의 '연양煉養'을 수련하는 정도가 아닌가 하는 강한 의구심이 든다. 그것으로 종래의 선불교와 차별성을 가지는 정도로 정체성을 확보한 것으로 볼 수도 있다. 물론, 이론적인 구조로만 본다면 선불교를 넘어선 내단도교의 수련 단계를 분명히 밝히고 있는 셈이지만, 궁극적으로

---

327 『중앙전진집』 권1, 「問禪道者何」: 禪中見道總無能 道裏通禪絶愛憎 禪道兩全爲上士 道禪一得自眞僧 道情濃處澄還淨 禪味何時淨復澄 咄了禪禪幷道道 自然到彼便超昇.
328 『중앙전진집』 권1, 「答戰公問先釋後道」: 釋道從來是一家 兩般形貌理無差 識心見性全眞覺 知汞通鉛結善芽.

왕중양은 명命의 장생불사를 말하고자 한 것이 아니고 성性의 장생불사를 말한 셈이어서 도교를 선불교화 한 것이며 동시에 선불교를 내단도교의 경지로 이끌어 왔다고 할 수 있다.[329]

그는 교리를 설파하는 다양한 경우에 언제나 불교의 용어를 무차별적으로 사용하였다. 반야般若·정각正覺·진여眞如·보리菩提·오온五蘊·인과因果·계정혜戒定慧·전생前生·금생今生·내생來生 등의 용어는 오히려 순수한 도교의 개념들보다도 더 자주 등장하는 듯하다. 그는 출가하기 전부터『도덕경』『음부경』『황정경』등의 책을 즐겨 읽었고,『반야심경』『금강경』에 대해서도 상당한 조예가 있었다고 알려져 있으며, 당연하게도 유교의 경전에 대해서는 정통하였다.

그가 교단을 만들어 처음 교도들을 인도할 때는 반드시 모두에게『반야심경』과『도덕경』그리고『효경』을 외우게 하였다. 그리고 이와 같은 삼교회통의 교리는 이후 전진교의 핵심 내용을 형성한다. 그는 '三敎는 솥의 세 다리와 같다. 몸이 같아서 하나로 돌아가니 하나도 아니고 둘도 아니어서 삼교는 참된 도에서 분리되지 않는다. 비유하자면 한 뿌리의 나무에서 세 가지가 난 것과 같다'[330]고도 하였다. 그가 유교의 경전 중에서『중용』이나『대학』이 아니라『효경』을 외우게 한 것은 그 의미를 짐작하기가 어렵지 않다.『반야심경』이나『도덕경』을 일반 신도들이 얼마나 이해하였을까는 매우 의문스럽지만,『효경』을 이해하기에는 무리가 없었을 것이다. '삼교일가설'을 주장하는 왕중양에게 있어 '천지인'과 '일

---

329 필자는 왕중양에서 비롯된 북종의 내단법이 실질적으로 '선성후명'이라기보다는 '先性後養'이라고 보아야 옳다고 판단한다. 이때의 養은 유교의 수양이 아니라 도교식의 修養命이라고 해야 할 것이다. 이 점에 대한 부다 구체적 논의가 필요하지만 여기서는 지면의 여유가 없다.
330『중양금관옥쇄결』: 三敎者如鼎三足 身同歸一 無一無二 三敎者不離眞道也 喩曰 似一根樹生三枝也.

월성'과 '정기신'은 '유도석'과 언제나 일체인 것처럼 말하고 있는 것이지만,[331] 사실 그에게 있어 유교는 한 단계 아래의 세속적인 가르침인 것이며 선불교와 내단도교는 완전히 하나가 되어 구분되지 않는 경지였다고 할 수 있다.

---

331 蜂屋邦夫,『金代道教の硏究-王重陽と馬丹陽-』(앞의 책) 187쪽 참조.

6. 남종과 북종의 차별성과 통합

　　내단도교의 남종과 북종은 정치적 상황과 밀접한 관련을 가지고 발전했다고 할 수 있다. 남종은 평화의 시기에 순수하게 개인적 수련을 목적으로 발전 전승되었고, 북종은 전쟁의 와중에서 자아의 정체성 확보와 도탄에 빠진 민중을 구하려는 의지가 함께 개입되어 발전하였다. 남종은 교단을 이루지 않고 세속에서 남몰래 혼자 수련을 행하는 것이었지만, 북종은 교단 속에서 일정한 공식화된 수련의 과정을 따라야 하는 것이었다. 물론, 북종의 성립초기에는 주요 인물들이 한결같이 처음 도에 입문하면서 혹독한 고행의 과정을 겪는 공통점이 있었다.

　　남종과 북종의 내단법에서 두드러진 차이점은 바로 '선명후성'과 '선성후명'이다. 남종이 순수하게 정기신에 의거한 내단 수련 논리를 전개하여 단법을 구성한 것에 비하여, 북종에서는 수련의 초기에 일정한 정도의 약물도 포함하고 있다. 또한 남종이 철저하게 도교를 중심으로 하여 선불교의 '수성修性'을 수련의 과정으로 도입한데 반하여, 북종에서는 수련의 처음부터 선불교의 '식심견성'과 하등의 차이가 없는 수행을 강조하고 있다. 그리하여 그들은 선승禪僧과 전혀 구별되지 않는 고행을 수도의 과정으로 채택한 것이다. 필자는 이와 같은 북종의 단법을 차라리 '선성후양' 즉 먼저 성을 닦은 후에 명을 '기르는' 것이라고 표현하고 싶다. 이는 왕중양이 스스로 '성은 주인이요, 명은 손님이라'고 말한 것의 참된 의미이며, 더 나아가 참으로 장생불사하는 것은 명命이 아니라 성이라고 말한 본뜻이라고 판단한다. 남종의 진단 장백단 석태 설도광이 대단한 장수를 누렸던 것에 비하여, 북종의 유해섬이나 왕중양을 비롯한 북종칠진들은 인간의 평균수명을 뛰어넘는 장수를 누리지 못한 사실이 또한 이를 반증한다고 하겠다.

　남종과 북종의 삼교회통론은 각각 삼교귀일론과 삼교일가론으로 구분된다. 남종의 삼교귀일론은 유교 불교 도교의 수도론이 궁극적으로는 도교의 수련론에 포섭되는 것으로 보는 것이며, 특히나 도교로 불교를 포섭한다는 관점을 강하게 드러내고 있다. 반면에 북종의 삼교일가론은 처음부터 삼교는 하나의 목적을 지닌 것이라고 말하는 것이지만, 실제로는 유교의 일상윤리를 최하위로 두고 있으며 도교와 불교의 수도론은 완전히 같은 것으로 파악한다. 이러한 북종의 관점은 그들이 교단을 형성하였으므로 유교의 일상윤리에 대한 이중적인 젓대를 적용할 수밖에 없었기에 더욱 분명하다. 일반신도에게 요구하는 일상윤리를 교단의 지도자에게는 적용하지 못하는 괴리가 있었던 것이다. 그들은 스스로를 출가도사라는 이름보다는 출가승이라는 이름에 더 걸맞게 살았던 것이기 때문이다.

　남종은 대략 200년 정도 그 명맥을 잇다가 역사에서 그 참된 단법이 사라진 것으로 보이는데, 이는 필자가 이미 다른 연구에서 밝힌 바처럼 남종의 4조인 진남에서부터 문제가 발생한 것이었다. 진남은 남쪽 지역에서 재초와 뇌법 등에 의지하여 유행하던 신소파의 단법을 계승하고 있었던 것이며, 5조인 백옥섬은 그 단법을 이어받아 결국은 북종의 전진교와 통합을 이루게 되었던 것이다. 어쩌면 지금까지 분명한 계보로 인정하고 있는 남종의 전법계보가 설도광으로부터 진남으로 전승되었다는 사실 자체에 심각한 문제가 있는 것인지도 모를 일이다. 이에 대한 문제의식을 갖고서 정밀한 추적이 필요하다고 보인다. 남종과 북종은 내단도교라는 명칭으로 불리고 있지만, 필자가 보기에는 완전히 다른 단법을 주장했던 것으로 판단되며, 다른 명칭으로 구분하는 것이 바람직하다고 본다.

7장

북송초기 삼교회통론의 양상

1. 문제의 성격

　유교·불교·도교의 삼교는 중국을 중심으로 한 동아시아 사상의 대표적인 체계이면서 민중의 생활을 지배해온 이념이었다. 그러나 그 실상을 살펴보면 각각의 종교에 대한 이론적 탐구와 이해는 극소수의 지식인들에 의해서만 이루어졌고, 대부분의 민중들은 어느 한 종교의 이론적 틀이나 교의에 얽매여 산 것은 아니었다. 통치의 이데올로기로 작용한 유교는 일상윤리의 규범이었고, 인도에서 전파된 불교는 내세를 위한 기복신앙으로 변해간 것에 반해, 도교는 일상적 삶에서 재앙을 쫓고 복을 부르기 위한 방편으로서의 역할을 수행하였다. 민중들의 삶에서는 대체로 삼교가 따로 분리되어 받아들여지지 않고 하나로 융합되어 수용된 것이 역사적 사실이라고 할 수 있다.

　이미 유교가 통치이념으로 자리 잡은 후한 때에 불교가 인도로부터 전파되었고, 이보다 약간 늦은 시기에 도가사상에 기대어 도교가 중국에서 자생적으로 발생하여 급속하게 민중 속으로 파고들어 커다란 세력을 형성하게 되었다. 그러나 황건적의 난으로 그 세력을 거의 잃은 도교가 주춤하는 틈에 이론적 치밀성과 방대한 사상내용을 가진 불교가 세력을 떨치게 되었다. 이로부터 이론체계의 취약성을 가지고 있었던 도교는 외래의 불교와 치열한 생존경쟁을 해야만 했고, 그 과정에서 필연적으로 상호 비판과 함께 모방을 통한 수용이 이루어지게 되었다. 그 결과 불교는 인도의 전통과는 다른 중국불교인 선불교로 정착되었고, 도교는 외단사상에서 내단사상으로의 전환을 가져왔던 것이다.

필자는 바로 이 시기의 삼교회통론에 깊은 관심을 가지고 있다. 이 시기란 바로 당나라 말기부터 오대십국 시대를 거쳐 북송 초기까지를 말한다. 북송은 건국 초부터 문치주의를 채택하여 학문적 자유를 최대한 보장하였으며, 국가 차원에서 당시 활성화되기 시작한 인쇄술의 발달에 힘입어 삼교의 경전들을 전집형태로 간행하여 널리 보급하였으니, 유교의 십삼경 및 불교와 도교의 대장경이 모두 이때에 몇 차례 간행되었다. 또한 이 시기는 춘추전국시대의 제자백가를 능가할 정도로 많은 뛰어난 학자들이 여러 분야에서 나타나 그야말로 학문의 최대 융성기를 누린 때이기도 하다. 이 당시 삼교는 서로 비판적 관점과 함께 상호회통적 경향도 두드러지게 보이기 시작했다.

필자는 이 시기가 성리학의 태동기라는 점에 주목한다. 성리학의 형성이 불교와 도교의 영향을 받았다는 설과 유교가 독자적으로 발전한 것이라는 두 가지 설로 나뉘고 있지만, 당시의 성리학자들이 불교나 도교에 깊은 관심을 가지고 있었던 사례는 허다하며, 그쪽 인물들과 교류가 깊었던 것도 역사적 사실로 확인되고 있다. 또한 삼교는 각각 수도론의 이론적 체계를 정립하여, 성리학의 수양론과 선불교의 수행론 그리고 도교의 수련론이 독특한 형식을 드러내고 있었다. 앎과 실천을 분리하지 않는 동양철학의 특징에서 본다면 목적으로서의 성도成道나 내용으로서의 달도達道보다는 수도修道 즉 실천의 방법론은 대단히 중요한 의미를 갖는다. 이 시기에 삼교회통론을 주장한 인물들은 다른 종교의 장점을 취하여 자신의 입장에 맞추어 새로운 수도론의 이론체계를 구성하였다.

따라서 이 시기의 삼교회통론은 보다 복잡한 양상을 가지고 있다.

주지하다시피 동양철학은 실천을 중시하여 수도론에 초점을 두고 있다. 이 문제는 이른바 동양철학의 몸과 마음의 문제라고도 할 수 있다. 유교·불교·도교는 각각 성도成道의 경지를 '성인聖人'과 '부처' 그리고 '진인眞人'으로 제시하고, 달도達道 즉 그 내용성은 '온갖 행위가 도덕적으로 완벽한 자'와 '모든 고통의 원인인 번뇌를 끊고 열반에 이른 자' 및 '현상적 존재자의 세계에서 청정한 본원의 존재로 되돌아 간 자' 등으로 설명한다. 이에 따라 그들 각각이 그 목표에 도달하기 위한 방편인 수도론도 자연히 다를 수밖에 없다. 그리하여 유교는 극기복례라는 전통적 수양론을 넘어서 '몸을 주재하는 마음속에 있는 본원의 성性을 잘 길러[양養] 천명天命과 합일하는 경지로 나아가는 것'을 그 방법론으로 제시하였고, 불교는 색즉시공色卽是空 이사무애理事無礙의 관점으로부터 '세계와 마음의 본질은 주객미분主客未分의 공空임을 깨달아 다시금 일상으로 살아갈[행行] 것'을 말하였으며, 도교의 내단이론은 '일차적으로는 육체적 수련을 통하여 몸을 구성하고 있는 정精을 기氣로 바꾸는 명공命功을 닦은 후에 이 기氣를 신神으로 바꾸는 성공性功을 거쳐서 궁극적으로는 이 신神을 태허太虛로 돌이키는 복귀무극復歸無極의 경지로 변화[련煉]시킬 것'을 주장하였다. 그래서 우리는 삼교의 수도론을 수양론과 수행론 그리고 수련론이라고 달리 이름하고 있는 것이다. 바로 이 부분에서 삼교회통에 대한 각각의 입장이 다르게 나타나게 되는 것이다.

필자는 당시 삼교의 대표적 학자들이 주장하는 삼교회통론의 정합성과 논리적 맥락에 깊은 관심을 가지고 있다. 그것은 바로 삼교의 차별성과 공통점을 보다 정확히 알 수 있게 해 준다. 나아가 이는 그들 각각의 인간존재에 대한 해명이다. 그러나 당시 삼교회통론을 주장한 인물들의 주장을 모두 검토한다는 것은 어렵다. 또 반드시 그렇게 해야 할 필요성도 제기되지 않는다. 따라서 이 글에서는 그 당시 삼교회통론과 연관된 유불도 삼교의 대표적 인물 몇몇을 검토하고자 한다. 불교의 영명연수永明延壽와 불일계숭佛日契嵩, 도교의 진단陳搏과 장백단張伯端 그리고 유교의 북송사자北宋四子가 그들이다.

    이 글의 목적은 두 가지로 말할 수 있다. 하나는 위에서 언급한 인물들의 주장을 검토함으로써 문제의 본질과 양상을 드러내는 것이며, 다른 하나는 향후 그들 각각과 상호비교에 대한 보다 구체적인 연구의 디딤돌로 삼고자 하는 것이다. 따라서 여기서는 기존의 연구성과를 바탕으로 논의를 전개하여 문제의 몇 가지 특징들을 밝히고자 하며, 각자의 이론에 대한 비판적 검토나 상호비교와 같은 연구는 지속적인 일련의 작업으로 진행하고자 한다.

2. 삼교회통론의 역사

유불도 삼교의 교섭사에 대한 연구를 살펴보면,[332] 이 문제는 크게 두 가지 관점으로 나뉨을 알 수 있다. 하나는 불교의 입장에서 유학 내지는 성리학의 형성에 끼친 불교의 영향을 중심으로 연구한 것으로 대부분의 연구들이 여기에 속한다. 다른 하나는 유교의 입장에서 불교나 도교가 성리학의 형성에 끼친 영향을 부정하지는 않지만 그 정도가 지대하지는 않은 것으로 보면서, 유학의 자발적인 동인動因에 의해서 성리학이 성립하였다는 관점을 가진 연구들로 소수의 연구자들이 이에 속한다고 할 수 있다. 이러한 경향은 연구자의 성향이 친불교적인가 아닌가에 따라 많이 좌우된 느낌이 없지 않다.

처음 삼교교섭사에 대한 현대적 연구는 대부분 일본학자들에 의해 이루어졌는데, 그 선구적 역할을 한 인물은 단연 도키와 다이조常般大定라고 할 수 있다. 그는 1930년에 『支那に於ける佛敎と儒敎道敎』[333]라는 상당히 방대한 분량의 저술을 출판하여 이 분야 연구의 효시를 이루었다.

---

[332] 이 장의 내용은 대체로 필자의 철학박사학위 논문(김경수, 「북송초기 유불도의 삼교회통론-선불교의 계승과 도교의 장백단을 중심으로-」, 경상대학교, 2008) pp.5-8에서 정리한 것을 다소 수정하여 서술하였다.
[333] 常般大定, 『支那に於ける佛敎と儒敎道敎』(東京: 東洋文庫, 1930)

제목에서 볼 수 있듯이 불교를 중심으로 하여 유교와 도교와의 교섭사를 시대별로 서술하였다. 그 다음해인 1931년에는 구보타 료온久保田量遠이 『중국유불도삼교사론中國儒佛道三敎史論』[334]이라는 책을 도키와 다이조常盤大定와 비슷한 분량으로 간행하여 통사적 연구 성과를 내었다. 이 책의 내용은 『홍명집弘明集』과 『광홍명집廣弘明集』에서 다루고 있는 쟁점들을 중심으로 서술한 특징이 있다. 그에 비해 분량은 많지 않지만 삼교교섭사를 가장 일목요연하게 정리한 책은 1943년에 간행된 구보타 료온久保田量遠의 『지나유불도교섭사支那儒佛道交涉史』[335]라고 할 수 있다. 한 가지 더 언급한다면, 일본에서의 중국불교사 연구에서 탁월한 업적을 남긴 가마타 시게오鎌田茂雄의 『중국불교사中國佛教史』[336]에서도 불교와 도교의 관계 및 송학宋學과 불교의 관계 등에 대하여 아주 간략하지만 중요한 부분들을 언급하고 있다는 점이다. 그는 또 동경대학 동양문화연구소의 보고서로서 『도장내불교사상자료집성道藏內佛教思想資料集成』을 펴내는 방대한 작업을 수행하기도 했다.

그 뒤를 이어 60-70년대에 이 문제에 대한 제2세대의 연구자라고 할 수 있는 두 사람이 나왔으니, 아라키 겐고荒木見悟와 구스모토 분유久須本文雄가 그들이다. 아라키 겐고荒木見悟는 『儒教と佛教』 및 『佛教と陽明學』[337]이라는 두 저서를 통하여 불교 특히 대혜종고大慧宗杲의 선불교

---

[334] 久保田量遠, 『中國儒佛道三教史論』(東京: 東方書院, 1931).
[335] 久保田量遠, 『支那儒佛道交涉史』(東京: 大藏出版社, 1943). 이 책은 최준식이 『中國儒佛道三敎의 만남』(민족사, 1990)이라는 제목으로 번역하여 출판하였다.
[336] 이 책은 鎌田茂雄, 鄭舜日 譯, 『中國佛教史』(경서원, 1985)로 번역되어 있다. 한편 鎌田茂雄은 같은 제목으로 된 방대한 분량의 『중국불교사』도 집필하였는데, 이 책은 국내의 장승출판사에서 전8권으로 번역하여 간행하기로 하였다가, 1996년도에 제3권까지만 간행한 상태에서 추가 번역 및 간행을 중단하고 있다.
[337] 荒木見悟, 『儒教と佛教』(東京: 平樂寺書店, 1963) 및 『佛教と陽明學』(東京: 第三文明社, 1979). 앞의 책은 硏文出版에서 1993년에 新版으로 간행한 것을 저본으로 하여, 심

가 성리학 및 양명심학에 미친 영향을 분석하였다. 구스모토 분유久須本文雄는 『宋代儒學の禪思想硏究』[338]라는 책을 저술하여, 북송오자北宋五子 중에서 소옹을 제외한 네 인물과 정자의 제자들 및 주희와 육상산의 사상에 나타나는 선불교의 영향을 구체적으로 살피고 있다.

근래에 와서는 1997년에 미우라 구니오三浦國雄가 『朱子と氣と身體』[339]라는 책을 출판하였는데, 제2부에서 유불도 삼교 수양론의 핵심들을 분석하면서 상호간의 영향관계를 검토하고 있다. 또 1999년에 고지마 쓰요시小島毅가 『宋學の形成と展開』[340]라는 저술을 내어, 성리학의 형성을 유교 자체의 주요개념과 역사적 흐름의 과정에 초점을 맞추어 파악하려는 관점을 부각시키고 있다. 그리고 2002년에는 스치다 겐지로 土田健次郎가 『道學の形成』[341]이라는 책을 출판하여 성리학 형성에 대한 폭넓은 시각을 제시하면서, 특히 제5장에서는 도학道學과 불교와 도교의 관계에 대해서 깊이 있게 논하고 있다.

이 문제에 대해서 중국 측의 본격적인 연구는 상당히 늦었는데, 1984년에 대만에서 웅완熊琬이 『宋代理學與佛學之探討』라는 책을 출판한 것이 눈에 띄는 업적이라고 하겠다. 그 이전에는 Carsun Chang이 미국에서 출판한 『The Development of Neo-Confucian Thought (I)』[342]의 제6장에서 성리학에 미친 불교의 영향을 언급한 것이 동양과

경호 옮김, 『불교와 유교』(예문서원, 2000)로 번역되어 있고, 뒤의 책은 배영동 옮김, 『불교와 양명학』(혜안, 1996)으로 번역되어 있다.

338 久須本文雄, 『宋代儒學の禪思想硏究』(名古屋: 日進堂書店, 1980)을 참조할 것.
339 이 책은 이승연 옮김, 『주자와 기 그리고 몸』(예문서원, 2003)으로 번역되어 있다.
340 이 책은 신현승 옮김, 『송학의 형성과 전개』(논형, 2004)로 번역되어 있다.
341 土田健次郎, 『道學の形成』(東京: 創文社, 2002). 이 책은 성현창 옮김, 『북송도학사』(예문서원, 2006)으로 번역되어 있다.
342 Carsun Chang, *The Development of Neo-Confucian Thought* (I), (New York: Bookman Associates, 1958). Carsun Chang은 張君勱의 영어식 이름이며, 이 책은 그 후에 『新儒家思

서양에 함께 널리 알려진 저술이다. 이후 중국 본토에서 80년대를 지나면서부터 쏟아지고 있는 연구서들에서는 대부분이 성리학의 형성에 미친 불교나 도교의 영향에 대해서 일정한 정도를 언급하고 있지만, 일본에서처럼 정밀한 연구 성과는 눈에 띄지 않는다. 대표적으로는 갈조광葛兆光의 『도교여중국문화道教與中國文化』[343]와 『선종여중국문화禪宗與中國文化』[344]를 들 수 있고, 시대별 교섭의 내용에 대해서는 허능운許凌雲의 『중국유학사中國儒學史-수당권隋唐卷』 및 한종문韓鍾文의 『중국유학사中國儒學史-송원권宋元卷』,[345] 그리고 칠협漆俠의 『송학적발전화연변宋學的發展和演變』[346] 등이 참고할만하다. 그 외에 삼교회통적 관점을 중심으로 서술된 책으로는 『유불도여전통문화儒佛道與傳統文化』[347]와 『유도석여내재초월문제儒道釋與內在超越問題』[348] 등이 있다.

한국에서는 이러한 삼교교섭사와 관련한 본격적인 연구는 거의 없다고 해도 과언이 아니다. 류승국柳承國이 『동양철학연구』의 제3장에서 성리학의 형성과 관련한 불교와 도교의 영향을 개괄하였지만, 이것은 독자적 연구 성과라기보다는 일본학자들의 연구를 요약 정리한 것으로 보인다.[349] 근래에는 윤영해가 『주자의 선불교비판 연구』의 서론과 제1장에

想史』(臺北: 弘文館出版社, 1986)란 제목으로 중국어로도 출판되었고, 국내에는 張君勱 지음, 김용섭·장윤수 옮김, 『한유에서 주희까지』(형설출판사, 1996 수정판)로 번역되었다.
343 이 책은 중국에서 1987년에 간행되었는데, 국내에서는 沈揆昊 옮김, 『道敎와 中國文化』(동문선, 1993)로 번역되어 있다.
344 이 책은 중국에서 1986년에 간행되었는데, 국내에서는 韓相弘·任炳權 옮김, 『禪宗과 中國文化』(동문선, 1991)로 번역되어 있다.
345 이 두 책은 각각 중국유학사 시리즈의 일부분으로, 廣州: 廣東教育出版社에서 1998년에 간행한 것들이다.
346 漆俠, 『宋學的發展和演變』(石家庄: 河北人民出版社, 2002)
347 《文史知識》編輯部編, 『儒佛道與傳統文化』(北京: 中華書局出版, 1990)
348 湯一介, 『儒道釋與內在超越問題』(南昌: 江西人民出版社, 1991)
349 柳承國, 『東洋哲學研究』(槿域書齋, 1983) 제3장 참조.

서 이 문제와 관련한 간략한 역사를 기존의 연구 성과를 토대로 정리하였고,[350] 그 후에 다시 「유교와 도교, 그리고 불교의 다원주의 가능성」[351]에서도 한 번 더 간략하게 정리하였다. 최근의 연구로는 임형석의 「유밀 劉謐의 『삼교평심론三敎平心論』에 관하여」가 있는데, 원말명초의 삼교론을 살필 수 있는 연구이다.[352]

이상의 기존 연구들에서 밝혀진 북송 이전까지 삼교회통론자들의 주장은 대략 다음과 같은 도표로 정리할 수 있다.[353]

觀點	人物과 著述	備考
三敎會通論	『牟子理惑論』	불교중심
	陶弘景	도교중심
	傅翕	삼교회통
	李士謙	삼교정립설-역할분담론
	王通	삼교회통설-유교중심
	吉藏:『三論玄義』	불교우위설
	宗密:「原人論」	불교우위설
	陳搏	도교중심
優劣論	曹植:「辨道論」	유교중심, 불교비판
	王浮:『老子化胡經』	도교우위, 불교비판
	『清淨法行經』	불교우위
	「正誣論」	유교중심, 불교비판
	范縝:「神滅論」	유교중심, 불교비판

---

350 윤영해, 『주자의 선불교비판 연구』(민족사, 2000) 서론 및 제1장 참조.
351 윤영해, 「유교와 도교, 그리고 불교의 다원주의 가능성」(『불교학연구』 제5호, 불교학연구회, 2002) 참조.
352 임형석, 「劉謐의 『三敎平心論』에 관하여-儒敎의 排佛論에 대한 한 불교도의 반응-」(『한국철학논집』 제20집, 한국철학사연구회, 2007) 참조.
353 김경수, 「북송초기 유불도의 삼교회통론-선불교의 계승과 도교의 장백단을 중심으로-」(경상대학교 철학박사학위 논문, 2008) pp.22-23. 이 논문의 제2장에서는 삼교교섭의 맥락과 유형 및 특징들을 비교적 상세하게 다루고 있다.

觀點	人物과 著述	備考
儒佛調和論	智顗, 法琳, 湛然, 顔之推, 道世	유불조화 五戒와 五常의 배합
	沈約:「均聖論」	불교중심
	顔之推	불교중심
	孫綽	불교중심
	周顒	유불일치설
	梁肅:『天台止觀通例』	불교중심
	李翺:『復性書』	유교중심
道佛一致論	張融:『律門』	도불동일설
	孟景翼:「正一論」	도불동일설
一方批判論	孫盛:「老聃非大賢論」 「老子疑問反訊」	유교우위, 도교비판
	葛洪:『抱朴子』	도교우위, 유교비판
	顧歡:「夷夏論」	도교중심, 불교비판
	明僧紹:「正二敎論」	불유우위, 도교비판
	韓愈:「原道」「論佛骨表」등	유교중심, 불교비판

필자는 성리학의 형성에 불교의 심성론과 도교의 우주론이 많은 영향을 끼쳤다고 판단한다. 바로 그러한 점에서 성리학이 완전한 체계를 갖추기 직전 시기의 삼교회통론에 관심을 집중하고 있다. 심성론과 우주론에 대한 탐구가 그 당시 삼교의 중심과제였으며, 이것이 문제의 본질이라고 할 수 있다. 그러나 그 이전까지의 논의들은 초점이 수도론의 이론적 체계에 맞추어진 것이 아니라 단편적 교리에 관한 내용이 대부분이었다.

3. 삼교회통론의 양상

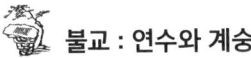 **불교 : 연수와 계숭**

당시 불교계에서 삼교회통를 주장한 인물로는 영명연수(905-975)와 고산지원(976-1022) 및 불일계숭(1007-1072) 등을 꼽을 수 있다. 이 글에서 지원은 다루지 않고 연수와 계숭만을 다루고자 한다. 그 무렵 중국 불교는 네 차례의 법난 즉 삼무일종三武一宗의 난[354]을 겪고 나서 교종이 거의 쇠퇴하고, 이른바 오가칠종의 선종이 주류를 이루고 있었다. 이들 오가칠종은 대부분 중국의 동남쪽인 절강성과 강소성 강서성 및 호남성 등에서 번성하였으며, 그 중에서도 절강성 지역이 오대십국 중 오월국의 지원을 받아 가장 융성하였다.

연수는 당시 오월국왕의 후원에 힘입어 항주 영은사의 주지로 잠시 있다가 곧 새로 건립한 영명사의 주지로 부임하여 15년간 주석하였다. 이 시기 그는 많은 저술을 남겨 선불교의 발전에 기여하면서, 한편으로는 불교를 중심으로 한 삼교회통론을 주장하게 되었다. 그의 뒤를 이어 계숭이 영은사의 불일암에 오래 거주하면서 다시 많은 저술을 하여

---

354 김경수, 위의 논문, 11-15쪽에 이에 관한 자세한 내용이 있다.

삼교회통론을 주장하였다. 비록 그 둘은 선종의 종파로 본다면 서로 달랐지만, 호불사상에 입각한 삼교회통론에서는 유사한 주장을 펼쳤던 것이다. 당시 천태산을 중심으로 하는 절강성 일대에서는 삼교회통론이 대세였다. 북송 당시 절강성의 천태에서는 불교의 대장경이 판각되기도 할 정도로 불교계의 중심지였다.

연수는 오가칠종五家七宗 중 법안종法眼宗의 법을 이은 인물인데, 항주인으로 호를 포일자抱一子라고 했다. 천태산에서 선정禪定을 익히고 영명사永明寺에 15년간 머물면서 천여 명의 제자를 배출했는데, 운문종雲門宗의 설두중현雪竇重顯도 초기에 그에게서 가르침을 받은 것으로 알려져 있다. 그는 『종경록宗鏡錄』 100권을 비롯하여 『유심결唯心訣』, 『주심부注心賦』, 『관심현추觀心玄樞』 등 많은 저술을 남겼는데, 그 가운데 『만선동귀집萬善同歸集』 같은 것은 삼교조화론을 주장하고 있는 대표적 저술이다.

연수의 삼교회통론을 양증문楊曾文이 『송원선종사宋元禪宗史』에서 서술한 내용을 중심으로 정리해보자.[355] 우선, 연수의 이론적 도식은 당대 징관澄觀의 『화엄경소연의초』와 종밀宗密의 『화엄원인론』에서 다루고 있는 삼교의 비교와 평론을 따르고 있다고 한다. 즉 『화엄경』을 불교의 최고 경전으로 보고, 이를 통해 불교의 각 종파와 유교 및 도교의 이론을 검토하여 서로 회통하여 함께 '진성眞性'의 근원으로 돌아갈 수 있다고 보고 있다는 것이다.

그의 유불에 관한 구체적 견해는 다음의 몇 가지로 정리된다. 첫째는 우주론적 설명으로, 『노자』에서 말하는 '자연'이나 '도', 『역위』 「건착도」에서 말하는 '혼돈' 등으로 우주의 시작을 말하는 것은 적절하지 못하다. 오직 '마음'이 우주의 본원이니, 이 마음은 바로 『능가경』에서 말

---

355 양증문, 『송원선종사』(북경: 중국사회과학출판부, 2006) 64-67쪽 참조.

하는 '여래장'인 것이다. 그는 법상종의 유식이론으로 아뢰야식으로부터 세계가 시작된다고 논변하고 있다. 둘째는 유교는 '오상윤리(인의예지신)'로 근본을 삼고, 도교는 '허무자연'으로 근본을 삼으며, 불교는 '인연'으로 근본을 삼는다고 보았다. 여기서 그가 말하는 '인연'이란 화엄경에서 말하는 '일심연기一心緣起'를 지칭하는 것으로, '일심법계연기'는 끝이 없어 이사理事와 사사事事에 원융무애圓融無礙하므로 유교나 도교의 그것보다 뛰어나다는 것이다. 셋째는 『만선동귀집』의 문답 내용 중에서 "예전에는 유교와 도교가 불교를 존중하였는데 무엇 때문에 후대 사람들은 믿지 않고 훼방하느냐?"는 물음에 대해서 "유교와 선가仙家는 모두가 보살승菩薩乘이라 교화를 돕는데 도움이 되어 함께 불승佛乘을 돕는다."고 대답한 바와 같이, 불교가 나머지 둘을 포섭한다는 이론이다. 넷째는 연수 또한 『노자화호경』이나 『기세계경起世界經』과 같은 위경僞經에서 말하고 있는 내용을 가져와, 불교에서 두 보살을 중국으로 파견하였으니 그 하나는 가섭보살로 노자가 되었고, 나머지 하나는 유동儒童보살로 공자가 되었다는 설명으로 유교와 도교가 원래는 모두 불교에서 나왔다는 설이다.

삼교회통에 관한 그의 입장은 『종경록』 권33에서 가장 잘 드러나고 있다.

> 백가의 다른 설은 어찌 글과 말이 능히 현혹하겠는가? 이는 삼교에 분명하여 현혹되지 않으니, 각각 그 근본이 서 있음이라. 유교에 27가가 있으나 만약 오상의 이치에 계합한다면 현혹됨이 없을 것이요. 황로에 25가가 있으나 허무에 계합한다면 또한 현혹됨이 없을 것이라. 불교에 12분교가 있으나 만약 본심을 요해한다면 또한 현혹됨이 없을 것이다. 그러므로 삼교가 비록 다르지만 만약 법계로서 거두어

들이면 다른 갈래가 없으리라. 만약 공자와 노자의 2교와 제자백가의 여러 갈래들은, 묶어서 말하면 법계를 벗어나지 않으니 온갖 시내가 큰 바다로 돌아감과 같다. 나누어서 말하면 백가는 반딧불과 같으니 어찌 크게 비출 수 있으리오? 큰 바다는 다시 온갖 시내로 돌아가지 않음과 같다.[356]

이는 유교와 도교 및 제자백가를 불교의 하위단계로 인식하고 있음을 분명히 드러내고 있는 것이다. 또한 불교의 종파 중에서도 일심법계연기를 주장하는 화엄경에 근거한 선종의 입장을 말하고 있다. 연수의 관점에서 본다면 유교와 도교의 이론들은 적어도 세상의 현상을 설명하려는 점에서는 불교의 아류에 불과했다고 할 수 있다.

계숭은 연수가 세상을 떠난 지 27년 후에 태어나서 7세에 불교에 귀의하여 평생 호불護佛사상으로 불교의 선양을 위해 각고의 노력을 한 인물이다. 그는 광서성 출신으로 젊어서 여기저기를 떠돌면서 불법을 구하다가 24세에 운문종의 동산 효총으로부터 깨달음을 얻었다. 이후 그는 오나라의 전당에 정착하여 공부하였고, 만년에는 항주 영은사의 불일암에 거주하면서 오직 저술에 힘써 이를 통해 불교를 선양하려는 노력의 일환으로, 결국에는 황제에게 올린 상소가 받아들여져 그의 저서가 《대장경》에 편입되고, 황제로부터 '명교明敎'라는 호를 하사받았다.

계숭의 저술은 『보교편輔敎篇』, 『전법정종기傳法正宗記』, 『선문정조도

---

356 『종경록』 권33, 《대정장》48, 608쪽 中. '百家異說 豈文言之能惑者? 此明於三敎不惑 各立其宗. 儒有二十七家 若契五常之理 即無惑也. 黃老有二十五家 若契虛無 亦無惑也. 釋有十二分敎 若了本心 亦無惑也. 然則三敎雖殊 若法界收之 則無別原矣. 若孔老二敎百氏九流 總而言之 不離法界 其猶百川 歸於大海. 若佛敎圓宗一乘妙旨 別說言之 百家猶若 螢光 寧齊巨照 如大海不歸百川也.'

禪門定祖圖』의 삼부작을 합쳐 가우 6년(1061)에 조정에 표진表進한 『가우집嘉祐集』과 또한 『가우집』 이외 그의 저작을 모두 모은 『치평집治平集』 등 두 종류가 있었는데, 모두 합하면 60만 글자가 넘는 상당히 많은 분량이었다. 그러나 현존하는 그의 저서는 『심진문집鐔津文集』 20권, 『보교편요의輔敎編要義』 10권, 『전법정종기傳法正宗記』 9권, 『전법정종정조도傳法正宗定祖圖』 1권, 그리고 『전법정종론傳法正宗論』 2권뿐이다. 그에 대한 본격적인 연구는 대만의 장천천[357]과 필자의 것[358]이 있다. 여기서는 필자의 연구 결과를 중심으로 그의 삼교회통론을 서술하기로 한다.

그의 삼교회통론은 다음의 주장에서 가장 분명히 드러난다.

> 옛날에 성인이 있었으니, 불佛이요, 유儒요, 백가百家라 불렀는데, 마음은 하나지만 그 자취는 달랐다. 대저 하나라고 하는 것은 그 모두가 사람으로 하여금 선을 행하기를 바라는 것이요, 다르다는 것은 집을 나누어 각각 그 가르침을 행하는 것이다. 성인은 각각 그 가르침을 행한 까닭에 그 사람을 가르쳐서 선을 행하도록 만드는 방법이 얕음도 있고 깊음도 있고 가까운 것도 있고 먼 것도 있지만, 악을 끊고 사람들이 서로 어지럽히지 않는 것에 이르러서는 그 덕이 같다. 중고中古 이래로 세상이 크게 얄팍해져서 불교는 교파가 잇달아 일어나고 서로 영향을 주어 넓어졌다. 천하가 선을 행함은 하늘의 뜻인지 성인의 소위인지 헤아릴 수 없다. 바야흐로 천하에 유학이 없어서도 안 되며, 백가가 없어서도 안 됨은 불교가 없어서 안 되는 것과 같다. 하나의

---

357 張淸泉, 『北宋契嵩的儒釋融會思想』(臺北: 文津出版社, 1998) 46쪽 참조. 이 책은 張淸泉이 박사학위 논문으로 제출한 것을 보완하여 문진출판사에서 박사학위 시리즈의 하나로 출판한 책이다.
358 김경수, 위의 논문 Ⅲ장 2절 참조.

가르침이 쇠퇴하면 천하의 한 착한 길이 줄게 되고, 하나의 착한 길이 줄게 되면 천하의 악이 더욱 많아진다. 대저 가르침이란 성인의 자취이며, 그것을 행함은 성인의 마음이다. 그 마음을 보면 천하에 옳지 않음이 없고, 그 자취를 좇으면 천하에 그릇되지 않음이 없다. 이러한 까닭에 현자는 성인의 마음을 아는 것을 귀하게 여긴다. 문중자文中子[359]가 이르기를 "황극皇極의 바른 의론을 살피면 불교와 하나가 될 수 있음을 안다."고 했으니, 왕통王通은 거의 성인의 마음을 보았다.[360]

그는 삼교의 공통점을 '성인'에서 찾았다. 성인은 그 마음이 하나이기에 성인이라고 하였고, 그 마음이란 세상 사람들 모두가 착하게 되기를 바라는 마음이라고 하였다. 삼교의 차이점은 '성인의 자취'가 각각 다른 것이라고 하였는데, 자취의 다름이란 각각 가르침의 방법이 다른 것이라고 하였다. 그리고 그들 모두는 선을 향해 나아가도록 돕는 방법이니 어느 것 하나도 빠트릴 수 없다고 보았다.

그러면서도 그는 「원교」의 끝 부분에서, 가르침을 분별하는 설을 비교하면 누구의 것이 더 우수한지를 묻는 말에 대하여 "이러한 것들은 모두 성인의 가르침이라 내가 어찌 감히 쉽게 논의하겠는가? 그러나 불교는 나의 도이고, 유교 또한 일찍이 가만히 들었으나 노자와 같은 것

---

359 文中子는 隋나라 때의 경학가인 王通(584-617, 字는 仲淹)의 私諡이다.
360 『鐔津文集』 권2, 「광원교」, p.660 상: '古之有聖人焉 曰佛 曰儒 曰百家 心則一 其迹則異. 夫一焉者其皆欲人爲善者也. 異焉者 分家而各爲其教者也. 聖人各爲其教 故其教人爲善之方 有淺有奧有近有遠 及乎絕惡而人不相擾 則其德同焉. 中古之後 其世大漓 佛者其教相望而出 相資以廣 天下之爲善 其ան意乎 其聖人之爲乎 不測也. 方天下不可無儒 無百家者 不可無佛. 虧一教則損天下之一善道 損一善道則天下之惡加多矣. 夫教也者聖人之迹也 爲之者聖人之心也 見其心則天下無有不是 循其迹則天下無有不非 是故賢者貴知夫聖人之心 文中子曰 觀皇極議議 知佛教可以一矣 王氏殆見聖人之心也.' 여기서 인용하는 계숭의 글은 《대정장》52에 수록된 것을 저본으로 한다.

은 내가 꽤 뜻을 두었지만 말하지 않겠다. 모든 가르침은 또한 같은 물을 건넘에 옷을 걷어 올리고 건너지만 깊고 얕음이 있음과 같다. 유학은 성인이 세상을 다스리는 가르침이요, 불교는 성인이 세상을 벗어난 경지를 다스리는 가르침이다."³⁶¹라고 대답하였다. 그가 '노자와 같은 것은 내가 꽤 뜻을 두었지만 말하지 않겠다'고 말한 이유는 밝히고 있지 않지만, 미루어 짐작해보면 노자의 가르침이 불교의 가르침에 포섭된다고 보았든지 아니면 상당히 비판적인 관점을 가졌든지 두 경우라고 할 수 있을 것이다. 그러나 그 이유가 무엇이든 간에 그의 의도는 불교를 유교와 더불어 논의하고자 하는 것이었다. 유교와 불교를 '치세治世'와 '치출세治出世'로 구분하여 양자의 역할을 분담시키면서 도가를 슬쩍 옆으로 밀어낸다. 이제 그는 유교와 불교의 두 축으로 문제를 압축하였다.

계숭의 삼교융회설 내지 유불융회설에서 가장 중요한 핵심은 '교敎'이다. 그는 유교와 불교의 '도道'는 중용中庸과 중도中道로서 서로 같은 것이라고 말하면서, 가르침의 방법이 다르다고 하는 것이다. 그것을 그는 오상五常과 오계십선五戒十善으로 파악했다. 즉 본질은 같은데 방법이 다르다는 주장이다. 그는 또 『서경書經』의 「홍범洪範」에서 말하는 황극皇極이 중도中道라고 하여, 불교에서 말하는 중도와 기본적으로 같은 것이라고 한다. 다만, 불교의 중도는 정신의 오묘함을 궁구하는 점에서 유교보다 심오하다고 하였다. 나아가 그는 '치세'와 '치심治心' 내지는 '치출세'를 유교와 불교의 구분 기준으로 내세워 그 공능을 상세히 설명하였고, 한편으로는 불교가 '치세'에 도움이 되는 것이라는 사실도 증명하려고 노

---

361 『심진문집』 권1, 「원교」, 651쪽 하: '若然者皆聖人之教 小子何敢輒議. 然佛吾道也 儒亦竊嘗聞之 若老氏則予頗存意 而不言之. 諸教也亦猶同水以涉 而厲揭有深淺. 儒者聖人之治世者也 佛者聖人之治出世者也.'

력하였다. 또 인류의 문제에서 항상 불교가 비판받아왔던 내용인 효孝 문제에 대해서도 그는 유교에서 말하는 효는 불교에서 말하는 대효大孝에 포함되는 것임을 밝혀서 그 비판을 극복하고자 했다.

계숭의 저술에서 두드러진 특징은 유교의 경전을 대단히 많이 인용하고 있다는 점이다. 그는 유교의 경전 속에 담긴 뜻이 깊어 정확히 이해하지 못하는 부분이 있는데, 이는 불경의 내용을 가져다 이해하면 분명해진다는 논의도 전개한다. 특히, 유교의 경전 중에서는 『중용』과 『주역』 「계사전繫辭傳」이 우주론과 인성론을 담고 있는데, 이 내용들이 불경의 내용과 거의 비슷하거나 같은 것이라는 사례들을 여러 가지 지적하고 있다. 그가 인용하고 있는 유교 경전의 내용을 통하여 다음과 같은 특징들도 찾을 수 있다. 첫째는 계숭이 인용하고 있는 유교의 경전이 『중용』『주역』『시경』 그리고 『서경』이 중심을 이루고 있다는 점이다. 『주역』과 『시경』 그리고 『서경』은 5경에 속하는 경전이지만, 원래 『예기』의 한 편이었던 『중용』은 주희에 의해 사서의 지위로 격상되기 훨씬 이전이었다는 사실도 확인된다. 그런데도 그가 『중용』을 많이 인용하고 있는 것은 당시에 이미 『중용』의 가치가 그만큼 높아져 있었다는 사실을 방증하는 것이라고 할 수 있다. 둘째는 그가 유학에서 중요한 개념으로 파악한 것이 바로 '성誠'이라는 것이다. 그는 이 성誠이 교敎와 하나이며, 성性을 온전히 하는 유일한 통로이며, 이 성性을 통해 천지만물이 하나로 연결된다고 보았다. 이는 후대 성리학자들의 이론과 기본적으로 다르지 않으며, 그가 궁극적으로 주장하고자 하는 유불융회설의 핵심 부분이기도 하다. 셋째는 그가 당시의 유교가 가지고 있던 이론적 한계였던 본체론과 심성론의 핵심을 드러내고 있다는 점이다. 유교는 본체를 말하면서도 왜 그것이 본체인지 그 까닭을 밝히지 못했다고 하면서, 그것을 불교에서는 밝혔으니 그것은 본래부터 하나라는 것이다. 넷째는 대체로 유교가 불교를 비판하는 중요한 관점의 하나인 인과응보설에 대해 계숭은 유교도 실제로는 인과응보를 강조하고 있다는 사실을 지적해 내고 있다. 또한 신불멸설神不滅說도 유불이 공유하고 있는 근본개념임을 밝히고 있다.

그는 우주론과 심성론에 있어서도 유교의 경전에 대해 많은 해설을 붙였다. 그의 궁극적인 입장은 천지만물이 모두 심식心識의 작용이라고 하는 것이지만, 적어도 현상적인 면에서만이라도 '성과 분리될 수 없는 기', '음양이 오행을 낳고', '성이 음양에 올라탄다'는 개념들은 '이기理氣의 부잡불리不雜不離'나 '리일분수理一分殊', '성과 함께 있는 기', 「태극도」, '기발이리승지氣發而理乘之' 등을 즉각 연상시키기에 아무런 무리가 없다.[362]

계숭은 이른바 북송오자로 불리는 도학자들과 거의 동시대 내지는 약간 앞선 시기에 살았다. 그리고 주돈이보다는 1년 먼저, 장재나 소옹보다는 6년 먼저 세상을 떠났으며, 이정二程과는 나이 차이가 25년 이상이다. 게다가 계숭이 자신의 저술을 《대장경》에 입장入藏하기 위해서 한 일은 당시로서는 그야말로 지식인이나 관료들 사이에서는 커다란 화제였을 것임이 분명하다. 또한 자신의 의도대로 그의 『보교편』과 『정종기』 등의 저술은 《대장경》에 수록되어 천하에 반포되었으며, 그의 명성은 사해에 떨치게 되었다. 그렇다면 그의 저술들이 당연히 수많은 사람들에 의해 읽혀졌을 것임은 의심의 여지가 없다고 보아야 한다.

위에서 살핀 바와 같은 성리학적 선구를 드러낸 그의 학설들로 판단해보면, 만약에 그가 승려가 아니라 유학자였다면 지금 남아 있는 그의 유학과 관련한 저술들만으로도 그의 이름은 도학자의 명단에서 중요

---

[362] 이러한 관점은 쓰치다 겐지로, 성현창 옮김, 『북송도학사』(예문서원, 2006) 356-357쪽에서 조금 언급하고 있다.

한 비중을 차지했을 것으로 짐작해 볼 수 있다. '심즉리心卽理'나 '성즉리性卽理'의 개념들은 이른바 '리학理學'과 '심학心學'으로 양분되는 신유학의 실마리를 각각 나타내고 있는 셈인데, 이는 그가 선승禪僧이면서 동시에 유학의 본질을 깊이 연구하여 유불융회의 논리를 찾아서 구성하려는 노력의 결과라고 할 수 있다.

도교 : 진단과 장백단

도교의 삼교론은 외래종교인 불교를 배척하는 일이 주된 과제였다. 불교를 끊임없이 비판하면서 한편으로는 불교의 교리와 교단조직을 본받아 스스로의 부족한 부분을 보충하는 과정이 곧 도교의 성장과정이었다. 외단으로 신선을 구하던 도교가 그 한계를 절감하고 내단으로 방향을 바꾼 것은 당나라 후기에 본격적으로 시작되었다. 도교 내단이론의 이론적 근거는 『주역참동계』로부터 비롯되었다는 것이 정설이다.

이 책은 동한 때 회계 사람인 위백양이 126년부터 167년 사이에 지은 것으로 알려져 있다. 참동이란 『주역』과 황노의 도, 그리고 로화의 세 가지 이치가 계합하여 하나로 된다는 뜻이다. 이 책은 현존하는 가장 오래된 연단원리에 관한 저술로, 황노의 도를 주역의 원리에 맞추어 화후의 방법을 설명하고 있다고 간단히 말할 수 있다. 그래서 이것은 '만고단경왕' 또는 '단경지조丹經之祖'로 불리며, 당나라 이후로 이에 대한 주석서가 많이 나와 《도장》의 태현부太玄部에만 8종이 수록되어 있다. 이 책의 단법은 내단과 외단에 고루 응용되고 있다.[363]

---

363 김경수, 위의 논문 138쪽 참조.

그러나 실제로 내단수련의 효시를 이룬 인물은 종리권과 여동빈으로 알려져 있다.[364] 그러나 이들에 관한 수많은 언급과 이들이 남긴 저술의 목록이 있지만, 사실 이들의 실존여부에 관한 명백한 확증은 부족한 실정이다. 이들의 내단법에 대한 구체적 내용은 『종려전도집』이라는 책에 자세하게 실려 있다. 이 책은 종리권이 구술한 내용을 그 제자인 여동빈이 묶고, 다시 여동빈의 제자인 시견오가 전한 것으로 되어 있다. 이것이 오늘날까지 도교 내단이론서의 정수로 꼽히고 있다. 그러나 인물의 실존여부가 확실하고 내단이론의 정립과 실질적인 수련에서 큰 업적을 남긴 인물로는 진단과 장백단이 가장 두드러진다.

진단陳摶(871-989)은 누구인가? 그의 생애는 118년이나 살았던 세월만큼이나 다양한 모습을 가지고 있으면서, 중국 송대宋代의 학술계에 가장 큰 영향력을 남긴 인물이라고 할 수 있다. 그의 생애와 사상체계를 『중화도교대사전』[365]과 이원국의 연구[366]를 종합하여 간단히 정리하면 다음과 같다.

그의 자는 도남圖南이며, 호는 부요자扶搖子이고, 사호賜號는 희이선생 希夷先生이며, 출신지는 도교의 본향이라고 할 수 있는 사천성이다. 출신 성분은 미천하였으나, 젊어서 온갖 종류의 책을 읽어 유학의 경전은 물론 불교 의약 천문 지리 등에 통하지 않은 것이 없었고, 특히 시에 뛰어난 재주를 보였다. 벼슬에 뜻을 두었으나 세상이 어지러워 이루지 못하고 무당산에 은거하여 20여 년간 태식과 복기, 벽곡술術과 도인술 및 내

---

364 이들에 대한 연구는, 서태원, 「종려의 우주관 고찰」(『도교문화연구』 제27집, 한국도교문화학회, 2007) 참조.
365 胡孚琛 主編, 『中華道教大辭典』, 앞의 책, 112쪽 참조.
366 김낙필 외 역, 『내단』 1, 앞의 책, 638-705쪽의 「제8절 陳摶 無極圖의 丹法 및 그 영향」 참조.

단의 연양술을 익혔다. 중간에 사천의 천경관에 머물면서 수련한 바가 더욱 높아졌고, 다시 후주의 세종이 불러 간의대부에 임명하였으나 끝내 사양하고 화산에 들어가 운대관에 거주하였다. 태종이 태평흥국 9년(984)에 불러서 극진히 예우하여 희이선생이라는 호를 하사하고 거처하던 화산의 운대관을 증수하도록 하였다. 그는 도교의 하창일을 스승으로 모셨으며, 불교의 마의도자에게서 역학의 은밀한 핵심을 전해 받았다. 마의도자로부터 「정역심법」「하도」「낙서」 및 「선천도」를 이어받아 유불도의 삼교사상을 융합한 사상체계를 만들었다. 그는 또 여동빈과 담초 등과는 방외우를 맺었으며, 장무몽과 유해섬 등의 제자를 두었다. 「무극도」를 그려 주돈이의 「태극도설」의 기초를 제공하였고, 「선천도」는 소옹에게 전해져 상수역학의 체계로 거듭났으며, 도교 내단이론의 기초를 구성하여 '연정화기' '연기화신' '연신환허'의 내단체계를 확립하였다. 저서로는 『구실지현편』 『역용도』 『적송자팔계록』 『구담집』 『음진군환단가주』 『인륜풍감』 등을 비롯한 10여 종이 있고, 그에 대한 기록은 『송사』의 「진단전」과 『속자치통감』 『태화희이지』 등 정사와 그 외 사서에 보인다고 하였다.

그는 여동빈으로부터 종려내단법을 전해 받았고, 불교와 도교의 각 분야에 따로 스승을 섬겼다. 그 결과로 그는 삼교를 융합한 사상체계를 만들었고, 내단이론의 체계를 완성하였다. 이원국의 연구를 통하여 그의 삼교회통론을 살펴보면, 그의 내단이론의 요점은 신수腎水와 리화離火의 교합으로 단丹을 이루는 것이다. 즉 심신상교心身相交, 수화기제水火旣濟를 말하고 있다. 신수의 상징인 감괘坎卦(☵)의 가운데 양효를 취하여 리괘離卦(☲)의 가운데 음효를 메워 리괘가 건괘乾卦(☰)로 바뀌면 후천으로부터 선천으로 돌아가게 된다는 것이다. 바로 이 단계에서 그는 유가의 주역이론인 후천역을 도교내단의 선천역으로 변화시키고 있다. 여기까지가 이른바 '연정화기' '연기화신'으로 표현되는 '명공'의 단계이다. 그는 여기서 나아가 '유위'로부터 '무위'로, '명공'에서 '성공'으로 넘어가는 '연신환허'를 말한다. 즉 도교의 수련법으로 신을 잘 기르고[양신養神], 불교의 수행법으로 마음을 닦아야[수심修心] 생사와 윤회에서 벗어난다는 것이다. 이른바 '도불쌍수道佛雙修'로서 '성공'의 단계를 설명하고 있다.

그러나 결국 '복귀무극復歸無極'의 경지에 대해서 말한다면, 이는 불교에서 말하는 열반세계가 아니라 도교 고유의 '형신합일形神合一'의 경지임을 알 수 있다.

> 만약 마음을 텅 비워 괴로움이 완전히 사라지게 되면 무슨 생사가 있으며 무슨 구속이 있겠는가? 하루아침에 태주의 옷[胎州襖]을 모두 벗어버리고 자유롭게 소요하는 대장부가 된다.[367]

여기서 말하는 태주의 옷이란 태어나면서 갖고 나온 몸을 뜻하는 것이다. 따라서 '성공'을 이룬 연후에 다시 나아가는 '복귀무극'의 경지는 후천의 육신을 선천의 신체로 변화시켜 심신이 함께 해탈의 경지에서 장생하는 상태를 말하고 있음이다. 이러한 과정이 진단이 그린 「무극도」에서 말하고 있는 도교 내단수련의 방법이다. 유교의 역학을 도교의 역학으로 변화하여 '명공'을 닦고, 여기에 다시 마음 수행의 불교적 '성공'을 거친 후에, 결국은 다시 도교의 최고경지인 무극에로 돌아가 천지와 더불어 장생하는 과정을 설명함으로써 그의 삼교회통론은 내단이론과 하나의 논리적 구조를 갖게 되었다고 할 수 있다.

장백단張伯端은 이러한 진단의 단법을 계승하여 발전시킨 대표적인

---

367 위의 책, 673쪽에서 재인용.

물이다. 진단 이래로 내단법은 북종과 남종으로 양분되는데, 장백단은 남종의 개산조사로 불리는 인물이다. 장백단의 생애를 간단히 정리하면 다음과 같다. 그는 984년 또는 987년에 삼교회통적 분위기가 강하게 있던 절강성의 천태에서 태어났고, 젊어서는 박학하여 과거에 뜻을 두었으나[368] 부리府吏로 근무하던 중에 계집종이 자신이 좋아하는 생선을 훔쳤다고 오해하여 매질하여, 그 종이 자살했다. 이것이 후에 자신의 잘못임이 밝혀지자 세상사에 뜻을 잃고 공문서를 불에 태우고, 그 죄에 연루되어 영남으로 좌천되어 육선의 휘하에서 이리저리 옮겨 다니면서 살았다. 나이 80세 이후인 1069년에 성도에서 진인을 만나 단법을 전수받았고, 그 요점을 정리하여 「서문」에 의하면 희령 을묘년인 1075년에 『오진편』을 저술하였고, 그 3년 뒤 원풍 원년인 1078년에 다시 「후서」를 저술하였다. 그리고 1082년에 세상을 떠난 것으로 된다. 물론 그 중간에 긴 기간은 아니었지만 제자들을 가르친 기록이 남아 있다.[369]

장백단의 내단이론을 담고 있는 저술로는 『오진편』과 『금단사백자』 및 『옥청금사청화비문금보내연단결』[370] 등이 있다고 전해지는데, 필자는 이미 『오진편』 외의 두 저술은 그가 직접 지은 책이 아닐 가능성이 매우 크다는 점을 논증한 바 있다.[371] 장백단의 내단이론에 대한 연구는 국내에도 두세 편 있지만,[372] 필자의 종합적 연구가 있으므로 이를 토대로 그

---

368 신진식, 「『悟眞篇』의 "道禪合一"사상」(『도가문화연구』 제26집, 한국도교문화학회, 2007) 417쪽의 주2에서는 장백단이 '어려서 進士에 합격했으며'라고 하였는데, 어디에 근거한 것인지 알 수 없다. 특히 '어려서'라는 표현은 과거시험을 볼 수 있는 나이를 감안한다면 적절한 표현이 아닌 듯하다.
369 김경수, 위의 논문 110쪽 참조.
370 이 책은 통상 『청화비문』이라고만 지칭한다.
371 김경수, 위의 논문, 110-121쪽 참조.
372 신진식, 「『悟眞篇』의 "道禪合一"사상」(『도가문화연구』, 제26집, 한국도교문화학회, 2007)와 이재봉, 「장백단의 내단사상에 관한 연구」(『大同哲學』 제20집, 대동철학회,

의 삼교회통론을 정리해본다. 그에 의하면, 불교와 도교의 가르침의 목적은 생사의 윤회에서 벗어나는 것이다. 그런데, 불교는 성을 바탕으로 하고, 도교는 명을 바탕으로 하여 각각 가르침을 행한다. 석가는 공적을 종지로 삼으니 돈오를 통하여 피안으로 가지만 조금의 번뇌라도 남기면 윤회의 굴레를 벗어나지 못한다고 하였다. 도교는 연양을 진리로 삼으니 요점을 얻게 되면 성인의 경지로 나아가되 본성을 깨우치지 못하면 헛된 형상에만 매달린다고 하였다. 도교에서 본성을 깨치지 못하면 헛된 형상에 매달리게 된다는 말은 그의 '성명쌍수'론의 단초를 암시하고 있는 것이다. 또한 그가 여기서 불교와 도교의 가르침을 최상의 진리로 함께 인정하는 듯하지만 사실은 불교가 '공적'을 종지로 삼는다고 하고 있다는 점에서, 이미 불교에 대한 한 가지 비판적인 시각을 깔고 있다고 할 수 있다.

그리고 위와 같은 관점에 이어서, 그는 '그 다음[其次]'이라는 표현을 쓴 연후에 성과 명에 대한 공자의 견해를 서술하고 있다는 점이 중요하다. 공자는 비록 성명의 설에 정통하여 '진성지명'과 '사무四毋'설을 말하여, 불교와 도교에서 말하는 가르침의 근본 종지를 충분히 알고 있었지만, 결국 유교는 인륜과 인의예악을 중시하는 현세적 유위의 가르침에 중점을 두고 있는 것이라고 지적한다. 그래서 공자는 도교에서 말하는 명술에 관한 내용은 『주역』의 괘상에 감추어 두고, 불교에서 말하는 성법에 관한 가르침은 은미한 말에 섞어두어 보통 사람들이 알지 못하게 하였다고 한다. 유교는 도교나 불교와 같은 차원의 가르침이 아니라 한 단계 낮은, 즉 '그 다음' 단계의 가르침이라는 것이 장백단의 입장이라고

2003) 및 이재봉, 「『悟眞篇』 용어 연구-노정을 중심으로」(『大同哲學』 제39집, 대동철학회, 2007) 등이 그것이다.

할 수 있다.

일상적인 삶에서의 인간의 윤리를 기반으로 하는 유교의 가르침은 1단계의 수준이고, 공적을 돈오하여 피안으로 뛰어넘는 불교는 2단계의 가르침이며, 연양의 요체를 얻어 성인의 지위에 올라서는 도교는 3단계의 가르침이라는 것이다. 궁극의 가르침인 도교도 참된 수련을 위해서는 일상의 삶 속에서 선행을 닦는 것이 반드시 전제되어야 함을 강조하는 그의 내단사상에서 유교는 비록 낮은 단계이기는 하지만 필수적인 것이다. 이 유교의 단계를 넘어서고 난 후에 性의 본체를 밝히는 불교의 단계를 거쳐서, 성性과 명命이 합일된 상태로 나아가는 것이 도교가 추구하는 바른 수행의 방법이라는 것이다.

그러므로 삼교는 그 가르침의 요점은 결국 하나로 돌아가는 것이다. 삶에 윤회하거나, 환형에 매달리거나, 사무四冊에서 벗어나지 못하는 경지를 뛰어넘어서 도달하게 되는 궁극의 목적지는 같은 것이라는 주장이다. 그런데도 역대로 도교와 불교의 도사와 승려들은 서로 자기만이 옳은 가르침이라는 편견에 얽매여 서로를 비방하는 싸움을 끊임없이 계속해왔다고 한다. 실제로 『홍명집』과 『광홍명집』에 실린 유교와 도교 및 불교 사이의 오랜 시비에 관한 기록들이 장백단의 이런 주장을 뒷받침하고 있다.[373]

그의 수련법은 '이도포선'으로 '성명쌍수'하는 것이다. 그에게 있어 수련이란 유위의 공부와 무위의 공부 그리고 진여를 증득하여 연신환허의 상태가 되는 공부의 세 단계가 있다.

---

[373] 이 문제와 관련해서는, 李小榮, 『《弘明集》《廣弘明集》述論稿』(成都: 四川出版集團巴蜀書社, 2005)가 참고할만하다.

이것은 도를 배우는 사람들이 성명에 통하지 않고 오직 금단만을 닦음을 걱정함이니, 이와 같이 이미 성명의 도가 갖추어지지 않으면 마음 씀이 넓지 못하고 나와 사물이 가지런하지 못하니, 또 어찌 능히 마침내 원통하여 삼계를 뛰어넘겠는가? 그런 까닭에 경에서 이르기를 "10종의 신불神仙이 있으니, 모두 사람 속에서 마음을 단련하여 견고해지고 순수해지면 수명이 천만 년에 이르고, 만약 정각삼매를 닦지 않으면 끝까지 갔다가 다시 돌아와 삼악취에 빠진다"고 하였다. … 이 오진편은 신선의 명맥을 먼저하여 수련을 유도하고, 여러 부처들의 묘용을 그 다음으로 하여 신통을 넓히고, 마지막으로는 진여각성으로 환망을 없애고 궁극의 공적한 본원으로 돌이키고자 하는 것이다.[374]

그는 수련하는 사람들이 성명에 통하지 않고 단지 금단만을 닦음을 걱정하여, 성명의 도가 갖추어지지 않으면 생사를 넘어설 수 없다고 하였다. 나아가 정각삼매를 닦는 것이 중요하다고 하면서, 수련의 단계를 신선의 명맥, 제불의 묘용, 진여각성으로 공적한 본원으로의 회귀 등 세 차원으로 나누고 있다.

그에 따르면, 원래 도교는 명만을 수련하여 장생불사를 추구하지만 '본성을 밝히지 못하면 헛된 형상[환형幻形]에만 지체한'다고 말한 것처럼, 장백단은 기존 도교 수련법의 잘못된 점을 이미 통렬하게 지적하

---

[374] 「禪宗歌頌詩曲雜言」, 『紫陽眞人悟眞篇拾遺』: '此恐學道之人 不通性理 獨修金丹 如此其性命之道未備 則運心不普 萬物難齊 又焉能究竟圓通 迥超三界. 故經云 有十種仙 皆於人中鍊心 堅固精粹 壽千萬歲. 若不修正覺三昧 則報盡還來 散入諸趣 …次悟眞篇者 先以神仙命脉 誘其修煉 次以諸佛妙用 廣其神通 終以眞如覺性 遺其幻妄 而歸於究竟空寂之本源矣.'

고 있다고 할 수 있다. 그렇지만 또 명의 수련을 소홀히 하고 오직 성만을 닦는 것은 단지 수련의 '효과를 빨리 보고자 하는' 것이어서, 육신의 형체를 버린 음신을 얻을 뿐이라고 한다. 이에 반해서 참된 수련이란, 먼저 명을 닦은 다음에 성을 닦아서 양신의 상태로 장생불사하는 것이라고 하고 있다. 이것이 바로 그의 수련법에서 말하는 '선명후성'이다. 뒤에서 다시 구체적으로 언급하겠지만, 이것을 내단수련법의 단계로 말한다면 명만을 닦는 도교의 수련은 '연정화기'에 해당되고, 성만을 닦는 불교의 수행은 '연기화신'에 해당되며, 이 둘을 온전히 하여 진여의 본원으로 돌아가는 것이 '연신환허'라고 하겠다.

유교 : 주렴계, 장횡거, 정명도, 정이천

유교 측에서는 당나라 중기 이후 불교의 흥기에 대해 한유가 배불론을 제기하였으나, 그 내용은 교리의 심오한 면을 다룬 것은 아니었다. 이어 이고는 오히려 불교를 수용하는 입장에서 『중용』을 중시하였다. 북송 초기에 이르러 다시금 불교가 흥성하고, 도교의 내단이론이 암암리에 체계를 잡아가고 있던 시점에, 국가의 유교 장려책과 더불어 유학교육이 활성화되면서 배불론자들이 다시 나오게 되었다. 그 대표적인 인물은 송기宋祁(998-1057)와 석개石介(1005-1045), 이구李覯(1009-1059) 그리고 구양수歐陽脩(1007-1072) 등이었다. 그러나 이들의 배불론은 그저 일상 인륜의 차원에서 불교를 비판하는 수준으로 한유의 설을 크게 넘어서지 못하였다.

문제는 유학의 내부적 변화를 가져와 이를 이른바 성리학의 형성에 결정적인 역할을 수행한 북송오자 중 소강절을 제외한 주렴계, 장횡거,

정명도 및 정이천 등 네 명이다. 결국 불교와 도교의 이론들이 성리학의 형성에 결정적인 영향을 미쳤으며, 따라서 성리학은 삼교가 종합되어 나타난 새로운 형태의 사상이라는 것이다. 성리학의 형성은 주렴계와 장횡거로부터 본격적으로 비롯되었다고 할 수 있다. 이 중에서 주렴계가 중심이 된 남방계통 성리학은 도교 우주론의 영향을 받아 무극태극론을 바탕으로 하였고, 장횡거가 중심이 된 북방계통 성리학은 기를 중심개념으로 하여 천지지성과 기질지성으로 나누는 심성론의 단초를 제공하였다. 또한 정명도와 정이천도 불교와의 깊은 관계를 가졌으며 그러한 인연을 통하여 자신들의 사상을 형성하였다고 보는 것이 일반적인 관점이다.

그래서 일찍이 일본에서는 구보타 료온久保田量遠이 『지나유불도교섭사』를 저술하여 그러한 내용에 대해 개괄적이면서도 핵심적인 내용만을 간략히 기술하였다.[375] 그 뒤에는 구스모토 분유久須本文雄가 『宋代儒學の禪思想硏究』라는 책을 저술하여, 북송오자 중에서 소옹을 제외한 네 인물과 정자의 제자들 및 주희와 육상산의 사상에 나타나는 선불교의 영향을 실체론과 심성론 및 방법론으로 나누어 구체적으로 살피고 있다.[376] 근래에는 미우라 구니오가 불교인물인 천태지의의 지관법과 도교인물인 사마승정(647-725)의 좌망론 그리고 신유학의 거경居敬이 삼교의 심신기법心身技法 즉 수양론으로서 갖는 의미의 연관성에 대해서 논구한 바가 있다.[377] 아래에서는 네 인물의 도교나 불교와의 관련성과 그들의 사상체계 속에서 나타나는 수양론(방법론)을 간단히 살펴보기로 한다. 여기서

---

375 久保田量遠, 『支那儒佛道交涉史』(東京: 大藏出版社, 1943) 이 책의 번역서는 최준식, 『中國儒佛道三敎의 만남』(민족사, 1990) 제15장 참조.
376 久須本文雄, 『宋代儒學の禪思想硏究』(名古屋: 日進堂書店, 1980)을 참조할 것.
377 미우라 구니오, 이승연 옮김, 『주자와 기 그리고 몸』(예문서원, 2003) 제2부 제1장 참조.

중요한 점은 특이하게도 성리학자들에게는 그들 자신이 스스로 불교나 도교로부터 어떤 영향을 받았다든지, 어떤 직접적인 교유가 있었다든지 하는 기록을 거의 찾아볼 수 없다는 점이다. 나아가 그들은 불교나 도교에 대해 장점을 지적하거나 호의적으로 평가하는 경우도 드물고, 오히려 비판적인 관점을 표현하고 있는 경우가 많다는 것이다.

여기서 중요한 한 가지는 유학이 성리학으로 다시 태어나는 과정에서 결정적으로 중요한 특징이 하나 첨가되었다는 사실이다. 바로 '성인자기론聖人自期說'이 그것이다. 당시 유행하던 선불교에서는 누구나 마음의 본바탕을 깨닫기만 한다면 궁극적 목적인 '부처'가 될 수 있다고 하였고, 도교에서도 제대로 수련을 쌓기만 한다면 절대경지인 '진인'에 이를 수 있다고 주장하고 있었다. 그러나 전통적인 유교에서 말하는 절대이상인 '성인'은 노력에 의해서 도달되는 경지가 아니라 요 순 우 탕 문 무 주공 공자와 같이 태어나면서부터 결정된 것이었다. 따라서 당시 사대부들에게는 불교나 도교가 더 큰 매력으로 다가설 수 있었다고 할 수 있다. 이런 실정에서 유학의 내부에서 '성인자기설'이 제기되었던 것이다. 인간은 누구나 유학의 가르침이 말하는 수양을 제대로 행하기만 한다면 '성인'이 될 수 있다는 것이 핵심이다.

주렴계(1017-1073)는 불교의 세력이 강했던 호남성에서 태어났고, 24세부터의 벼슬길은 선불교의 본거지라 하여도 과언이 아닌 강서성에서 지냈다. 렴계는 벼슬하기 전부터 승려인 수애壽涯에게서 불교를 배운 것을 시작으로, 벼슬 중에는 혜남慧南과 조심祖心, 료원了元과 상총常總 등으로부터 좌선을 배웠다는 기록이 있다. 만년에 려산驪山에 은거해서는 혜원慧園의 백련사白蓮社를 모방해 청송사靑松社를 결성하고 료원了元을 사주社主로 영입했다는 기록도 있다.[378] 이러한 사실로 미루어보면, 그는 불교와 매우 밀접한 관계를 가지고 있었음을 알 수 있고 따라서 그의 학설이 불교의 영향을 받았을 것임은 충분히 짐작할 수 있는 일이다.

한편, 그의「태극도」는 『송원학안』의 기록에 의하면 진단으로부터 전래된 것임을 확인할 수 있다. 진단은 마의도자로부터 선천역을 전수받았고, 이것이 충방种放을 거쳐 목수穆修에게로 이어져「무극도」로 변화하였으며, 다시 렴계에게 전해져서「무극태극도」로 다시 태어났다고 한다. 그리고 이런 내용은 그 뒤 렴계가 명도와 이천 형제를 1년여 동안 가르칠 때 그들에게 전수되었다고 본다. 원래「무극도」는「삼오지정도三五至精圖」와 더불어 도교 내단수련이론을 도식화 한 것으로, 후천을 선천으로 환원하는 방식을 그림으로 표현한 것이다. 렴계는 이를 뒤집어 우주만물의 생성원리를 나타내는 도식으로 변화시켰다는 것이 통설이다.[379] 그렇다면 렴계로부터 비롯된 성리학의 우주론(실체론)은 『주역』의 태극음양설과 『노자』의 '복귀무극설'이 마의도자의 '선천역'과 합하고, 다시 도교의「무극도」로부터 영향을 받아 만들어진 것이라는 설이 성립하게 된다.

렴계는 이른바 '성인자기설'을 주장한 대표적 성리학자이다. 그에게 있어 성인은 곧 성誠을 갖춘 존재였다. 이 성의 내용성은 지정至正과 명달明達의 두 측면으로 나뉜다. 지정은 '적연부동寂然不動'이며, 명달은 '감이수통感而遂通'이다. 이것은 다시 '신神'과 '기幾'의 개념으로 수렴된다. 성인은 신神을 갖춘 존재이면서 동시에 그의 일상은 기미幾微의 순간에 성誠으로부터의 일탈을 제어 받음으로써 도덕적 완전성을 보존할 수 있게 된다. 따라서 렴계가 말하고자 하는 수도론 즉 수양론은 자연스럽게 설

---

378 久保田量遠, 위의 책, 178-179쪽 참조.
379 久須本文雄, 위의 책, 62-65쪽 참조.

명될 수 있다. 성인이 되기 위해서는 잘못된 행동들을 돌이켜서 성誠의 영역으로 들어가는 것이다. 그 방법으로 제기된 것이 바로 '무욕無欲', '신동愼動', '주정主靜'이다. 무욕은 노자의 주장이며, 신동은 불교의 '무망無妄'과 다르지 않으며, 주정은 『주역』의 적연부동 감이수통과 같은 개념이라고 파악된다.

장횡거(1020-1077)는 하남성 출신으로 후에 섬서성에서 살았던 관학파의 성리학자이다. 성리학에 관한 그의 주요 저술은 『서명西銘』과 『정몽正蒙』을 꼽을 수 있다. 그는 처음 범중엄范仲淹을 통하여 『중용』 읽기를 권유받았으나 뜻을 얻지 못하고, 여러 해 동안 불교와 도교의 설을 연구했다는 사실은 여러 기록들에서 확인된다. 그가 동림사의 상총常總으로부터 성리론과 태극전을 전수받았다는 설도 있고, 홍국사에서 정명도와 종일 강론하였다는 설도 있다. 그런 연후에 다시 6경으로 돌아와서 유학 속에 모든 도가 갖추어져 있다는 사실을 알았으며, 특히 먼 친척 관계였던 명도 이천 형제와 함께 공부하는 기회를 갖고 난 후에 이단을 버리고 바른 길로 돌아왔다는 기록도 있다. 그러나 이는 그가 18세 무렵부터 37세 경에 이정二程과 도학을 강론하기까지의 20년 가까운 기간 동안 그가 불교와 도교에 심취하였음을 역설적으로 말하고 있는 것이다.[380]

그는 『정몽』 「건칭편乾稱篇」에서 불교와 도교를 '인생을 환망幻妄으로, 유위를 우췌疣贅'로 보는 것이라고 하여 비판하고 있다. 그러면서 그의 우주론은 태화太和로 설명한다. 태화에 허虛와 기氣가 있으며, 허는 기의 체이다. 만물을 이루는 것은 기이고, 기는 허에서 나오므로 결국 태허가 천지의 근본이라는 것이다. 그러나 그는 이 허의 구체적 내용성을 설명하지는 않는다. 기는 음양으로 나뉘며, 성질은 굴신屈伸과 상감相感이 무

---

380 위의 책, 250-256쪽 참조.

궁한 것이다. 즉 기는 취산聚散이 무궁하여 천지만물이 그 신화神化의 산물이라고 본다.

그의 심성론은 태허와 기에 대한 구분으로부터 시작된다. 태허의 성은 천지지성天地之性으로 청명한데, 기는 만물로 응집할 때 그 청탁편정淸濁偏正으로 인하여 기질지성氣質之性이 되어 치우침이 있다고 본다. 따라서 선악이 혼재된 습習의 기질지성을 잘 돌이키면 온전한 선인 천지지성을 회복할 수 있다는 설명이다. 물론 이러한 설명에는 논리적 모순이 존재한다. 청탁편정의 기가 응집하여 사물로 이루어진 것을 다시금 천지지성으로 회복하려 한다면 응집된 사물을 해체하여야만 가능할 것이라는 논리가 되기 때문이다. 아무튼 그의 논리는 기를 길러서 근본으로 돌이켜 치우치지 않게 하면 그것이 성을 다하는 것이요 곧 천天이라고 한다.

그의 수양론은 어떻게 기질의 성을 구체적으로 변화시켜 천지지성으로 바꾸느냐의 문제이다. 여기서 그의 유명한 명제인 '심통성정心統性情'이 나타난다. '성과 지각을 합하여 심心이라는 명칭이 있게 된다'는 말로부터, 마음은 형체 이전의 성의 세계와 형체 이후의 정의 세계 즉 지각세계를 연결하는 고리로 등장한다. 그리하여 그는 이상적 인격의 성인에 이르는 길로써 '성성成性'을 제시하고, 또 그 방법으로써 '지례知禮'를 제시하였다. 그는 지각의 현상세계에서 습에 물들어 악을 행하는 것을, 예를 알고서 이를 행함으로써 그 기질지성을 바꿀 수 있다고 보았다. 그리하여 천지지성을 이루는 '성성'의 경지로 나아가게 되며, 그렇게 되면 만물이 일체가 된다. 만물이 일체가 된다는 것은 무아無我를 말하는 것이며, 여기서 횡거는 이른바 공자의 사무설四毋說을 그 경지로 드러낸다. 그러나 이런 논리에는 불교의 계율과 무아론이라는 색채가 농후하다는 것이

횡거의 사상을 분석하는 일본학자들의 일반적 견해이다.[381]

정명도(1032-1085)는 동생 정이천과는 1년 차이로 하남성 낙양 출신이다. 그들은 아버지의 벼슬길에 따라가 15-16세 경에 주렴계에게서 수업하기도 했으며, 25-26세 경에는 장횡거와 도학을 강론하였고, 이 무렵 그의 유명한 저술인 「정성서定性書」를 장횡거에게 편지로 보내기도 하였다. 동생인 이천이 지은 명도의 「행장」에 의하면, 그는 15-16세 경에 주렴계로부터 도에 대해서 듣고서 과거공부를 폐하고 도를 구할 뜻이 있었으나, 그 요지를 얻지 못하여 거의 10년 동안 불교와 도교에 출입하다가 다시 6경으로 돌아온 연후에 요체를 얻었다고 하고 있다. 또한 『송원학안』 등에서는 명도가 다른 사람들과는 달리 '선서禪書를 보고서 선의 폐단을 깊이 알았다'든지, '어려서 10년 가까이 불교와 도교에 출입하였으나 오염되지 않고 마침내 도의 밝음을 드러냈다'는 표현으로 그를 칭송하고 있다. 역설적으로 이러한 표현은 그가 선불교에 얼마나 정통했는지를 말하는 것이라고 보아도 무방하다.

명도는 평생 불교의 서적과 『노자』 『장자』 『열자』 등의 서적을 읽었던 것에 반해, 이천은 『장자』나 『열자』와 같은 책도 읽지 않았다고 한다. 그리하여 명도는 이단의 폐해를 말한바가 많았는데, '도가 밝지 않음은 이단이 이를 해치기 때문이다. 옛날의 폐해는 가까워서 알기 쉬웠는데 지금의 폐해는 깊어서 알기 어렵다.'와 같은 류가 많다.[382] 여기서 말하는 옛날의 폐해는 도가와 양주 묵가를 지칭하는 것이고, 요즘의 폐해란 불교를 지칭하는 것이다. 그러면서도 그는 승려들이 불경을 읽을 때 단정하고 엄숙한 모습을 보고서 제자들에게 경전을 읽을 때 마땅히 이와 같

---

381 위의 두 책 모두 이러한 입장에 공통점을 보이고 있다.
382 久須本文雄, 위의 책, 142-143쪽 참조.

아야 한다고 하면서 요즘 독서하는 사람들은 먼저 자세가 태만하다고 꾸짖고 있기도 하는 등 불교의 장점을 본받을 것도 강조하고 있다.

성리학에서 명도의 업적은 이천이 말한 바와 같이 '천리天理'를 밝힌 것이다. 이것은 명도가 전현들이 밝히지 못한 것을 경전 속에서 스스로 밝혔다고 했다. 곧 '천즉리天即理'의 도식을 말하는 것이다. 명도는 저술을 많이 남기지 않았는데, 대표적 저서가 「정성서定性書」와 『식인편識仁篇』이다. 전자는 25세 경에 쓴 것으로 횡거의 '성성成性'과 비교되는 내용이다. 즉 선악을 보는 관점이 다른 것으로 논리적으로는 보다 진보된 것이라 할 수 있다. 후자는 47세에 쓴 것으로 정성 이후의 경지를 말한 것으로 바로 성인의 상태를 나타내고 있다. 명도의 우주론은 리와 기로 설명되는데, 리는 본체요 기는 현상적 차별성이다.

그의 심성설은 성과 기품이란 개념으로 설명된다. 성은 음양미분의 상태를 지칭하고 기품氣稟이란 음양이 교감하여 사물화된 것을 가리킨다. 사람의 기품에 차이가 있는 것은 정正과 편偏의 차이이다. 정은 선이고 편은 악이다. 따라서 그의 수양론은 자연스럽게 바로 이 편을 정으로 만드는 과정이 된다. 그런데 이 편을 정으로 할 수 있다는 점에서 본다면 이것은 본래적인 악이라고 할 수 없다. 다시 말하면, 그에게 있어 선과 악이란 현상적 차별성이지 절대적 구분이 될 수 없다. 모든 사람은 본래적으로 절대적인 성인의 상태를 가지고 있다고 보는 것이다.

그러므로 그의 수양론은 이 성을 어떻게 정正의 상태로 만드는가 하는 것이 관건이다. 그는 '의이방외義以方外'와 '경이직내敬以直內'를 그 방법으로 제시한다. 원래 이 두 가지는 『주역』「문언전」의 곤괘에서 나온 말이다. 내면적 수양과 외면적 수양을 함께 수행해야 한다는 것이다. 「정성서」에서 그가 주장하는 핵심이 바로 이것이다. 이와 같이 수양하면 정성할 수 있게 되는데 그 상태는 정정靜과 성성誠이 된다. 이 경지에 이르면 마침내 '식인識仁'이 가능해진다. 『식인편』은 바로 이러한 과정을 서술하고 있다. 인은 천지의 덕이요 심성의 본체이므로, 식인이 가능해지면 바로 성인이 되는 것이다. 정성은 적연부동의 상태요, 식인은 감이수통의 경지이다. 즉 정성은 체요, 식인은 용이다. 천지 사이에 큰 쓰임[대용大用]을 이룬 자가 바로 성인이다. 그의 수양론을 요약한다면, 의방직내義方直內로 정성定性의 경지에 이르고, 정성의 기능인 정靜과 성誠으로 식인識仁의 경지에 이르러 마침내 성인이 된다는 것이다.

정이천(1033-1107)은 명도와 형제지간이면서도 그 성격이 확연히 달랐던 인물로 알려져 있다. 명도가 호탕하고 대범한 군자였다면, 이천은 치밀하고 엄숙한 군자였다고 할 수 있다. 그가 불교로부터 받은 구체적인 영향은 밝혀진 바가 없다. 그는 유학 이외의 서적은 보지도 않았을 만큼 철저한 도학군자의 삶을 살았다. 이정二程이 남긴 글 속에서 이단에 대한 비판과 관련된 것을 찾아보면 명도는 그 실상을 파악하고 비판한 것임을 알 수 있는 반면에, 이천은 매우 피상적인 측면만 다루거나 정확한 이해가 없는 비판이라고 볼 수 있는 내용들이 많이 눈에 띈다. 그러나 『이정유서二程遺書』 제4장 등의 기록을 보면, 그 또한 자주 선승을 찾아서 법을 구했던 것을 알 수 있다.[383] 그는 평소 늘 좌선을 행했으며, 황룡산의 영원유청靈源惟淸과 교환한 편지글이 5통 있는데, 유청의 글에 의하면 이천의 구도심은 열렬하지만 도의 대요는 제대로 이해하지 못했다고 한다.[384]

이천의 우주론은 이기이원론이라 할 수 있다. 리가 우주의 본체이며, 기는 만물을 이루는 것이다. 그는 명도의 '천즉리'를 받아들이고, 이

---

383 久保田量遠, 위의 책, 187쪽 참조.
384 위의 책, 188쪽 참조.

를 더욱 확장하여 '성즉리性卽理'의 명제를 도출하였다. 그의 심성론은 횡거의 설을 받아들여 '천명지성'과 '기질지성'으로 나눈다. 이때 천명지성은 '성즉리'의 도식을 그대로 보존한 것이 되어 오직 선한 것이며, 기질지성은 이 성이 움직여 기로 되면서 청탁으로 나뉘게 된 것으로 선과 악이 혼재하게 된 정情이 된다. 이 정은 절도에 맞으면 선이 되고 맞지 않으면 악이 된다.

그리하여 그의 수양론은 정情을 잘 다스려 절도에 맞게 하여 천명지성과 합일되게 하는 것이 된다. 이 경지의 삶이 바로 성인이다. 문제는 정이 절도에 맞는지 아닌지를 어떻게 아느냐 하는 것이다. 그 방법으로 제시된 것이 바로 '치지致知'이다. 즉 사사물물에 내재된 리(성)에 대해 궁극적인 지知를 가져야 하는 것이다. 그래서 다시금 '경敬'의 중요성이 부각되어 그 방법으로 강조되었다. 이천은 명도의 '의방직내'를 받아들이되 이를 자기의 방식으로 다소 변형하였다. 의이방외는 불교적 좌선을 변형하여 '정좌수행법靜坐修行法'으로 수용하고, 경이직내는 정좌수행의 내면적 실체인 '경敬'으로 대체하였다. 이천이 경의 방법으로 제시한 것이 바로 '정제엄숙整齊嚴肅'과 '주일무적主一無適'이다. 이를 통해 사물의 본질인 리를 치지致知하여 일상적 삶으로 확보한 것이 바로 성인이다. 이천이 말하는 정좌는 수양법이 아니라 수행법이라는 점이 중요하다.

4. 갈등에서 회통으로

　북송초기에 이르기까지 유교와 불교는 이상적인 인간상에 이르는 완전한 방법론이 제시되지 않았다. 오히려 유교에서는 이상적 인간인 성인은 태어나는 것이지 노력에 의하여 도달되는 것이 아니라는 관점이었고, 도교에서 말하는 진인은 외단의 방법으로 구하다가 도리어 그 폐해만 심해져 중독으로 목숨을 잃는 경우가 하다하였다. 그러나 선불교에서 말하는 부처는 누구나 일심一心의 본바탕을 깨치기만 하면 도달할 수 있는 쉬운 목표로 제시되고 있었다.

　개인의 존재에 대한 자각과 국가의 학문적 자유보장 등이 결합한 시기인 북송초기에는, 삼교에 새로운 변화가 일어나 그 나름대로의 논리적 체계를 갖춘 이상적 인간에 대한 추구의 노력이 결실을 가져온 시기였다. 유교에서는 '성인자기론'이 제기되어 누구나 성인에 이를 수 있다는 길을 열었고, 도교에서는 진인에 이르는 길을 밖에서 구하지 않고 스스로의 안에서 구하는 길을 제시하였다. 그리하여 삼교는 각각 이상적 인간의 모습과 그 구체적 내용 및 그에 이르는 방법론을 따로 정립하게 되었다.

　이 글은 그러한 과정에 이르는 양상을 유불도 각각으로 나누어 서로 영향을 주고받는 내용을 중심으로 살펴보았다. 불교의 경우 연수로부터 계승으로 이어지는 과정에서 유불융회를 중심으로 전개되는 수도론의 방법이 얼마나 정치한 모습으로 그려지고 있는지를 알 수 있다. 도교의 경우 마음과 몸의 이중적 구조를 가지고 있는 인간의 한계를 극복하기 위하여 그들의 수련론에 불교의 수행론을 도입하고 있는 과정이 진단으로부터 장백단에 이르면서 대단히 치밀해지고 있음도 살펴보았다. 유교의 경우는 일상성과 초월성 및 몸과 마음의 문제를 동시에 해결해야만 하는 복합적인 문제를 가지고 있었다. 성리학의 이른바 북송사자의 학문적 탐구 과정에서 그들이 수양론을 점차로 정비해가면서 유학의 본래적 내용과 일치시키려고 하는 노력도 볼 수 있다. 이런 과정에서 우리는 유학의 본래이념인 '수기치인修己治人'이 이제 오히려 '수기치물修己致物'로 변해가는 듯한 모습을 찾을 수도 있었다.

전통적 동양철학의 궁극적 이상이 인간의 '자기완성' 내지는 '자아완성'이라고 할 때, 유불도 삼교가 각각 제시하고 있는 이상적 모델과 그에 이르기 위한 방법론(수도론)이 수양, 수행, 수련이라고 달리 부르는 것처럼 각각에는 장단점이 있다고 할 수 있다. 그리고 그 장점은 살리면서 단점을 보완하여 보다 완전한 체계를 만들어가려고 하는 끊임없는 시도가 바로 동양철학의 역사였다.

이 글은 이러한 문제에 대해 역사상 가장 치열하게 논의를 전개하였던 시기의 특징을 살폈다. 불교의 계승이나 도교의 진단은 북송사자와 같은 시대를 산 인물들이다. 그들이 상호 직접적인 영향을 주고받은 흔적은 아직 발견되지 않고 있다. 하지만 그들의 치열한 논의를 통하여 '자아상실'의 시대로 불리는 현대의 우리들이 보다 행복한 삶을 찾을 수 있는 새로운 수도론-그것이 수양이든 수행이든 수련이든 아니면 셋을 회통한 것이건 간에-을 모색해 볼 수 있는 단초를 제공받을 수도 있지 않을까!

8장

『서유기』에 나타난 유불도의 특징과 삼교회통론

1. 『서유기』 속으로

    이 연구는 『서유기』에 나타난 유교 불교 도교 각각의 특징과 또 그 셋이 함께 어울려 드러내는 삼교회통의 성격을 살펴보고자 하는 목적으로 진행되었다. 국내에서는 그동안 『서유기』에 대한 철학적 연구가 거의 전무한 실정이었다. 그러나 동양 사상의 근간을 이루었던 유불도의 종교 철학적 내용을 민중적 차원에서 가장 이해하기 쉽도록 구성된 문학작품이 『서유기』라는 사실에는 대부분의 학자들이 동의할 것이다.
    이러한 사실은 이 소설을 양명좌파의 대표적 인물인 탁오卓吾 이지李贄와 그의 제자들이 교정비평하여 하나의 텍스트로 만들었던 사실에서도 확인할 수 있다. 양명학파는 이른바 '심즉리'설을 주장하고, 특히 양명좌파에서는 성리학을 심학으로 변화시키고 더 나아가 선불교와 동등한 차원으로 이해하며 궁극적으로는 현상과 실재를 동일시하는 차원으로 인식론을 전개한다. 여기서 성리학적 수양론은 이미 '만가개성인滿街皆聖人'이라는 개념으로 확대되어 어쩌면 선불교의 깨달음마저도 넘어서는 경지로 나아간다.
    한편, 이민족 통치기인 원나라 시대에 한족들은 심한 핍박을 받을 수밖에 없었으며, 유학 내지 성리학은 거의 그 명맥이 끊어진 시대이면서 오히려 송나라 시대에 크게 유행하였던 도교가 다시 유행하고 있었다.[385] 그런 상황에서 원나라 통치자들은 불교를 원나라 고유신앙과 결합시킨 라마교를 신봉하고 있었고, 중국인들을 통치하기 위한 방편으로 주자학을 통치이념으로 정착시켰다. 명나라에 접어들어서는 주자학도 더 이상 철학적 발전이 이루어지지 않는 실정이었고, 불교도 뚜렷한 위상을 드러내지 못하는 실정이 되었다. 이 시기에 오히려 도교는 민간에서 중국인의 고유한 신앙과 결합되어 다양한 형태로 발전하였지만, 교리적으로 발전했다기보다는 교단이 발전했다.

원나라 시대 민중의 어려운 현실에서 『서유기』와 같은 장회소설이 유행하기 시작하였고, 그 속에는 현실에서의 도피와 기복신앙이라는 개념이 함께 녹아들었다. 나아가 명말청초의 시기에 다시 사회가 혼란해지는 상황에서 민중들은 또 다시 이러한 소설에 매료될 수밖에 없었다. 그 시점에 당대의 학자였던 이탁오와 같은 인물이 이 소설에 주목한 사실은 그 의미가 심장하다고 하겠다. 풍자와 해학이 중심을 이루면서도 감동과 희망 그리고 대리만족이라는 구조를 가지고 있는 이 소설은 민중들에게 하나의 구원처라고 할 수 있다.

오늘날도 마찬가지지만, 민중들에게 있어서 유불도는 뚜렷이 구분되는 각각의 종교체계가 아니다. 특히나 중국인들에게 있어서 도교와 불교는 근본적으로 민간신앙과 밀접하게 결부되어 있었다. 나아가 도교의 발달은 민간신앙의 바탕 위에서 이상세계와 이상적 인간을 열망하는 인식과 연관되어 있었고, 불교의 교리와 교단조직 및 경전의 성립에서 지대한 영향을 받았다. 민중들에게 있어 불교와 도교는 사실 둘인지 하나인지 구분하기 어려운 것이었다.

---

385 孔令宏, 『宋明道教思想研究』(北京: 宗教文化出版社, 2002)에서 자세하게 논의하고 있다.

유교가 현실적인 삶에서의 윤리와 사회적 출세를 위한 수단이었다면 불교는 저승에서의 영원한 즐거움을 누리는 세계로 이해되었고, 도교는 현실의 고통에서 구원을 찾고자 하는 열망의 다른 표현방식이었다.

『서유기』는 100회에 걸친 장편 속에서 하나하나의 이야기를 재미나게 구성하고 있기도 하지만, 전체적으로는 종교를 통한 초월과 피안으로의 탈출을 그려내고 있다. 또 그 속에서는 나약한 인간의 실제적 모습이 현장법사를 통하여 적나라하게 묘사되면서도 그의 법력과 구도에의 집념을 잘 조화시키고 있기도 하다. 나아가 불교와 도교의 세계에서 등장하는 신들과 그 신들의 보조자 등도 각각 독특하면서도 탁월한 능력을 가진 자로 묘사되면서도 한편으로는 여전히 어리석은 중생과 같은 잘못된 판단과 행동을 저지르는 모습으로 그려지고 있다. 바로 이러한 점이 이 소설의 묘미라고 할 수 있다.

이 글에서는 이러한 점들을 좀 더 구체적으로 드러내어 살피고자 하는 목적을 가지고 연구하였다. 그렇지만 이 소설이 함축하고 있는 유불도의 다양한 철학적 주제들을 한꺼번에 다루기에는 너무 벅차기에 여기서는 단지 그 서론에 해당하는 유불도 각각의 특징과 그들이 함께 어울려 드러내는 회통적 요소들을 구명하는데 초점을 맞추었다.

2. 『서유기』 속의 유불도

『서유기』는 소강절邵康節의 『황극경세론』이 말하고 있는 우주론으로 시작한다. 바로 원회운세元會運世의 변화를 반복하는 세계관이다. 129,600년이 일원一元이고, 원은 각각 10,800년씩의 12회로 나누어지며, 회는 다시 360년씩의 30운으로 나누어지며, 운은 또 30년씩의 12세로 나누어진다. 소강절의 역학이 도교의 맥을 잇고 있음은 이미 상식이거니와, 이어서 『주역』「건괘」 단사彖辭의 '대재건원大哉乾元 지재곤원至哉坤元 만물자생萬物資生 내순승천乃順承天'[386]을 언급하고 천지인 삼재三才의 성립을 설명하고 있다. 이어 세상의 역사를 반고盤古로부터 삼황三皇과 오제五帝를 거쳐 동승신주東勝神洲 서우하주西牛賀洲 남섬부주南贍部洲 북로구주北蘆俱洲의 우주론으로 형성되었음을 말하고, 그 중에서 동승신주의 오래국傲來國 화과산花果山에서 손오공 탄생의 이야기를 시작한다. 동쪽이 바로 오행에서 생명의 시작을 상징하고 있기 때문이다. 그 산 꼭대기

---

[386] 오승은 지음, 서울대학교 서유기 번역 연구회 옮김, 『서유기』 전10권(솔, 2004), 31쪽. 이하에서 인용하는 이 책은 『서유기』로만 표기하고 해당 페이지만 기록한다. 개념의 원문 대조가 필요한 경우에는 吳承恩, 『圖文本 西遊記』(전3권, 중국: 上海古籍出版社, 2004) 및 吳承恩 著, 李卓吾 批評, 『李卓吾批評本 西遊記』 上下(中國: 岳麓書社, 2005)를 비교하여 검토해서 인용하도록 한다.

의 돌이 '높이는 세 장 여섯 자 다섯 치이고 둘레는 두 장 넉자'라고 하여 1년 365일과 24절기를 상징하였다. 그 돌 위의 '아홉 개의 작은 구멍과 여덟 개의 큰 구멍'으로 구궁팔괘九宮八卦를 배치시켜 후천역後天易 즉 '낙서洛書'의 시대임을 나타내고 있다.[387]

이어서 천상계의 절대자인 옥황대천존玉皇大天尊이자 현궁고상제玄穹高上帝와의 인연을 잠시 언급하고는 원숭이 세상이 왕이 되어 즐겁게 살다가 '삶의 무상함'에 대해서 느낀 손오공의 회의를 풀기 위한 방안이 논의된다.

> "대왕께서 이처럼 먼 앞날을 염려하신다면, 진정 '도를 향한 마음'이라는 것이 피어나기 시작한 것입니다. 지금 모든 동물들 가운데 오직 세 종류만은 염라대왕 늙은이의 통제를 받지 않습니다." "너는 그 세 종류를 아느냐?" "그것은 바로 부처와 신선, 그리고 신성입니다. 이들 셋은 윤회에서 벗어나 나지도 사라지지도 않으면서 하늘과 땅 그리고 산천과 수명을 같이 합니다." "그 셋은 어디에 살고 있느냐?" "그들은 오직 염부세계閻浮世界, 즉 인류가 사는 남섬부주에 있는 오래된 동굴과 신령한 산에만 살고 있습니다."[388]

이리하여 남섬부주로 불로장생의 도를 구하기 위해 떠난 손오공은 팔구 년 남짓한 세월이 흐르도록 '모두 명예와 이익만 추구할 뿐, 인생과 생명에 대해 생각하는 사람은 하나도 없는'[389] 그곳을 떠나게 된다. 그

---

387 『서유기』 1, 1회, 34쪽.
388 『서유기』 1, 1회, 46쪽.
389 『서유기』 1, 1회, 50-51쪽.

리고는 서우하주로 건너가 영대방촌산靈臺方寸山의 사월삼성동斜月三星洞의 수보리조사須菩提祖師를 찾아가게 된다. 즉 사방 한 치 되는 마음산의 마음마을에 있는 부처의 십대제자 중에서 으뜸인 수보리조사를 찾아갔다는 것이다.[390] '대각금선의 티끌 없는 자태를 닮고, 서방의 묘상을 가진 보리조사'[391]인 수보리조사를 만나 비로소 손오공孫悟空이라는 법명을 얻고 제자가 되어 육칠 년의 세월이 지난 후 깨달음을 얻은 설법을 듣게 되니 그 요점은 '도道를 얘기했다가 선禪을 얘기하며 삼가三家가 배합되니 그 근본은 같도다.'[392]라는 말로 표현된다.

그리고는 조사로부터 '도가의 삼백육십 가지의 방문' 중에서 점치는 술문術門, 경전을 보면서 성인을 따르는 유가 석가 도가 음양가 묵가 의가 등의 유문流門, 참선과 수행의 정문靜門, 단약을 쓰는 동문動門 등을 이야기 듣고서 이를 모두 거절하고, 마침내 비밀리에 스승으로부터 '장생불사의 도'를 전수받게 된다. 그 도란 '지인을 만나 비결을 전하는 게 아니라면 괜히 입 아프고 혀에 침만 마를 뿐이지'[393]로 표현하여 내단도교의 '비기인부전非其人不傳'의 전승법을 따르고, '생명을 아끼고 수련하는 데 다른 비법은 없도다. 모든 것이 결국은 정과 기와 신이니'[394]라고 하여 '선명후성先命後性'의 수련과정을 밝혔으며, '공이 완성되면 부처도 신선도

---

390 '영대'는 마음을 뜻하는 말이고 방촌은 그 크기가 사방 한 치라는 것이며, '사월'은 초승달을 의미하고 '삼성'은 점 세 개를 나타내니 곧 마음 心이라는 글자를 상징한다. '수보리조사'는 부처의 십대제자 중에서 으뜸가는 인물로『반야심경』에도 등장하는 '中道'의 깨달음에 뛰어났다.
391 『서유기』 1, 1회, 61쪽, '大覺金仙沒垢姿 西方妙相祖菩提'의 번역이다. 여기서의 대각금선이 바로 부처이다. 도교를 깊이 숭배한 북송의 황제 휘종이 부처에게 도교식의 명호로 준 명호이다.
392 『서유기』 1, 2회, 69쪽.
393 『서유기』 1, 2회, 74쪽.
394 『서유기』 1, 2회, 75쪽.

될 수 있도다.'³⁹⁵라고 하여 궁극적으로는 삼교회통의 경지에 이를 수 있음을 분명히 하고 있다.

그로부터 3년 동안 열심히 수련하여 일흔두 가지의 지살수地煞數를 익히고 돌아와 '미후왕彌猴王'이 되고 사해의 용왕인 동해의 오광敖廣, 남해의 오흠敖欽, 서해의 오윤敖閏, 북해의 오순敖順으로부터 각각 여의금고봉如意金箍棒 자금관紫金冠 황금갑옷 보운리步雲履 등을 강탈하다시피 하여 무장을 갖춤으로써 옥황상제와의 갈등을 예고한다. 나아가 꿈속에서 저승의 유명계幽冥界에 끌려가 십대명왕十大明王을 협박하여 생사부에 적힌 자신의 수명이 적힌 이름을 삭제해 버렸다. 이로써 천상계와의 갈등은 피할 수 없게 되었고, 그 갈등의 끝에서 새로운 구원을 위한 구도의 길을 떠나게 된다.

『서유기』 속의 유교

『서유기』에 나타나는 유교의 특징은 불교나 도교에 비해서 격이 떨어지는 느낌이 현저하다. 이 유교적 특성을 지닌 세상이 바로 남섬부주이다. 8회에서 석가여래가 칠월 보름을 맞이하여 우란분회를 개최하고서 대중을 보며 다음과 같이 강설하였다.

> 내가 사대부주를 보니 중생의 선악이 각 지방마다 다르구나. 동승신주는 하늘과 땅을 공경하고 사람들의 마음이 시원하며 기질도 안정되어 있다. 북구노주는 살생을 좋아하나 입에 풀칠하기 위해서이고, 성

---

395 『서유기』 1, 2회, 76쪽.

정이 우둔하고 거칠지만 아주 난폭하지는 않다. 우리 서우하주는 욕심 부리지 않고 살생하지 않으며, 기를 단련하고 영혼을 닦아, 최고의 신선[상진上眞]은 없어도 사람마다 천수를 다할 수 있다. 그러나 남섬부주는 음란함을 탐하고 재앙을 즐기고 살인과 싸움이 많아 이른바 험악한 말이 오가는 싸움터[구설흉장口舌凶場]이고 잘잘못을 따지며 싸우는 험난한 바다[시비악해是非惡海]이다. 지금 나에게는 삼장진경三藏眞經이 있으니 그런 사람들을 선하게 이끌 수 있을 것이다.[396]

석가는 음란과 재앙 나아가 살인과 싸움이 난무하는 인간이 사는 남섬부주의 중생을 구하기 위해 불경으로 가르침을 전하고자 『서유기』 이야기를 안배하고 있다. 그리고 그 일을 맡을 적임자로 관음보살이 자원하게 된다.

고난 끝에 드디어 서천에 도착한 삼장 일행이 석가여래를 뵙고 경전을 내려줄 것을 청하자, 석가여래는 또 다시 다음과 같이 말한다.

그대가 온 동녘 땅은 바로 남섬부주이니라. 하늘이 높고 땅이 두꺼워 물산도 많고 사람도 빽빽하지만 탐욕과 살생, 음란함과 거짓, 사기와 속임수가 많도다. 불교의 가르침을 따르지 않고 … 충성스럽지도 효성스럽지도 않고, 의롭지도 어질지도 않으며, 자기 마음을 속이고, 크고 작은 싸움이 끊이지 않고, 살생을 저질러 한없는 죄업을 짓고 있나니 … 영원히 아비지옥에 떨어져 벗어나지 못하는 것은 모두 이런 까닭이니라. 비록 그곳에 공자가 있어 인의예지의 가르침을 세웠고, 제왕들이 대를 이으며 노역과 유배, 교수형과 참수형 등의 형벌로 다스

---

[396] 『서유기』 1, 8회, 237-238쪽.

린다 하나, 우매하여 도를 깨닫지 못하고 거리낌 없이 방종한 무리들을 어찌하랴?[397]

남섬부주에 사는 인간들의 어리석음과 탐욕으로 인한 죄악의 삶을 다시 한 번 설하고 난 후에 '비록 그곳에 공자가 있어 인의예지의 가르침을 세웠고, 제왕들이 대를 이으며 노역과 유배, 교수형과 참수형 등의 형벌로 다스린다 하나, 우매하여 도를 깨닫지 못하고 거리낌 없이 방종한 무리들을 어찌하랴?'라고 하였다. 말은 사람들이 '우매하여 도를 깨닫지 못'한다고 하였지만, 사실 공자가 세운 인의예지의 유학에 의하여 제왕들이 세상을 다스리는 방법이 노역과 유배 및 교수형과 참수형 등의 형벌로 다스리는 제도 자체에 문제가 있다는 설정이 아닌가!

사실 『서유기』가 유행하던 때가 원나라 지배 당시부터 원명교체기였음을 고려한다면, 이 시기는 이민족의 지배 하에서 주자성리학이 통치의 이념으로 자리 잡아가는 때로서, 사회적 모순과 갈등이 팽배하였다. 또한 이때는 내단도교가 쇠퇴하고 설법雷法에 의지하는 방술方術도교가 민중들에게 전파되는 시기이기도 했다. 성리학의 통치이념은 민중들에게는 너무나도 소원하면서도 족쇄로 작용하는 사상이었다. 성리학적 윤리체계로 편안한 삶을 살 수 있었던 사람들은 누구였으며, 얼마나 되었을까! 『서유기』 속에서도 여러 곳에서 언급되고 있지만, 철저한 신분질서 속에서 강요되는 예교나 여자의 수절 등은 사대부들에게만 특혜가 주어지는 제도라고 할 수 있다. 이탁오와 그의 제자들이 이와 같은 민중소설들에 깊은 관심을 가진 이유가 여기에 있다 하겠다.

『서유기』의 곳곳에서는 유학 특히 성리학에 대한 비하적인 내용들이

---

[397] 『서유기』 10, 98회, 217-218쪽.

쉽게 발견된다. 현장의 출신 배경을 밝히는 '부록회'의 이야기 구조가 이미 세속에서 추구하는 유학적 출세의 길이 석가여래가 말한 남섬부주에 사는 인간들의 군상을 적나라하게 보여주고 있다. 현장의 부친인 진악의 장원급제와 혼인 그리고 거짓과 음란 살인으로 이어지는 이야기의 전개, 나아가 인간의 힘이 아닌 여러 신령들의 도움으로 진행되는 복수, 진악의 다시 되찾은 부귀영화와 그 부귀영화를 함께 누리지 못하고 자결해야만 했던 부인 은온교에서 보이는 유교적 삶의 모습이 얼마나 힘없고 부조리한가를 여실히 드러내고 있다.

뿐만 아니라, 『서유기』에서는 이야기의 배경을 '위대한 당 태종'이 다스리던 이른바 '정관지치貞觀之治'로 설정하고 있다. 중국 역사상 요순시대 이래로 가장 훌륭한 정치시기가 배경이지만 이야기 속에서는 온갖 부조리와 모순이 드러나고 있다는 사실도 매우 중요한 요소이다. 이야기의 주인공인 현장은 당 태종이 개최한 수륙대회에서 가장 뛰어난 승려로 추대되었는데, 그 내력을 보니 '출신도 좋고, 덕행 또한 높은 경지에 이르렀으며, 수많은 경전에 두루 통달하여 불호佛號건 선음仙音이건 못하는 것이 없'는 인물이다. 말하자면 유불도에 모두 탁월하였다는 것이다. 그렇지만 여행 중에 그가 보여주는 모습에서는 조그마한 난관에서도 겁에 질려 안절부절 하며, 요괴에게 잡힐 때마다 비굴하게 목숨에 연연하고, 사리판단이 제대로 되지 않는 경우가 비일비재하며, 편협한 성품과 자신의 유식함을 뽐내는 행동이 수시로 드러나는 나약한 존재이다. 다만, 이러한 그의 나약성은 경전을 얻겠다는 굳은 의지와 어떠한 유혹에도 흔들리지 않고 철저하게 계율을 지키는 도덕성으로 인해 사람들에게 궁극의 목적을 향한 신념을 잃지 않게 한다.

이야기의 전개에서 자주 등장하는 토지신은 참으로 하찮은 존재감을 갖는다. 일행이 요괴를 만나 어려움에 봉착할 때마다 손오공에게 불려와 혼이 난다. 하지만 그들에게는 그 지역에 무단으로 침범하여 세력을 구축한 요괴에게 대항할 아무런 힘이 없다. 그저 모른 척 지켜보거나 방조하다가 손오공에게 불려 와서야 비로소 실상을 보고하고 도움을 요청하는 신세로 나타난다. 그들은 바로 조정에서 지방에 파견한 지방관을 상징하고 있다. 유학을 공부하여 과거에 급제하고서 한 고을의 수령으로 부임하였지만 토호세력이나 외부로부터 무단 침입한 세력에 무력할 뿐 아니라, 오히려 그들에게 부림을 당하는 일까지도 흔히 보인다. 유학의 무력함을 비꼬고 있는 것이다.

나아가 일행이 서역을 여행하면서 여러 나라를 거치게 되는데, 그 나라들에서 만난 조정의 문무대신들은 한결같이 무능함의 상징으로 묘사되고 있다. 왕이나 왕비 또는 공주가 요괴에게 납치되거나 고난을 겪고 있는 상황에서도 아무런 대응조차 할 수 없는 존재이다. 당시 민중들의 눈에 비친 유교적 관리들의 모습이다. 그들의 힘은 오직 민중들에게만 강하게 작동했던 것이다.

이런 인식은 『서유기』에 등장하는 요괴들의 모습에도 그대로 반영되고 있다. 흑풍산에서 만난 요괴 이야기 편에는 다음과 같은 내용이 묘사되어 있다.

> 손오공이 살금살금 발걸음을 죽여 그 벼랑 아래에 숨어 몰래 훔쳐보니, 웬걸, 요마 셋이 땅바닥에 앉아 있는 것이었어요. 맨 윗자리에 앉은 것은 시커멓게 생긴 놈이었고 왼쪽은 도사, 오른쪽은 흰 옷 입은 선비였어요. … 부글부글 끓는 화를 참지 못해.벼랑에서 뛰쳐나가 두 손으로 여의봉을 높이 쳐들고 외쳤어요. "이 날도둑놈들! 내 가사를 훔쳐가지고 뭐 어쩌고 어째? 불의회? 잔말 말고 얼른 가사를 내와!" 그리고 또 한 번 "게 섯거라!" 버럭 고함을 지르며 여의봉을 돌려 머

리를 향해 내려치니, 당황한 시커먼 놈은 높은 바람으로 변해 도망치고, 도인은 구름을 몰아 달아나고, 흰 옷 입은 선비만이 단방에 맞아 죽었어요.[398]

요괴가 셋 모여 있는데 가운데 상석에 시커멓게 생긴 놈이 있고, 두 번째 자리인 왼쪽에 도인이, 세 번째 말석에 선비가 있다고 하였다. 손오공이 여의봉을 내리치자 가장 도력이 약한 선비만이 한 방에 맞아 죽었다고 하였다. 유학을 바라보는 『서유기』 즉 당대 민중의 인식과 이를 개혁하고자 했던 이탁오 등의 관점이 함께 들어있다고 보는 것이 타당할 것이다.

『서유기』 속의 불교

손오공이 천궁을 어지럽혀 제어할 수 없게 되자 옥황상제는 석가여래에게 '부탁'하여 손오공을 항복시키도록 한다. 이야기의 기본 구조에서 옥황상제는 하늘의 중앙에 자리하여 우주의 최고지배자로 나타나며, 석가여래는 서천에 거주하여 옥황상제에 비해 위계가 낮은 것으로 묘사된다. 그러나 옥황상제도 어찌지 못하는 손오공을 석가여래의 도력으로 제어한다는 내용을 보면 불교의 힘이 도교보다 강한 것임을 말하고 있다.[399] 그리고 석가여래가 손오공에게 옥황상제에 대해 하는 말 중에는 '그는 어려서부터 도를 닦아 천오백오십 겁의 고행을 쌓았고' '무극의 대

---

398 『서유기』 2, 17회, 183-184쪽.
399 『서유기』 1, 7회.

도를 누린다'고 하고 있음으로 보아 석가의 연륜이 더 높다는 점을 암시하고 있기도 하다. 그러면서도 손오공을 제압한 이후 안천대회安天大會를 열면서 감사인사를 하는 옥황상제에게 석가는 "저야 대천존大天尊 옥황상제님의 부르심을 받아 온 것일 뿐"이라고 하여 자신을 낮추고 있기도 하다.

저팔계를 제자로 거두어들이는 이야기에서도 손오공이 저팔계에게 "손 어르신이 나쁜 짓을 그만두고 착하게 살기로 마음을 고쳐먹고, 도교를 버리고 불문에 귀의해서, 동녘 땅 당나라 황제의 동생인 삼장법사라 부르는 분을 보호하면서 서역으로 가 부처님을 찾아뵙고 불경을 구하려던 길"이라고 말하고 있는 데서도 도교와 불교의 진리관을 살필 수 있다. 재미있는 것은 이 이야기의 끝부분에서 삼장이 오소선사로부터 요괴로부터 해를 입지 않는 불경을 전수받는데, 그것이 바로 「마하반야바라밀다심경」이라고 하면서 270자의 원문을 수록하고 있다. 이 경은 몇몇 사람에 의해 한역漢譯되었지만 오늘날까지 가장 잘된 번역으로 삼장의 번역을 꼽고 있으므로, 이 당시에 이미 삼장과 「반야심경」의 관계가 널리 알려져 있었음을 알 수 있다. 「반야심경」의 깨달음에 대해서는 93회의 이야기에서 다시 나타나는데, 바로 손오공이 그 깊은 이치를 환히 알고 있다고 말하고, 이에 대해 빈정대는 저팔계와 사오정에게 삼장법사가 '말로는 설명할 수 없는 진정한 깨달음'을 얻었다고 인정하고 있다.

한편, 불교도 절대적 힘의 소유자가 아니라는 의미도 이야기의 곳곳에 안배되어 있다. 거지국車遲國을 지날 때 승려들이 중노동에 시달리는 것으로부터 구해주는 장면에서는 도사와 승려가 기우제를 지내면서 '승려는 부처에게 절을 올리고, 도사들은 별을 보며 기원'하였으나 승려들은 효험이 없고 도사들은 비를 내리게 하였다는 내용이 그런 것이다.[400] 나아가 석가여래조차도 어떤 경우에는 단순한 인간적 면모를 보이기도 하는데, 전갈요괴와의 싸움 이야기에서 관음보살이 그 전갈을 묘사하면서 전갈이 석가의 왼쪽 엄지손가락을 찔러서 "석가여래께서도 아픔을 참을 수가 없어 즉시 금강역사를 시켜 그를 붙잡게 했던" 일도 있었다는 것이 그것이다.

『서유기』에서 말하고자 하는 불교의 진리는 「반야심경」의 중관론中觀論이라고 할 수 있다. 진짜와 가짜 손오공이 서로 싸우는 이야기에서 그 둘의 싸움을 '두 마음의 싸움'이라는 가르침으로 미혹된 마음을 제거하는 석가의 설법형식을 빌어 그 관점을 설파한다.[401] 이 싸움의 와중에서 석가는 다음과 같은 설법을 행하고 있다.

> 유有 아닌 가운데 유有이고, 무無 아닌 가운데 무無로다.
> 색色 아닌 가운데 색色이고, 공空 아닌 가운데 공空이요.
> 유有 아님이 유有가 되고, 무無 아님이 무無가 된다.
> 색色 아님이 색色이 되고, 공空 아님이 공空이 된다.
> 공空이 바로 공空이고, 색色이 바로 색色이다.
> 색色은 정해진 색色이 없고, 색色이 바로 공空이라.
> 공空은 정해진 공空이 없고, 공空이 바로 색色이라.
> 공空이 공空 아님을 알고, 색色이 색色 아님을 알아,
> 개념을 환히 살피면, 비로소 묘음妙音을 만나리.
> 不有中有 不無中無 不色中色 不空中空 非有爲有 非無爲無

---

400 『서유기』 5, 44회.
401 『서유기』 6, 58회.

非色爲色 非空爲空 空卽是空 色卽是色 色無定色 色卽是空

空無定空 空卽是色 知空不空 知色不色 名爲照了 始達妙音[402]

불교 깨달음의 경지에 대한 『서유기』의 관점은 이와 같은 것으로 최상의 진리로 확보하고 있다고 할 수 있다.

그러나 불교를 바라보는 『서유기』의 관점은 일행이 14년간 5,040일에 걸쳐 여든 가지의 고난을 겪고 서천에 이르러 드디어 35부 5,048권의 경전을 얻었으나 관음보살의 계산에 의해 부족한 한 가지의 고난과 8일을 더 채워야만 하는 일에서도 드러난다.[403] 귀로에 관음보살의 지시에 의해 다시 통천하에 빠지는 고난을 당하고 경전과 여러 물건들을 바위에 널어 말리는 과정에서, 전에 만났던 진징陳澄의 간청에 응하여 그의 집으로 가기 위해 경전을 챙기다가 다음과 같은 일이 일어나게 된다.

> 뜻밖에도 『불본행경佛本行經』 몇 권이 바위에 들러붙어 버린지라, 결국 경전 끝부분이 찢겨 나가버렸어요. 그래서 지금까지 그 경전은 온전하지 않은 것이며, 경전을 말리던 바위 위에는 아직 글자의 흔적이 남아 있지요. 삼장법사가 후회하며 말했어요. "내가 태만해서 조심히 돌보지 않은 탓이구나!" 손오공이 웃으며 말했어요. "그게 아닙니다. 그게 아니예요. 하늘과 땅이 온전하지 않은데, 이 경전은 원래 온전했기 때문에 이제 바위에 붙어 찢긴 것입니다. 바로 불완전한 것에 대응하는 오묘한 뜻이 깃든 일이니, 어찌 사람의 힘으로 관여할 수 있겠습니까?"

---

[402] 이 부분의 번역은 의미 전달을 위하여 필자가 번역본 『서유기』와 다소 다르게 한 것임을 밝혀둔다.
[403] 『서유기』 10, 98회.

인간의 세상은 온전하지 않다. 그러나 진리 즉 깨달음의 세계는 온전하다. 온전하지 않은 세계에 대응하는 진리의 세계는 온전할 수가 없는 것이다. 불법의 가르침이 아무리 훌륭하다고 하여도 인간세상을 온전히 구제하기는 어려운 것임을 암시하고 있다고 하겠다. 『서유기』는 불교의 진리성을 인정하지만 인간세상에서의 절대적 가치는 전부 인정하지 않고 있다고 할 수 있다.

『서유기』 속의 도교

『서유기』에서는 부처와 보살이 살고 있는 세계에 대한 화려한 묘사도 많이 나오지만, 옥황상제가 거처하는 천궁을 비롯하여 중국인들의 의식 속에 살아 숨 쉬는 천상의 세계와 지상의 다양한 도교적 세계 및 바다와 물 속 용궁세계에 대한 자세한 묘사는 그야말로 일대 장관이라고 할 수 있다. 뿐만 아니라, 도교와 관련한 역사적 실존인물과 상상 속의 신선 그리고 내단과 외단의 온갖 연단법에 관한 이야기 등 실로 이야기 전체의 절반 이상이 도교의 색채로 꾸며졌다고 하여도 과언이 아니다.

수보리조사에게서 도를 배운 과정에 대해 '그 분이 말하기를, 몸속에 단약 있으니, 밖에서 구하는 건 말짱 헛수고라더라'[404]라고 하여, 내단법의 도술을 배운 손오공은 천궁에서 제천대성의 직함을 받고 놀면서 '도교 최고의 신인 삼청을 만나도 영감[노兄]이라 부르고, 네 천제[사제四帝]를 만나도 폐하라고 불렀'고 나머지 신들은 '그저 형님 동생으로만 대

---

[404] 『서유기』 2, 17회, 188쪽. 흑풍산 요괴에게 자신의 내력을 설명하는 부분에서 자신이 배운 도를 이렇게 묘사하고 있다.

하여 서로 호칭을 불렀'다.[405] 손오공이 나중에 석가여래나 관음보살에 대해 존경의 말투를 사용하는 것에 비하면 도교 신들에게는 상당히 무례하게 대한다는 사실을 알 수 있다. 손오공은 도조道祖인 태상노군 즉 노자를 대하는 태도도 그저 친구 대하듯이 하고 있다. 도교의 역사에서 중요한 위치를 차지하고 있는 실존인물들도 많이 등장하는데, 그들은 모두 손오공이 손자 대하듯이 하고 있다. 통명전通明殿에 있는 장릉張陵, 갈현葛玄, 허손許遜, 구처기丘處機 등은 손오공이 천궁으로 갈 때마다 영접하는 역할을 하고, 도명道名이 만청曼倩인 동방삭東方朔은 손오공이 '어린 도둑'이라고 놀리며, 내단도교의 정립자인 장백단도 금성왕후를 보호하는 역할로 등장하지만 손오공은 어린 손자 대하듯 하고 있다.[406]

　　재미있는 것은 손오공이 현성이랑신에게 잡히는 대목에서 태상노군이 금강탁金鋼琢을 사용하면서 관음보살에게 "옛날에 제가 함곡관을 지나 북방 오랑캐들을 교화하고 부처가 되었을 때 운운" 하는 구절이 있는데, 이것은 이른바『노자화호경』의 이야기를 답습하고 있는 것이다.

　　관음보살은 도교에서의 태상노군과 유사한 위치에 있는 존재로 묘사된다. 그런 관음보살은 일찍이 태상노군과 승부를 겨룬 적도 있으며,[407] 인삼과의 주인인 진원대선에 대해서는 '땅에 있는 신선들의 비조인지라, 나도 어느 정도는 양보하는 처지'[408]라고 하여 도교의 술법을 상당 부분 인정하는 면모도 보인다. 소설에서는 중국인의 의식 속에 있는 천궁의 세계와 이상세계를 대체로 도교적 민간설화에 바탕한 온갖 이야기들에서 끌어와 상세하게 그려내고 있다. 도교적 세계에 대한 세부적인 내용

....

405 『서유기』 1, 5회.
406 『서유기』 8, 71회.
407 『서유기』 3, 26회. 187쪽.
408 『서유기』 3, 26회. 186쪽.

들은 연단술과 신선의 위상과 계보 그리고 음양오행론 등 다양한 분야에 걸쳐 별도의 논구가 필요하다.

3. 유불도의 이질성 또는 삼교회통

중국에서는 역사적으로 일찍이 도가 묵가 유가의 사상이 춘추시대에 발흥하여[409] 하나의 유파를 이루었고, 전국시대는 백가가 쟁명하는 상황이 되었다. 한나라에 이르러 유가가 독존유술의 시대를 열면서 통치이념으로 자리매김하게 되고, 비슷한 시기에 불교가 인도로부터 전래하였으며, 도가의 사상을 계승한 도교의 유파가 자생적으로 발생하여 이른바 삼교정립三敎鼎立의 시대를 맞이하게 되었다.

이후 유가의 불교비판 내지는 친불교적 색채도 드러나게 되고, 도교는 불교에서 차용하여 경전을 제작하고 교단을 정비하면서 한편으로는 치열한 생존경쟁을 벌이게 되었다. 도교의 불교에 대한 시기심은 5호16국 시대부터 당나라와 후주後周시대에 걸쳐 이른바 '3무1종의 법난'을 야기하면서 갈등을 극대화 한다. 그 결과로 종파불교로 시작한 중국불교는 선종과 정토종으로만 맥을 잇게 되고, 남송으로부터 원나라 지배시기에는 도교도 내단이 거의 사라지고 뇌법雷法을 중시하는 교단도교로 변

---

[409] 물론 이 시기에 앞서 중국에 철학이 없었다는 말은 아니다. 『관자』와 같은 경우도 있거니와 지금까지 글로 남은 자료를 확인할 수 없었기에 정확한 실체를 알기가 어려운 철학사상이 있었던 것도 사실이다. 이른바 『황제내경』 등의 사상이 대표적인 경우라고 하겠다.

화한다.

『서유기』 이야기는 원나라 때에 그 골격이 만들어지고 명나라의 오승은이 완성한 것으로 본다. 사실 이 시기에 오면 도불의 갈등이 오히려 많이 나타나지 않는다. 융합의 시대가 된 것이다. 또한 근본적으로 이 이야기가 지식인들을 위한 것이 아니라 하층서민들을 위한 흥미위주의 이야기이므로, 고대에서나 당시에서나 하층민들에게 있어 삼교의 갈등은 별 의미가 없었던 것이다.

유불도의 이질성

『서유기』에 나타나는 도불의 갈등은 실제로 역사적 사실에 근거를 둔 이야기에서 분명하게 드러난다. 당태종이 저승에 갔다가 돌아온 후 수륙대회를 개최하면서 태사승(령) 부혁傅奕(554-639)에게 고승을 선발하여 불사를 하게 하자, 이에 대한 반대 상소를 올린 내용에서 그 핵심 맥락을 찾을 수 있다. 부혁은 실제로는 당 고조 때에 11조의 항목을 들어 불법의 폐지를 주장한 인물이지만,[410] 소설에서는 당태종 때의 일로 묘사하고 있음이 사실과 다른 점이다. 그 내용의 요점은 다음과 같다.

> 서역의 법에는 군주와 신하, 아비와 아들 사이의 관계에 대한 고려도 없고, 삼도三塗니 육도六道니 하는 것으로 어리석은 자들을 속여 꾀면서, 지난 허물을 찾아내고 장래의 복을 기대합니다. … 그러나 오제와

---

410 부혁은 북주의 무종 때 일어난 폐불사건에도 관여한 인물이며, 뒤에 항우의 첩 무덤에서 얻은 책을 정리하여 『노자고본편』을 정리하기도 하였다.

삼황 이래로 부처의 법이라는 것은 없었으며, 그저 군주가 현명하고 신하가 충성스러우면 왕조의 수명이 오래도록 유지되었습니다. 한나라 명제 때부터 오랑캐 신을 세워 모시기 시작했으나, 오직 서역의 승려들만이 스스로 그 교의를 전파했습니다. 그것은 사실 오랑캐가 중국을 범한 것이니, 믿을 만한 것이 못됩니다.[411]

요점은 불교란 인륜을 저버리며, 잘못된 교리로 백성을 현혹시키고, 중국에는 없는 가르침이었으며 서역의 승려들에 의해서 전파된 것이니 믿을 수 없다는 것이다. 이에 대해 재상 소우는 '부처의 법은 여러 왕조에서 선을 행하고 악을 물리쳐 국가를 도왔으니 폐기할 이유가 없고, 성인인 부처를 비방하는 자는 엄벌에 처해야 한다'고 건의하고, 이에 대해 부혁은 다시 '부처는 어버이를 등지고 출가하고, 필부로서 천자에게 대항하며, 소우가 아비를 무시하는 종교를 따른다'고 반격한다. 이에 소우는 "지옥이 만들어진 것은 바로 이런 사람 때문일 것"이라고 받아친다. 실제로 부혁은 도사로서 극렬하게 불교를 비판하였지만, 당 고조는 그의 의견을 받아들이지 않은 것으로 알려져 있다.

한편, 삼장이 목선암에서 시를 읊조리는 이야기에서는 삼장과 네 선인 사이에 불교와 도교의 우월성에 대한 이야기가 먼저 나온다. 삼장에게 선법禪法의 가르침을 청하는 그들에게 삼장은 '사람으로 태어나기 어려움, 중국에서 태어나기 어려움, 올바른 불법 만나기의 어려움' 등 세 가지의 행운을 만나는 것이 중요함을 먼저 말한다. 그리고 불법의 뛰어남을 다음과 같이 설한다.

---

411 『서유기』, 2, 11회, 28쪽.

지극한 덕과 오묘한 도는 아득히 막막하고 희이希夷한 것이니, 육근과 육식을 제거해야 얻을 수 있는 것입니다. 보리菩提라는 것은 윤회전생도 없고 남거나 모자람도 없는지라, 공과 색을 모두 포괄하고 … 원시천존을 찾아가 수련의 참된 방법을 묻고, 석가모니에게서 깨달음의 수단을 깨우치십시오. 망상罔象의 능력을 발휘하고 열반의 경지를 열심히 찾아다니십시오. … 불법의 세계를 마음껏 노닐며 독존의 불성을 드러내십시오. 깊고 미묘한 경지에 이르러 그것을 더욱 굳건히 지키고만 있으면 '도로 들어가는 오묘한 관문[현관玄關]'을 뉘라서 건널 수 있겠습니까? 저는 본래 대각선大覺禪을 충실히 수행하고 있사온데, 인연이 있고 뜻이 있어야 깨달을 수 있겠지요.

여기서 말하는 '희이'와 '망상'은 원래 『노자』와 『장자』에서 나오는 것으로 '미묘함'과 '무심無心'을 뜻하는 말이다. 그리고 원시천존인 노자에게서 먼저 수련의 참된 방법을 물은 뒤에 석가에게 깨달음의 수단을 깨우치라고 하고 있다. 삼장은 도교의 현관玄關을 뚫은 다음에 대각선大覺禪에 이를 수 있다고 하고 있는 것이다.

이에 대해 도교의 관점에서 불운수拂雲叟가 다음과 같은 논리로 반박한다.

큰 깨달음을 얻은 신선이 되려면 삶도 죽음도 없는 무생지도無生之道에 이르러야 합니다. … 저희들은 날 때부터 견실해서 본체와 작용이 그대와 다릅니다. 하늘과 땅에 감응해서 태어났고, 비와 이슬을 맞아 색이 윤택해졌습니다. … 그 말씀대로라면 구속이 없는 충담허정沖澹虛靜을 추구하지 말고 범어梵語를 지켜야 한다는 것인 듯합니다. 하지만 도라는 것은 본디 중국에 있는 것인데 오히려 서방에서 구하시려

하는군요. … 근본을 잊고 참선하며 망령되게 불교의 正果를 구하는 것은 모두 이곳 형극령荊棘嶺에 뒤얽힌 칡넝쿨과 등나무처럼, 담쟁이나 오이 넝쿨처럼 어지럽게 뒤얽힌 것입니다. … 신령한 산꼭대기에서 발길이 묶여 있었으니, 우리의 훌륭한 모임으로 돌아와 용화龍華에 들어가십시오.⁴¹²

인간의 삶은 천지에 감응하여 난 것이며, 충담허정을 추구하면서 인도의 가르침을 따르지 말고 중국의 도를 지켜야 한다는 논리이다.

또한, 비구국에서 요괴도사와 삼장이 불교와 도교의 우월논쟁을 벌이는 장면에서도 삼장이 도교의 수련으로 장생한다는 것은 모두 허황된 것이라고 하면서 '오로지 티끌 같은 속된 인연을 모두 끊기만 하면, 모든 색상이 다 공이 되고, 정갈하게 집착과 욕심을 줄이면, 저절로 영원히 천수天壽를 누리게 될 것입니다'⁴¹³라고 하자, 도사는 고목처럼 앉아서 참선한다는 것은 모두 허튼짓이라고 하면서 '열반해도 냄새나는 껍데기나 남기고, 속세에서 벗어나지 못하는 너희들에 비할소냐! 유불도 삼교 가운데 더할 수 없이 높은 것이니, 옛날부터 오로지 도교만이 홀로 높았다네'⁴¹⁴라고 반박한다. 불교의 열반과 도교의 천선天仙 사이의 차이점으로 논쟁하고 있는 것이다.

---

412 『서유기』 7, 64회, 129-130쪽.
413 『서유기』 8, 78회, 230쪽.
414 『서유기』 8, 78회, 232쪽.

유불도의 삼교회통

『서유기』에서는 궁극적으로 유불도의 회통을 강조하고자 한다. 이러한 의도는 이야기 전체에서 드러나고 있다. 손오공이 불로장생의 비방을 배우려 남섬부주에 이르러 '오로지 한마음으로 불교와 신선도와 신성한 도를 알고 있는 사람들을 찾다'닌 것에서 이미 유불도가 모두 '인생과 생명'에 대한 궁극적인 이치를 탐구하는 것임을 밝히고 있고,[415] 수보리조사에게서 도술을 배우는 것도 유불의 융합을 말하고 있다. 나아가 서왕모가 반도대회를 개최할 때 초청되는 명단에 '석가 보살 성승 나한 남극관음 숭은성제 북극현령 황극황각대선을 비롯하여 십주와 삼도의 선옹, 오두성관, 삼청, 사제, 태을천선, 옥황을 비롯하여 여러 신선들과 각 궁전의 신들이 모두 포함되어 있다. 실로 불교와 도교를 망라한 신선계의 모두가 한 자리에 모이는 것이라고 하겠다. 또한 석가여래가 손오공의 난동을 제압한 후 개최한 연회인 안천대회를 묘사한 시에 '무상문 가운데서 참된 법의 주인이시며, 불교의 천상이 바로 신선의 집이라네.[무상문중진법주無相門中眞法主 색공천상시선가色空天上是仙家]'[416]라고 하여, 도불이 하나의 진리임을 말하고 있다.

또 손오공이 오백 명의 승려를 고통에서 구해주고서 그 나라의 군신들에게 한 말은 다음과 같다.

> 그 도사 두 놈 역시 이 몸이 때려 죽였습니다. 이제 요괴를 없앴으니, 비로소 불문에 참된 도가 있음을 알았을 것입니다. 이후에 다시는 아

---

[415] 『서유기』 1, 1회, 50쪽.
[416] 『서유기』 1. 7회, 225쪽. 번역은 필자가 번역본과 약간 다르게 하였음을 밝힌다.

무나 믿지 마십시오. 부디 유가와 불가, 도가의 삼도를 하나로 하여 승려를 공경하고, 도사도 공경하며, 인재도 잘 육성하십시오, 그러면 내 장담컨대, 이 나라 강산이 길이길이 번창할 것이오.[417]

여기서 유의할 점은 요괴와 도사를 구분하는 일이다. 요괴는 도교의 도사가 아니라는 사실이다. 소설에서 등장하는 방해꾼들은 석가를 보좌하는 짐승으로부터 관음보살의 시동 그리고 천궁의 여러 신선이나 정령들 등 다양하다. 그러나 그 중에서 이 이야기에 등장하는 것과 같은 진짜 요괴도 더러 있다, 그 대표적인 경우가 손오공과 똑 같은 모습으로 변신하여 나타난 미후獼猴 이야기이다.[418] 손오공은 이 이야기의 요괴나 미후와 같은 요괴는 모두 때려죽이고 불가와 도가의 정령들은 모두 원래의 자리로 되돌려 놓는다. 원래의 자리로 되돌려 놓는다는 사실은 매우 중요하다. 나아가 그럴 경우 위의 인용문에서처럼 유불도의 삼교회통을 강조하고 있다.

특히 소설은 불교의 우월성을 강조하고 있는데, 이미 손오공이 도교로부터 불교로 귀의하고 저팔계나 사오정 등도 그런 경우이다. 불교의 우월성을 드러내면서 도교로부터 귀의하는 이야기의 정점은 우마왕 일가라고 할 수 있다. 손오공의 의형이기도 한 우마왕은 그의 부인 나찰녀와 아들인 홍해아 등이 모두 대단한 힘을 가진 존재들이다. 홍해아는 관음보살의 제자로 돌아가고,[419] 우마왕과 나찰녀는 석가의 명을 받은 여러 불교의 신들과 옥황상제의 명을 받은 도교의 신들에 의해 제압당하고

---

417 『서유기』 5, 47회, 206쪽.
418 『서유기』 6, 58회, 227-229쪽.
419 『서유기』 5, 42회.

불문에 귀의하게 된다.[420]

부혁이 상소하여 불교 배척을 건의하고 소우와 더불어 논쟁하자 태종은 태복경 장도원과 중서령 장사형에게 불사의 효과를 물어보게 된다. 이에 둘의 대답은 "예로부터 세 종교는 지극히 존엄하니 훼손해서도 없애서도 안 된다"고 대답하고, 태종은 그 말이 이치에 맞는다고 하고서 더 이상의 논쟁을 금하게 한다.[421]

한편, 이 소설은 장생불사를 추구하는 인간의 욕망을 담고 있는 것으로서 결국 도교적 색채가 강하다고 할 수 있다. 손오공이 자금령을 훔치는 이야기에서 국왕이 그의 신통력에 대해서 묻자 대답하는 시 중에서 '유불도 삼가가 금단의 길에서 만났습니다[삼가회재금단로三家會在金丹路]'라고 하고 있으며, 소설에 등장하는 모든 요괴들은 한결같이 불로장생을 추구하는 존재들이다. 결국 그들의 꿈이 허망한 것임을 많이 말하고 있기는 하지만 불로장생에 대한 욕망은 이 소설을 관통하고 있는 핵심이며 결론이기도 하다.

즉, 삼장 일행이 능운도凌雲渡를 건널 때 접인조사接引祖師가 바닥없는 배로 실어주는 장면에서, 손오공이 삼장을 끼고 승선하니 삼장이 발을 딛지 못하고 물속에 빠지게 되는 것을 접인조사가 붙잡아 배 위에 세워준다. 모두 승선한 후에 배가 움직이자 물살 위에 시체 하나가 떠내려 오는데 그것은 바로 삼장의 껍질이라는 것이다.

인간의 태에서 난 뼈와 살로 이루어진 몸에서 벗어나니
다정하고 사랑스러운 원신이라

---

420 『서유기』 7, 61회.
421 『서유기』 2, 11회, 29쪽.

> 오늘 아침 수행을 다 채워 부처가 되어
> 지난 날 온갖 세속의 때를 깨끗이 씻었네
> 脫却胎胞骨肉身
> 相親相愛是元神
> 今朝行滿方成佛
> 洗淨當年六六塵

이 광경은 도교에서 말하는 시해尸解의 경지로서 원신元神을 회복한 상태가 곧 부처의 경지임을 말하고 있다. 불교에서 말하는 피안의 극락에 이른 것이다.

소설에서 유교적 색채는 분명하게 드러내고 있지는 않지만 실상 인간세상에서 평온한 삶을 누리게 되는 정치가 모두 그런 요소라고 할 수 있다. 국왕이나 수령이 나라의 백성을 잘 다스리고 백성들에게 평안과 풍족을 가져다주는 이야기들은 모두 유교적 세계를 말하고 있다고 보아도 무리가 없다. 손오공이 봉선군에 비를 내려주어 농사를 잘 지을 수 있게 된 사실을 증명하는 시에서 '한 마음으로 귀의하니 선과善果가 넓어지네, 앞으로 바라건대 요순시대 되소서![일념귀의선과홍一念歸依善果弘 차후원여요순세此後愿如堯舜世]'라는 것과 같은 경우이다.

경전을 구해서 돌아오는 길에 관음보살이 삼장이 겪은 고난의 수를 헤아려보고서 "불가에서는 '구구 팔십일'의 숫자를 채워야 참된 도로 귀의하게 되는 법"이라고 하는 말에서도 알 수 있듯이 81이라는 숫자는 불교뿐 아니라 도교에서 더욱 중요한 숫자로 인식하고 있는 것이기도 하다. 불경을 구하고서 석가에게 작별을 고할 때 석가는 "이 경전의 공덕은 헤아릴 수가 없느니라. 이것은 우리 불가의 귀감일 뿐만 아니라 참으로 유교 도교 불교 삼교의 원류이기도 하다"고 하는 것에서 이 소설에서 말하고자 하는 삼교합일의 관점을 분명히 알 수 있다. 고난의 결과로 삼장은 전단공덕불旃檀功德佛, 손오공은 투전승불鬪戰勝佛, 저팔계는 정단사자淨壇使者, 사오정은 금신나한金身羅漢, 백마는 팔부천룡八部天龍이 된다. 참으로 작가의 재치가 돋보이는 그럴듯한 이름들이다. 부처가 되지 못한 것을 불평하는 저팔계에게 석가여래가 '많이 먹을 수 있는 보직'을 주었다고 하는 대목에서는 해학이 넘쳐난다.

4. 모순과 통합

　도교에 포섭된 유교와 불교, 이것이 이 연구의 결론이라고 할 수 있다. 이는 이 소설에서 나타나는 최고의 존재가 바로 옥황상제임에서 드러난다. 그러나 이 소설은 동시에 불교를 기반으로 하고 있음도 분명하다. 현장이 불경을 가지러 서역으로 여행을 가고 있기 때문이다. 또한 관음보살이 시종일관 이들의 임무를 음지에서 돕고 있음에서도 그 사실을 알 수 있다.
　형식적으로는 옥황상제가 최고의 존재이지만 사실 법력으로 본다면 석가모니의 법력이 훨씬 우월한 것도 사실이다. 삼장법사도 전생에서는 석가의 제자인 금선이었다. 그런데 이 금선이라는 명칭은 사실상 도교의 연단술에서 나타나는 용어이다.
　도교적 수련을 통하여 얻게 되는 깨달음의 경지에 대한 묘사 내지는 이야기가 바로 『서유기』이다. 삼장법사가 전생에 금선이었다는 이야기의 구조는 바로 이러한 설정에 따른 것이다. 이 과정에서 유교는 사실 속세의 인간들이 평범하게 살아가는 모습의 일단으로 그려지고 있다. 유교적으로 묘사되고 있는 인물들은 대부분 한 순간 이 세상에서 부귀영화를 누리고 있기는 하지만 사실 그들도 모두 불교나 도교식의 전생에서는 천계의 인물로 묘사되고 있다.

『서유기』의 시작에서 손오공의 탄생에 대한 이야기는 바로 동양철학의 우주론을 그대로 반영하고 있다. 그러면서도 이 소설은 전체적으로 논리적 모순이 없는 세계관을 보여주고 있지는 못하다. 도교적 우주론과 불교적 우주론이 섞이면서 종횡무진으로 이야기를 전개하고 있기 때문이다. 이야기 속에는 불교와 도교의 신들이 거느리던 짐승들이 지상으로 도망쳐 나와서 삼장법사 일행을 괴롭히는 이야기도 다수 등장한다. 태상노군의 소나 보살이 타고 다니던 이리 그리고 태음성군을 보필하여 약을 빻던 옥토끼 등이 그것이다. 이러한 이야기의 구조는 민간에서 전해지는 전설상의 이야기에서 소재를 찾아 재미를 더하여 꾸민 것이다.

이 소설에 등장하는 인물들을 살펴보면, 그야말로 도교와 불교의 중요인물들이 총망라되었다고 할 수 있다. 처음 등장하는 손오공의 스승 수보리조사에서부터 석가모니에 이르기까지 불교의 모든 부처와 보살들을 비롯하여 저승의 십대명왕 뿐만 아니라 사천왕을 비롯한 온갖 등급의 신들이 줄줄이 나타난다. 도교에서도 옥황상제를 비롯하여 태상노군과 삼대천존은 물론이고 서왕모와 이랑신 등 온갖 신들과 세상에 실존했던 도교의 여러 조사와 진인들까지 끝없이 등장하고 있다.

그러면서도 이 소설에서 우주의 시작과 인간의 기원을 불교나 도교식으로 설명하지 않고 유교적으로 설명하고 있는 것은 아마도 불교와 도교에서 설명하고 있는 논리보다 그것이 훨씬 논리적이고 이해가 쉽기 때문일 것이다. 즉, '반고가 21,600년 전에 하늘과 땅을 열고, 전설적인 성왕들인 삼황오제가 나타나 윤리와 기강을 정했다'는 이야기는 중국인들에게 가장 친숙한 역사의 시작이라고 할 수 있음이다.

삼장법사의 쓸데없는 장광설은 유교적 인물들을 상징하거니와 그러면서도 궁극적으로 『서유기』에서는 삼교의 특별한 우열을 구분하고자 하는 의도는 없는 것으로 보인다. 삼장법사 일행이 겪는 여든한 가지의 어려움도 사실은 이미 설계되어 있는 고난의 과정에 불과하고, 이야기의 결론은 그야말로 보지 않고서도 알 수 있는 구조이다.

천계의 여러 신도 완전한 존재는 아니고 수시로 실수를 범하기도 한다. 이러한 이야기 속에서 인간으로 살아가고 있는 존재들의 실수쯤이야 그야말로 하찮은 것이 된다. 또한 부처나 옥황상제 등도 그 아래의 여러 천상의 존재가 저지른 실수에 대해서는 용서 없이 벌을 주는 존재로 나타난다. 이 세상의 삶의 구조와 다를 것이 없는 천상세계이다. 세상은 지상에서나 천상에서나 어디든 부조리와 모순이 난무하고 있다. 손오공이 석가여래 앞에서 살생을 저지르는 일도 거리낌 없이 묘사되고 있는데, 이때의 살생은 사실 자기 마음속의 욕망을 상징하는 것이기에 계율에 위배되지 않는다.

『서유기』에 나타나는 삼교회통의 특징은 몇 가지로 요약할 수 있다. 첫째, 삼장법사의 여행은 단순히 불법의 깨달음을 얻기 위한 것이 아니라 보다 큰 의미의 도를 구하는 여행이라고 할 수 있다. 이것은 동시에 삼장법사의 고행이 자신만의 깨달음을 위한 것이 아니라 중생 모두의 깨달음을 위한 것이라는 의미에서 삼교회통이라고 할 수 있다. 둘째, 깨달음을 얻기 위한 방편은 굳이 어느 하나가 좋다든가 옳다는 주장을 하고 있지 않다는 사실이다. 수보리조사가 손오공에게 '도문에는 360가지의 방편문이 있다'고 말하고 있는 바와 같이 모든 수양과 수행 그리고 수련은 하나의 길을 지향하고 있다는 점에서 『서유기』는 삼교회통적 성격을 강하게 드러내고 있다. 셋째, 억압받고 착취당하는 민중들을 위한 자비와 선행 그리고 생명존중정신은 모든 종교에 공통하는 요소이다. 요괴를 물리치되 잘못을 뉘우치는 요괴는 개과천선의 기회를 부여하는 것이 바로 그러한 정신의 발로이다. 악의적이고 무능한 권력자와 그 하수인을 가차 없이 처단하는 것은 모든 종교가 추구하고 있는 자아극복이다. 넷째, 이 이야기는 처음 시작부터 이미 모든 것은 마음의 문제임을 암시하고 있다. 수보리조사가 사는 '영대방촌산 사월삼성동'이 한결같이 '마음'을 상징하는 말이기 때문이다. 사실 이 소설에서 등장하는 모든 요괴나 고난들은 다 평범한 사람들의 마음속에서 일어나는 갈등일 뿐이다. 유불도 모두 이 마음을 중시하는 것은 동일하다. 다섯째, 이 소설에서 나타나는 유불도 삼교의 논리는 모두 '예정론'이라고 할 수 있다. 손오공이 도를 얻고서 난동을 부리기 시작하는 것에서부터 독자들은 이미 『서유기』라는 제목을 통하여 그가 개과천선의 길로 나아갈 것임을 알 수 있고, 소설의 끝부분에서 이야기 하고 있는 바와 같이 예정된 고난 중에서 아직 하나가 모자라서 급하게 한 가지 고난을 더 추가하는 것도 결국은 모두 예정된 일이었다. 인간의 삶은 어쩌면 숙명처럼 예정된 길을 가고 있는 것임을 암시하고 있다. 그러나 중요한 것은 모든 종교가 그러하듯이 설사 그 길이 예정된 길이라고 할지라도 묵묵히 자기의 임무를 수행하면서 살아가는 자세 그것이 또한 삶의 길임을 『서유기』는 강하게 그리고 설득력 있게 이야기 하고 있는 것이라고 할 수 있다.

부록

신선의 유래와 방선도 및 진시황과 서복 그리고 중국도교
方仙道　　秦始皇　　徐福　　　　中國道敎

1. 신선사상神仙思想의 유래와 방선도方仙道

중국의 신선사상과 도교 그리고 진시황 당시의 방선도方仙道와 서복徐福에 대한 논의는 새로운 관점에서 접근할 필요성이 있다고 본다. 신선사상의 유래와 중국도교와의 관계가 지금까지는 두루뭉술하게 연결되어 정확한 논리적 맥락이 부족하다. 그리고 진한 시기에 크게 유행한 방선도에 대해서도 정확한 개념 검토가 미비하다고 느껴진다. 또한 중국에서 후한後漢 말기에 일어난 민중봉기인 황건적黃巾賊의 난을 시작으로 위진남북조시대까지 지속적으로 전개된 민중항쟁이 도교의 이름으로 일어나게 된 배경에 대해서 중국적 시각이 아닌 새로운 시각으로 조명할 필요성이 제기된다.

일반적으로 중국의 도교는 『노자』와 『장자』에 그 기원을 두고 있다. 그러나 이 책에 '신선神仙'이라는 개념은 등장하지 않는다. '진인眞人' '지인至人' '성인聖人' '신인神人' 등의 개념이 등장하고 있다. 그리고 이러한 개념의 발상지는 초楚나라와 그 인근지역이었다. 『전국책戰國策』의 『초책楚策』에서는 불사不死의 개념이 나타나기도 했다.

그 이후 BC 3세기 무렵에 연燕나라와 제齊나라 지역에서 신선전설神仙傳說과 신선방술神仙方術이 성행하게 된다. 중국학계에서는 그 이유를, 이들 지역이 바다에 인접한 지역으로서 바다의 신비로운 운무雲霧 현상을 접하고서 이러한 상상을 하게 되었을 것이라고 하고 있다. 이러한 설명이 충분히 납득이 되는가! 현대의 학자들은 자기의 편의에 따라 불과 2,200여 년 전의 일을 마치 4만 년도 더 지난 일처럼 왜곡하여 말하는 경향이 있다. 인류의 사상사를 돌이켜 보면, 우리는 아직도 지구상의 7대 불가사의를 완전히 이해하지도 못하고 있다. 나아가 잉카문명이나 마야문명 그리고 고대 인도의 문명과 이집트문명도 정확히 이해하지 못하는 실정이다. 중국의 경우도 마찬가지다. 오늘날 우리가 연구하고 있는 중국철학의 실질적 내용은 이미 3,000년 이전 또는 적어도 2,500년 전후의 시기에 나타난 사상체계를 토대로 한다. 그러나 여전히 그 당시의 사상을 온전히 이해하지 못하고 있는 부분이 많은 것이 현실이다. 그런데 그 보다도 후대에 나타난 신선사상의 원류를 이와 같이 설명한다는 것은 당시의 사람들을 모욕하는 일이라고 할 수 있다. 사실 현생인류인 Homo Sapiens Sapiens 종족은 4만 년 전쯤에 지구상에 나타났다고 한다. 더 중요한 것은 그 이후로 지금까지 그들의 사유능력에는 어떠한 변화도 없다는 점이다. 세상에는 좀 더 현명하거나, 좀 더 어리석은 사람은 있을 수 있지만 황당무계한 이야기식 논리로 사람을 현혹해서는 안 된다는 점은 명백하다. 그 당시 학문적 담론이 가능했던 신분의 사람들은 사실 극소수였으며, 반면에 그들의 지적수준은 매우 뛰어났고 합리적인 사고를 했음을 충분히 알 수 있다. 그런데 한갓 운무현상으로 신선전설의 발상을 증명하려는 논리는 도리어 황당하다고 할 수 있는 것인데, 이 정도 논리로 자기주장을 정당화하려는 사람을 과연 학문적 역량을 가진 학자라고 할 수 있을까!

또 신선전설은 삼신산三神山과 밀접하게 연계되는데, 『사기史記』『봉선서封禪書』에서 처음 등장하는 삼신산은 불사약不死藥의 소재지로 나타난다. 발해渤海 가운데에 삼신산이 있다는 이야기이고, 그곳에 살고 있는 신선들이 불사약을 가지고 있다는 설이다. 『사기』는 순수한 역사책이 아니다. 그것은 반은 역사책이면서 나머지 반은 이야기책이다. 이러한 점을 간과하고서 『사기』의 기록을 모두 역사라고 인정하는 것은 그 책을 제대로 이해하지 못한 것이며, 집필자인 사마천司馬遷의 집필정신을 정확히 이해하지 못한 것이다. 그리고 삼신산을 한반도의 금강산 지리산 한라산으로 비정하는 설은 더욱 후대에 견강부회로 끌어 붙인 이야기이다. 삼신은 하늘과 땅과 인간을 주재하는 신이지만, 실은 그 셋을 하나로 귀일하는 신이다. 회삼귀일會三歸一의 개념이라는 말이다. 물론 그러한 사유구조는 동북아시아의 여러 곳에서 나타날 뿐 아니라, 지구상 원시문명이 꽃핀 많은 장소에서 공통적으로 나타나는 사상이다. 그러므로 삼신산은 금강산 지리산 한라산이 아니라 우리역사에서는 백두산을 지칭하는 개념이다.

제나라의 위왕과 선왕 그리고 연나라의 소왕 등이 삼신산을 찾으려 했지만 실패했다는 이야기도 『사기』에 전한다. 그리고 진시황에 이르러 다시금 삼신산과 불사약이 화두로 등장하게 된다. 진시황 영정嬴政은 천하를 통일한 2년 뒤인 기원전 219년에 서불徐市(서복徐福)에게 삼신산을 찾아 신선을 데려오도록 하였으며, 이후 한종韓終 후공侯公 석생石生 등을 보내기도 하였으나 모두 실패하였다. 다시 기원전 210년에 서복을 2차로 파견하고 곧이어 59세의 나이로 순행巡行 중에 사망한다. 진시황의 꿈과 서복의 행위에 대해서는 보다 깊이 있는 탐구가 여전히 필요하다고 보인다. 합리적인 이해가 가능한 관점에서 논의를 전개해야만 한다는 말이다.

신선사상의 유래

원래 신선이란 개념은 중국에 없었다. 한자漢字의 특성상 한 글자는 기본적으로 한 가지의 뜻을 함축하고 있는 것이어서 두 글자의 결합은 합성어로 만들어지는 후대의 개념이다. 따라서 '신선神仙'이란 개념은 그 유래를 달리 탐구해야 할 필요가 있다. 즉 '신神'과 '선仙'의 개념을 먼저 파악하고, 다시 '신선'의 개념에 대한 분석을 해야만 한다는 것이다..

신이란 글자는, 음이 식인절食鄰切로 되어 '신'이라 발음되며 원래 글자의 모습은 神으로 썼다. 『설문說文』에서는, 그 뜻을 '하늘의 신으로 만물을 만들어 내는 존재[천신天神 인출만물자야引出萬物者也]'라 하고, 그 글은 '시示를 따르고 신申을 따른다'고 하였다. 시示는 제사祭祀와 관련 있다는 뜻이며, 신申이 원래의 형상이다. 신은 숨어 있는 존재로서 잘 드러나지 않으므로 제사를 통하여 계시를 받는 존재이며, 그 권능은 만물의 창조주이다. 신申의 본래 자형은 ᛞ으로, 자전字典에는 그 뜻이 '신이다[신야神也]'라고 하였다. 발음은 실인절失人切로 '신'이 된다. 고문古文에서는 ⾝로 표기하여 하늘의 존재와 땅의 존재가 서로 소통하는 관계임을 나타내고 있다. 주문籒文 즉 역사기록서歷史記錄書에서는 ⾝로 표기하여, 그 모양으로 유추하면 역시 위의 존재와 아래의 존재가 서로 분리되어 있으면서도 소통이 가능한 것으로 나타내고 있다.

'선仙'은 고문古文에서 僊으로 썼는데, 그 뜻은 '오래 살아서 선거하였다[장생선거長生僊去]'고 하였는데, 여기서 '선거僊去'라는 의미에 주목할 필요가 있다. 이 글자는 '종인종선从人从䙴, 선역성䙴亦聲'라고 하여, '사람을 따르고 선을 따른다. 선은 또한 발음이다'라고 하였다. 또 선䙴을 고문에서는 䙴이라고 쓰고 그 뜻은 '높은 데로 오르다[승고야升高也]'라고 하여, 사람이 높은 곳으로 옮겨갔음을 의미하였다. 그리고 그 형상을 '춤추는 모습[무모舞貌]'이라고 하였다. 이 춤추는 모습이란 개념에 대해서는 깊은 뜻이 있으므로 뒤에서 다시 언급하도록 하겠다.

그렇게 옮겨가는 모습이 '천遷'이며, 뜻은 등登이며 상승上升이다. 천遷의 원래 글자는 䙴이니, 천천히 걸어간다는 뜻의 글자와 옮겨간다는 뜻의 글자가 결합한 것으로 높은 곳으로 천천히 걸어서 옮겨가는 모습을 형용하였다. 그래서 '옮겨서 거주하다[천거遷居] 또는 사는 곳을 바꾸다[이환소재지移換所在地]'라고 풀었다. 선僊은 후대에 '선仙' 또는 '선仚'으로 표기되었다. '선仙'을 『석명釋名』에서는 '늙어서도 죽지 않는 것을 선仙이라 한다. 선은 옮겨감이다. 산으로 옮겨간다[노이불사왈선老而不死曰仙 선仙 천야遷也, 천입산야遷入山也]'고 하였다. 그리고 '선仚'은 '오래도록 산山에 사는 것[산거장왕야山居長往也] 또는 산에 들어가 오래도록 사는 것을 선이라 한다[입산장생왈선入山長生曰仙]'고 설명하였다. 사는 곳을 바꾸는 이유는 무엇이며, 오래도록 산에 사는 이유가 무엇인지가 매우 중요한 점이다.

'신神'과 '선仙'은 이와 같이 근본적으로 다른 개념이었다. 우리가 흔히 알고 있듯이 신神이란 탄생은 있어도 죽음은 없는 존재로서 천상에 거주하고 있으며, 선仙은 사람이 산으로 들어가 오래도록 사는 존재인 것이다. 신은 적어도 인간과는 일정한 거리를 두고 있으며 자신의 형상을 인간에게 드러내 보여주지 않는 존재이다. 신과 인간 사이에 선이란 존재가 있게 되는 것이다. 즉 '속俗'에서 '선仙'으로, 골짜기에 살던 사람이 산꼭대기로 삶의 터전을 옮겨 수명을 오래 유지하는 존재가 선이다. 골짜기는 인간들이 모여 사는 마을이며, 산은 홀로 살며 때를 기다리는 곳이다.

그런데 이 개념이 신과 결합하여 합성어가 되면서 질적 변화를 초래하는 존재로 의미가 확대되었던 것이다. 즉 골짜기에 살던 인간이 산으로 옮겨가서 '불로장생不老長生'의 존재가 되었다가, 다시금 획기적인 질적 변화 과정을 겪고서 '장생불사'의 존재인 신으로 승천한 존재가 신선神仙인 것이다. 신이 되어 승천하면서 옷소매를 펄럭이는 모습을 '춤추는 모습'이라고 했던 것이다. 불로장생과 장생불사의 개념이 가지는 중요한 차이점을 알 수 있게 된다. '선仙'이 옷소매를 펄럭이면서 승천하는 일은 어떻게 이루어지는가 하는 점에 대한 이해가 '신선'에 대한 개념의 원류를 찾는 지름길이다. '선'이 어떻게 '신'이 되는가 하는 문제에 대한 해답이 있기 때문이다. 이 지점에서 중국식 도교와 한국식 신선사상의 차이가 확연히 드러나게 된다.

옛 조선의 신선사상

중요한 점은, 이와 같이 인간으로 태어나 선仙이 되었다가 다시 신神으로 승천한다는 이야기 구조는 원래 중국의 사유가 아니라는 것이다. 로마 신화에서는 제우스가 인간 알크메네와의 사이에서 낳은 헤라클레스를 불쌍히 여겨 헤라의 젖을 먹게 하여 하늘에 은하수milky way를 생겨나게 했다가, 나중에는 고난의 임무를 부여하여 완수하게 한 후에 결국 천상으로 불러 신의 지위를 준 이야기가 있다. 그보다 더욱 분명한 사실은 우리 한민족의 전통신화에서 그와 유사하지만 사실은 보다 명백한 인간의 승천 이야기가 있다는 점이다. 한인桓因 천제天帝가 서자 한웅桓雄을 내려 보내 이 땅에 제2의 천국나라(한국桓國 = 한국韓國)를 건설하게 하고, 다시 천신 환웅이 인간 웅녀熊女를 만나 반신반인半神半人의 단군檀君을 낳았다. 그 단군은 한국桓國을 이어받아 이 땅에 단국檀國을 건설하여 홍익인간弘益人間 제세이화濟世理化의 이념을 실현하고 궁극에는 신선이 되어 하늘로 승천하였다.

　제우스와 헤라클레스의 이야기는 이미 짜인 각본에 따라 아버지가 수시로 도우는 과정을 통하여 주어진 임무를 완수하고서 그 보상으로 신의 지위를 확보하지만, 단군의 경우는 인간에게 이상세계를 열어주고서 스스로 수양과 수련을 통하여 아버지로부터 부름의 때를 기다리고 있다가, 마침내 부름에 응하여 천신天神의 경지로 질적 변화를 일으켜 승천하게 된다는 차이점을 보여주고 있다. 한민족은 천손족天孫族이기에 스스로의 본질을 회복하여 승천할 수 있는 바탕을 가지고 있다. 이 이야기는 헤라클레스 이야기보다 훨씬 논리적이며 사실성을 내포하고 있다. 신선사상의 유래는 곧 한민족의 근본사상이라고 할 수 있는 것이다. 이에 반해 중국인의 유래는 복희伏羲와 여와女媧의 이야기에서 비롯되며, 그 요점은 황토黃土로 인간을 만들었다는 것이다.[422]

　우리나라에 예로부터 이와 같은 신선사상이 원래부터 있었다는 사실은 역사적 기록에서도 확인된다. 신라 말기의 인물로서 어려서 중국의 당나라에 유학하여 외국인 과거인 빈공과賓貢科에 급제하고 벼슬길에 나아가 「토황소격문討黃巢檄文」으로 황소黃巢의 난을 진압하는데 결정적인 공을 세웠으며, 문장에 뛰어난 학자였던 고운孤雲 최치원崔致遠의 「난랑비서鸞郎碑序」가 오늘날에도 전한다. 이 글은 『삼국사기』에 수록되어 있는데, 철저하게 중국을 인식하여 사대주의 사상에 입각하여 고려의 보존을 위한다는 명분으로 집필한 역사서이다. 김부식金富軾이 이 기록을 인용하였다는 사실은 아무리 중국의 눈치를 보면서 집필한 역사서라고

---

[422] 사실 『주역』의 팔괘를 창안한 복희 이야기도 그 원류는 한민족이라는 설이 훨씬 우월하다는 것이 보다 설득력을 갖는다고 할 수 있다. 하지만 여기서는 더 이상 그 문제에 대해서는 언급하지 않는다.

할지라도 역사적으로 분명한 사실은 절대 감출 수 없는 한계가 있었기 때문이다.

신라의 화랑花郎을 서술하는 대목에서 김대문金大問의 『화랑세기花郎世記』와 당나라 영호징令狐澄의 『신라국기新羅國記』 등과 함께 인용한 최치원의 「난랑비서」에는 다음과 같은 내용이 있다.

> 나라에 현묘한 도가 있어 '풍류'라고 한다. 가르침을 설파한 근원이 선사仙史에 상세히 구비돼 있다. 실로 이에 삼교를 포함[포함삼교包含三教]하고 군생을 접화[접화군생接化群生]한다. 이는 들어오면 집에서는 효도하고 나가서는 나라에 충성하니, 노나라 사구(노사구魯司寇, 공자)의 가르침과 같다. 무위의 일에 처하고 말하지 않는 가르침을 행하니, 주나라 주사(주주사周柱史, 노자)의 종지宗旨와 같다. 모든 악을 짓지 않고 모든 선을 받들어 행하니, 축건국 태자(축건태자竺乾太子, 석가)의 교화와 같다.[423]

당시에 세웠던 비석인 「난랑비鸞郎碑」는 현재 전하지 않지만 『삼국사기』에 인용된 이 서문은 전하고 있는데, 여기서 우리의 선도사상에 대한 중요한 정보를 얻을 수 있다.

화랑에 대해서는, 당나라 사람인 영호징令狐澄의 『신라국기』에서도 '귀족貴族 자제子弟 가운데 빼어난 자를 골라 분장해 꾸미고 화랑으로 부르니 나라 사람들이 모두 이를 높여 섬긴다'[424]고 하여 그 존재를 확인

---

423 『三國史記』「新羅本紀」第4, 眞興王 37年: 國有玄妙之道, 曰風流. 設敎之源, 備詳仙史, 實乃包含三敎, 接化群生. 且如入則孝於家, 出則忠於國, 魯司寇之旨也. 處無爲之事, 行不言之敎, 周柱史之宗也. 諸惡莫作, 諸善奉行, 竺乾太子之化也.
424 위의 책: 唐·令狐澄『新羅國記』: 曰 擇貴人子弟之美者, 傅粉粧飾之, 名曰花郎, 國人

하고 있다. 여기서 한 걸음 더 나아가 최치원은 원래 우리나라에 '풍류風流'라고 부르는 현묘玄妙한 도가 있었다고 하는 사실을 밝히고 있음을 알 수 있다. 또한 그 근본에 대해서 설하고 있는 『선사仙史』라는 책이 전하고 있었다는 사실도 말하고 있다. 또한 그 가르침은 유교 불교 도교의 가르침을 모두 포함하고 있으며, 이 도로 백성들을 교화했다고 하는 등 세 가지의 중요한 정보를 제공하고 있다.

중국에 유불도儒佛道의 삼교三敎가 있어 각각의 기능을 수행하고 있지만 우리나라에는 원래부터 풍류風流라는 가르침이 있었고, 이 풍류는 유불도의 가르침을 모두 아우르고도 남는 큰 가르침이라는 말이다. 또한 그 역사를 상세히 기록하고 있는 『선사』라는 책이 있어 그 내용이 분명하다는 것이다. 신라의 화랑제도는 곧 원래부터 있었던 풍류의 도를 구현하는 하나의 조직이었음을 알 수 있다.

이는 『삼국사기』의 다른 기록인 '평양平壤이 본래 선인仙人 왕검王儉의 옛터'[425]라는 것에서도 확인할 수 있다. 선인 왕검은 곧 단군檀君이다. 그리고 이규보李奎報의 『동국이상국집東國李相國集』 「동명왕편東明王篇」에는 고구려 초인 BC 37년 주몽朱蒙과 대결한 비류국沸流國의 송양松讓이 '선인의 후예[선인지후仙人之後]'를 자칭하는 대목도 있다. 선인仙人이 우리역사의 주류 계급이었음을 알 수 있게 하는 내용이다. 또 『삼국유사』에는 진흥왕이 '신선을 매우 숭상해[다상신선多尙神仙]' 화랑을 설치하고 그 우두머리로 '국선國仙'을 두었다고 한다.[426] '선仙'의 개념이 우리 역사에서 매우 중요한 것이었음을 알 수 있다. 삼국시기에 명산대천을 찾아다니면

皆尊事之也.
425 『三國史記』 「高句麗本紀」 東川王 21年條: 平壤者, 本仙人王儉之宅也.
426 『三國遺事』 卷第3 「彌勒仙花, 未尸郎, 眞慈師」

서 심신을 수련한 청년단체 즉 동남童男들을 신라에서는 '화랑花郞'으로 불렀으며 그 우두머리를 '국선國仙'이라 하였고, 고구려에서는 '조의선인 皂衣仙人'이라 하였다는 사실도 그러한 역사를 방증傍證하는 것이라고 할 수 있다. 백제에서도 그와 같은 단체를 '무절武節'이라고 하였다고 하는 이론이 있으나 학계에서 공인된 바는 아니다.

조의선인皂衣仙人이나 화랑은 주로 명산대천을 찾아 수련했다는 기록과 같이 속세를 떠난 생활을 하였던 것이다. 그것은 자신의 본래면목을 회복하여 천손족인 단군과 같은 지위를 확인하려는 활동이었음을 알 수 있다. 골짜기가 아닌 산에서의 수련이 필요했다는 사실은 중요하다.

한편, '선'이 '신'이 되는 단계에서는 두 가지 요인이 중요하게 작용하여야만 한다. 일차적으로는 세속에서 자신에게 주어진 임무를 완수하고 난 다음 산 속으로 들어가 몸과 마음을 맑고 깨끗하게 정화하여야 하는 단계가 필요하다. 두 번째로는 기도와 제사의식을 통하여 신의 응답을 기다리다가 마침내 신의 부름에 응하여 그 육신과 함께 하늘로 승천하는 단계이다. 이 단계가 중국의 일반적인 도교에서 말하는 신선과는 확연하게 구분되는 점이다. 중국의 도교는 심신의 수련을 인간의 내면에 고유한 정기신精氣神으로부터 해야 한다는 '내단內丹'이나 자연에서 채취한 약물이나 호흡 조식調息 등과 같은 방법으로 한다는 '외단外丹'의 방법을 말하고 있다. '내단'이나 '외단'의 방법으로 장생불사의 신선이 될 수 있다는 논리는 마치 그들이 항상 주장해 온 것처럼 수은水銀으로 황금黃金을 만들 수 있다는 논리와 같다. 보다 적나라하게 말한다면, 사슴을 가리켜 말이라고 하는 것[지록위마指鹿爲馬]과 다를 바가 없다. 신의 경지에 이르는 것은 전능한 창조주의 능력을 가진 신의 힘에 의하지 않으면 안 되는 것이다. 오직 신의 부름을 받아야만 승천하여 신이 될 수 있는 것이며, 그렇게 되기 위해서는 신으로 승천할 수 있는 기본적인 자질이 있어야 하는 것이며, 또한 그 준비가 완비되어 있어야만 하는 것이다. 이럴 때가 바로 줄탁동시啐啄同時가 이루어지는 시점이다. 신선사상은 원래 우리의 고유한 사유구조라는 사실을 다시 확인할 수 있음이다.

    필자는 이러한 사실에 대해서 중국의 도교를 치밀하게 연구해 온 일본의 도교학자들은 이미 알고 있었다는 의문을 버릴 수가 없다. 그들의 연구성과를 검토해보면, 모든 연구가 한결같이 마지막 결론 지점에서 정합성을 가지지 못하고 있음을 볼 수 있다. 뒤에서도 언급하겠지만 중국 도교가 일으킨 민란과 같은 중대한 사건들은 그 분명한 원인과 결과 그리고 배후가 드러나지 않는다. 필자가 뒤에서 언급하는 것처럼, 이 부분에 옛 조선의 유민遺民들과 신선사상이라는 개념을 도입하면 너무나도 명쾌하게 설명할 수 있기 때문이다. 일제강점기에 한국을 통치한 일본은 우리역사의 시작을 삼한시대三韓時代로 비정하고, 그 이전의 역사를 전설의 시대라고 규정하였다. 이는 일본 자국의 역사를 한국의 역사에 종속된 것으로 보는 역사관에서 탈피하려는 의도적인 목적이 있었기 때문이다. 일본의 역사가 한국의 역사보다도 더 오래된 것이며, 그들이 천손족이고 조선인이 미개하다는 논리를 펴고자 했기 때문이다.

    이러한 논리는 중국의 도교 연구에서도 다를 바가 없다. 중국의 학자들은 동아시아의 모든 역사를 자국의 관점에서 서술한다. 사마천司馬遷의 『사기』 이래 중국의 역사서는 언제나 '중화中華'의 입장을 견지하여 왔다. 그러나 중화란 허구의 개념이다. 역사적 실체라기보다는 역사관이 개입되어 창조된 개념이기 때문이다. 기록된 사실史實은 많은 경우에 실제로 있었던 사실事實과 다르다.

 **방선도**方仙道

전국시대戰國時代 말기에 이르러 연나라 제나라 지역을 중심으로 '오덕종시설五德終始說'과 '방선도方仙道'가 크게 유행하였다. 물론 그 무렵 제나라에서는 직하학궁稷下學宮을 설치하여 모든 학문을 크게 장려하였고, 그 중 대표적인 인물로서 추연鄒衍(BC. 305-240)이 등장한다. 그를 따르는 무리가 수천 명을 넘었으며 제후들도 그를 대단히 공경했다는 기록이 전하고 있다. 그가 제후국을 방문할 때에는 작은 제후국의 왕들은 도성 밖에서 그를 영접하였고, 큰 제후국의 왕들은 왕궁 밖에서 영접했다고 한다. 그가 제창한 학문이 오덕종시설이었다. 그런데 바로 그 시기에 방선도方仙道 또한 크게 성행하였으니, 방선도는 무엇이며 성행의 이유는 무엇인가를 검토할 필요가 제기된다.

전국시대 말기는 매우 혼란한 시기였다. 진나라가 천하통일을 달성해가는 시절로서 백성의 삶은 도탄에 빠져 있는 현실이었다. 사람들은 살아남기 위해서 온갖 재주를 부려야 하는 시기였다. 그런 현실에서 적어도 한 가지의 독특한 재주를 지니고서 권력자에게 붙어 목숨을 부지해야 했던 사람들을 '방사方士'라고 부른다. 이들은 대개 음양가陰陽家, 방기가方技家, 술수가術數家로 불렸다. 음양陰陽과 술수術數를 주로 하는 재예가才藝家들이 방기가 또는 방사였다. 여기서 신선술을 전문적으로 하는 집단이 바로 방선가이고 그 방법을 일러 방선도方仙道라고 한다. 그 무리에는 송무기宋毋忌, 정백교正伯僑, 충상充尚 선문고羨門高 등이 있었고 진시황 당시에는 앞에서 언급한 무리들이 있었다. 방선도는 『사기』 『봉선서封禪書』에 처음 등장하는 개념인데, '형체를 사라지게 하고, 귀신의 일에 의거한다[형해소화形骸消化 의우귀신지사依于鬼神之事]'는 뜻이라고 하였다. 또 그들은 '불사不死의 방약方藥을 먹고서 육신을 선仙이 되게 할 수 있다'는 주장을 하였다.

　　장생불사는 인류의 오랜 꿈이었지만 이 개념도 처음에는 『노자』에서 보이는 것처럼 '장생구시長生久視'로 시작되었다고 보아야 한다. 여기서 시視는 활活로 보아야 한다는 뜻이기에 이는 결국 불로장생不老長生과 다르지 않다. 이것이 더욱 나아가 장생불사로까지 확대되면서 방선도의 주요 개념이 되었다고 볼 수 있다. 늙지 않고 젊음을 유지하면서 오래 살고자 하는 욕망이 선仙의 단계를 거치고 신神의 단계로까지 승화하여 불사不死의 꿈으로 발전하면서 방선도는 크게 유행하게 되었다. 그런데 이 방선도는 기본적으로 연나라 제나라 지방에서 발전하였고, 인물들도 거의 이 지방에서 배출되었다는 특징이 있다. 이 사실은 무엇을 의미하고 있는가? 이 지역은 역사적으로 흔히 말하는 옛 조선 즉 단군조선 시대의 번한番韓 땅이었다. 중국의 집요한 공격으로 요동遼東과 연나라 제나라 지방에 있던 진한辰韓과 번한番韓이 한반도로 피해오면서 상당한 숫자의 유민이 그 지역에 남을 수밖에 없었다. 그들 유민들은 전통적 신선사상을 계승하고 있었다고 보아야 한다. 진시황이 폭정을 행하면서 장생을 꿈꾸자 방선도로 회유하여 이상향을 찾아 떠나려고 했거나 한반도로 귀속하고자 했기 때문에, 그 시기에 방선도가 크게 유행하였다고 볼 수 있다.

2. 진시황秦始皇과 서복徐福

　시황제 영정은 장생불사를 꿈꾼 것이 아니라 불로장생을 꿈꾸었던 것으로 보인다. 천하통일을 이루고(BC. 221), 나라를 반석 위에 올려놓기 위해서는 자신이 건강하게 오래 살아야 될 필요성이 절실했기 때문이다. 시황제는 천하통일 후 12년간 통치하면서 동쪽으로 4번 순행巡行을 했다.
　그 중에 『사기』에 의하면 BC. 219년 서복 등이 상소하여 다음과 같이 건의하였다.

> 바다 가운데 삼신산이 있으니 봉래蓬萊 방장方丈 영주瀛洲라고 이름 하는데 신선이 그곳에 거주합니다. 청컨대 재계하고 동남동녀와 더불어 신선을 구하고자 합니다" 하니, 이에 서불을 모내어 동남동녀 수천 명을 뽑아 바다로 들어가 신선을 찾도록 하였다.[427]

　그러나 이때의 출항은 실패로 끝났고, 9년 뒤에 서복은 다시 출항을

---

[427] 『사기』 권6「진시황본기」: 海中有三神山 名曰蓬萊方丈瀛洲 僊人居之 請得齋戒 與童男女求之 於是遣徐市發童男女數千人 入海求僊人.

요청하면서 처음 출항에서 성과를 얻지 못한 이유를, 큰 물고기가 신선이 살고 있는 섬으로의 접근을 방해했기 때문이라고 하면서 쇠뇌를 잘 쏘는 사수射手와 함께 다시 나가게 해달라고 요청하였다고 되어 있다. 그 내용은 다음과 같은 기록에 보이는 바와 같다.

> 진시황이 크게 기뻐하며 동남동녀 3천 명을 보내고 오곡五穀의 종자와 여러 장인匠人들의 만든 것을 선물하게 했다. 서복은 평평한 들판과 넓은 못을 얻자 거기에 머물러 왕이 되고 돌아오지 않았다.[428]

물론, 『진시황본기秦始皇本紀』와 『형산왕열전荊山王列傳』에서 말하고 있는 바는 다르다. 큰 물고기가 방해하여 신선을 만나지 못했다는 이야기가 『본기』의 내용이고, 해신을 만나기는 했으나 예물이 부족하여 구경만 하고 돌아와 다시 많은 예물을 싣고 갔다는 이야기는 『열전』의 기록이다.

그런데 이 이야기들을 자세히 음미하면, 서복의 입장에서는 분명 숨은 의도가 있음을 쉽게 유추할 수 있다. 처음에는 동남동녀 수천 명만 데리고 간 것으로 되어 있다가, 나중에는 '동남동녀 3천 명'과 '오곡의 종자' 그리고 '여러 장인들이 만든 공예품'을 준비하고 더불어 쇠뇌를 잘 쏘는 사수 무리들을 이끌고 출항한 것이다. 두 번째의 출항은 누가 보아도 선약仙藥을 구하러 가는 모양새가 아니다. 새로운 신천지를 개척하기 위해서 떠나는 모양새인 것이다. 동남동녀 3천 명은 신천지의 백성이 될 것이며, 오곡의 종자는 농사를 지어 자립하기 위한 방편인 것이고, 백공

---

[428] 『사기』 권118 회남형산열전: 秦皇帝大說 遣振男女三千人 資之五穀種種百工而行 徐福得平原廣澤 止王不來.

百工의 제품들은 생활필수품이다. 더불어 궁수를 데리고 간 것은 군대조직이므로 외적의 침입으로부터 자신들을 보호하려는 것임을 쉽게 알 수 있다.

　이와 같은 것들을 갖추고 시황제와 작별하고 출항한 얼마 후에 시황제는 병으로 죽게 된다. 그 당시 이미 시황제의 건강이 상당히 좋지 않았음을 충분히 짐작할 수 있는 실정이다. 대단히 총명한 것으로 알려진 시황제가 그와 같이 많은 물품과 병력을 하사하면서 보낸 서복이 짧은 기간 안에 돌아올 것이라고 생각했을까! 주지하다시피 시황제는 바보가 아니다. 서복은 곧 돌아올 여정으로 생각하면서 그와 같은 물품들을 챙겼을까? 그 모든 것들은 도저히 상식적으로 이해할 수 없는 상황이다.

　역사적 사건에는 상식으로 이해할 수 없는 부분들도 가끔 있지만, 그러한 일들은 비상식적인 인간들의 일탈적 행동에서 기인한다. 시황제와 서복의 경우를 보면, 이는 역사적 사건의 비상식적 이야기가 아니라 역사적 기록의 잘못에서 비롯된 사건임을 쉽게 판단할 수 있다. 시황제와 서복의 이야기를 불로장생에 정신이 팔린 시황제와 그를 속여서 자신의 영달을 꾀하려 한 서복의 이야기로 얼버무리려고 한 기록의 잘못이다. 진실을 감추고 허구를 역사로 만든 사례라고 할 수 있다. 시황제와 서복 사이에 지금 우리가 알지 못하는 새로운 사실이 있어야만 이 기록은 의미를 가지게 된다. 『사기』에서는 서복의 이야기에서 『진시황본기』와 『형산왕열전』의 내용이 서로 다른 모순을 범하고 있다. 사마천의 역사서술은 이와 유사한 부분이 많다. 방대한 역사서를 혼자서 집필하다보니 그 중간에 스스로 모순에 빠지게 되는 경우가 흔히 있었기 때문이다.

　여기서 중요한 사실 한 가지가 더 검토되어야 한다. 이른바 '갱유坑儒' 사건이다. 실제적으로 분명히 밝혀지지는 않았지만 이른바 갱유사건은 아마도 두 차례에 걸쳐서 있었던 것으로 생각된다. BC. 213년에 460명

정도와 그 다음해에 700명 정도를 생매장하여 죽인 사건이다. 그 배경에는 한종韓終과 후생候生 등에게 수많은 재물을 들여서 선약仙藥을 구해오도록 했지만, 약을 구해 돌아오지는 않고 모두 도망쳐버리자 화가 난 시황제가 함양咸陽에 있는 '방사'들을 모아 죽인 것이 1차 갱유이고, 역시 분이 덜 풀린 시황제가 거짓말 하는 '방사'들과 실제 생활에 도움이 되지 않는 언설을 일삼는 '유생'들을 함께 잡아다가 생매장해버린 것이 2차 갱유로 볼 수 있다. 이런 갱유사건을 일으킨 시황제가 불과 2년 뒤에 서복의 2차 출항요청을 『사기』의 기록처럼 흔쾌히 믿고 지원했다고 본다는 것은 어불성설이다. 삼척동자도 믿을 수 없는 소설을 역사에 접목시킨 사마천의 기록에 2,000년 동안 많은 사람들이 사실史實과 진실眞實을 혼동하게 된 것이다.

『한서漢書』「교사지郊祀志」와 『후한서後漢書』「동이전東夷傳」에서는 이 일들을 비교적 합리적인 관점에서 살피고서, 그들은 모두 화를 피하기 위해서 즉 선약을 얻지 못한 결과로 죽음을 당할 것을 염려하여 도망하여 돌아오지 않았다고 하고 있다. 그러나 이러한 기록 또한 중국적 관점에서 한쪽 면만을 본 것이라고 할 수 있다. 다른 관점에서 본다면, 그들 방사들은 처음부터 계획적으로 충분한 물자와 인원을 확보하여 진나라를 탈출하여 새로운 세계로 가고자 하였지만 이러저러한 사정으로 인하여 그 목적을 달성하지 못하고 자신의 목숨만이라도 부지하고자 도망한 것으로 이해하는 것이 합리적이다. 다만, 서복의 경우는 1차 출항에서는 한종이나 후생 등과 같이 그 목적을 이루지 못하고 돌아왔다가, 1차 출항에서 부족했던 부분들을 보완하여 시황제와의 밀약에 의해 2차 출항에서는 군대까지 갖춘 상태에서 진나라를 탈출하여 새로운 이상세계를 건설하고자 하는 열망이 있었다고 볼 수도 있는 것이다. 시황제와 서복은 서로 내밀하게 이와 같은 계획에 동의하여 동쪽에 새로운 세계를 개척하기로 약속한 것은 아닌지 검토해볼 필요가 제기된다.

전국시대를 통일한 시황제의 그 다음 목적은 옛 조선까지 통일을 이루는 것은 아니었을까?[429] 그와 같은 가능성을 열어두고 본다면, 왜 시황제와 서복이 협심하여 새로운 세계를 개척하기 위해서 길을 떠난 것일까를 유추해볼 필요가 있다. 역사에서 잃어버린 단편들을 찾아야만 하고, 사건에 대한 합리적인 논리를 재구성해야 할 필요성이 여기에 있다.

---

[429] 시황제의 먼 조상이 동이족이라는 사실도 역사학자들에게는 논의의 대상이다. 시황제의 조상이 동이로부터 중국의 감숙성 天水지방으로 이주하여 살았고, 그곳의 천연적인 지리를 이용하여 말을 방목하여 잘 길렀으며 그 공으로 귀족의 지위를 확보하고서 결국은 진나라를 차지하게 되었다는 이야기는 단순한 하구만이 아닌 것으로 인식되고 있다. 필자도 이 지역을 답사하면서 많은 것을 듣고 보고 느꼈던 기억이 생생하다.

3. 중국 도교의 기원과 전개

진秦나라가 망하고 한漢나라가 들어선 후 사상적 분위기는 황로학黃老學이 주류를 이루었다. 황제黃帝와 노자老子의 사상을 묶어서 숭배하는 분위기로 된 것이다. 이는 오랜 기간 전쟁으로 지친 백성들을 쉬게 하자는 국가의 방침과도 일치하였다. 그리하여 문제文帝와 경제景帝에 이르는 기간 동안 이른바 '문경지치文景之治'라는 중국 역사상 가장 평화로운 통치시기를 맞이하게 되었다. 후한시대에 접어들면서는 도가道家, 황로학黃老學, 신선설神仙說, 참위설讖緯說 등이 성행하고 불교佛敎도 일부 서역으로부터 전파되었다.

중국 도교의 기원

이런 와중에 후한後漢 말기에 이르러 중국에는 두 갈래의 도교파道敎派가 창시된다. 태평도太平道와 오두미도五斗米道가 그것이다. 이 시기에 등장하는 대표적 도교인물이 바로 간길干吉이다. 그는 오吳나라의 손책孫策에게 죽임을 당한 것으로 되어 있는데, 원래 출신지가 산동山東이었고 후에 절강성浙江省 등에서 활동하였으며 수많은 신도를 거느리고 막강한 세력을 형성했던 것으로 알려지고 있다. 그는 『태평청령서太平淸領書』라는 신비로운 책을 입수하고 그 책을 소의경전으로 하여 종교집단을 창시하였다. 손책이 연회를 베풀고 있을 때 선인화仙人鏵를 지니고 화려한 복장을 한 간길이 지나가자 많은 사람들이 잔치자리를 벗어나 그에게로 가서 예를 표하였다. 화가 난 손책은 여러 사람들의 만류에도 불구하고 그를 죽였으니 기원 후 200년의 일이라고 전한다. 그 당시 그의 나이가 100여 세였다고 한다. 여기서 주목할 점은, 그가 가지고 다녔던 물건이 선인화였다는 사실이다. 신선이 지니는 가래라는 것이니, 간길과 신선사상과의 관계를 알 수 있는 내용이기 때문이다.

  그 다음으로는 태평도太平道를 창시한 장각張角을 들 수 있는데, 그는 하북성河北省 즉 연燕나라 출신이다. 그와 간길 사이에 어떤 관련성이 있는지는 전혀 알려진 바가 없지만 그 또한 『태평청령서太平淸領書』를 입수하고서 태평도를 만들어 순식간에 하북성 일대에서 수십만 명의 신도를 만들었다. 이 책은 전하고 있지 않지만 당시 비슷한 시기에 간길과 장각이 같은 책을 얻었다는 것은 깊이 연구할 필요성을 느끼게 한다. 하북성과 산동성을 근거지로 한 그들이 같은 책을 얻었다는 사실은 그 이면에 뭔가 동질적인 이유가 있었다고 볼 수 있기 때문이다.

  그는 스스로를 '대현량사大賢良師'라 하고, 치료를 받으러 오는 사람들에게 먼저 그들의 죄를 스스로 뉘우치게 하고 부수符水를 마시게 하며 '마디가 아홉인 지팡이'로 주술을 행하여 병을 낫게 하였다. 그 효과가 뛰어나 짧은 기간에 많은 신도를 규합하였던 것이다. 그가 사용한 치료법이 먼저 스스로 죄를 뉘우치게 하고 지팡이를 써서 주술을 행했다고 하는 점도 고려의 대상이다. 뉘우침은 반성이며 지팡이는 전달 또는 소통의 매개체이다. 인간으로서 지은 죄를 뉘우쳐야만 선인仙人의 지위를 회복할 수 있는 것이며, 여기에는 신과의 소통수단인 지팡이가 필요했던 것이라고 볼 수 있다. 이러한 사상의 기본구조는 옛 조선의 신선사상에서 비롯된 것으로 보아야 이해가 쉽다.

그는 그 세력을 바탕으로 반란을 일으키니 곧 '황건적黃巾賊의 난(184)'이다. 이 난은 후한後漢을 무너뜨리고 삼국시대를 열어 우리에게 좋은 이야기 거리를 준 사건이다. 그는 반란을 일으키면서 자신을 천공장군天公將軍이라 칭하고 두 동생을 각각 지공장군地公將軍, 인공장군人公將軍이라 불렀다. 여기에는 천지인天地人의 삼재사상이 반영되어 있다고 보아야 한다. 그들이 일으킨 반란의 목적은 태평세계의 건설에 있었다. 더욱 분명한 것은 그들은 한나라와는 이질적인 성향을 보였다는 점이다. 일찍이 한나라의 무제武帝는 사군四郡을 설치하여 동이족東夷族의 영토를 침탈하였고 그 민족을 핍박하였다. 후한말기에 이르러 나라가 쇠퇴하면서 혼란해진 틈을 이용하여 하북과 산동을 중심으로 거대한 집단의 반란이 일어난 사실은 그 원인을 별도로 규명할 필요가 있다. 사천성을 중심으로 발전한 오두미도가 정권에 너무 쉽게 항복한 것과는 판이한 성격을 보였기 때문이다.

그러나 이 반란은 주동자인 장각張角과 그의 두 동생이 토벌되어 죽임을 당하면서 불과 1년 안에 평정되었지만 그 잔당들에 의한 계속된 반란은 20여 년간 이어져 후한이 결국 멸망하게 되었다. 그런데 흥미로운 사실은, 그 와중에 조조曹操가 정권을 잡는데 결정적으로 기여한 청주병력靑州兵力 30만이 사실은 산동지역의 황건적이었다는 것은 기억해야 할 내용이다. 그들이 조조와 협력한 것은 결국 한나라에 대해서는 끝까지 적대적인 감정을 가지고 있었음을 말하는 것으로 보아야 한다. 한나라를 멸망시키고자 하는 공통의 목적으로 조조와 연합하였던 것으로 볼 수 있다는 것이다. 한나라 당시 초기에는 황로사상이 유행하였고 신선사상도 일부 수용되었으며, 후한시대에는 참위설讖緯說 등이 크게 유행하였지만 여전히 신선사상은 하북성 산동성을 중심으로 한 중국의 동해안에서 주류를 이루었다. 한족漢族과 이질적인 문화를 가지고 있었던 신선사상에 기반한 커다란 세력이 이 지역에 존재했었다고 볼 수 있는 중요한 근거이다.

간길이 정권에 반대하는 민중도교 조직을 만들었고, 장각이 짧은 시간에 수십만의 신도를 모아 어지러운 세태를 틈타 민중혁명을 일으킨 것은 모두 당시 중국 도교 교단의 성립과 밀접한 관계가 있다고 본다. 그러나 그들이 산동(제나라) 하북(연나라) 출신이면서 정권에 대항하여 민중의 세상을 만들려고 했던 것은 근본적으로 그 이유를 다시 조명해 보아야 한다고 생각한다.

도교의 또 한 갈래인 오두미도는 안휘성安徽省 패현沛縣 출신의 장릉張陵이 창시하였다. 그는 태학太學에 재학하여 유교의 경전을 두루 섭렵한 것으로 나타나며, 만년에 이르러 유학이 장생에 도움이 되지 않는다는 사실을 깨우치고는 장생법을 공부하여 황제黃帝의 구정단법九鼎丹法을 터득하였다고 한다. 그리고는 사천지방으로 가서 도교의 서적을 만드는 일을 하던 중에 주하사柱下史와 동해소동東海小童 등 여러 신과 신선들이 내려와서 그에게「신출정일맹위지도新出正一盟威之道」을 주었다. 여기서 말하는 주하사柱下史는 노자老子를 지칭하는 말이며, 동해소동은 신선사상의 근원지가 중국의 동해임을 방증하고 있는 이야기인 것이다. 그는 노자의 사상에 의탁해서 신선술을 전파한 인물이었다. 그리하여 그가 사람들의 병을 고칠 수 있는 능력을 얻게 되었고 이로부터 많은 신도를 거느리게 되었다.

그리고 쌀 다섯 말을 바쳐야 신도로 받아들였으므로 오두미도라 하였다. 그래서 그에게는 미적米賊이라는 이름도 따라다니게 되었던 것이다. 그리고 그는 많은 재물을 얻게 되어 그를 토대로 금단金丹을 만드는데 성공하여 신선술을 부리기도 하다가 제자 두 명과 더불어 한낮에 승천하였다고 한다. 이 내용들은 태평도太平道와는 근본적인 구조가 다르다. 간길이나 장각이 권력자들에 의해서 무참히 죽임을 당한 것과는 달리 장릉張陵은 승천한 것으로 나타나기 때문이다. 그러나 이러한 이야기는 후대에 왜곡되고 과장된 기록에 의한 것일 가능성이 매우 높다. 왜냐하면 갈홍葛洪이 지은 『신선전神仙傳』은 장릉이 죽은 지 100년이 지난 후에 만들어졌으며, 더 나아가 당나라 때에 다시 편집된 것이므로 믿을 수 없는 부분이 많기 때문이다. 실상으로 본다면, 간길이나 장각이 신선으로 승천하고, 장릉이 인간적인 죽음을 맞아야 하는 것이 상식적인 전개이지만 오두미도와 태평도의 차이점이 여기서 극명하게 드러나고 있다. 간길과 장각 등은 이 세상에서 인간으로서의 임무를 완수하지 못했기에 하늘의 부름을 받지 못하고 생을 마친 것이며, 장릉의 경우는 허무맹랑하게 조작된 이야기로 마무리가 된 것이다. 이 점이 신선사상과 중국식 도교의 차이인 것이다.

그리고 그의 손자 장로張魯 때에 오두미도는 크게 성장하였는데, 중간 간부들에게 『도덕경』을 읽도록 했으며, 스스로 『노자상이주老子想爾注』라는 『도덕경』의 주석서를 썼다고 한다. 여기에는 신선사상과 같은 내용은 전혀 없는 것으로 밝혀졌다. 오두미도는 태평도와는 성격이 완전히 다른 것이었다. 그는 정치적 권력을 추구하여 결국 한중漢中을 점령하고서 큰 세력을 누리다가 215년에 조조에게 토벌되어 항복하고 자신은 진남장군鎭南將軍에 봉해지고 그의 아들 중 하나는 조조의 사위가 되었다.

그는 병든 사람을 치료하면서 쌀을 다섯 말씩 취하였다. 어리석은 사람들을 속여서 재물을 취하고 교단조직을 만들어 세력을 확장하였던 것이다. 백성들에게 일종의 계율을 전파하는 것으로서 교단을 유지했다고 보인다. 그가 쓴 책에는 신선사상과 같은 내용은 전혀 없는 것으로 연구되었다. 그는 전형적인 중국적 도교 교주였던 것이다. 그리고 이 계통은 나중에 천사도天師道로 이름을 바꾸고 오늘날까지 중국 도교의 정통이라고 자부하고 있다. 오늘날까지 전하고 있는 『한천사세가漢天師世家』라는 책에서는 역대 교주의 전기를 모아두고 있으며, 장씨는 대를 이어 교주의 권력을 누려왔다. 이것은 특정 가문의 종교이지 민중의 종교는 아니라고 할 수 있다. 물론 역사적 변천 과정에서 천사도는 그 정통성을 지키기 위해 장씨 가문을 이용했던 측면도 없지 않은 것도 사실이다.

또한 제4대 교주 장성張盛은 『한천사세가』에 의하면 용호산龍虎山으로 교단의 본거지를 옮겼다고 했는데, 그 이유를 장릉이 금단을 만들려고 했던 아궁이의 흔적을 발견했기 때문이라고 하였다. 이러한 설명은 참으로 견강부회의 대표적인 사례라고 할 수 있다. 그러나 이 천사도는 중국인의 사유구조에 잘 부합하는 측면이 있었던 모양이다. 지속적으로 역사적 발전을 이루었기 때문이다. 위진남북조시대에 이르러 대표적인 신도로서 그 유명한 왕희지王羲之와 그의 아들 왕응지王凝之와 왕헌지王獻之 및 두자공杜子恭 등이 참여하였기 때문이다.

중국도교의 전개와 농민봉기

그런데, 이 오두미도의 전개에서 독특한 사건이 위진남북조시대에 한 가지 일어났으니 바로 손은孫恩과 노순盧循의 반란사건이다. 난의 출발점은 손은의 백부伯父인 손태孫泰였다. 손태는 오두미도의 신자로서 그의 스승인 두자공杜子恭으로부터 전수받아 선술仙術 양생법養生法 등에 뛰어났다. 그는 많은 신도를 거느리게 되었고, 이에 관으로부터 반역의 의심을 받아 광주廣州로 유배되었는데 그곳에서도 여전히 많은 인기를 얻었다. 결국 동진東晉이 쇠퇴의 길로 접어들자 반역을 일으켰다가 죽임을 당하였다. 이때 손은은 바다 가운데 섬으로 도망갔는데 신자들의 믿음이 계속 이어져 그에게 많은 물자와 공물을 보냈다. 나라가 더욱 어지러워지자 손은은 복수를 계획하고 섬에서 백여 명의 신자를 이끌고 나와 회계會稽에 상륙하여 회계내사會稽內史였던 왕응지王凝之를 죽이고 수만의 군사를 모으니 10일 정도 만에 수십만의 군사가 모였다. 그들은 관리들과 문벌귀족들을 죽이면서 세력을 키웠다. 손은은 스스로 정동장군征東將軍이라 칭했으며, 그 무리들은 '장생인長生人'이라고 불렀다.[430]

401년에는 10만의 군사를 이끌고 수도인 건강을 위협했지만 결국 다음해(402)에 송宋나라 무제武帝가 될 유유劉裕에게 패하여 바다에 투신하여 자결하였다. 이어 손은의 누이를 부인으로 맞았던 노순盧循이 그 무리의 우두머리로 추대되어 광동廣東에서 세력을 팽창하였다. 그는 명문가에서 태어난 것으로 알려졌는데 상대적으로 한미한 손은의 집안과 혼인하였다. 그러면서도 손태와 손은이 그 무리의 우두머리였다가 그들이 죽고 난 이후 노순이 우두머리로 추대되었다는 사실은 시사하는 바가 있다. 오두미도의 조직에서는 손씨 집안이 강력한 세력을 유지하고 있었다고 보아야 하기 때문이다. 노순은 410년에 십여 만의 군사를 이끌고 다시 건강을 공격했으나 유유劉裕에게 패하고 마지막으로 베트남까지 쫓기다가 하노이의 동남쪽 바다에 투신하여 자살함으로써 난이 평정되

---

430 이와 같은 연구는 이미 오래 전에 일본의 학자들에 의해 상세히 연구되었는데, 구보 노리타다의 『도교사』(東京山川出版社, 1977)가 대표적이다. 이 책은 최준식이 번역하여 분도출판사에서 1990년에 국내에서도 간행되었다.

었던 것이다.

　여기서 중요한 점은, 그 당시 중국의 동쪽 지역, 특히 남북조시대로 나누어져 있는 사정에서 북쪽의 오호십육국五胡十六國이 아니라 남쪽 한민족 중심의 나라에서 중국의 동해안 지방을 거점으로 도교의 반란이 일어났다는 점이다. 그리고 그들은 선술仙術에 뛰어났고 장생인長生人이라 불렸던 점 등을 미루어보건대 오두미도 안의 한 분파 즉 손태·손은·노순으로 이어지는 계통에서는 신선사상과 밀접하게 연관되어 있었음을 알 수 있다는 연구결과가 명확히 있다는 사실이다. 또 그들은 시해尸解를 믿고 수선水仙이 있다고도 믿기도 했다. 이런 점들은 오두미도의 신앙내용과 일치하는 부분이다. 따라서 그들은 초기 오두미도와는 완전히 다른 성격을 가지고 있었던 사실이 분명하다. 즉 오두미도 본래의 신앙과 함께 신선사상을 결합한 새로운 형태로 바뀐 모습인 것이다. 그리고 이 신선사상과 더불어 중국 정권의 혼란한 시기에 맞추어 반란을 도모했다는 사실은 황건적의 난과 비교하여 고려해보면 하나의 분명한 공통적인 시사점을 제시하고 있다.

　그들의 저항에는 반드시 일관된 내재적인 동기와 원인이 있었고, 추구하는 목표가 있었음을 짐작할 수 있다. 그 배경에는 한민족과 신선사상과의 뿌리 깊은 관계가 있었던 것이라고 볼 때, 문제에 대한 해답은 자연스러워진다. 중국의 동해안 지방에 중국의 정권에 저항하는 일군의 무리가 있었고, 그들을 한민족의 유민으로 본다면 그 이유는 쉽게 설명할 수 있게 되는 것이다.

4. 마무리

　기본적으로 신선사상은 중국의 사유가 아니다. 중국의 도교와 방선도는 그 출발점이 완전히 다르고 사유구조가 다르다. 신선사상은 중국의 동해안 좀 더 구체적으로는 발해연안에서 발생한 것으로 나타나며, 방선도와 방선가들은 한민족 고유의 신선사상을 계승한 중국 동해안 연나라 제나라 지역에 흩어져 살고 있던 유민들로 보는 것이 보다 설득력이 있다. 그들은 방선도를 이용해 시황제의 폭정을 피해 떠나고자 한 것이며, 그 갈 곳은 중국의 동해이며 발해였으며, 한반도의 어느 곳을 정착지로 생각했을 것이다.

　서복이나 다른 방선가들이 선약을 찾아 떠나면서 동남동녀를 데리고 간 것은 새로운 이상세계의 신주민으로 필요하기도 했겠지만, 한편으로는 중국에 남아있는 유민들의 자손들을 신세계로 데리고 가려는 의도가 있었던 것은 아닐까 생각해 볼 수도 있다. 아직 세상사에 물들지 않은 동남동녀는 또한 천상세계의 모습을 지상에 구현할 수 있는 가장 적합한 존재들이기도 하다.

　신선사상은 신 개념과 선 개념이 합성된 용어이다. 이러한 사유구조는 한민족 고유의 사상에서 보인다. 인人에서 선僊으로 다시 신神으로 질적 변화를 거치며 승화한다는 신선사상은 천손족인 한민족의 근본사상이자 신앙이었다. 수양과 수련 그리고 간절한 기도를 통하여 숨어 있는 존재인 신과 접속하여 승천에 이르고자 하는 것이다. 이는 후대에 고구려에서는 조의선인皂衣仙人으로 신라에서는 화랑花郎으로 백제에서는 무절武節로 계승된 심신수련 단체와도 그 맥락을 같이 하는 것이다. 동남동녀를 데리고 선약仙藥을 구하러 떠난 것도 그들이 그러한 역할에 합당한 존재였기 때문이리라.

신선사상이 전국시대 말기의 혼란한 시기에 나타난 것도, 시황제 때의 폭정과 혼란 속에서 방선도가 크게 유행한 것도, 후한말기에 황건적의 난이 일어난 것도, 남북조시대에 손은과 노순의 반란이 일어난 것도, 결국은 연나라 제나라 지방을 근거로 한 방선도의 발전에서 정립된 태평도의 영향이 지대하다고 할 수 있다. 손은과 노순의 난은 오두미도로 출발한 것이지만 그 속에는 신선사상이 크게 자리 잡고 있었으며, 발생지역이나 그들의 호칭에서 방선도와 연계 지을 수 있는 동해에 대한 인식이 자리하고 있음을 알 수 있다. 초기의 태평도와 오두미도가 가지는 차이만큼이 중국적 도교와 한민족의 신선사상의 변별력을 보여주는 것이다.

중국 도교에서 이어진 반란의 역사는 한민족의 유민이 일으킨 저항운동이라고 보는 것이 가장 논리적으로 설득력을 갖는다고 할 수 있다. 반란은 당연히 폭정과 혼란에 대한 저항이지만, 더욱 중요한 것은 그 배경에 개인의 장생불사 추구가 아니라 한민족 고유의 홍익인간 이념의 구현에 있다는 점이 중요하다. 서복의 탈출은 시황제와의 또 다른 암묵적인 약속에 의해 이루어진 것이 아닌지 충분히 재검토해볼 여지가 있다.

민중 중심의 도교는 역사적으로 늘 연나라 제나라 지역이 중심을 이루었고, 개인적 수련을 중시하는 도교와는 그 계통이 확연하게 다르게 전개되었다. 오늘날 중국 도교의 중요한 거점은 여전히 산동이며 그 중심은 로산崂山이다. 한족漢族에 의해서 한민족韓民族의 신선사상이 와전되고 핵심이 왜곡되었다고 할지라도 여전히 그 흔적은 남아있는 것이다. 신선사상과 방선도의 근본은 우리 한민족의 고유한 사유구조라고 보는 것이 필자의 견해이다.

중국의 신선사상은 사실 갈홍葛洪(283-343)에 의해서 정립되었다고 하여도 과언이 아니다. 그는 중국고대의 신선과 관련된 모든 사상을 섭렵하였던 것이며, 집안의 도교적 전통을 고스란히 물려받은 인물이기도 하다. 그의 사상은 『포박자抱朴子』에서 스스로 말하고 있는 바와 같이 금단金丹에 관한 서적을 1,000부 이상이나 읽었던 것처럼 '금단술金丹術'이 중심을 이루고 있다. 한편으로 그는 도참圖讖이나 예언豫言, 의술醫術 등에도 깊은 조예를 보였으니 이것은 '시해법尸解法'이다. 이것은 좌자左慈로부터 갈홍葛洪의 종조부인 갈현葛玄으로 이어지고 다시 정은鄭隱으로 전해졌다가 갈홍에게로 전해진 금단술의 계통과 마명생馬鳴生으로부터 음장생陰長生으로 전해지고 다시 갈홍의 장인丈人인 포정鮑靚에게로 이어졌다가 갈홍에게로 전해진 시해술의 두 갈래를 모두 전수한 인물이 갈홍이라는 구조이다.

갈홍에 의해서 중국의 도교는 하나의 계통으로 정리된다. 그런 과정에서 태평도가 사라진 뒤 오두미도에서 신선사상과 시해법이 함께 나타나게 되는 것이다. 이제 백일승천과 같은 비합리적인 요소는 도교에서 배제되고 시해와 금단이라는 개념이 주류를 이루게 되었다. 보다 엄밀히 말하면 시황제 당시에 유행하던 신선사상은 완전히 다른 세계의 이야기가 된 것이다. 금단은 다시 내단과 외단으로 나뉘고, 시해는 교단의 권위를 위한 방편에 지나지 않게 되었다. 중국에서의 참된 신선사상은 사라졌다.

신선사상의 근본구조는 처음부터 천손족天孫族으로 태어나는 것이 중요하다. 그리고는 지상에서 자기에게 주어진 홍익인간 제세이화의 임무를 다해야 한다. 그런 연후에 몸과 마음을 깨끗이 하여 하늘의 부름을 기다리면서 산 속에서 기도로 신神과의 소통을 기다린다. 드디어 때가 되면 신의 부름을 받아 환골탈태하고서 소매를 펄럭이면서 천상의 세계로 승천하는 것이다. 결코 금단이나 시해와 같은 저급한 방법으로 도달하는 경지는 아니다. 신선은 바로 그런 것이다.

참고문헌

典籍

『正統道藏』,『中華道藏』
胡孚琛 主編,『中華道教大辭典』, 北京 : 中國社會科學出版社, 1995
呂光榮 主編,『中國氣功辭典』, 北京 : 人民衛生出版社, 1988
戴源長 編,『仙學辭典』, 臺北 : 眞善美出版社, 民國 67年
禪學大辭典編纂所,『新版 禪學大辭典』, 日本 : 大修館書店, 2000
張志哲 主編,『中華佛教人物大辭典』, 合肥 : 黃山書社, 2006
坂出祥伸 責任編輯,『道教の大事典』, 東京 : 新人物往來社, 1994
劉鋒・臧知非,『中國道教發展史綱』, 臺北, 文津出版社, 1997
陳永正 主編,『中國方術大辭典』, 廣東 : 中山大學出版社, 1991
趙道一,『歷世眞仙體道通鑑』,《正統道藏》제9책
沈志剛 主編,『鍾呂傳道集注釋・靈寶畢法注釋』,『道學經典注釋』1, 北京 : 中國社會科學出版社, 2004
李遠國, 김낙필 외 옮김,『내단 - 심신수련의 역사 1・2』, 성균관대학교출판부, 2006. (原書 : 李遠國,『道教氣功養生學』, 四川 : 四川省社會科學院出版社, 1988
張振國,『悟眞篇導讀』, 北京 : 宗教文化出版社, 2001
孔令宏,『宋明道教思想研究』, 北京 : 宗教文化出版社, 2002
張志堅,『道教神仙與內丹學』, 北京 : 宗教文化出版社, 2003
卿希泰 主編,『中國道教史』제2권, 成都 : 四川人民出版社, 1996
任繼愈 主編,『中國道教史』, 2책, 北京 : 中國社會科學出版社, 2001
胡孚琛・呂錫琛,『道學通論』, 北京 : 社會科學文獻出版社, 2004
張興發,『道教內丹修煉』, 北京 : 宗教文化出版社, 2003
張立文 주편, 김교빈 외 옮김,『기의 철학』, 서울 : 예문서원, 2004

張立文 주편, 안유경 옮김,『리의 철학』, 서울 : 예문서원, 2004
사토 고에쓰 외, 박문현 외 옮김,『기의 비교문화』, 서울 : 한울, 2006
李霞,『圓融之思 - 儒佛道及其關係研究』, 合肥 : 安徽大學出版社, 2005
구보 노리따다, 최준식 옮김,『道敎史』, 분도출판사, 2000(原書 : 窪德忠,『道敎史』, 東京 : 山川出版社, 1977
張君房 輯,『雲笈七籤』, 齊南 : 齊魯書社, 2003
오승은 지음, 서울대학교 서유기 번역 연구회 옮김,『서유기』전10권, 솔, 2004
吳承恩,『圖文本 西遊記』전3권, 중국 : 上海古籍出版社, 2004
吳承恩 著, 李卓吾 批評,『李卓吾批評本 西遊記』上下, 中國 : 岳鹿書社, 2005
周文志,『看破 西遊記 -『西遊記』與中醫易道學』上下, 中國 : 雲南人民出版社, 1999
河錫章,『幻象世界中的文化與人生『西遊記』』, 中國 : 讀好書文庫, 1999
肖騪, 黃偲奇 編著,『西遊記故事』, 中國 : 中華書局, 2012
郭健,『取經之道與務本之道』, 중국 : 巴蜀書社, 2008
宋貞和,『『西遊記』與東亞大衆文化』, 鳳凰出版社, 2011
마노 다카야 지음, 이만옥 옮김,『도교의 신들』, 들녘, 2001
이윤수,『부처님과 보살 재미있는 이름 이야기』, 민족사, 2007
홍상훈,『그래서 그들은 서천으로 갔다』, 솔, 2004
나카노 미요코 지음, 김성배 옮김,『서유기의 비밀』, 한영문화사, 2014
R. K. 나라얀 편저, 김석희 옮김,『라마야나』, 도서출판 아시아, 2012
김낙필,『조선시대의 내단사상』, 대원출판, 2005
이용주,『도, 상상하는 힘』, 이학사, 2003
진스창, 안동준 · 런샤오리 뒤침,『도교문화 15강』, 알마, 2011
松本浩一,『宋代の道敎と民間信仰』, 東京 : 汲古書院, 2006
常般大定,『支那に於ける佛敎と儒敎道敎』, 東京 : 東洋文庫, 東洋文庫叢書 제30, 1930
久保田量遠,『中國儒佛道三敎史論』, 東京 : 東方書院, 1931
久保田量遠,『支那儒佛道交涉史』, 東京 : 大藏出版社, 1943(譯書 : 최준식,『中國儒佛道三敎의 만남』, 민족사, 1990)
미우라 구니오, 이승연 옮김,『주자와 기 그리고 몸』, 예문서원, 2003
鎌田茂雄,『道藏內佛敎思想資料集成』, 東京 : 東京大學 東洋文化研究所, 1986
小野澤正一 外 2人,『氣の思想』, 東京 : 東京大學出版會, 1978
葛兆光, 沈揆昊 옮김,『道敎와 中國文化』, 동문선, 1993
김경수 · 신상화,『용의 등에 내려앉은 봉』, 글모아출판, 2014

論文

김낙필, 「도덕경의 내단사상적 해석」, 『한국도교사상연구』 총서10, 한국도교사상연구회, 1996
_____, 「장삼봉의 내단사상과 태극론」, 『도교문화연구』 제27집, 한국도교문화학회, 2007
서대원, 「鐘呂의 우주관 고찰」, 『도교문화연구』 제27집, 한국도교문화학회, 2007
_____, 「도교와 중국의 현대화」, 『도교문화연구』 제22집, 한국도교문화학회, 2005
_____, 「외단으로 본 『참동계』」, 『동양철학연구』 제46집, 동양철학연구회, 2006
_____, 「『참동계』와 태극도」, 『동양철학연구』 제47집, 동양철학연구회, 2006
_____, 「鐘呂의 수련관 고찰 - 도교 기질 변화설의 한 예로 - 」, 『동양철학』 제30집, 한국동양철학회, 2008
_____, 「종려의 생명관 고찰」, 『도교문화』 제11권,
신진식, 「『悟眞篇』의 "道禪合一" 사상」, 『도가문화연구』, 제26집, 한국도교문화학회, 2007
이재봉, 「장백단의 내단사상에 관한 연구」, 『大同哲學』 제20집, 대동철학회, 2003
_____, 「노자와 내단사상」, 『大同哲學』 제23집, 대동철학회, 2003
_____, 「『悟眞篇』 용어 연구 - 노정을 중심으로」, 『大同哲學』 제39집, 대동철학회, 2007
윤영해, 「유교와 도교, 그리고 불교의 다원주의 가능성」, 『불교학연구』 제5호, 불교학연구회, 2002
임형석, 「劉謐의 『三教平心論』에 관하여 — 儒教의 排佛論에 대한 한 불교도의 반응 —」, 『한국철학논집』제20집, 한국철학사연구회, 2007
후오밍쿤, 「당 중기 도교의 전환과 그들의 심성수선관」, 『동서사상』 제6집, 2009
최수빈, 「사마승정의 司馬承禎의 太上昇玄消災護命妙經頌을 중심으로 살펴 본 唐 道教의 사상적 특성 - 도불융합의 한 형태 - 」, 『도교문화연구 제27집, 2007
유흥만, 「『周易參同契』 註釋書의 觀點 比較 硏究」, 『인문과학연구』 29
박병수, 「『주역참동계』의 성립과 그 성격」, 『정신개벽』 제15집
김낙필, 「내단사상에서의 덕행 실천의 문제」, 『도교문화연구』 제15집, 2010
신진식, 「내단학의 '성명쌍수' 사상의 현대적 의의」, 『도교문화연구』 제27집, 2007
김수일, 「대ㆍ소주천의 구분」, 『도교문화연구』 제30집, 2008
윤찬원, 「도교에서 외단과 내단의 철학적 기초」, 『종교학보』 제2집, 한국종교간대화학회, 2006
정우진, 「연단술의 기초적 연구: 연단술의 범위, 성립시기, 성립요건에 관한 검토」,

『도교문화연구』 제37집
이대승, 「선천 개념의 형성・발전과 의미」, 『도교문화연구』 제38집
김재숙, 「성명쌍수 : 도교의 수련과 진인의 경지」, 『도교문화연구』 제27집, 2006
이근철, 「수승화강에 관한 내단적 연구」, 『도교문화연구』 제29집
이수일, 「精・氣・神과 三丹田에 關한 研究―人體上 相互 配置 問題를 中心으로―」, 『도교문화연구』 제31집
최재호, 「종려 내단론의 전개」, 『도교문화연구』 제39집
신수용, 「중국 당대의 양생술에 관한 일고」, 『한국엔터테인먼트산업학회논문지』 제6권 제4호, 2012
나민구, 「중국도가 내단 사상의 '수련'에 대한 고찰」, 『수사학』 제18집, 2013
최상용, 「태극도와 무극도에 관한 비교 연구 – 내단수련적 관점을 중심으로 – 」, 『도교문화연구』 제20집
한훈, 「태극도의 연원과 도상학적 세계관 – 진단의 무극도와 조돈이의 태극도를 중심으로 – 」, 『도교사상연구』 제47집
정경희, 「한국선도 수행으로 바라본 중국도교의 내단 수행」, 『선도문화』 제13권, 2010
金榮俊, 「張伯端의 『金丹四百字』에 關한 研究」, 문학석사학위논문, 원광대학교, 2000
김경수, 「북송초기 유불도의 삼교회통론」, 경상대학교 철학박사 학위논문, 2008
_____, 「진단의 내단이론과 삼교회통론」, 『한국철학논집』 제31집, 한국철학사연구회, 2011
_____, 「장백단의 저술고」, 『한국철학논집』 제29집, 한국철학사연구회, 2010
_____, 「북송초기 삼교회통론의 양상」, 『퇴계학과 유교문화』 제48집, 경북대 퇴계연구소, 2011
_____, 「진단과 장백단의 내단이론 비교」, 『남명학연구』 제35집, 경상대 경남문화연구원, 2012
_____, 「도교 남종 5조의 전승과 내단법」, 『한국철학논집』 제39집, 한국철학사연구회, 2013
_____, 「내단도교 남.북종의 단법 비교 – 장백단과 왕중양을 중심으로 – 」, 『한국철학논집』 제39집, 한국철학사연구회, 2014
_____, 「내단도교 형성기에 있어서 정기신의 의미변천과 삼교회통론」, 『온지논총』 제49집, 온지학회, 2016
_____, 「『서유기』에 나타난 유불도의 특징과 삼교회통론」, 『동양고전연구』 제69집, 동양고전학회, 2017
장춘석, 「中・印 猿猴故事와 손오공 형상」, 『중국소설논총』 제12집, 2005
송원찬, 「중국고전소설의 SF적 해석 가능성에 대하여: 『봉신연의』『서유기』『자불어』

를 중심으로」, 『중국소설논총』 제30집, 2009
나선희, 「중국 소설 속에서 살아온 잡종생물 - 『서유기』를 중심으로 - 」, 『중어중문학』 제30집, 2002
이정재, 「元明代 祭儀演行에 수용된 서유기 고사의 성격」, 『중어중문학』 제56집, 2013
신소연, 「원각사지 십층석탑의 서유기 부조 연구」, 2006
윤태순, 「오승은 소고 - 서유기를 중심으로 - 」, 『중어중문학』 제3집, 2002
최수웅, 「손오공의 이야기가치와 문화콘텐츠적 활용양상 연구」, 『인문콘텐츠』 제23호, 2011
이시찬, 「손오공 형상에 관한 해체주의적 고찰」, 『중어중문학』 제54집, 2013
민관동, 「서유기의 국내유입과 판본 연구」, 『중국소설논총』 제23집, 2006
김태관, 「서유기와 항마변 및 불경의 비교연구」, 『중국문학논집』 제23호, 2005
정규복, 「서유기와 한국고소설」, 『아세아연구』 제48집, 2002
磯部彰 저, 나길희 역, 「『서유기』 연구사」, 『동아문화』 제33집
高玉海 婁秀榮, 「明淸小說續書藝術得失及其成因」, 『중국어문론역총간』 제10집, 2003
민관동, 「국내 중국고전소설의 연구와 성과」, 『중국어문학논집』 제48집, 2008
_____, 「『수호지어록』과 『서유기어록』 연구」, 『중국소설논집』 제29집, 2008
서정희, 「『서유기』의 주제연구 - 내단설의 수행이론을 중심으로 - 」, 『중어중문학』 제33집, 2003
_____, 「『서유기』의 주제연구 - 오행의 상생상극설을 중심으로 - 」, 『중국학연구』, 1998
_____, 「『서유기』의 손오공 연구 - 프로이트의 정신분석이론에 의한 진·가손오공의 정신세계 분석 - 」, 『중어중문학』 제42집, 2008
_____, 「『서유기』의 당삼장 연구 Ⅱ - 당삼장의 『반야심경』에 대한 깨달음의 과정과 그 의의를 중심으로 - 」, 『중국학연구』 제38집, 2006
_____, 「『서유기』의 긴고아 연구 - 욕망의 발산과 절제의 이중주」, 『중국학연구』 제46집, 2008
_____, 「『서유기』요괴의 래원과 법력연구」, 『중국학연구』 제42집, 2007
_____, 「『서유기』에 나타난 천리와 인욕의 대립구조」, 『중어중문학』 제51집, 2012
최한용, 「『서유기』에 나타난 종교요소」, 『국어국문학논집』 제57집, 2009
_____, 「『서유기』에 나타난 신불들에 대한 풍자」, 『국어국문학논집』 제58집, 2009
표정훈, 「『서유기』에 대한 몇 가지 생각」, 『문학과사회』, 2003
李奭學, 한운진 역, 「『현우경』에서 『서유기』까지 - 불교 "기원정사" 모티브의 중국 서사문학에서의 변화 과정 - 」, 『중국소설연구회보』 제83호, 2011
정원지, 「『서유기』의 구조와 논리」, 『중국인문과학』, 2002

_____, 「『서유기』의 사오정 인물 형상 연구」, 『중국소설논총』 제21집, 2005
_____, 「『서유기』 이전 저팔계의 인물형상 연구」, 『중국어문론역발간』 제17집, 2006
_____, 「『서유기』 저팔계의 성격특성 연구」, 『중국문화연구』 제8집, 2006

찾아보기

ㄱ

가결歌訣 35
간사簡事 31
간요簡要 29
거사분등록居士分燈錄 141, 196
격체신교膈體神交 242
경소대뢰법 257
경화瓊花 130, 132
계수癸水 177, 217
공적지선空寂之仙 41
공현자空玄子 105
교상판석教相判釋 53
구결口訣 168, 169, 194, 220, 253, 255, 261, 276, 277, 286
구비호흡지기口鼻呼吸之氣 26, 177, 216
구실지현편九室指玄篇 65, 66, 88, 153, 154, 204, 326
구전환단九轉還丹 278
구정단법九鼎丹法 402
구처기丘處機 240, 278, 363
국초國醮 161, 259
금단사백자해金丹四百字解 109
기요機要 29
기질지성氣質之性 188, 333, 337, 341
기해氣海 33, 34

ㄴ

낙서洛書 62, 64, 67, 89, 153, 204, 205, 326, 351
남악혜사南嶽慧思 23, 36, 200
남종선南宗禪 135, 192, 294
남종오조南宗五祖 120, 231
노자상이주老子想爾注 22, 403
뇌법雷法 159, 179, 196, 238, 257, 258, 259, 262, 268, 270, 301, 365
니환궁泥丸宮 176

ㄷ

단양자 277
단연斷緣 31
단정파丹鼎派 22
담초譚峭 61, 65, 153, 202, 204, 236, 326
대송천궁보장大宋天宮寶藏 143, 184
대주천大周天 178, 217, 285, 290
도선융회道禪融會 121
도추道樞 46, 66, 74
독맥督脈 82, 178, 217, 290
독설두선사조영집讀雪竇禪師祖英集 106, 107, 108, 138
독주역참동계讀周易參同契 105, 106,

107, 108, 109, 110, 148, 195
동해청룡東海靑龍 182
득규得竅 79, 81, 82, 212, 230
득약得藥 79, 83, 84, 212, 213, 230

ㅁ

마의도자麻衣道者 62, 64, 67, 71, 89, 153, 204, 205, 206, 221, 229, 236, 272, 292, 326, 335
마자연馬自然 116, 117, 120, 279
만선동귀집萬善同歸集 316, 317
목수穆修 88, 89, 335
목욕沐浴 107, 178, 217, 218, 285
무명자無名子 옹보광翁葆光 105, 106, 117, 118, 119, 189, 246, 247, 249, 274, 279
무심송無心頌 106, 107, 108, 140
무자성無自性 74, 140
무형무질無形無質 27, 177, 216, 284

ㅂ

방선도方仙道 379, 381, 392, 393, 407, 408, 409
방외우方外友 65, 86, 153, 155, 204, 206, 272, 326
백옥섬白玉蟾 116, 117, 120, 159, 160, 161, 162, 179, 195, 196, 202, 231, 237, 239, 240, 244, 246, 250, 251, 258, 259, 262, 269, 270, 279, 301
법공法空 75, 223
봉고封固 177, 217, 285
봉선서封禪書 382, 392
부록파符籙派 22
부요자扶搖子 64, 152, 204, 271, 325
부혁傅奕 366, 367, 372

북오조北五祖 241
북칠진北七眞 240, 241
불공不空 75, 223
불일계숭佛日契嵩 308, 315
불조통기佛祖統記 58, 62, 69, 205, 272
비릉선사毗陵禪師 158, 159, 249, 250
비전정양진인영보필법秘傳正陽眞人靈寶畢法 42

ㅅ

사마승정司馬承禎 23, 24, 25, 30, 31, 38, 39, 48, 201, 235, 333
사물四勿 126, 293
삭공지선數空之仙 41
삼교금련회 278
삼교평심론三敎平心論 313
삼기三奇 32
삼단전三丹田 33
삼덕三德 78, 212
삼업三業 33
삼오지정도三五至精圖 70, 71, 75, 222, 236, 335
삼재사상三才思想 401
삼청三淸 175, 176, 362, 370
삼황三黃 164, 165, 214, 350, 367, 376
상단전上丹田 88, 176, 177, 216, 284
상양자上陽子 106
상청파 30
서강월西江月 103, 104, 105, 106, 107, 108, 110, 140, 173, 180, 181, 187, 195, 219, 254
서복徐福 379, 381, 383, 394, 395, 396, 397, 398, 407, 408
서산백호西山白虎 182
석교가石橋歌 105, 107, 108, 109, 110, 195
석명釋名 385

석태石泰 112, 113, 115, 116, 117, 120, 157, 158, 159, 162, 181, 190, 196, 202, 220, 229, 231, 237, 239, 240, 244, 245, 246, 247, 248, 249, 254, 255, 256, 257, 258, 259, 261, 269, 275, 279, 286, 301
선문정조도禪門定祖圖 318
선인화仙人鏵 400
선정지미가禪定指迷歌 107, 108, 140
선천일기先天一氣 27, 171, 172, 177, 183, 194, 216
설도광薛道光 106, 116, 117, 120, 158, 159, 160, 162, 181, 189, 190, 195, 202, 220, 229, 231, 237, 240, 244, 246, 248, 249, 250, 255, 256, 257, 258, 259, 261, 262, 269, 272, 279, 286, 301
설두중현雪竇重顯 138, 192, 193, 227, 294, 316
성명규지性命圭旨 66, 73, 81, 223
성태聖胎 79, 84, 213
소옹邵雍 63, 65, 153, 204, 311, 323, 326, 333
소원랑蘇元郞 24, 25, 27, 28, 48, 235
소주천小周天 82, 178, 217, 285, 290
손불이 240, 277
손사막孫思邈 24, 25, 288
송고백칙頌古百則 139, 228, 294
쇄비술鎖鼻術 46, 60, 61, 205, 206, 267
수승화강水昇火降 34
수중치허守中致虛 243
수화광곽도水火匡廓圖 70, 71, 75, 222, 236
수화기제水火旣濟 29, 81, 326
수화상극水火相剋 34
순양진인純陽眞人 42, 45
시견오施肩吾 44, 45, 46, 47, 62, 325
식심견성識心見性 297, 300
신불멸설神不滅說 323

신소파神宵派 258, 262, 270, 301
신수腎水 81, 83, 100, 168, 171, 177, 179, 217, 326
신해神解 30, 38
심의염려지신心意念慮之神 27, 177, 216
심화心火 81, 83

○

안처安處 30, 38
양광陽光 178, 217, 285
여동빈呂洞賓(여암呂巖) 25, 42, 43, 44, 45, 46, 47, 48, 49, 61, 62, 65, 86, 116, 141, 147, 153, 155, 187, 188, 193, 202, 204, 206, 229, 235, 237, 242, 268, 269, 271, 272, 277, 325, 326
역세진선체도통감歷世眞仙體道通鑑 43, 44, 58, 59, 86, 87, 97, 99, 112, 116, 120, 130, 154, 155, 157, 158, 159, 160, 207, 237, 247, 256, 257, 258, 271, 274, 275, 276
역용도서易龍圖序 65, 66
연기煉己 29, 79, 81, 82, 212, 230
연기화신煉氣化神 26, 32, 65, 77, 79, 81, 82, 92, 133, 147, 150, 153, 172, 177, 178, 183, 188, 192, 204, 211, 212, 216, 217, 226, 228, 230, 252, 255, 284, 285, 326, 327, 332
연홍사은토鉛汞砂銀土 105
영명연수永明延壽 266, 291, 308, 315
영은사 315, 318
오공설五空說 75, 223, 224
오기조원五氣朝元 71, 79, 83, 212, 213, 230
오적五賊 147
오진성종직지悟眞性宗直指 109, 110
오진편悟眞篇 87, 88, 95, 96, 97, 98,

찾아보기 419

100, 102, 103, 104, 105, 107, 108,
109, 110, 111, 112, 113, 114, 115,
117, 118, 119, 120, 121, 122, 128,
129, 130, 134, 135, 136, 141, 142,
144, 145, 146, 147, 149, 150, 151,
152, 154, 155, 156, 157, 163, 164,
165, 168, 169, 170, 171, 172, 173,
174, 175, 176, 178, 179, 180, 181,
182, 187, 189, 190, 192, 193, 194,
195, 207, 208, 209, 210, 214, 215,
218, 219, 220, 225, 226, 236, 245,
246, 247, 250, 252, 253, 254, 255,
274, 278, 279, 281, 292, 293, 294,
328, 331
옥전玉詮 66, 74, 84, 85, 213
옥정玉鼎 165, 166, 215, 216
옥청금사청화비문금보내련단결玉淸金
筍靑華秘文金寶內煉丹訣 109, 278
완공頑空 75, 223
왕중양王重陽 47, 48, 49, 87, 231, 237,
240, 241, 263, 269, 270, 271, 272,
274, 275, 277, 278, 279, 280, 281,
282, 286, 287, 288, 289, 295, 296,
298, 301
왕현람王玄覽 37, 48, 235
요약곡姚若谷 143
용문파龍門派 240
용호금액환단통원론龍虎金液還丹通元
論 27, 28
용호산龍虎山 266, 404
운문종雲門宗 138, 139, 193, 227, 228,
294, 316, 318
원궁元宮 165, 166, 215, 216
원기元氣 26, 148, 166, 171, 172, 184,
185, 186, 216, 255, 290
원신元神 26, 148, 166, 171, 174, 177,
178, 188, 216, 218, 285, 372, 373
원정元精 26, 146, 148, 166, 171, 172,
174, 177, 194, 216
위료옹魏了翁 152
위백양魏伯陽 69, 128, 150, 221, 324

유목劉牧 89
유염兪琰 66, 156
유영년劉永年 117, 246, 247
유해섬劉海蟾 65, 86, 87, 97, 98, 99,
112, 113, 116, 117, 151, 153, 154,
155, 193, 202, 204, 208, 209, 210,
231, 236, 237, 241, 245, 269, 271,
272, 275, 301, 326
육근六根 39, 40, 41, 137, 368
육진六塵 39, 40, 41, 137
음부경陰符經 144, 145, 147, 148, 150,
168, 193, 214, 284, 298
음신陰神 72, 83, 84, 131, 132, 192,
213, 230, 276, 285, 332
음일소감지정淫佚所感之精 26, 177,
216
음진군환단가주陰眞君還丹歌注 65,
66, 153, 326
이도겸李道謙 275
인륜풍감人倫風鑒 65, 153, 326
인천교人天敎 37
일혼월백日魂月魄 29
임맥任脈 82, 178, 217, 290
임수壬水 171, 172, 177, 217
임영소林靈素 266
입약경入藥經 32, 33, 34, 35, 40, 41
입정출신入定出神 130, 134, 164

ㅈ

자양진인오진편습유紫陽眞人悟眞篇拾
遺 106, 107, 110
장군방張君房 143, 184, 195
장릉張陵 363, 402, 403, 404
장무몽張無夢 65, 86, 153, 155, 204,
236, 272, 326
장백단張伯端 10, 17, 26, 47, 48, 53,
83, 86, 87, 88, 92, 93, 95, 96, 97,
98, 99, 100, 101, 102, 103, 104,

105, 106, 107, 108, 109, 110, 111, 112, 113, 114, 115, 116, 117, 118, 119, 120, 121, 122, 123, 124, 125, 126, 127, 128, 130, 131, 132, 133, 134, 135, 136, 139, 141, 142, 143, 144, 146, 147, 148, 149, 150, 154, 155, 157, 158, 159, 160, 162, 166, 170, 171, 174, 176, 178, 179, 180, 181, 183, 184, 186, 187, 188, 189, 190, 191, 192, 193, 194, 195, 196, 197, 201, 202, 203, 206, 207, 208, 209, 210, 211, 213, 214, 216, 217, 218, 219, 220, 221, 224, 225, 226, 227, 228, 229, 230, 231, 236, 237, 239, 240, 241, 243, 244, 245, 246, 247, 248, 252, 253, 254, 255, 256, 257, 258, 259, 261, 263, 269, 270, 271, 272, 274, 276, 278, 279, 281, 282, 283, 284, 286, 287, 289, 291, 292, 293, 294, 295, 301, 308, 309, 313, 324, 325, 328, 330, 332, 343, 363
재초齋醮 161, 162, 179, 196, 268, 270, 301
전단공덕불旃檀功德佛 374
전법정종기傳法正宗記 318, 319
점문漸門 38
정역심법正易心法 64, 67, 153, 204, 326
제진성태신용결諸眞聖胎神用訣 66, 211
조도일趙道一 58, 59, 86, 100, 112, 155, 158, 159, 207, 209, 210, 237, 247, 248, 250, 256, 257, 271, 274
조의선인皂衣仙人 390, 408
조현랑趙玄郎 266
존상存想 30, 38
존신存神 23, 37
존양 38
종경록宗鏡錄 316, 317, 318
종려단법鐘呂丹法 25, 42, 47, 49, 92, 268

종려전도집鍾呂傳道集 25, 42, 43, 46, 47, 49, 62, 72, 325
종리권鍾離權 25, 42, 43, 45, 46, 47, 48, 49, 61, 62, 116, 147, 155, 187, 188, 193, 202, 206, 229, 231, 235, 237, 268, 269, 271, 325
종밀宗密 37, 316
좌망坐忘 21, 30, 31, 37, 38, 200, 235
주역참동계周易參同契 22, 27, 69, 71, 82, 128, 142, 148, 150, 193, 214, 221, 236, 284, 324
중단전中丹田 82, 88, 166, 177, 216, 284
중양교화집重陽敎化集 280
중파 239, 241, 243
증백룡동유도인가贈白龍洞劉道人歌 105, 107, 108, 109, 110, 189, 195
지견멸진知見滅盡 38
지관법止觀法 23, 31, 74, 201, 223, 230, 333
지문광조智門光祚 138, 193, 227, 294
지살수地煞數 353
지화止火 177, 178, 217, 285
진공지선眞空之仙 41
진기眞氣 72, 82, 83, 163, 183, 222, 288, 290
진남陳楠 116, 120, 159, 160, 161, 162, 179, 181, 196, 200, 202, 231, 237, 240, 244, 246, 249, 250, 251, 256, 258, 259, 262, 269, 270, 286, 301
진신眞神 75, 131, 223
진양화進陽火 178, 217
진치허陳致虛 106, 241, 243, 255

ㅊ

참동계고이參同契考異 88
채주가採珠歌 106, 107, 108, 140
천사도天師道 9, 21, 22, 199, 266, 404

찾아보기 421

천손족天孫族 387, 390, 391, 407, 409
천지지성天地之性 188, 333, 337
천태지의天台智顗 23, 31, 99, 201, 333
청성산青城山 143, 241
청수파清修派 157, 158, 160, 195, 196, 229, 231, 237, 242, 246, 247, 254, 271
최상일승묘결最上一乘妙訣 280
최희범崔希範 25, 32, 33, 34, 39, 41, 48, 49, 235
추요樞要 29
추흔鄒訢 88
축기築基 26, 81, 176, 177, 216, 230, 252, 284
출세간出世間 64, 140
출신出神 128, 130, 133
충방种放 67, 86, 89, 155, 272, 335
취감전리取坎塡離 71, 79, 83, 84, 213, 230
칠반환단七返還丹 29

ㅌ

탁약橐籥 29
탈태구선脫胎求仙 79, 81, 84, 212, 213, 230
태상구요심인묘경太上九要心印妙經 29
태식결胎息訣 65, 66, 72, 77, 78, 211, 212, 222
태일교太一教 270
태정泰定 31
태평도太平道 9, 21, 22, 199, 265, 399, 400, 403, 408, 409
태평청령서太平清領書 400
태화희이지太華希夷志 58, 59, 61, 62, 64, 65, 89, 153, 326
통요統要 29

퇴음부退陰符 178, 217

ㅍ

팔괘조원八卦朝元 29
팽효彭曉 69, 71, 222, 235, 236
폐식閉息 134, 146, 164, 179, 214
포박자抱朴子 23, 36, 409
포일抱一 21, 107, 200, 235

ㅎ

하단전下丹田 82, 88, 166, 176, 177, 216, 217, 284, 285, 290
하창일河昌一 46, 60, 61, 64, 153, 204, 205, 206, 229, 271, 292, 326
혁대통 240
현빈玄牝 78, 81, 145, 146
현장법사 349
현주록玄珠錄 37, 38
혜충국사慧忠國師 136
혜해慧解 38
홍명집弘明集 124, 310, 330
화서化書 61
화엄원인론 316
화후火候 96, 103, 111, 150, 166, 167, 169, 171, 172, 177, 178, 179, 183, 194, 216, 217, 218, 219, 220, 231, 246, 253, 284, 285, 286, 324
환금편還金篇 86, 155
활사인묘活死人墓 277
황아黃芽 171, 255, 258
황정경黃庭經 23, 298
황제음부경黃帝陰符經 145
회창법란會昌法亂 24, 53, 265